VANGELO

E

ATTI DEGLI APOSTOLI

EDIZIONI MESSAGGERO PADOVA

Testo de *La Sacra Bibbia*
della Conferenza Episcopale Italiana

Note introduttive ed esplicative
di ANGELICO POPPI

Con approvazione ecclesiastica

ISBN 88-7026-503-X

© 1983 Prov. Pad. F.M.C. Editrice
Grafiche Messaggero di S. Antonio

INTRODUZIONE GENERALE
AL VANGELO

La parola *Vangelo* deriva dal greco e significa *lieto annuncio* o *buona notizia*.

Nella Chiesa primitiva questo termine non veniva riferito a qualche libro ma alla predicazione degli Apostoli in quanto trasmetteva gli insegnamenti e ricordava le gesta di salvezza operate da Gesù. Fin dall'inizio del ministero il divino Maestro incominciò a proclamare il lieto annunzio dell'intervento di Dio nella storia umana per soccorrere gli afflitti, sanare gli ammalati, per liberare i carcerati. Si stava per realizzare l'avvento del suo regno, che avrebbe segnato l'inizio di un'era di pace, di giustizia soprattutto per i poveri, per gli emarginati, per i bisognosi. Dio, in una parola, si sarebbe riconciliato con l'umanità peccatrice e avrebbe irradiato su di essa il suo amore e avrebbe elargito i suoi doni di bontà e di salvezza.

Presto si comprese che Dio attuava il suo regno con l'opera del proprio Figlio, Gesù Cristo. Soprattutto con la sua passione e morte sacrificale, con la sua risurrezione egli purificava il mondo dal peccato e lo riconciliava a sé in un nuovo sublime rapporto di amore. La parola *Vangelo* quindi si riferisce all'intera attività salvifica del Cristo, attestata autorevolmente dagli Apostoli. Fu soltanto nella metà del secondo secolo che si incominciò a chiamare vangeli alcuni scritti che riportavano la predicazione apostolica su Gesù.

La *formazione del Vangelo* va ricercata in seno alla comunità cristiana primitiva. Dopo il primo smarrimento per la tragica morte di Gesù, i discepoli incominciarono a unirsi nel suo nome. Confortati da numerose apparizioni del Risorto, corroborati dal dono dello Spirito, proclamavano la salvezza operata da Dio mediante Gesù crocifisso e risorto per la remissione dei peccati.

Le adesioni al loro messaggio aumentarono rapidamente. Tutti erano pieni di gioia e di entusiasmo. Un grande amore vincolava tutti come fratelli. Nelle assemblee condividevano i propri beni quale segno di profonda amicizia e fraternità. Nella preghiera e soprattutto nell'Eucaristia attingevano la grazia per un impegno cristiano sempre più pieno e radicale. In questo contesto liturgico sentivano l'esigenza di approfondire sempre più il messaggio del Cristo e di conoscerne le gesta salvifiche per riviverne l'esperienza. Gli Apostoli, quali testimoni qualificati e quali guide della comunità, rievocavano gli insegnamenti e le opere del Salvatore, interpretandoli alla luce delle Scritture, adattandoli alle esigenze concrete dei loro uditori. Si veniva così formando la grande tradizione apostolica, il Vangelo orale, norma di vita per ogni fedele e fondamento costitutivo della Chiesa.

Per comodità degli evangelizzatori si cominciò presto a fissare in iscritto la predicazione degli Apostoli. Sorsero alcune raccolte di parole del Signore, di miracoli, di conflitti. Soprattutto il racconto della passione e risurrezione assunse una forma schematica e stereotipa.

I quattro vangeli presuppongono tre stadi: l'attività pubblica di Gesù, la predicazione degli Apostoli, la redazione di questa testimonianza apostolica da parte di alcuni autori ispirati. Costoro non vanno considerati come semplici compilatori di raccolte preesistenti ma come veri autori, in quanto pur utilizzando un materiale ormai fisso nella tradizione ecclesiale ne lo presentano sotto un'angolatura personale. I quattro vangeli rappresentano quattro letture diverse del mistero di Cristo, che illuminano sotto vari punti di vista. Essi non si contraddicono ma si arricchiscono l'un l'altro, completandosi.

I primi tre vangeli sono chiamati *sinottici* per le vistose concordanze. Infatti, se disposti in tre colonne, con un solo colpo d'occhio (= sinossi) se ne può osservare agevolmente le rassomiglianze. È evidente che dipendono da medesime fonti, anche se non è risolto il problema del modo con cui le hanno utilizzate. È ritenuta classica l'ipotesi che pone alla base dei tre vangeli quello di Marco, che sembra più arcaico. Per spiegare le convergenze di Matteo e Luca, indipendenti tra loro, gli studiosi pensano che abbiano attinto dalla cosiddetta fonte Q (dal tedesco *Quelle* = fonte). Accettando come sostanzialmente valida questa teoria, bisogna inoltre ammettere un'osmosi tra queste fonti e la tradizione vivente sino alla stesura definitiva dei vangeli, che possono essersi influenzati anche vicendevolmente.

Nonostante la lenta formazione in seno alla Chiesa, quale condensazione della predicazione viva degli Apostoli, i quattro vangeli sono stati presto riconosciuti come *ispirati* e perciò degni di venerazione come gli scritti dell'Antico Testamento. Lo Spirito divino illuminò le menti degli Evangelisti e mosse le loro volontà perché scrivessero tutto e soltanto quello che voleva Dio, l'autore principale di tutta la Bibbia, che si è servito di uomini santi per la sua stesura.

È però evidente che i vangeli non sono un lavoro individuale, fatto a tavolino in modo cerebrale, ma scaturiscono da tutta un'esperienza di vita nella Chiesa primitiva, dove Cristo era vissuto da tutto il popolo di Dio, guidato e illuminato dall'insegnamento carismatico degli Apostoli. Non è stato difficile pertanto riconoscere in queste quattro opere e in esse soltanto il riflesso fedele e autentico della predicazione apostolica, già assimilata dalle varie comunità cristiane, dove il messaggio di Cristo era stato adattato ai diversi contesti socio-culturali, senza svisarne la portata salvifica. La Chiesa riconobbe *canonici*, cioè normativi, soltanto quei quattro vangeli.

Esistono altri vangeli, detti *apocrifi*, che non sono ispirati e non hanno nessuna garanzia di autenticità. Anzi, talvolta sono frutto di mistificazioni eretiche o di pura fantasia. Possono contenere qualche dato prezioso, soprattutto per la storia del cristianesimo, ma non hanno nessun valore normativo per il credente.

Bisogna tener presente il *genere letterario* dei vangeli per coglierne la pregnanza teologica. Pur fondandosi su fatti realmente accaduti, gli Evangelisti non intendevano darci una biografia di Gesù, ma suscitare e ravvivare la fede del Cristo risorto. Non si possono considerare i vangeli semplici documenti di storia, ma un appello di salvezza. In quanto riportano la testimonianza apostolica questi scritti interpellano la coscienza di ogni uomo, lo provocano ad una adesio-

ne di fede nel Cristo. Nel loro stile semplice, quasi disador-
no, propongono un messaggio essenziale che esige una risposta da cui dipende il destino di ciascuno.

Ecco perché i vangeli sono sempre attuali e incidono profondamente nella storia dell'umanità. Infatti, non si tratta di
una semplice evocazione d'un grande genio dell'antichità,
delle sue gesta, della sua dottrina sconvolgente, della sua
bontà, bensì dell'evento centrale della storia, della salvezza
operata dal Figlio di Dio.

VANGELO
SECONDO MATTEO

INTRODUZIONE

L'autore *del primo vangelo è Matteo, denominato anche Levi. Egli fu chiamato al seguito di Gesù mentre esercitava la professione di gabelliere, considerata esecranda perché connessa con la speculazione e con il favoreggiamento del potere straniero.*

Papia, vescovo di Gerapoli (80-150), Ireneo, vescovo di Lione (130-200) e molti altri Padri della Chiesa *hanno attribuito concordemente il primo vangelo all'apostolo Matteo. Non ci è pervenuto il testo originale scritto in aramaico, ma una rielaborazione in greco più tardiva. L'analisi interna conferma l'autenticità del vangelo, indirizzato alla comunità giudeo-cristiana. L'autore è un conoscitore delle usanze giudaiche, compenetrato dalla pietà e dalla spiritualità dell'Antico Testamento, per cui conserva un grande rispetto e molta venerazione.*

Non è agevole determinare la data *di composizione. Pare che il vangelo primitivo in aramaico sia stato steso intorno al 60. Mentre la rielaborazione in greco, che ha utilizzato con molta probabilità il vangelo di Marco e altre fonti, va datata dopo gli anni 70.*

La struttura *di Matteo corrisponde sostanzialmente a quella degli altri Sinottici. Dopo la sezione particolare dell'infanzia di Gesù, segue la preparazione al ministero pubblico, l'attività in Galilea e dintorni, ministero in Giudea, passione e risurrezione. Ma un'analisi più accurata permette di distinguere un settenario che si apre con l'infanzia e si chiude con la passione e risurrezione, mentre il resto si articola intorno a cinque grandi discorsi, quasi per evocare i cinque libri della Torà, cioè del Pentateuco di Mosè. L'ossatura di Matteo sembra dunque costituita dai seguenti discorsi di Gesù che approfondiscono il tema centrale del regno: discorso della montagna (5-7: promulgazione del regno); discorso della missione (10: predicazione del regno); discorso in parabole (13: il mistero del regno), discorso ecclesiale (19: la Chiesa segno del regno), discorso escatologico (24-25: avvento finale del regno). Intorno a questi discorsi si sviluppano le sezioni narrative che riportano i fatti e i miracoli di Gesù.*

Matteo, pur attingendo il materiale dalla tradizione comune, conferisce al suo lavoro una particolare tonalità teologica. Dà molta importanza ai discorsi di Gesù, perché ama presentarlo come il nuovo Mosè che porta a compimento la Scrittura. Siccome si rivolge ai cristiani provenienti dal mondo giudaico, si preoccupa di sottolineare la continuità tra il Nuovo e l'Antico Testamento, che cita per ben 70 volte (contro le 49 degli altri vangeli) e di dimostrare che Gesù è veramente il Messia predetto dai profeti e aspettato dal popolo d'Israele. Egli è venuto per annunziare l'avvento del regno dei cieli, atteso dai poveri di Iahvé (gli anawìm), i quali avevano riposto la loro speranza in un intervento decisivo di Dio nella storia per l'inizio di un'era di pace universale, di giustizia sotto la sua sovranità.

La figura di Gesù in Matteo appare già trasfigurata durante la sua vita pubblica. La luce della gloria pasquale sublima le parole e le opere del divino Maestro, conferendo ad esse una risonanza sovrumana. Lo stile sobrio e solenne sottolinea i tratti soprannaturali del Taumaturgo di Nazaret. In una parola, Matteo ha ripensato la vita di Gesù alla luce del mistero pasquale, attenuando tutti gli aspetti umani difficilmente accordabili con lo splendore divino del Risorto. Il suo vangelo appare come una celebrazione liturgica del Cristo glorioso.

VANGELO SECONDO MATTEO

L'INFANZIA DI GESÙ

* I racconti dell'infanzia di Gesù (= Vangelo dell'infanzia) non intendono offrire un resoconto storico: sono una proclamazione della sua messianicità in quanto discendente di Davide, fondatore della dinastia, e di Abramo, capostipite del popolo eletto. La sua concezione per opera dello Spirito Santo ne prova pure l'origine trascendente. Il nome stesso di Gesù (= il Signore salva) prelude alla sua missione per la salvezza del mondo. Egli è l'Emmanuele, il Dio-con-noi: in lui Dio si rende presente all'umanità per soccorrerla e liberarla dai peccati. Tuttavia, fin dal suo ingresso nel mondo è osteggiato da Erode, il nuovo Faraone, e rifiutato dai capi dei Giudei. La venuta dei Magi, invece, prelude alla conversione dei pagani che dopo la Pentecoste si apriranno con entusiasmo alla luce del Vangelo. *

1. Genealogia di Gesù (Lc 3,23-38) - ¹Genealogia di Gesù Cristo figlio di Davide, figlio di Abramo. ²Abramo generò Isacco, Isacco generò Giacobbe, Giacobbe generò Giuda e i suoi fratelli, ³Giuda generò Fares e Zara da Tamar, Fares generò Esròm, Esròm generò Aram, ⁴Aram generò Aminadàb, Aminadàb generò Naassòn, Naassòn generò Salmòn, ⁵Salmòn generò Booz da Racab, Booz generò Obed da Rut, Obed generò Iesse, ⁶Iesse generò il re Davide.

Davide generò Salomone da quella che era stata la moglie di Urìa, ⁷Salomone generò Roboamo, Roboamo generò Abìa, Abìa generò Asàf, ⁸Asàf generò Giòsafat, Giòsafat generò Ioram, Ioram generò Ozia, ⁹Ozia generò Ioatam, Ioatam generò Acaz, Acaz generò Ezechia, ¹⁰Ezechia generò Manasse, Manasse generò Amos, Amos generò Giosia, ¹¹Giosia generò Ieconia e i suoi fratelli, al tempo della deportazione in Babilonia.

¹²Dopo la deportazione in Babilonia, Ieconia generò Salatiel, Salatiel generò Zorobabèle, ¹³Zorobabèle generò Abiùd, Abiùd generò Elìacim, Elìacim generò Azor, ¹⁴Azor

generò Sadoc, Sadoc generò Achim, Achim generò Eliùd, [15]Eliùd generò Eleàzar, Eleàzar generò Mattan, Mattan generò Giacobbe, [16]Giacobbe generò Giuseppe, lo sposo di Maria, dalla quale è nato Gesù chiamato Cristo.

[17]La somma di tutte le generazioni, da Abramo a Davide, è così di quattordici; da Davide fino alla deportazione in Babilonia è ancora di quattordici; dalla deportazione in Babilonia a Cristo è, infine, di quattordici.

L'origine divina di Gesù - [18]Ecco come avvenne la nascita di Gesù Cristo: sua madre Maria, essendo promessa sposa di Giuseppe, prima che andassero a vivere insieme si trovò incinta per opera dello Spirito Santo. [19]Giuseppe suo sposo, che era giusto e non voleva ripudiarla, decise di licenziarla in segreto. [20]Mentre però stava pensando a queste cose, ecco che gli apparve in sogno un angelo del Signore e gli disse: «Giuseppe, figlio di Davide, non temere di prendere con te Maria, tua sposa, perché quel che è generato in lei viene dallo Spirito Santo. [21]Essa partorirà un figlio e tu lo chiamerai Gesù: egli infatti salverà il suo popolo dai suoi peccati». [22]Tutto questo avvenne perché si adempisse ciò che era stato detto dal Signore per mezzo del profeta: [23]*Ecco, la vergine concepirà e partorirà un figlio che sarà chiamato Emmanuele* (Is 7,14), che significa *Dio con noi*. [24]Destatosi dal sonno, Giuseppe fece come gli aveva ordinato l'angelo del Signore e prese con sé la sua sposa, [25]la quale, senza che egli la conoscesse, partorì un figlio, che egli chiamò Gesù.

2. La visita dei Magi - [1]Gesù nacque a Betlemme di Giudea, al tempo del re Erode. Alcuni Magi giunsero da oriente a Gerusalemme e domandavano: [2]«Dov'è il re dei Giudei che è nato? Abbiamo visto sorgere la sua stella, e siamo venuti per adorarlo». [3]All'udire queste parole, il re Erode restò turbato e con lui tutta Gerusalemme.

[4]Riuniti tutti i sommi sacerdoti e gli scribi del popolo, s'informava da loro sul luogo in cui doveva nascere il Messia. [5]Gli risposero: «A Betlemme di Giudea, perché così è scritto per mezzo del profeta: [6]*E tu, Betlemme, terra di Giuda, non sei davvero il più piccolo capoluogo di Giuda: da te uscirà infatti un capo che pascerà il mio popolo, Israele*» (Mi 5,1).

[7]Allora Erode, chiamati segretamente i Magi, si fece dire con esattezza da loro il tempo in cui era apparsa la stella [8]e li inviò a Betlemme esortandoli: «Andate e informatevi accuratamente del bambino e, quando l'avrete trovato, fatemelo sapere, perché anch'io venga ad adorarlo».

[9]Udite le parole del re, essi partirono. Ed ecco la stella, che avevano visto nel suo sorgere, li precedeva, finché giunse e si fermò sopra il luogo dove si trovava il bambino. [10]Al vedere la stella, essi provarono una grandissima gioia. [11]Entrati nella casa, videro il bambino con Maria sua madre, e prostratisi lo adorarono. Poi aprirono i loro scrigni e gli offrirono in dono oro, incenso e mirra.

[12]Avvertiti poi in sogno di non tornare da Erode, per un'altra strada fecero ritorno al loro paese.

Fuga in Egitto - [13]Essi erano appena partiti, quando un angelo del Signore apparve in sogno a Giuseppe e gli disse: «Alzati, prendi con te il bambino e sua madre e fuggi in Egitto, e resta là finché non ti avvertirò, perché Erode sta cercando il bambino per ucciderlo».

[14]Giuseppe, destatosi, prese con sé il bambino e sua madre nella notte e fuggì in Egitto, [15]dove rimase fino alla morte di Erode, perché si adempisse ciò che era stato detto dal Signore per mezzo del profeta: *Dall'Egitto ho chiamato il mio figlio* (Os 11,1).

Strage degli innocenti - [16]Erode, accortosi che i Magi si erano presi gioco di lui, s'infuriò e mandò ad uccidere tutti i bambini di Betlemme e del suo territorio dai due anni in giù, corrispondenti al tempo su cui era stato informato dai Magi.

[17]Allora si adempì quel che era stato detto per mezzo del profeta Geremia: [18]*Un grido è stato udito in Rama, un pianto e un lamento grande; Rachele piange i suoi figli e non vuole essere consolata, perché non sono più* (Ger 31,15).

Ritorno dall'Egitto e dimora a Nàzaret - [19]Morto Erode, un angelo del Signore apparve in sogno a Giuseppe in Egitto [20]e gli disse: «Alzati, prendi con te il bambino e sua madre e va' nel paese d'Israele; perché sono morti coloro che volevano la vita del bambino». [21]Egli, alzatosi, prese con

sé il bambino e sua madre, ed entrò nel paese d'Israele.
[22]Avendo però saputo che era re della Giudea Archelào al
posto di suo padre Erode, ebbe paura di andarvi. Avvertito
poi in sogno, si ritirò nelle regioni della Galilea [23]e, appena
giunto, andò ad abitare in una città chiamata Nàzaret, perché si adempisse ciò che era stato detto dai profeti: «Sarà
chiamato Nazareno».

I PRELUDI DEL VANGELO

* La predicazione penitenziale del Battista, il battesimo e la tentazione di Gesù formano un trittico molto significativo che introduce al
ministero pubblico del Maestro. Gesù si fa solidale con l'umanità
peccatrice per redimerla dal peccato con l'oblazione della propria
vita. Egli attuerà la missione del Servo sofferente offrendo se stesso
in espiazione per le nostre iniquità. *

3. Comparsa del precursore (Mc 1,1-6; Lc 3,1-16) - [1]In
quei giorni comparve Giovanni il Battista a predicare nel
deserto della Giudea, [2]dicendo: «Convertitevi, perché il regno dei cieli è vicino!».
[3]Egli è colui che fu annunziato dal profeta Isaia quando
disse: *Voce di uno che grida nel deserto: Preparate la via del
Signore, raddrizzate i suoi sentieri!* (Is 40,3).
[4]Giovanni portava un vestito di peli di cammello e una
cintura di pelle attorno ai fianchi; il suo cibo erano locuste e
miele selvatico. [5]Allora accorrevano a lui da Gerusalemme,
da tutta la Giudea e dalla zona adiacente il Giordano; [6]e,
confessando i loro peccati, si facevano battezzare da lui nel
fiume Giordano.

La predicazione del Battista (Mc 1,7-8; Lc 3,17-18) -
[7]Vedendo però molti farisei e sadducei venire al suo battesimo, disse loro: «Razza di vipere! Chi vi ha suggerito di
sottrarvi all'ira imminente? [8]Fate dunque frutti degni di conversione, [9]e non crediate di poter dire fra voi: Abbiamo
Abramo per padre. Vi dico che Dio può far sorgere figli di

Abramo da queste pietre. ¹⁰Già la scure è posta alla radice
degli alberi: ogni albero che non produce frutti buoni viene
tagliato e gettato nel fuoco.

¹¹Io vi battezzo con acqua per la conversione; ma colui
che viene dopo di me è più potente di me e io non son
degno neanche di portargli i sandali; egli vi battezzerà in
Spirito Santo e fuoco. ¹²Egli ha in mano il ventilabro, pulirà
la sua aia e raccoglierà il suo grano nel granaio, ma brucerà
la pula con un fuoco inestinguibile».

Battesimo di Gesù (Mc 1,9-11; Lc 3,21-22) - ¹³In quel tempo Gesù dalla Galilea andò al Giordano da Giovanni per
farsi battezzare da lui. ¹⁴Giovanni però voleva impedirglielo,
dicendo: «Io ho bisogno di essere battezzato da te e tu vieni
da me?». ¹⁵Ma Gesù gli disse: «Lascia fare per ora, poiché
conviene che così adempiamo ogni giustizia». Allora Giovanni acconsentì.

¹⁶Appena battezzato, Gesù uscì dall'acqua: ed ecco, si
aprirono i cieli ed egli vide lo Spirito di Dio scendere come
una colomba e venire su di lui. ¹⁷Ed ecco una voce dal cielo
che disse: «Questi è il *Figlio mio prediletto, nel quale mi
sono compiaciuto*» (Is 42,1).

4. Tentazione di Gesù (Mc 1,12-13; Lc 4,1-14) - ¹Allora
Gesù fu condotto dallo Spirito nel deserto per essere tentato
dal diavolo. ²E dopo aver digiunato quaranta giorni e quaranta notti, ebbe fame.

³Il tentatore allora gli si accostò e gli disse: «Se sei Figlio
di Dio, di' che questi sassi diventino pane». ⁴Ma egli rispose:
«Sta scritto: *Non di solo pane vivrà l'uomo, ma di ogni
parola che esce dalla bocca di Dio*» (Dt 8,3).

⁵Allora il diavolo lo condusse con sé nella città santa, lo
depose sul pinnacolo del tempio ⁶e gli disse: «Se sei Figlio di
Dio, gettati giù, poiché sta scritto: *Ai suoi angeli darà ordini
a tuo riguardo, ed essi ti sorreggeranno con le loro mani,
perché non abbia a urtare contro un sasso il tuo piede*» (Sal
90,11-12).

⁷Gesù gli rispose: «Sta scritto anche: *Non tentare il Signore Dio tuo*» (Dt 6,16).

⁸Di nuovo il diavolo lo condusse con sé sopra un monte
altissimo e gli mostrò tutti i regni del mondo con la loro

gloria e gli disse: «Tutte queste cose io ti darò, se prostran-
doti, mi adorerai». [10]Ma Gesù gli rispose: «Vattene, satana!
Sta scritto: *Adora il Signore Dio tuo e a lui solo rendi culto*»
(Dt 6,13).
[11]Allora il diavolo lo lasciò ed ecco angeli gli si accostarono e lo servivano.

MINISTERO IN GALILEA E DINTORNI

Inizio del ministero

Gesù a Cafarnao (Mc 1,14-15; Lc 4,14) - [12]Avendo intanto
saputo che Giovanni era stato arrestato, Gesù si ritirò nella
Galilea [13]e, lasciata Nàzaret, venne ad abitare a Cafàrnao,
presso il mare, nel territorio di Zàbulon e di Néftali,
[14]perché si adempisse ciò che era stato detto per mezzo del
profeta Isaia: [15]*Il paese di Zàbulon e il paese di Nèftali, sulla
via del mare, al di là del Giordano, Galilea delle genti;* [16]*il
popolo immerso nelle tenebre ha visto una grande luce; su
quelli che dimoravano in terra e ombra di morte una luce si è
levata* (Is 8,23-9,1).
[17]Da allora Gesù cominciò a predicare e a dire: «Convertitevi, perché il regno dei cieli è vicino».

Chiamata dei primi discepoli (Mc 1,16-20; Lc 5,1-11) -
[18]Mentre camminava lungo il mare di Galilea vide due fratelli, Simone, chiamato Pietro, e Andrea suo fratello, che
gettavano la rete in mare, poiché erano pescatori.
[19]E disse loro: «Seguitemi, vi farò pescatori di uomini».
[20]Ed essi subito, lasciate le reti, lo seguirono. [21]Andando
oltre, vide altri due fratelli, Giacomo di Zebedèo e Giovanni suo fratello, che nella barca insieme con Zebedèo, loro
padre, riassettavano le reti; e li chiamò. [22]Ed essi subito,
lasciata la barca e il padre, lo seguirono.

Insegnamento e miracoli (Mc 1,39; 3,7-8; Lc 4,44. 6,17-18)
- [23]Gesù percorreva tutta la Galilea, insegnando nelle loro

sinagoghe e predicando la buona novella del regno e curando ogni sorta di malattie e di infermità nel popolo. [24]La sua
fama si sparse per tutta la Siria e così condussero a lui tutti i
malati, tormentati da varie malattie e dolori, indemoniati,
epilettici e paralitici; ed egli li guariva. [25]E grandi folle cominciarono a seguirlo dalla Galilea, dalla Decàpoli, da Gerusalemme, dalla Giudea e da oltre il Giordano.

Discorso della montagna

* Il discorso della montagna rappresenta come un piccolo manuale
per il vero discepolo di Gesù. Le beatitudini ne costituiscono una
magnifica introduzione, dove viene soprattutto sottolineato l'atteggiamento di povertà, di indigenza radicale che ci fa riconoscere come
creature fragili, bisognose dell'aiuto di Dio, l'unico nostro valido
sostegno. Il cristiano non può accontentarsi di un'osservanza esteriore dei comandamenti, ma si uniformerà alla volontà di Dio (= giustizia) in un rapporto profondo di amore e di sincerità. Eviterà di
compiere le opere buone (elemosina, preghiera, digiuno) per osten-
tazione. Nella sua vita pratica si adeguerà alle esigenze fondamentali
richieste dalla sua dipendenza da Dio, cui soltanto vorrà servire; non
si affannerà per il cibo e il vestito, non giudicherà il prossimo, avrà
cura delle cose sante, pregherà con fiducia. Baderà a costruire l'edi-
ficio spirituale su solida roccia e non sull'arena, per conseguire la
salvezza escatologica. *

5. Le beatitudini (Lc 6,20-26) - [1]Vedendo le folle, Gesù
salì sulla montagna e, messosi a sedere, gli si avvicinarono i
suoi discepoli. [2]Prendendo allora la parola, li ammaestrava
dicendo:
[3]«Beati i poveri in spirito,
perché di essi è il regno dei cieli.
[4]Beati gli afflitti,
perché saranno consolati.
[5]Beati i miti,
perché erediteranno la terra.
[6]Beati quelli che hanno fame e sete della giustizia,
perché saranno saziati.
[7]Beati i misericordiosi,
perché troveranno misericordia.
[8]Beati i puri di cuore,

perché vedranno Dio.
⁹Beati gli operatori di pace,
perché saranno chiamati figli di Dio.
¹⁰Beati i perseguitati per causa della giustizia,
perché di essi è il regno dei cieli.

¹¹Beati voi quando vi insulteranno, vi perseguiteranno e, mentendo, diranno ogni sorta di male contro di voi per causa mia. ¹²Rallegratevi ed esultate, perché grande è la vostra ricompensa nei cieli. Così infatti hanno perseguitato i profeti prima di voi.

Il sale della terra e la luce del mondo (Mc 9,50; 4,21; Lc 14,34-35; 8,16) - ¹³Voi siete il sale della terra; ma se il sale perdesse il sapore, con che cosa lo si potrà render salato? A null'altro serve che ad essere gettato via e calpestato dagli uomini.

¹⁴Voi siete la luce del mondo; non può restare nascosta una città collocata sopra un monte, ¹⁵né si accende una lucerna per metterla sotto il moggio, ma sopra il lucerniere perché faccia luce a tutti quelli che sono nella casa. ¹⁶Così risplenda la vostra luce davanti agli uomini, perché vedano le vostre opere buone e rendano gloria al vostro Padre che è nei cieli.

Il compimento della Legge (Lc 16,17) - ¹⁷Non pensate che io sia venuto ad abolire la Legge o i Profeti; non son venuto per abolire, ma per dare compimento. ¹⁸In verità vi dico: finché non siano passati il cielo e la terra, non passerà dalla legge neppure un iota o un segno senza che tutto sia compiuto. ¹⁹Chi dunque trasgredirà uno solo di questi precetti, anche minimi, e insegnerà agli uomini a fare altrettanto, sarà considerato minimo nel regno dei cieli. Chi invece li osserverà e li insegnerà agli uomini, sarà considerato grande nel regno dei cieli. ²⁰Poiché io vi dico: se la vostra giustizia non supererà quella degli scribi e dei farisei, non entrerete nel regno dei cieli.

L'omicidio e le ingiurie (Lc 12,58-59) - ²¹Avete inteso che fu detto agli antichi: *Non uccidere* (Es 20,13); chi avrà ucciso sarà sottoposto a giudizio. ²²Ma io vi dico: chiunque si adira con il proprio fratello, sarà sottoposto a giudizio. Chi poi dice al fratello: stupido, sarà sottoposto al sinedrio; e chi gli dice: pazzo, sarà sottoposto al fuoco della Geenna. ²³Se dunque presenti la tua offerta sull'altare e lì ti ricordi che tuo fratello ha qualche cosa contro di te, ²⁴lascia lì il tuo dono davanti all'altare e va' prima a riconciliarti con il tuo fratello e poi torna ad offrire il tuo dono.

²⁵Mettiti presto d'accordo con il tuo avversario mentre sei per via con lui, perché l'avversario non ti consegni al giudice e il giudice alla guardia e tu venga gettato in prigione. ²⁶In verità ti dico: non uscirai di là finché tu non abbia pagato fino all'ultimo spicciolo!

L'adulterio (Mt 18,8-9; Mc 9,43.47) - ²⁷Avete inteso che fu detto: *Non commettere adulterio* (Es 20,14); ²⁸ma io vi dico: chiunque guarda una donna per desiderarla, ha già commesso adulterio con lei nel suo cuore.

²⁹Se il tuo occhio destro ti è occasione di scandalo, cavalo e gettalo via da te: conviene che perisca uno dei tuoi membri, piuttosto che tutto il tuo corpo venga gettato nella Geenna. ³⁰E se la tua mano destra ti è occasione di scandalo, tagliala e gettala via da te: conviene che perisca uno dei tuoi membri, piuttosto che tutto il tuo corpo vada a finire nella Geenna.

Il divorzio (Mc 10,11-12; Lc 16,18) - ³¹Fu pure detto: *Chi ripudia la propria moglie, le dia l'atto di ripudio* (Dt 24,1); ³²ma io vi dico: chiunque ripudia sua moglie, eccetto il caso di concubinato, la espone all'adulterio e chiunque sposa una ripudiata, commette adulterio.

Il giuramento - ³³Avete anche inteso che fu detto agli antichi: *Non spergiurare, ma adempi con il Signore i tuoi giuramenti* (Es 20,7); ³⁴ma io vi dico: non giurate affatto: né per *il cielo*, perché è *il trono di Dio*; ³⁵né per *la terra*, perché è lo *sgabello per i suoi piedi* (Is 66,1); né per *Gerusalemme*, perché è *la città del gran re* (Sal 47,3). ³⁶Non giurare neppure per la tua testa, perché non hai il potere di rendere bianco o nero un solo capello. ³⁷Sia invece il vostro parlare sì, sì; no, no; il di più viene dal maligno.

La vendetta (Lc 6,29-30) - [38]Avete inteso che fu detto: *Occhio per occhio e dente per dente* (Es 21,24); [39]ma io vi dico di non opporvi al malvagio; anzi se uno ti percuote la guancia destra, tu porgili anche l'altra; [40]e a chi ti vuol chiamare in giudizio per toglierti la tunica, tu lascia anche il mantello. [41]E se uno ti costringerà a fare un miglio, tu fanne con lui due. [42]Da' a chi ti domanda e a chi desidera da te un prestito non volgere le spalle.

L'amore dei nemici (Lc 6,27-36) - [43]Avete inteso che fu detto: *Amerai il tuo prossimo* (Lv 19,18) e odierai il tuo nemico; [44]ma io vi dico: amate i vostri nemici e pregate per i vostri persecutori, [45]perché siate figli del Padre vostro celeste, che fa sorgere il suo sole sopra i malvagi e sopra i buoni, e fa piovere sopra i giusti e sopra gli ingiusti.
[46]Infatti se amate quelli che vi amano, quale merito ne avete? Non fanno così anche i pubblicani? [47]E se date il saluto soltanto ai vostri fratelli, che cosa fate di straordinario? Non fanno così anche i pagani? [48]Siate voi dunque perfetti come è perfetto il Padre vostro celeste.

6. L'elemosina - [1]Guardatevi dal praticare le vostre buone opere davanti agli uomini per essere da loro ammirati, altrimenti non avrete ricompensa presso il Padre vostro che è nei cieli. [2]Quando dunque fai l'elemosina, non suonare la tromba davanti a te, come fanno gli ipocriti nelle sinagoghe e nelle strade per essere lodati dagli uomini. In verità vi dico: hanno già ricevuto la loro ricompensa. [3]Quando invece tu fai l'elemosina, non sappia la tua sinistra ciò che fa la tua destra, [4]perché la tua elemosina resti segreta; e il Padre tuo, che vede nel segreto, ti ricompenserà.

La preghiera - [5]Quando pregate, non siate simili agli ipocriti che amano pregare stando ritti nelle sinagoghe e negli angoli delle piazze, per essere visti dagli uomini. In verità vi dico: hanno già ricevuto la loro ricompensa. [6]Tu invece, quando preghi, entra nella tua camera e, chiusa la porta, prega il Padre tuo nel segreto; e il Padre tuo, che vede nel segreto, ti ricompenserà.

La vera preghiera: il Padre nostro (Lc 11,2-4) - [7]Pregando poi, non sprecate parole come i pagani, i quali credono di venire ascoltati a forza di parole. [8]Non siate dunque come loro, perché il Padre vostro sa di quali cose avete bisogno ancor prima che gliele chiediate. [9]Voi dunque pregate così:
Padre nostro che sei nei cieli
sia santificato il tuo nome;
[10]venga il tuo regno;
sia fatta la tua volontà,
come in cielo così in terra.
[11]Dacci oggi il nostro pane quotidiano,
[12]e rimetti a noi i nostri debiti
come noi li rimettiamo ai nostri debitori,
[13]e non ci indurre in tentazione,
ma liberaci dal male.

[14]Se voi infatti perdonerete agli uomini le loro colpe, il Padre vostro celeste perdonerà anche a voi; [15]ma se voi non perdonerete agli uomini, neppure il Padre vostro perdonerà le vostre colpe.

Il digiuno - [16]E quando digiunate, non assumete aria malinconica come gli ipocriti, che si sfigurano la faccia per far vedere agli uomini che digiunano. In verità vi dico: hanno già ricevuto la loro ricompensa.

[17]Tu invece, quando digiuni, profumati la testa e lavati il volto, [18]perché la gente non veda che tu digiuni, ma solo tuo Padre che è nel segreto; e il Padre tuo, che vede nel segreto, ti ricompenserà.

I veri tesori (Lc 12,33-34) - [19]Non accumulatevi tesori sulla terra, dove tignola e ruggine consumano e dove ladri scassinano e rubano; [20]accumulatevi invece tesori nel cielo, dove né tignola né ruggine consumano, e dove ladri non scassinano e non rubano. [21]Perché là dov'è il tuo tesoro, sarà anche il tuo cuore.

La lucerna del corpo (Lc 11,34-35) - [22]La lucerna del corpo è l'occhio; se dunque il tuo occhio è chiaro, tutto il tuo corpo sarà nella luce; [23]ma se il tuo occhio è malato, tutto il tuo corpo sarà tenebroso. Se dunque la luce che è in te è tenebra, quanto grande sarà la tenebra!

I due padroni (Lc 16,13) - [24]Nessuno può servire a due padroni: o odierà l'uno e amerà l'altro, o preferirà l'uno e disprezzerà l'altro: non potete servire a Dio e a mammona.

Fiducia nella Provvidenza (Lc 12,22-31) - [25]Perciò vi dico: per la vostra vita non affannatevi di quello che mangerete o berrete, e neanche per il vostro corpo, di quello che indosserete; la vita forse non vale più del cibo e il corpo più del vestito? [26]Guardate gli uccelli del cielo: non seminano, né mietono, né ammassano nei granai; eppure il Padre vostro celeste li nutre. Non contate voi forse più di loro? [27]E chi di voi, per quanto si dia da fare, può aggiungere un'ora sola alla sua vita?

[28]E perché vi affannate per il vestito? Osservate come crescono i gigli del campo: non lavorano e non filano. [29]Eppure io vi dico che neanche Salomone, con tutta la sua gloria, vestiva come uno di loro. [30]Ora se Dio veste così l'erba del campo, che oggi c'è e domani verrà gettata nel forno, non farà assai più per voi, gente di poca fede?

[31]Non affannatevi dunque dicendo: Che cosa mangeremo? Che cosa berremo? Che cosa indosseremo? [32]Di tutte queste cose si preoccupano i pagani; il Padre vostro celeste infatti sa che ne avete bisogno.

[33]Cercate prima il regno di Dio e la sua giustizia, e tutte queste cose vi saranno date in aggiunta. [34]Non affannatevi dunque per il domani, perché il domani avrà già le sue inquietudini. A ciascun giorno basta la sua pena.

7. Non giudicare (Mc 4,24; Lc 6,37-42) - [1]Non giudicate, per non essere giudicati; [2]perché col giudizio con cui giudicate sarete giudicati, e con la misura con la quale misurate sarete misurati.

[3]Perché osservi la pagliuzza nell'occhio del tuo fratello, mentre non ti accorgi della trave che hai nel tuo occhio? [4]O come potrai dire al tuo fratello: permetti che tolga la pagliuzza dal tuo occhio, mentre nell'occhio tuo c'è la trave? [5]Ipocrita, togli prima la trave dal tuo occhio e poi ci vedrai bene per togliere la pagliuzza dall'occhio del tuo fratello.

Non profanare le cose sante - [6]Non date le cose sante ai cani e non gettate le vostre perle davanti ai porci, perché

non le calpestino con le loro zampe e poi si voltino per
sbranarvi.

Preghiera efficace (Lc 11,9-13; Gv 14,13) - ⁷Chiedete e vi
sarà dato; cercate e troverete; bussate e vi sarà aperto;
⁸perché chiunque chiede riceve, e chi cerca trova e a chi
bussa sarà aperto. ⁹Chi tra di voi al figlio che gli chiede un
pane darà una pietra? ¹⁰O se gli chiede un pesce, darà una
serpe? ¹¹Se voi dunque che siete cattivi sapete dare cose
buone ai vostri figli, quanto più il Padre vostro che è nei
cieli darà cose buone a quelli che gliele domandano!
¹²Tutto quanto volete che gli uomini facciano a voi, anche
voi fatelo a loro: questa infatti è la Legge ed i Profeti.

La porta stretta (Lc 13,23-24) - ¹³Entrate per la porta
stretta, perché larga è la porta e spaziosa la via che conduce
alla perdizione, e molti sono quelli che entrano per essa;
¹⁴quanto stretta invece è la porta e angusta la via che conduce alla vita, e quanto pochi sono quelli che la trovano!

I falsi profeti (Lc 6,43-44) - ¹⁵Guardatevi dai falsi profeti
che vengono a voi in veste di pecore, ma dentro son lupi
rapaci. ¹⁶Dai loro frutti li riconoscerete. Si raccoglie forse
uva dalle spine, o fichi dai rovi? ¹⁷Così ogni albero buono
produce frutti buoni e ogni albero cattivo produce frutti
cattivi; ¹⁸un albero buono non può produrre frutti cattivi, né
un albero cattivo produrre frutti buoni. ¹⁹Ogni albero che
non produce frutti buoni viene tagliato e gettato nel fuoco.
²⁰Dai loro frutti dunque li potrete riconoscere.

Non parole, ma fatti (Lc 6,46; 13,25-27) - ²¹Non chiunque
mi dice: Signore, Signore, entrerà nel regno dei cieli, ma
colui che fa la volontà del Padre mio che è nei cieli. ²²Molti
mi diranno in quel giorno: Signore, Signore, non abbiamo
noi profetato nel tuo nome e cacciato demòni nel tuo nome
e compiuto molti miracoli nel tuo nome? ²³Io però dichiarerò loro: Non vi ho mai conosciuti; allontanatevi da me, voi
operatori di iniquità.

La casa sulla roccia (Lc 6,47-49) - ²⁴Perciò chiunque ascolta queste mie parole e le mette in pratica, è simile a un uomo saggio che ha costruito la sua casa sulla roccia. [25]Cadde la pioggia, straripparono i fiumi, soffiarono i venti e si abbatterono su quella casa, ed essa non cadde, perché era fondata sopra la roccia.

[26]Chiunque ascolta queste mie parole e non le mette in pratica, è simile a un uomo stolto che ha costruito la sua casa sulla sabbia. [27]Cadde la pioggia, straripparono i fiumi, soffiarono i venti e si abbatterono su quella casa, ed essa cadde, e la sua rovina fu grande».

[28]Quando Gesù ebbe finito questi discorsi, le folle restarono stupite del suo insegnamento: [29]egli infatti insegnava loro come uno che ha autorità e non come i loro scribi.

Gesù taumaturgo

* La raccolta di dieci miracoli dopo il discorso della montagna prova che Gesù ha veramente l'autorità di Legislatore definitivo di Dio, per istituire la Nuova Alleanza. Egli appare come il Benefattore dell'umanità, atteso per il tempo messianico; ha potere sulle malattie, sugli elementi, sui demòni e sul peccato. *

8. Guarigione di un lebbroso (Mc 1,40-45; Lc 5,12-16) -
[1]Quando Gesù fu sceso dal monte, molta folla lo seguiva. [2]Ed ecco venire un lebbroso e prostrarsi a lui dicendo: «Signore, se vuoi, tu puoi sanarmi». [3]E Gesù stese la mano e lo toccò dicendo: «Lo voglio, sii sanato». E subito la sua lebbra scomparve. [4]Poi Gesù gli disse: «Guardati dal dirlo a qualcuno, ma va' a mostrarti al sacerdote e presenta l'offerta prescritta da Mosè, e ciò serva come testimonianza per loro».

Guarigione del servo del centurione (Lc 7,1-10) - [5]Entrato
in Cafàrnao, gli venne incontro un centurione che lo scongiurava: [6]«Signore, il mio servo giace in casa paralizzato e soffre terribilmente». [7]Gesù gli rispose: «Io verrò e lo curerò». [8]Ma il centurione riprese: «Signore, io non son degno che tu entri sotto il mio tetto, di' soltanto una parola e il mio servo sarà guarito. [9]Perché anch'io, che sono un subalterno, ho soldati sotto di me e dico a uno: Va', ed egli va; e

a un altro: Vieni, ed egli viene, e al mio servo: Fa' questo, ed egli lo fa».

[10]All'udire ciò, Gesù ne fu ammirato e disse a quelli che lo seguivano: «In verità vi dico, in Israele non ho trovato nessuno con una fede così grande. [11]Ora vi dico che molti verranno dall'oriente e dall'occidente e siederanno a mensa con Abramo, Isacco e Giacobbe nel regno dei cieli, [12]mentre i figli del regno saranno cacciati fuori nelle tenebre, ove sarà pianto e stridore di denti». [13]E Gesù disse al centurione: «Va', e sia fatto secondo la tua fede». In quell'istante il servo guarì.

Guarigione della suocera di Pietro (Mc 1,29-31; Lc 4,38-39) - [14]Entrato Gesù nella casa di Pietro, vide la suocera di lui che giaceva a letto con la febbre. [15]Le toccò la mano e la febbre scomparve; poi essa si alzò e si mise a servirlo.

Altri miracoli (Mc 1,32-34; Lc 4,40-41) - [16]Venuta la sera, gli portarono molti indemoniati ed egli scacciò gli spiriti con la sua parola e guarì tutti i malati, [17]perché si adempisse ciò che era stato detto per mezzo del profeta Isaia: *Egli ha preso le nostre infermità e si è addossato le nostre malattie* (Is 53,4).

Alcune vocazioni (Lc 9,57-60) - [18]Vedendo Gesù una gran folla intorno a sé, ordinò di passare all'altra riva. [19]Allora uno scriba si avvicinò e gli disse: «Maestro, io ti seguirò dovunque andrai». [20]Gli rispose Gesù: «Le volpi hanno le loro tane e gli uccelli del cielo i loro nidi, ma il Figlio dell'uomo non ha dove posare il capo».

[21]E un altro dei discepoli gli disse: «Signore, permettimi di andar prima a seppellire mio padre». [22]Ma Gesù gli rispose: «Seguimi e lascia i morti seppellire i loro morti».

La tempesta sedata (Mc 4,35-41; Lc 8,22-25) - [23]Essendo poi salito su una barca, i suoi discepoli lo seguirono. [24]Ed ecco scatenarsi nel mare una tempesta così violenta che la barca era ricoperta dalle onde; ed egli dormiva. [25]Allora, accostatisi a lui, lo svegliarono dicendo: «Salvaci, Signore, siamo perduti!». [26]Ed egli disse loro: «Perché avete paura, uomini di poca fede?». Quindi levatosi, sgridò i venti e il mare e si fece una grande bonaccia. [27]I presenti furono presi da stupore e dicevano: «Chi è mai costui al quale i venti e il mare obbediscono?».

Gli indemoniati gadarèni (Mc 5,1-20; Lc 8,26-39) - [28]Giunto all'altra riva, nel paese dei Gadarèni, due indemoniati, uscendo dai sepolcri, gli vennero incontro; erano tanto furiosi che nessuno poteva più passare per quella strada. [29]Cominciarono a gridare: «Che cosa abbiamo noi in comune con te, Figlio di Dio? Sei venuto qui prima del tempo a tormentarci?».

[30]A qualche distanza da loro c'era una numerosa mandria di porci a pascolare; [31]e i demòni presero a scongiurarlo dicendo: «Se ci scacci, mandaci in quella mandria». [32]Egli disse loro: «Andate!». Ed essi, usciti dai corpi degli uomini, entrarono in quelli dei porci: ed ecco tutta la mandria si precipitò dal dirupo nel mare e perì nei flutti. [33]I mandriani allora fuggirono ed entrati in città raccontarono ogni cosa e il fatto degli indemoniati. [34]Tutta la città allora uscì incontro a Gesù e, vistolo, lo pregarono che si allontanasse dal loro territorio.

9. Guarigione di un paralitico (Mc 2,1-12; Lc 5,17-26) - [1]Salito su una barca, Gesù passò all'altra riva e giunse nella sua città. [2] Ed ecco, gli portarono un paralitico steso su un letto. Gesù, vista la loro fede, disse al paralitico: «Coraggio, figliolo, ti sono rimessi i tuoi peccati». [3]Allora gli scribi cominciarono a pensare: «Costui bestemmia». [4]Ma Gesù, conoscendo i loro pensieri, disse: «Perché mai pensate cose malvage nel vostro cuore? [5]Che cosa dunque è più facile, dire: Ti sono rimessi i peccati, o dire: Alzati e cammina? [6]Ora, perché sappiate che il Figlio dell'uomo ha il potere in terra di rimettere i peccati: alzati, disse allora al paralitico, prendi il tuo letto e va' a casa tua». [7]Ed egli si alzò e andò a casa sua. [8]A quella vista, la folla fu presa da timore e rese gloria a Dio che aveva dato un tale potere agli uomini.

La chiamata di Matteo (Mc 2,13-17; Lc 5,27-32) - [9]Andando via di là, Gesù vide un uomo seduto al banco delle imposte, chiamato Matteo, e gli disse: «Seguimi». Ed egli si alzò e lo seguì.

[10]Mentre Gesù sedeva a mensa in casa, sopraggiunsero molti pubblicani e peccatori e si misero a tavola con lui e con i discepoli. [11]Vedendo ciò, i farisei dicevano ai suoi discepoli: «Perché il vostro maestro mangia insieme ai pubblicani e ai peccatori?». [12]Gesù li udì e disse: «Non sono i sani che hanno bisogno del medico, ma i malati. [13]Andate dunque e imparate che cosa significhi: *Misericordia io voglio e non sacrificio* (Os 6,6). Infatti non sono venuto a chiamare i giusti, ma i peccatori».

Discussione sul digiuno (Mc 2,18-22; Lc 5,33-39) - [14]Allora gli si accostarono i discepoli di Giovanni e gli dissero: «Perché, mentre noi e i farisei digiuniamo, i tuoi discepoli non digiunano?». [15]E Gesù disse loro: «Possono forse gli invitati a nozze essere in lutto mentre lo sposo è con loro? Verranno però i giorni quando lo sposo sarà loro tolto e allora digiuneranno.

[16]Nessuno mette un pezzo di stoffa grezza su un vestito vecchio, perché il rattoppo squarcia il vestito e si fa uno strappo peggiore. [17]Né si mette vino nuovo in otri vecchi, altrimenti si rompono gli otri e il vino si versa e gli otri van perduti. Ma si versa vino nuovo in otri nuovi, e così l'uno e gli altri si conservano».

La figlia di Giairo e l'emorroissa (Mc 5,21-43; Lc 8,40-56) - [18]Mentre diceva loro queste cose, giunse uno dei capi che gli si prostrò innanzi e gli disse: «Mia figlia è morta proprio ora; ma vieni, imponi la tua mano sopra di lei ed essa vivrà». [19]Alzatosi, Gesù lo seguiva con i suoi discepoli.

[20]Ed ecco una donna, che soffriva d'emorragia da dodici anni, gli si accostò alle spalle e toccò il lembo del suo mantello. [21]Pensava infatti: «Se riuscirò anche solo a toccare il suo mantello, sarò guarita». [22]Gesù, voltatosi, la vide e disse: «Coraggio, figliola, la tua fede ti ha guarita». E in quell'istante la donna guarì.

[23]Arrivato poi Gesù nella casa del capo e veduti i flautisti e la gente in agitazione, disse: [24]«Ritiratevi, perché la fanciulla non è morta, ma dorme». Quelli si misero a deriderlo. [25]Ma dopo che fu cacciata via la gente egli entrò, le prese la mano e la fanciulla si alzò. [26]E se ne sparse la fama in tutta quella regione.

Guarigione di due ciechi - [27]Mentre Gesù si allontanava di là, due ciechi lo seguivano urlando: «Figlio di Davide, abbi pietà di noi». [28]Entrato in casa, i ciechi gli si accostarono, e Gesù disse loro: «Credete voi che io possa fare questo?». Gli risposero: «Sì, o Signore!». [29]Allora toccò loro gli occhi e disse: «Sia fatto a voi secondo la vostra fede». [30]E si aprirono loro gli occhi. Quindi Gesù li ammonì dicendo: «Badate che nessuno lo sappia!». [31]Ma essi, appena usciti, ne sparsero la fama in tutta quella regione.

Guarigione di un muto indemoniato - [32]Usciti costoro, gli presentarono un muto indemoniato. [33]Scacciato il demonio, quel muto cominciò a parlare e la folla presa da stupore diceva: «Non si è mai vista una cosa simile in Israele!». [34]Ma i farisei dicevano: «Egli scaccia i demòni per opera del principe dei demòni».

La messe e gli operai (Mc 6,34; Lc 10,2) - [35]Gesù percorreva tutte le città e i villaggi, insegnando nelle loro sinagoghe, predicando il vangelo del regno e curando ogni malattia e infermità. [36]Vedendo le folle ne sentì compassione, perché erano stanche e sfinite, come pecore senza pastore. [37]Allora disse ai suoi discepoli: «La messe è molta, ma gli operai sono pochi! [38]Pregate dunque il padrone della messe che mandi operai nella sua messe!».

Il discorso missionario

* Gli Apostoli saranno i continuatori dell'opera di Gesù, le colonne del futuro popolo di Dio. Ecco perché Gesù li sceglie tra numerosi discepoli e li esercita al ministero. Prima di inviarli a fare la prima esperienza missionaria li istruisce con un ampio discorso. La prima parte (vv. 5-15) riguarda questa missione dei discepoli in Israele, la seconda (vv. 16-24) si riferisce alla missione universale della Chiesa, che sarà caratterizzata dalla sofferenza e dalle persecuzioni, comunque previste nel progetto salvifico di Dio. *

10. I Dodici (Mc 3,13-19; Lc 6,13-16) - [1]Chiamati a sé i dodici discepoli, diede loro il potere di scacciare gli spiriti immondi e di guarire ogni sorta di malattie e d'infermità.

²I nomi dei dodici apostoli sono: primo, Simone, chiámato Pietro, e Andrea suo fratello; Giacomo di Zebedèo e Giovanni suo fratello, ³Filippo e Bartolomeo, Tommaso e Matteo il pubblicano, Giacomo di Alfeo e Taddeo, ⁴Simone il Cananeo e Giuda l'Iscariota, che poi lo tradì.

La missione dei Dodici (Mc 6,8-11; Lc 9,2-5; 10,1-12) - ⁵Questi Dodici Gesù li inviò dopo averli così istruiti:

«Non andate fra i pagani e non entrate nelle città dei Samaritani; ⁶rivolgetevi piuttosto alle pecore perdute della casa d'Israele. ⁷E strada facendo, predicate che il regno dei cieli è vicino. ⁸Guarite gli infermi, risuscitate i morti, sanate i lebbrosi, cacciate i demòni. Gratuitamente avete ricevuto, gratuitamente date. ⁹Non procuratevi oro, né argento, né moneta di rame nelle vostre cinture; ¹⁰né bisaccia da viaggio, né due tuniche, né sandali, né bastone, perché l'operaio ha diritto al suo nutrimento.

¹¹In qualunque città o villaggio entriate, fatevi indicare se vi sia qualche persona degna, e lì rimanete fino alla vostra partenza. ¹²Entrando nella casa, rivolgete il saluto. ¹³Se quella casa ne sarà degna, la vostra pace scenda sopra di essa; ma se non ne sarà degna, la vostra pace ritorni a voi. ¹⁴Se qualcuno poi non vi accoglierà e non darà ascolto alle vostre parole, uscite da quella casa o da quella città e scuotete la polvere dai vostri piedi. ¹⁵In verità vi dico, nel giorno del giudizio il paese di Sòdoma e Gomorra avrà una sorte più sopportabile di quella città.

Persecuzioni future (Mc 13,9-13; Lc 21,12-19) - ¹⁶Ecco: io vi mando come pecore in mezzo ai lupi; siate dunque prudenti come i serpenti e semplici come le colombe. ¹⁷Guardatevi dagli uomini, perché vi consegneranno ai loro tribunali e vi flagelleranno nelle loro sinagoghe; ¹⁸e sarete condotti davanti ai governatori e ai re per causa mia, per dare testimonianza a loro e ai pagani.

¹⁹E quando vi consegneranno nelle loro mani, non preoccupatevi di come o di che cosa dovrete dire, perché vi sarà suggerito in quel momento ciò che dovrete dire: ²⁰non siete infatti voi a parlare, ma è lo Spirito del Padre vostro che parla in voi.

²¹Il fratello darà a morte il fratello e il padre il figlio, e i

figli insorgeranno contro i genitori e li faranno morire. ²²E
sarete odiati da tutti a causa del mio nome; ma chi persevererà sino alla fine sarà salvato. ²³Quando vi perseguiteranno
in una città, fuggite in un'altra; in verità vi dico: non avrete
finito di percorrere le città di Israele, prima che venga il
Figlio dell'uomo.

²⁴Un discepolo non è da più del maestro, né un servo da
più del suo padrone; ²⁵è sufficiente per il discepolo essere
come il suo maestro e per il servo come il suo padrone. Se
hanno chiamato Beelzebùl il padrone di casa, quanto più i
suoi familiari!

Fede intrepida (Mc 4,22; Lc 12,2-9) - ²⁶Non li temete dunque, poiché non v'è nulla di nascosto che non debba essere
svelato, e di segreto che non debba essere manifestato.
²⁷Quello che vi dico nelle tenebre ditelo nella luce, e quello
che ascoltate all'orecchio predicatelo sui tetti. ²⁸E non abbiate paura di quelli che uccidono il corpo, ma non hanno
potere di uccidere l'anima; temete piuttosto colui che ha il
potere di far perire e l'anima e il corpo nella Geenna. ²⁹Due
passeri non si vendono forse per un soldo? Eppure neanche
uno di essi cadrà a terra senza che il Padre vostro lo voglia.

³⁰Quanto a voi, perfino i capelli del vostro capo sono tutti
contati; ³¹non abbiate dunque timore: voi valete più di molti
passeri!

³²Chi dunque mi riconoscerà davanti agli uomini, anch'io
lo riconoscerò davanti al Padre mio che è nei cieli; ³³chi
invece mi rinnegherà davanti agli uomini, anch'io lo rinnegherò davanti al Padre mio che è nei cieli.

Gesù causa di divisioni (Lc 12,51-53) - ³⁴Non crediate che
io sia venuto a portare pace sulla terra; non sono venuto a
portare pace, ma una spada. ³⁵Sono venuto infatti a separare
il figlio *dal padre, la figlia dalla madre, la nuora dalla suocera;* ³⁶*e i nemici dell'uomo saranno quelli della sua casa* (Mi
7,6).

Perdersi per seguire Gesù (Lc 14,26-27) - ³⁷Chi ama il
padre o la madre più di me non è degno di me; chi ama il
figlio o la figlia più di me non è degno di me; ³⁸chi non
prende la sua croce e non mi segue, non è degno di me.

³⁹Chi avrà trovato la sua vita, la perderà: e chi avrà perduto la sua vita per causa mia, la troverà.

Ricompensa per i benefattori (Mc 9,37.41; Lc 9,48) - ⁴⁰Chi accoglie voi accoglie me, e chi accoglie me accoglie colui che mi ha mandato. ⁴¹Chi accoglie un profeta come profeta, avrà la ricompensa del profeta, e chi accoglie un giusto come giusto, avrà la ricompensa del giusto.

⁴²E chi avrà dato anche solo un bicchiere di acqua fresca a uno di questi piccoli, perché è mio discepolo, in verità vi dico non perderà la sua ricompensa».

Il Vangelo ostacolato dai farisei

* Il messianismo attuato da Gesù è tanto difforme dalle attese trionfalistiche dei contemporanei. La sua bontà verso gli emarginati gli attira la simpatia della gente povera e semplice. Ne restano invece irritati gli scribi e i farisei, le guide spirituali del popolo. Costoro incominciano a ostacolare la predicazione del divino Maestro con controversie astiose, accusandolo d'infedeltà alla Legge mosaica e calunniandolo malignamente, quasi fosse alleato di Satana e agisse in suo nome. Gesù compiva miracoli per provare l'autenticità della sua missione; i farisei, invece, li attribuiscono al diavolo. Tale accecamento volontario costituisce il peccato contro lo Spirito Santo. *

11. La legazione del Battista (Lc 7,18-23) - ¹Quando Gesù ebbe terminato di dare queste istruzioni ai suoi dodici discepoli, partì di là per insegnare e predicare nelle loro città.

²Giovanni intanto, che era in carcere, avendo sentito parlare delle opere del Cristo, mandò a dirgli per mezzo dei suoi discepoli: ³«Sei tu colui che deve venire o dobbiamo attenderne un altro?». ⁴Gesù rispose: «Andate e riferite a Giovanni ciò che voi udite e vedete: ⁵*I ciechi ricuperano la vista*, gli storpi camminano, i lebbrosi sono guariti, i sordi riacquistano l'udito, i morti risuscitano, *ai poveri è predicata la buona novella* (Is 29,18-19; 61,1), ⁶e beato colui che non si scandalizza di me».

Gesù elogia il Battista (Lc 7,24-30) - ⁷Mentre questi se ne andavano, Gesù si mise a parlare di Giovanni alle folle:

«Che cosa siete andati a vedere nel deserto? Una canna sbattuta dal vento? [8]Che cosa dunque siete andati a vedere? Un uomo avvolto in morbide vesti? Coloro che portano morbide vesti stanno nei palazzi dei re! [9]E allora, che cosa siete andati a vedere? Un profeta? Sì, vi dico, anche più di un profeta. [10]Egli è colui, del quale sta scritto: *Ecco, io mando davanti a te il mio messaggero che preparerà la tua via davanti a te* (Ml 3,1).

[11]In verità vi dico: tra i nati di donna non è sorto uno più grande di Giovanni il Battista; tuttavia il più piccolo nel regno dei cieli è più grande di lui. [12]Dai giorni di Giovanni il Battista fino ad ora, il regno dei cieli soffre violenza e i violenti se ne impadroniscono. [13]La Legge e tutti i Profeti infatti hanno profetato fino a Giovanni. [14]E se lo volete accettare, egli è quell'Elia che deve venire. [15]Chi ha orecchi intenda.

Gesù giudica i suoi contemporanei (Lc 7,31-35) - [16]Ma a chi paragonerò io questa generazione? Essa è simile a quei fanciulli seduti sulle piazze che si rivolgono agli altri compagni e dicono: [17]Vi abbiamo suonato il flauto e non avete ballato, abbiamo cantato un lamento e non avete pianto.

[18]È venuto Giovanni, che non mangia non beve, e hanno detto: Ha un demonio. [19]È venuto il Figlio dell'uomo, che mangia e beve, e dicono: Ecco un mangione e un beone, amico dei pubblicani e dei peccatori. Ma alla sapienza è stata resa giustizia dalle sue opere».

Rimprovero alle città impenitenti (Lc 10,13-15) - [20]Allora si mise a rimproverare le città nelle quali aveva compiuto il maggior numero di miracoli, perché non si erano convertite: [21]«Guai a te, Corazìn! Guai a te, Betsàida. Perché, se a Tiro e a Sidone fossero stati compiuti i miracoli che sono stati fatti in mezzo a voi, già da tempo avrebbero fatto penitenza, ravvolte nel cilicio e nella cenere. [22]Ebbene io ve lo dico: Tiro e Sidone nel giorno del giudizio avranno una sorte meno dura della vostra. [23]E tu, Cafàrnao, *sarai forse innalzata fino al cielo? Fino agli inferi precipiterai!* (Is 14,13-15). Perché, se in Sòdoma fossero avvenuti i miracoli compiuti in te, oggi ancora essa esisterebbe! [24]Ebbene io vi dico: Nel giorno del giudizio avrà una sorte meno dura della tua!».

Lode al Padre (Lc 10, 21-22) - ²¹In quel tempo Gesù disse: «Ti benedico, o Padre, Signore del cielo e della terra, perché hai tenuto nascoste queste cose ai sapienti e agli intelligenti e le hai rivelate ai piccoli. ²⁶Sì, o Padre, perché così è piaciuto a te. ²⁷Tutto mi è stato dato dal Padre mio; nessuno conosce il Figlio se non il Padre, e nessuno conosce il Padre se non il Figlio e colui al quale il Figlio lo voglia rivelare.

Il giogo di Gesù è leggero - ²⁸Venite a me, voi tutti, che siete affaticati e oppressi, e io vi ristorerò. ²⁹Prendete il mio giogo sopra di voi e imparate da me, che sono mite e umile di cuore, *e troverete ristoro* (Ger 6,16) per le vostre anime. ³⁰Il mio giogo infatti è dolce e il mio carico leggero».

12. Le spighe colte di sabato (Mc 2,23-28; Lc 6,1-5) - ¹In quel tempo Gesù passò tra le messi in giorno di sabato, e i suoi discepoli ebbero fame e cominciarono a cogliere spighe e le mangiavano. ²Ciò vedendo, i farisei gli dissero: «Ecco, i tuoi discepoli stanno facendo quello che non è lecito fare in giorno di sabato». ³Ed egli rispose: «Non avete letto quello che fece Davide quando ebbe fame insieme ai suoi compagni? ⁴Come entrò nella casa di Dio e mangiarono i pani dell'offerta, che non era lecito mangiare né a lui né ai suoi compagni, ma solo ai sacerdoti?

⁵O non avete letto nella Legge che nei giorni di sabato i sacerdoti nel tempio infrangono il sabato e tuttavia sono senza colpa? ⁶Ora io vi dico che qui c'è qualcosa più grande del tempio. ⁷Se aveste compreso che cosa significa: *Misericordia io voglio e non sacrificio* (Os 6,6), non avreste condannato persone senza colpa. ⁸Perché il Figlio dell'uomo è signore del sabato».

L'uomo dalla mano inaridita (Mc 3,1-6; Lc 6,6-11) - ⁹Allontanatosi di là, andò nella loro sinagoga. ¹⁰Ed ecco, c'era un uomo che aveva una mano inaridita, ed essi chiesero a Gesù: «È permesso curare di sabato?». Dicevano ciò per accusarlo. ¹¹Ed egli disse loro: «Chi tra voi, avendo una pecora, se questa gli cade di sabato in una fossa, non l'afferra e la tira fuori? ¹²Ora, quanto è più prezioso un uomo di una pecora! Perciò è permesso fare del bene anche di sabato». ¹³E rivolto all'uomo, gli disse: «Stendi la mano». Egli la stese, e quella ritornò sana come l'altra. [14]I farisei però, usciti, tennero consiglio contro di lui per toglierlo di mezzo.

Gesù, il Servo del Signore (Mc 3,12) - [15]Ma Gesù, saputolo, si allontanò di là. Molti lo seguirono ed egli guarì tutti, [16]ordinando loro di non divulgarlo, [17]perché si adempisse ciò che era stato detto dal profeta Isaia: [18]*Ecco il mio servo che io ho scelto; il mio prediletto, nel quale mi sono compiaciuto. Porrò il mio spirito sopra di lui e annunzierà la giustizia alle genti.* [19]*Non contenderà, né griderà, né si udrà sulle piazze la sua voce.* [20]*La canna infranta non spezzerà, non spegnerà il lucignolo fumigante, finché abbia fatto trionfare la giustizia;* [21]*nel suo nome spereranno le genti* (Is 42,1-4).

Guarigione di un indemoniato cieco e muto (Lc 11,14) - [22]In quel tempo gli fu portato un indemoniato, cieco e muto, ed egli lo guarì, sicché il muto parlava e vedeva. [23]E tutta la folla era sbalordita e diceva: «Non è forse costui il figlio di Davide?».

Gesù e Beelzebùl (Mc 3,22-30; Lc 11,15-23) - [24]Ma i farisei, udento questo, presero a dire: «Costui scaccia i demòni in nome di Beelzebùl, principe dei demòni».

[25]Ma egli, conosciuto il loro pensiero, disse loro: «Ogni regno discorde cade in rovina, e nessuna città o famiglia discorde può reggersi. [26]Ora, se satana scaccia satana, egli è discorde con se stesso; come potrà dunque reggersi il suo regno? [27]E se io scaccio i demòni in nome di Beelzebùl, i vostri figli in nome di chi li scacciano? Per questo loro stessi saranno i vostri giudici.

[28]Ma se io scaccio i demòni per virtù dello Spirito di Dio, è certo giunto fra voi il regno di Dio. [29]Come potrebbe uno penetrare nella casa dell'uomo forte e rapirgli le sue cose, se prima non lo lega? Allora soltanto gli potrà saccheggiare la casa. [30]Chi non è con me è contro di me, e chi non raccoglie con me, disperde.

[31]Perciò io vi dico: Qualunque peccato e bestemmia sarà perdonata agli uomini, ma la bestemmia contro lo Spirito non sarà perdonata. [32]A chiunque parlerà male del Figlio dell'uomo sarà perdonato; ma la bestemmia contro lo Spiri-

to, non gli sarà perdonata né in questo secolo, né in quello futuro.

L'albero si conosce dal frutto (Lc 6,43-45) - ³³Se prendete un albero buono, anche il suo frutto sarà buono; se prendete un albero cattivo, anche il suo frutto sarà cattivo: dal frutto infatti si conosce l'albero. ³⁴Razza di vipere, come potete dire cose buone, voi che siete cattivi? Poiché la bocca parla dalla pienezza del cuore. ³⁵L'uomo buono dal suo buon tesoro trae cose buone, mentre l'uomo cattivo dal suo cattivo tesoro trae cose cattive.

³⁶Ma io vi dico che di ogni parola infondata gli uomini renderanno conto nel giorno del giudizio; ³⁷poiché in base alle tue parole sarai giustificato e in base alle tue parole sarai condannato».

Il segno di Giona (Mc 8,11-12; Lc 11,29-32) - ³⁸Allora alcuni scribi e farisei lo interrogarono: «Maestro, vorremmo che tu ci facessi vedere un segno». Ed egli rispose: ³⁹«Una generazione perversa e adultera pretende un segno! Ma nessun segno le sarà dato, se non il segno di Giona profeta. ⁴⁰Come infatti *Giona rimase tre giorni e tre notti nel ventre del pesce* (Gio 2,1), così il Figlio dell'uomo resterà tre giorni e tre notti nel cuore della terra. ⁴¹Quelli di Nìnive si alzeranno a giudicare questa generazione e la condanneranno, perché essi si convertirono alla predicazione di Giona. Ecco, ora qui c'è più di Giona! ⁴²La regina del sud si leverà a giudicare questa generazione e la condannerà, perché essa venne dall'estremità della terra per ascoltare la sapienza di Salomone; ecco, ora qui c'è più di Salomone!

Il ritorno dello spirito immondo (Lc 11,24-26) - ⁴³Quando lo spirito immondo esce da un uomo, se ne va per luoghi aridi cercando sollievo, ma non ne trova. ⁴⁴Allora dice: Ritornerò alla mia abitazione, da cui sono uscito. E tornato la trova vuota, spazzata e adorna. ⁴⁵Allora va, si prende sette altri spiriti peggiori ed entra a prendervi dimora; e la nuova condizione di quell'uomo diventa peggiore della prima. Così avverrà anche a questa generazione perversa».

I veri parenti di Gesù (Mc 3,31-35; Lc 8,19-21) - [46]Mentre egli parlava ancora alla folla, sua madre e i suoi fratelli, stando fuori in disparte, cercavano di parlargli. [47]Qualcuno gli disse: «Ecco di fuori tua madre e i tuoi fratelli che vogliono parlarti».

[48]Ed egli, rispondendo a chi lo informava, disse: «Chi è mia madre e chi sono i miei fratelli?». [49]Poi stendendo la mano verso i suoi discepoli disse: «Ecco mia madre ed ecco i miei fratelli; [50]perché chiunque fa la volontà del Padre mio che è nei cieli, questi è per me fratello, sorella e madre».

Le parabole del regno

* Le sette parabole raccolte in questo terzo discorso di Gesù hanno lo scopo di illustrare il mistero del regno di Dio. Nonostante gli inizi umili, poco appariscenti, le forze nascoste del regno sono operanti. Dio sta per attuare la sua sovranità non con un messianismo spettacolare e terreno, ma con l'opera e l'oblazione del proprio Figlio, che attua la figura del Servo sofferente. *

13. Parabola del seminatore (Mc 4,1-9; Lc 8,4-8) - [1]Quel giorno Gesù uscì di casa e si sedette in riva al mare. [2]Si cominciò a raccogliere attorno a lui tanta folla che dovette salire su una barca; là si pose a sedere, mentre tutta la folla rimaneva sulla spiaggia.

[3]Egli parlò loro di molte cose in parabole. E disse: «Ecco, il seminatore uscì a seminare. [4]E mentre seminava, una parte del seme cadde sulla strada e vennero gli uccelli e la divorarono. [5]Un'altra parte cadde in luogo sassoso, dove non c'era molta terra; subito germogliò, perché il terreno non era profondo. [6]Ma, spuntato il sole, restò bruciata e non avendo radici si seccò. [7]Un'altra parte cadde sulle spine e le spine crebbero e la soffocarono. [8]Un'altra parte cadde sulla terra buona e diede frutto, dove il cento, dove il sessanta, dove il trenta. [9]Chi ha orecchi, intenda».

Perché Gesù parla in parabole (Mc 4,10-12; Lc 8,9-10) - [10]Gli si avvicinarono allora i discepoli e gli dissero: «Perché parli loro in parabole?».

[11]Egli rispose: «Perché a voi è dato di conoscere i misteri del regno dei cieli, ma a loro non è dato. [12]Così a chi ha sarà dato e sarà nell'abbondanza; e a chi non ha sarà tolto anche quello che ha. [13]Per questo parlo loro in parabole; perché pur vedendo non vedono, e pur udendo non odono e non comprendono.

[14]E così si adempie per loro la profezia di Isaia che dice: *Voi udrete, ma non comprenderete, guarderete, ma non vedrete*. [15]*Perché il cuore di questo popolo si è indurito, son diventati duri di orecchi, e hanno chiuso gli occhi, per non vedere con gli occhi, non sentire con gli orecchi e non intendere con il cuore e convertirsi, e io li risani* (Is 6,9-10).

[16]Ma beati i vostri occhi perché vedono e i vostri orecchi perché sentono. [17]In verità vi dico: molti profeti e giusti hanno desiderato vedere ciò che voi vedete, e non lo videro, e ascoltare ciò che voi ascoltate, e non l'udirono!

Spiegazione della parabola del seminatore (Mc 4,13-20; Lc 8,11-15) - [18]Voi dunque intendete la parabola del seminatore: [19]tutte le volte che uno ascolta la parola del regno e non la comprende, viene il maligno e ruba ciò che è stato seminato nel suo cuore: questo è il seme seminato lungo la strada. [20]Quello che è stato seminato nel terreno sassoso è l'uomo che ascolta la parola e subito l'accoglie con gioia, [21]ma non ha radice in sé ed è incostante, sicché appena giunge una tribolazione o persecuzione a causa della parola, egli ne resta scandalizzato. [22]Quello seminato tra le spine è colui che ascolta la parola, ma la preoccupazione del mondo e l'inganno della ricchezza soffocano la parola ed essa non dà frutto. [23]Quello seminato nella terra buona è colui che ascolta la parola e la comprende; questi dà frutto e produce ora il cento, ora il sessanta, ora il trenta».

Parabola della zizzania - [24]Un'altra parabola espose loro così: «Il regno dei cieli si può paragonare a un uomo che ha seminato del buon seme nel suo campo. [25]Ma mentre tutti dormivano venne il suo nemico, seminò zizzania in mezzo al grano e se ne andò. [26]Quando poi la messe fiorì e fece frutto, ecco apparve anche la zizzania. [27]Allora i servi andarono dal padrone di casa e gli dissero: Padrone, non hai seminato del buon seme nel tuo campo? Da dove viene dunque la zizzania? [28]Ed egli rispose loro: Un nemico ha fatto questo.

E i servi gli dissero: Vuoi dunque che andiamo a raccoglierla? [29]No, rispose, perché non succeda che, cogliendo la zizzania, con essa sradichiate anche il grano. [30]Lasciate che l'una e l'altra crescano insieme fino alla mietitura e al momento della mietitura dirò ai mietitori: Cogliete prima la zizzania e legatela in fastelli per bruciarla; il grano invece riponetelo nel mio granaio».

Parabole del granello di senapa e del lievito (Mc 4,30-32; Lc 13,18-21) - [31]Un'altra parabola espose loro: «Il regno dei cieli si può paragonare a un granellino di senapa, che un uomo prende e semina nel suo campo. [32]Esso è il più piccolo di tutti i semi ma, una volta cresciuto, è più grande degli altri legumi e diventa un albero, tanto che vengono gli uccelli del cielo e si annidano fra i suoi rami».

[33]Un'altra parabola disse loro: «Il regno dei cieli si può paragonare al lievito, che una donna ha preso e impastato con tre misure di farina perché tutta si fermenti».

L'insegnamento in parabole (Mc 4,33-34) - [34]Tutte queste cose Gesù disse alla folla in parabole e non parlava ad essa se non in parabole, [35]perché si adempisse ciò che era stato detto dal profeta: *Aprirò la mia bocca in parabole, proclamerò cose nascoste* fin dalla fondazione del mondo (Sal 77,2).

Spiegazione della parabola della zizzania - [36]Poi Gesù lasciò la folla ed entrò in casa; i suoi discepoli gli si accostarono per dirgli: «Spiegaci la parabola della zizzania nel campo».

[37]Ed egli rispose: «Colui che semina il buon seme è il Figlio dell'uomo. [38]Il campo è il mondo. Il seme buono sono i figli del regno; la zizzania sono i figli del maligno, [39]e il nemico che l'ha seminata è il diavolo. La mietitura rappresenta la fine del mondo, e i mietitori sono gli angeli. [40]Come dunque si raccoglie la zizzania e si brucia nel fuoco, così avverrà alla fine del mondo. [41]Il Figlio dell'uomo manderà i suoi angeli, i quali raccoglieranno dal suo regno tutti gli scandali e tutti gli operatori di iniquità [42]e li getteranno nella

fornace ardente dove sarà pianto e stridore di denti. ⁴³Allora i giusti splenderanno come il sole nel regno del Padre loro. Chi ha orecchi intenda!

Parabole del tesoro e della perla - ⁴⁴Il regno dei cieli è simile a un tesoro nascosto in un campo; un uomo lo trova e lo nasconde di nuovo, poi va, pieno di gioia, e vende tutti i suoi averi e compra quel campo.

⁴⁵Il regno dei cieli è simile a un mercante che va in cerca di perle preziose; ⁴⁶trovata una perla di grande valore, va, vende tutti i suoi averi e la compra.

Parabola della rete - ⁴⁷Il regno dei cieli è simile anche a una rete gettata nel mare che raccoglie ogni genere di pesci. ⁴⁸Quando è piena, i pescatori la tirano a riva e poi, sedutisi, raccolgono i pesci buoni nei canestri e buttano via i cattivi. ⁴⁹Così sarà alla fine del mondo. Verranno gli angeli e separeranno i cattivi dai buoni ⁵⁰e li getteranno nella fornace ardente, dove sarà pianto e stridore di denti.

Conclusione delle parabole - ⁵¹«Avete capito tutte queste cose?». Gli risposero: «Sì». ⁵²Ed egli disse loro: «Per questo ogni scriba divenuto discepolo del regno dei cieli è simile a un padrone di casa che estrae dal suo tesoro cose nuove e cose antiche».

Gesù a Nàzaret (Mc 6,1-6; Lc 4,16,24) - ⁵³Terminate queste parabole, Gesù partì di là ⁵⁴e venuto nella sua patria insegnava nella loro sinagoga e la gente rimaneva stupita e diceva: «Da dove mai viene a costui questa sapienza e questi miracoli? ⁵⁵Non è egli forse il figlio del carpentiere? Sua madre non si chiama Maria e i suoi fratelli Giacomo, Giuseppe, Simone e Giuda? E le sue sorelle non sono tutte fra noi? Da dove gli vengono dunque tutte queste cose?». ⁵⁶E si scandalizzavano per causa sua. Ma Gesù disse loro: «Un profeta non è disprezzato se non nella sua patria e in casa sua». ⁵⁷E non fece molti miracoli a causa della loro incredulità.

Formazione della Chiesa

* Dopo la crisi della fede messianica in Galilea e il rifiuto dei
nazaretani, Gesù si stacca progressivamente dalle folle e si dedica
con particolare cura alla formazione dei suoi discepoli, approfittando
soprattutto di prolungati itinerari in terra straniera e di soste in
luoghi deserti. Con la «sezione dei pani» (14,13-16,12) approfondisce
il senso della sua dottrina e della sua azione salvifica, preludendo al
nuovo Israele, convocato al banchetto eucaristico in cui Gesù offrirà
se stesso come cibo spirituale, venuto dal cielo. *

14. Decapitazione di Giovanni Battista (Mc 6,14-29; Lc
9,7-9) - [1]In quel tempo il tetrarca Erode ebbe notizia della
fama di Gesù. [2]Egli disse ai suoi cortigiani: «Costui è Giovanni il Battista risuscitato dai morti; per ciò la potenza dei
miracoli opera in lui».

[3]Erode aveva arrestato Giovanni e lo aveva fatto incate-
nare e gettare in prigione per causa di Erodìade, moglie di
Filippo suo fratello. [4]Giovanni infatti gli diceva: «Non ti è
lecito tenerla!». [5]Benché Erode volesse farlo morire, temeva
il popolo perché lo considerava un profeta.

[6]Venuto il compleanno di Erode, la figlia di Erodìade
danzò in pubblico e piacque tanto a Erode [7]che egli le promise con giuramento di darle tutto quello che avesse domandato. [8]Ed essa, istigata dalla madre, disse: «Dammi qui,
su un vassoio, la testa di Giovanni il Battista». [9]Il re ne fu
contristato, ma a causa del giuramento e dei commensali
ordinò che le fosse data [10]e mandò a decapitare Giovanni nel
carcere. [11]La testa venne portata su un vassoio e fu data alla
fanciulla, ed ella la portò a sua madre.

[12]I suoi discepoli andarono a prendere il cadavere, lo seppellirono e andarono a informarne Gesù.

Prima moltiplicazione dei pani (Mc 6,30-44; Lc 9,10-17;
Gv 6,1-13) - [13]Udito ciò, Gesù partì di là su una barca e si
ritirò in disparte in un luogo deserto. Ma la folla, saputolo,
lo seguì a piedi dalle città. [14]Egli, sceso dalla barca, vide una
grande folla e sentì compassione per loro e guarì i loro
malati.

[15]Sul far della sera, gli si accostarono i discepoli e gli
dissero: «Il luogo è deserto ed è ormai tardi; congeda la

folla perché vada nei villaggi a comprarsi da mangiare». [16]Ma Gesù rispose: «Non occorre che vadano; date loro voi stessi da mangiare». [17]Gli risposero: «Non abbiamo che cinque pani e due pesci!». [18]Ed egli disse: «Portatemeli qua».

[19]E dopo aver ordinato alla folla di sedersi sull'erba, prese i cinque pani e i due pesci e, alzati gli occhi al cielo, pronunziò la benedizione, spezzò i pani e li diede ai discepoli e i discepoli li distribuirono alla folla. [20]Tutti mangiarono e furono saziati; e portarono via dodici ceste piene di pezzi avanzati. [21]Quelli che avevano mangiato erano circa cinquemila uomini, senza contare le donne e i bambini.

Gesù cammina sulle acque (Mc 6,45-52; Gv 6,16-21) - [22]Subito dopo ordinò ai discepoli di salire sulla barca e di precederlo sull'altra sponda, mentre egli avrebbe congedato la folla. [23]Congedata la folla, salì sul monte, solo, a pregare. Venuta la sera, egli se ne stava ancora solo lassù.

[24]La barca intanto distava già qualche miglio da terra ed era agitata dalle onde, a causa del vento contrario. [25]Verso la fine della notte egli venne verso di loro camminando sul mare. [26]I discepoli, a vederlo camminare sul mare, furono turbati e dissero: «È un fantasma» e si misero a gridare dalla paura. [27]Ma subito Gesù parlò loro: «Coraggio, sono io, non abbiate paura».

[28]Pietro gli disse: «Signore, se sei tu, comanda che io venga da te sulle acque». [29]Ed egli disse: «Vieni!». Pietro, scendendo dalla barca, si mise a camminare sulle acque e andò verso Gesù. [30]Ma per la violenza del vento, s'impaurì e, cominciando ad affondare, gridò: «Signore, salvami!». [31]E subito Gesù stese la mano, lo afferrò e gli disse: «Uomo di poca fede, perché hai dubitato?».

[32]Appena saliti sulla barca, il vento cessò. [33]Quelli che erano sulla barca gli si prostrarono davanti, esclamando: «Tu sei veramente il Figlio di Dio!».

Guarigioni nel territorio di Genèsaret (Mc 6,53-56) - [34]Compiuta la traversata, approdarono a Genèsaret. [35]E la gente del luogo, riconosciuto Gesù, diffuse la notizia in tutta la regione; gli portarono tutti i malati, [36]e lo pregavano di poter toccare almeno l'orlo del suo mantello. E quanti lo toccavano guarivano.

15. La tradizione degli antichi (Mc 7,1-13) - [1]In quel tempo vennero a Gesù da Gerusalemme alcuni farisei e alcuni scribi e gli dissero: [2]«Perché i tuoi discepoli trasgrediscono la tradizione degli antichi? Poiché non si lavano le mani quando prendono cibo!».

[3]Ed egli rispose loro: «Perché voi trasgredite il comandamento di Dio in nome della vostra tradizione? [4]Dio ha detto: *Onora il padre e la madre* (Es 20,12) e inoltre: *Chi maledice il padre e la madre sia messo a morte* (Es 21,17). [5]Invece voi asserite: Chiunque dice ad alcuni padre o alla madre: Ciò con cui ti dovrei aiutare è offerto a Dio, [6]non è più tenuto a onorare suo padre o sua madre. Così avete annullato la parola di Dio in nome della vostra tradizione. [7]Ipocriti! Bene ha profetato di voi Isaia, dicendo: [8]*Questo popolo mi onora con le labbra ma il suo cuore è lontano da me.* [9]*Invano essi mi rendono culto, insegnando dottrine che sono precetti di uomini*» (Is 29,13).

Ciò che rende impuro l'uomo (Mc 7,14-23) - [10]Poi, riunita la folla, disse: «Ascoltate e intendete! [11]Non quello che entra nella bocca rende impuro l'uomo, ma quello che esce dalla bocca rende impuro l'uomo!».

[12]Allora i discepoli gli si accostarono per dirgli: «Sai che i farisei si sono scandalizzati nel sentire queste parole?». [13]Ed egli rispose: «Ogni pianta che non è stata piantata dal mio Padre celeste sarà sradicata. [14]Lasciateli! Sono ciechi e guide di ciechi. E quando un cieco guida un altro cieco, tutti e due cadranno in un fosso!».

[15]Pietro allora gli disse: «Spiegaci questa parabola».

[16]Ed egli rispose: «Anche voi siete ancora senza intelletto? [17]Non capite che tutto ciò che entra nella bocca, passa nel ventre e va a finire nella fogna? [18]Invece ciò che esce dalla bocca proviene dal cuore. Questo rende immondo l'uomo. [19]Dal cuore, infatti, provengono i propositi malvagi, gli omicidi, gli adultèri, le prostituzioni, i furti, le false testimonianze, le bestemmie. [20]Queste sono le cose che rendono immondo l'uomo, ma il mangiare senza lavarsi le mani non rende immondo l'uomo».

La donna Cananèa (Mc 7,24-30) - [21]Partito di là, Gesù si diresse verso le parti di Tiro e Sidone. [22]Ed ecco una donna

Cananèa, che veniva da quelle regioni, si mise a gridare:
«Pietà di me, Signore, figlio di Davide. Mia figlia è crudel-
mente tormentata da un demonio». ²³Ma egli non le rivolse
neppure una parola.

Allora i discepoli gli si accostarono implorando: «Esaudi-
scila, vedi come ci grida dietro». ²⁴Ma egli rispose: «Non
sono stato inviato che alle pecore perdute della casa di
Israele». ²⁵Ma quella si fece avanti e gli si prostrò dicendo:
«Signore, aiutami!». ²⁶Ed egli rispose: «Non è bene prendere il pane dei figli per gettarlo ai cagnolini». ²⁷«È vero,
Signore, disse la donna, ma anche i cagnolini si cibano delle
briciole che cadono dalla tavola dei loro padroni». ²⁸Allora
Gesù le replicò: «Donna, davvero grande è la tua fede! Ti
sia fatto come desideri». E da quell'istante sua figlia fu guarita.

Guarigioni presso il lago - ²⁹Allontanatosi di là, Gesù giunse presso il mare di Galilea e, salito sul monte, si fermò là.
³⁰Attorno a lui si radunò molta folla recando con sé zoppi,
storpi, ciechi, sordi e molti altri malati; li deposero ai suoi
piedi, ed egli li guarì. ³¹E la folla era piena di stupore nel
vedere i muti che parlavano, gli storpi raddrizzati, gli zoppi
che camminavano e i ciechi che vedevano. E glorificava il
Dio di Israele.

Seconda moltiplicazione dei pani (Mc 8,1-10) - ³²Allora
Gesù chiamò a sé i discepoli e disse: «Sento compassione di
questa folla: ormai da tre giorni mi vengono dietro e non
hanno da mangiare. Non voglio rimandarli digiuni, perché
non svengano lungo la strada». ³³E i discepoli gli dissero:
«Dove potremo noi trovare in un deserto tanti pani da sfa-
mare una folla così grande?».

³⁴Ma Gesù domandò: «Quanti pani avete?». Risposero:
«Sette, e pochi pesciolini». ³⁵Dopo aver ordinato alla folla di
sedersi per terra, ³⁶Gesù prese i sette pani e i pesci, rese
grazie, li spezzò, li dava ai discepoli e i discepoli li distribui-
vano alla folla. ³⁷Tutti mangiarono e furono saziati. Dei pezzi avanzati portarono via sette sporte piene. ³⁸Quelli che
avevano mangiato erano quattromila uomini, senza contare
le donne e i bambini. ³⁹Congedata la folla, Gesù salì sulla
barca e andò nella regione di Magadàn.

16. Domanda di un segno dal cielo (Mc 8,11-13; Lc 11,16. 29; 12,54-56) - [1]I farisei e i sadducei si avvicinarono per metterlo alla prova e gli chiesero che mostrasse loro un segno dal cielo. [2]Ma egli rispose: «Quando si fa sera, voi dite: Bel tempo, perché il cielo rosseggia; [3]e al mattino: Oggi burrasca, perché il cielo è rosso cupo. Sapete dunque interpretare l'aspetto del cielo e non sapete distinguere i segni dei tempi? [4]Una generazione perversa e adultera cerca un segno, ma nessun segno le sarà dato se non il segno di Giona». E lasciatili, se ne andò.

Il lievito dei farisei e dei sadducei (Mc 8,14-21; Lc 12,1) - [5]Nel passare però all'altra riva, i discepoli avevano dimenticato di prendere il pane. [6]Gesù disse loro: «Fate bene attenzione e guardatevi dal lievito dei farisei e dei sadducei». [7]Ma essi parlavano tra loro e dicevano: «Non abbiamo preso il pane!». [8]Accortosene, Gesù chiese: «Perché, uomini di poca fede, andate dicendo che non avete il pane? [9]Non capite ancora e non ricordate i cinque pani per i cinquemila e quante ceste avete portato via? [10]E neppure i sette pani per i quattromila e quante sporte avete raccolto? [11]Come mai non capite ancora che non alludevo al pane quando vi ho detto: Guardatevi dal lievito dei farisei e dei sadducei?». [12]Allora essi compresero che egli non aveva detto che si riguardassero dal lievito del pane, ma dalla dottrina dei farisei e dei sadducei.

* Con la professione di fede messianica di Pietro, l'Evangelista incomincia a sottolineare il tema della fondazione della Chiesa. Il nuovo popolo di Dio, come viene suggerito dai preannunzi della passione, non scaturirà da un intervento divino trionfalistico, ma dal dramma della croce. Tuttavia, la trasfigurazione di Gesù rappresenta un'anticipazione della sua glorificazione alla destra del Padre, dopo la vittoria pasquale sulla morte. *

La confessione e il primato di Pietro (Mc 8,27-30; Lc 9,18-21) - [13]Essendo giunto Gesù nella regione di Cesarèa di Filippo, chiese ai suoi discepoli: «La gente chi dice che sia il Figlio dell'uomo?». [14]Risposero: «Alcuni Giovanni il Battista, altri Elia, altri Geremia o qualcuno dei profeti». [15]Disse loro: «Voi chi dite che io sia?». [16]Rispose Simon Pietro: «Tu sei il Cristo, il Figlio del Dio vivente».

[17]E Gesù: «Beato te, Simone figlio di Giona, perché né la carne né il sangue te l'hanno rivelato, ma il Padre mio che sta nei cieli. [18]E io ti dico: Tu sei Pietro e su questa pietra edificherò la mia Chiesa e le porte degli inferi non prevarranno contro di essa. [19]A te darò le chiavi del regno dei cieli, e tutto ciò che legherai sulla terra sarà legato nei cieli, e tutto ciò che scioglierai sulla terra sarà sciolto nei cieli». [20]Allora ordinò ai discepoli di non dire ad alcuno che egli era il Cristo.

Primo annunzio della passione (Mc 8,31-33; Lc 9,22) - [21]Da allora Gesù cominciò a dire apertamente ai suoi discepoli che doveva andare a Gerusalemme e soffrire molto da parte degli anziani, dei sommi sacerdoti e degli scribi, e venire ucciso e risuscitare il terzo giorno. [22]Ma Pietro lo trasse in disparte e cominciò a protestare dicendo: «Dio te ne scampi, Signore; questo non ti accadrà mai». [23]Ma egli, voltandosi, disse a Pietro: «Lungi da me, satana! Tu mi sei di scandalo, perché non pensi secondo Dio, ma secondo gli uomini!».

Condizioni per seguire Gesù (Mc 8,34-9,1; Lc 9,23-27) - [24]Allora Gesù disse ai suoi discepoli: «Se qualcuno vuol venire dietro a me rinneghi se stesso, prenda la sua croce e mi segua. [25]Perché chi vorrà salvare la propria vita, la perderà; ma chi perderà la propria vita per causa mia, la troverà. [26]Qual vantaggio infatti avrà l'uomo se guadagnerà il mondo intero, e poi perderà la propria anima? O che cosa l'uomo potrà dare in cambio della propria anima? [27]Poiché il Figlio dell'uomo verrà nella gloria del Padre suo, con i suoi angeli, e renderà a ciascuno secondo le sue azioni. [28]In verità vi dico: vi sono alcuni tra i presenti che non morranno finché non vedranno il Figlio dell'uomo venire nel suo regno».

17. La trasfigurazione (Mc 9,2-10; Lc 9,28-36) - [1]Sei giorni dopo, Gesù prese con sé Pietro, Giacomo e Giovanni suo fratello e li condusse in disparte, su un alto monte. [2]E fu trasfigurato davanti a loro; il suo volto brillò come il sole e le sue vesti divennero candide come la luce. [3]Ed ecco apparvero loro Mosè ed Elia, che conversavano con lui. [4]Pietro prese allora la parola e disse a Gesù: «Signore, è bello per noi restare qui; se vuoi, farò qui tre tende, una per te, una per Mosè e una per Elia».

[5]Egli stava ancora parlando quando una nuvola luminosa li avvolse con la sua ombra. Ed ecco una voce che diceva: «Questi è il Figlio mio prediletto, nel quale mi sono compiaciuto. Ascoltatelo». [6]All'udire ciò, i discepoli caddero con la faccia a terra e furono presi da grande timore. [7]Ma Gesù si avvicinò e, toccatili, disse: «Alzatevi e non temete». [8]Sollevando gli occhi non videro più nessuno, se non Gesù solo.

[9]E mentre discendevano dal monte, Gesù ordinò loro: «Non parlate a nessuno di questa visione, finché il Figlio dell'uomo non sia risorto dai morti».

Il ritorno di Elia (Mc 9,9-13) - [10]Allora i discepoli gli domandarono: «Perché dunque gli scribi dicono che prima deve venire Elia?». [11]Ed egli rispose: «Sì, verrà Elia e ristabilirà ogni cosa. [12]Ma io vi dico: Elia è già venuto e non l'hanno riconosciuto; anzi l'hanno trattato come hanno voluto. Così anche il Figlio dell'uomo dovrà soffrire per opera loro: «Voi chi dite che io sia?». [16]Rispose Simon Pietro: «Tu sei il Cristo, il Figlio del Dio vivente».

Guarigione del fanciullo epilettico (Mc 9,14-29; Lc 9,37-43; 17,6) - [14]Appena tornati presso la folla, si avvicinò a Gesù un uomo [15]che, gettatosi in ginocchio, gli disse: «Signore, abbi pietà di mio figlio. Egli è epilettico e soffre molto: cade spesso nel fuoco e spesso anche nell'acqua; [16]l'ho già portato dai tuoi discepoli, ma non hanno potuto guarirlo». [17]E Gesù rispose: «O generazione incredula e perversa! Fino a quando starò con voi? Fino a quando dovrò sopportarvi? Portatemelo qui». [18]E Gesù gli parlò minacciosamente, e il demonio uscì da lui e da quel momento il ragazzo fu guarito.

[19]Allora i discepoli, accostatisi a Gesù in disparte, gli chiesero: «Perché noi non abbiamo potuto scacciarlo?». [20]Ed egli rispose: «Per la vostra poca fede. In verità vi dico: se avrete fede pari a un granellino di senapa, potrete dire a

questo monte: spostati da qui a là, ed esso si sposterà, e niente vi sarà impossibile. [21Questa razza di demòni non si scaccia se non con la preghiera e il digiuno]».

Secondo annunzio della passione (Mc 9,30-32; Lc 9,44-45) - 22Mentre si trovavano insieme in Galilea, Gesù disse loro: «Il Figlio dell'uomo sta per essere consegnato nelle mani degli uomini 23e lo uccideranno, ma il terzo giorno risorgerà». Ed essi furono molto rattristati.

Il tributo per il tempio - 24Venuti a Cafàrnao, si avvicinarono a Pietro gli esattori della tassa per il tempio e gli dissero: «Il vostro maestro non paga la tassa per il tempio?». 25Rispose: «Sì». Mentre entrava in casa, Gesù lo prevenne dicendo: «Che cosa ti pare, Simone? I re di questa terra da chi riscuotono le tasse e i tributi? Dai propri figli o dagli altri?». 26Rispose: «Dagli estranei». E Gesù: «Quindi i figli sono esenti. 27Ma perché non si scandalizzino, va' al mare, getta l'amo e il primo pesce che viene prendilo, apri-gli la bocca e vi troverai una moneta d'argento. Prendila e consegnala a loro per me e per te».

Il discorso ecclesiale

  * In questo quarto discorso viene raggruppato l'insegnamento di Gesù riguardo all'ordinamento delle comunità cristiane. Esso mira a escludere le rivalità e l'ambizione fra i capi, a inculcare la comprensione e la misericordia per le persone umili e traviate. Infine, Gesù raccomanda la carità nella correzione fraterna e la necessità del perdono. *

18. Il più grande nel regno dei cieli (Mc 9,33-37; Lc 9,46-48) - 1In quel momento i discepoli si avvicinarono a Gesù dicendo: «Chi dunque è il più grande nel regno dei cieli?». 2Allora Gesù chiamò a sé un bambino, lo pose in mezzo a loro e disse: 3«In verità vi dico: se non vi convertirete e non diventerete come i bambini, non entrerete nel regno dei cieli. 4Perciò chiunque diventerà piccolo come questo bambino, sarà il più grande nel regno dei cieli. 5E chi accoglie anche uno solo di questi bambini in nome mio, accoglie me.

Lo scandalo dei piccoli (Mc 9,42-49; Lc 17,1-3) - [6]Chi invece scandalizza anche uno solo di questi piccoli che credono in me, sarebbe meglio per lui che gli fosse appesa al collo una macina girata da asino, e fosse gettato negli abissi del mare. [7]Guai al mondo per gli scandali! È inevitabile che avvengano scandali, ma guai all'uomo per colpa del quale avviene lo scandalo!

[8]Se la tua mano o il tuo piede ti è occasione di scandalo, taglialo e gettalo via da te; è meglio per te entrare nella vita monco o zoppo, che avere due mani o due piedi ed essere gettato nel fuoco eterno. [9]E se il tuo occhio ti è occasione di scandalo, cavalo e gettalo via da te; è meglio per te entrare nella vita con un occhio solo, che avere due occhi ed essere gettato nella Geenna del fuoco.

[10]Guardatevi dal disprezzare uno solo di questi piccoli, perché vi dico che i loro angeli nel cielo vedono sempre la faccia del Padre mio che è nei cieli. [[11]È venuto infatti il Figlio dell'uomo a salvare ciò che era perduto].

Parabola della pecora smarrita (Lc 15,3-7) - [12]Che ve ne pare? Se un uomo ha cento pecore e ne smarrisce una, non lascerà forse le novantanove sui monti, per andare in cerca di quella perduta? [13]Se gli riesce di trovarla, in verità vi dico, si rallegrerà per quella più che per le novantanove che non si erano smarrite. [14]Così il Padre vostro celeste non vuole che si perda neanche uno solo di questi piccoli.

La correzione fraterna - [15]Se il tuo fratello commette una colpa, va' e ammoniscilo fra te e lui solo; se ti ascolterà, avrai guadagnato il tuo fratello; [16]se non ti ascolterà, prendi con te una o due persone, perché *ogni cosa sia risolta sulla parola di due o tre testimoni* (Dt 19,15). [17]Se poi non ascolterà neppure costoro, dillo all'assemblea; e se non ascolterà neanche l'assemblea, sia per te come un pagano e un pubblicano.

[18]In verità vi dico: tutto quello che legherete sopra la terra sarà legato anche in cielo e tutto quello che scioglierete sopra la terra sarà sciolto anche in cielo.

Preghiera in comune - [19]In verità vi dico ancora: se due di voi sopra la terra si accorderanno per domandare qualunque cosa, il Padre mio che è nei cieli ve la concederà. [20]Perché dove sono due o tre riuniti nel mio nome, io sono in mezzo a loro».

Il perdono delle offese (Lc 17,3-4) - [21]Allora Pietro gli si avvicinò e gli disse: «Signore, quante volte dovrò perdonare al mio fratello, se pecca contro di me? Fino a sette volte?». [22]E Gesù gli rispose: «Non ti dico fino a sette, ma fino a settanta volte sette.

Parabola del servo spietato - [23]A proposito, il regno dei cieli è simile a un re che volle fare i conti con i suoi servi. [24]Incominciati i conti, gli fu presentato uno che gli era debitore di diecimila talenti. [25]Non avendo però costui il denaro da restituire, il padrone ordinò che fosse venduto lui con la moglie, con i figli e con quanto possedeva, e saldasse così il debito. [26]Allora il servo, gettatosi a terra, lo supplicava: Signore, abbi pazienza con me e ti restituirò ogni cosa. [27]Impietositosi del servo il padrone lo lasciò andare e gli condonò il debito.

[28]Appena uscito, quel servo trovò un altro servo come lui che gli doveva cento denari e, afferratolo, lo soffocava e diceva: Paga quel che devi! [29]Il suo compagno, gettatosi a terra, supplicava dicendo: Abbi pazienza con me e ti rifonderò il debito. [30]Ma egli non volle esaudirlo, andò e lo fece gettare in carcere, fino a che non avesse pagato il debito.

[31]Visto quel che accadeva, gli altri servi furono addolorati e andarono a riferire al loro padrone tutto l'accaduto. [32]Allora il padrone fece chiamare quell'uomo e gli disse: Servo malvagio, io ti ho condonato tutto il debito perché mi hai pregato. [33]Non dovevi forse anche tu aver pietà del tuo compagno, così come io ho avuto pietà di te? [34]E, sdegnato, il padrone lo diede in mano agli aguzzini, finché non gli avesse restituito tutto il dovuto. [35]Così anche il mio Padre celeste farà a ciascuno di voi, se non perdonerete di cuore al vostro fratello».

L'imminenza del regno dei cieli

  * Gesù lascia la Galilea e si dirige verso Gerusalemme per portare a termine l'opera della salvezza con la sua morte. Durante il lungo itinerario attraverso la Perea e la Giudea continua la sua evangelizzazione insistendo sulla necessità del distacco dai beni, della rinuncia alle ambizioni terrene, del servizio ai fratelli per ottenere il regno dei cieli. *

19. Indissolubilità del matrimonio (Mc 10,1-12) -
[1]Terminati questi discorsi, Gesù partì dalla Galilea e andò nel territorio della Giudea, al di là del Giordano. [2]E lo seguì molta folla e colà egli guarì i malati.

[3]Allora gli si avvicinarono alcuni farisei per metterlo alla prova e gli chiesero: «È lecito ad un uomo ripudiare la propria moglie per qualsiasi motivo?».

[4]Ed egli rispose: «Non avete letto che il Creatore da principio *li creò maschio e femmina* (Gn 1,27) e disse: [5]Per questo l'uomo *lascerà suo padre e sua madre e si unirà a sua moglie e i due saranno una carne sola?* (Gn 2,24). [6]Così che non sono più due, ma una carne sola. Quello dunque che Dio ha congiunto, l'uomo non lo separi».

[7]Gli obiettarono: «Perché allora Mosè ha ordinato *di darle l'atto di ripudio e di mandarla via*?» (Dt 24,1). [8]Rispose loro Gesù: «Per la durezza del vostro cuore Mosè vi ha permesso di ripudiare le vostre mogli, ma da principio non fu così. [9]Perciò io vi dico: Chiunque ripudia la propria moglie, se non in caso di concubinato, e ne sposa un'altra, commette adulterio».

Celibato volontario - [10]Gli dissero i discepoli: «Se questa è la condizione dell'uomo rispetto alla donna, non conviene sposarsi». [11]Egli rispose loro: «Non tutti possono capirlo, ma solo coloro ai quali è stato concesso. [12]Vi sono infatti eunuchi che sono nati così dal ventre della madre; ve ne sono alcuni che sono stati resi eunuchi dagli uomini, e vi sono altri che si sono fatti eunuchi per il regno dei cieli. Chi può capire, capisca».

Gesù benedice i bambini (Mc 10,13-16; Lc 18,15-17) - [13]Allora gli furono portati dei bambini perché imponesse loro le mani e pregasse; ma i discepoli li sgridavano. [14]Gesù però disse loro: «Lasciate che i bambini vengano a me, perché di questi è il regno dei cieli». [15]E dopo avere imposto loro le mani, se ne partì.

Il giovane ricco (Mc 10,17-27; Lc 18,18-27) - [16]Ed ecco un tale gli si avvicinò e gli disse: «Maestro, che cosa devo fare di buono per ottenere la vita eterna?». [17]Egli rispose: «Perché mi interroghi su ciò che è buono? Uno solo è buono. Se vuoi entrare nella vita, osserva i comandamenti». [18]Ed egli chiese: «Quali?». Gesù rispose: «*Non uccidere, non commettere adulterio, non rubare, non testimoniare il falso,* [19]*onora il padre e la madre, ama il prossimo tuo come te stesso*» (Es 20,12-16). [20]Il giovane gli disse: «Ho sempre osservato tutte queste cose; che mi manca ancora?». [21]Gli disse Gesù: «Se vuoi essere perfetto, va', vendi quello che possiedi, dallo ai poveri e avrai un tesoro nel cielo; poi vieni e seguimi». [22]Udito questo, il giovane se ne andò triste; poiché aveva molte ricchezze.

[23]Gesù allora disse ai suoi discepoli: «In verità vi dico: difficilmente un ricco entrerà nel regno dei cieli. [24]Ve lo ripeto: è più facile che un cammello passi per la cruna di un ago, che un ricco entri nel regno dei cieli». [25]A queste parole i discepoli rimasero costernati e chiesero: «Chi si potrà dunque salvare?». [26]E Gesù, fissando su di loro lo sguardo, disse: «Questo è impossibile agli uomini, ma a Dio tutto è possibile».

Ricompensa a chi lascia i beni terreni (Mc 10,28-31; Lc 18,28-30) - [27]Allora Pietro prendendo la parola disse: «Ecco, noi abbiamo lasciato tutto e ti abbiamo seguito; che cosa dunque ne otterremo?». [28]E Gesù disse loro: «In verità vi dico: voi che mi avete seguito, nella nuova creazione, quando il Figlio dell'uomo sarà seduto sul trono della sua gloria, siederete anche voi su dodici troni a giudicare le dodici tribù di Israele.

[29]Chiunque avrà lasciato case, o fratelli, o sorelle, o padre, o madre, o figli, o campi per il mio nome, riceverà cento volte tanto e avrà in eredità la vita eterna.

[30]Molti dei primi saranno ultimi e gli ultimi primi».

20. Parabola degli operai nella vigna - [1]«Il regno dei cieli è simile a un padrone di casa che uscì all'alba per prendere a giornata lavoratori per la sua vigna. [2]Accordatosi con loro per un denaro al giorno, li mandò nella sua vigna. [3]Uscito poi verso le nove del mattino, ne vide altri che stavano sulla piazza disoccupati [4]e disse loro: Andate anche voi nella mia vigna; quello che è giusto ve lo darò. Ed essi andarono. [5]Uscì di nuovo verso mezzogiorno e verso le tre e fece altrettanto. [6]Uscito ancora verso le cinque, ne vide altri che se ne stavano là e disse loro: Perché ve ne state qui tutto il giorno oziosi? [7]Gli risposero: Perché nessuno ci ha presi a giornata. Ed egli disse loro: Andate anche voi nella mia vigna.

[8]Quando fu sera, il padrone della vigna disse al suo fattore: Chiama gli operai e dà loro la paga, incominciando dagli ultimi fino ai primi. [9]Venuti quelli delle cinque del pomeriggio, ricevettero ciascuno un denaro. [10]Quando arrivarono i primi, pensavano che avrebbero ricevuto di più. Ma anch'essi ricevettero un denaro per ciascuno.

[11]Nel ritirarlo però, mormoravano contro il padrone dicendo: [12]Questi ultimi hanno lavorato un'ora soltanto e li hai trattati come noi, che abbiamo sopportato il peso della giornata e il caldo. [13]Ma il padrone, rispondendo a uno di loro, disse: Amico, io non ti faccio torto. Non hai forse convenuto con me per un denaro? [14]Prendi il tuo e vattene; ma io voglio dare anche a quest'ultimo quanto a te. [15]Non posso fare delle mie cose quello che voglio? Oppure tu sei invidioso perché io sono buono? [16]Così gli ultimi saranno primi, e i primi gli ultimi».

Terzo annunzio della passione (Mc 10,32-34; Lc 18,31-33) - [17]Mentre saliva a Gerusalemme, Gesù prese in disparte i Dodici e lungo la via disse loro: [18]«Ecco, noi stiamo salendo a Gerusalemme e il Figlio dell'uomo sarà consegnato ai sommi sacerdoti e agli scribi, che lo condanneranno a morte [19]e lo consegneranno ai pagani perché sia schernito e flagellato e crocifisso; ma il terzo giorno risusciterà».

La madre dei figli di Zebedèo (Mc 10,35-45; Lc 22,24-27) - [20]Allora gli si avvicinò la madre dei figli di Zebedèo con i suoi figli, e si prostrò per chiedergli qualcosa. [21]Egli le disse: «Che cosa vuoi?». Gli rispose: «Di' che questi miei figli siedano uno alla tua destra e uno alla tua sinistra nel tuo regno». [22]Rispose Gesù: «Voi non sapete quello che chiedete. Potete bere il calice che io sto per bere?». Gli dicono: «Lo possiamo». [23]Ed egli soggiunse: «Il mio calice lo berrete; però non sta a me concedere che vi sediate alla mia destra o alla mia sinistra, ma è per coloro per i quali è stato preparato dal Padre mio».

[24]Gli altri dieci, udito questo, si sdegnarono con i due fratelli; [25]ma Gesù, chiamatili a sé, disse: «I capi delle nazioni, voi lo sapete, dominano su di esse e i grandi esercitano su di esse il potere. [26]Non così dovrà essere tra voi; ma colui che vorrà diventare grande tra voi, si farà vostro servo, [27]e colui che vorrà essere il primo tra voi, si farà vostro schiavo; [28]appunto come il Figlio dell'uomo, che non è venuto per essere servito, ma per servire e dare la sua vita in riscatto per molti».

Guarigione dei due ciechi di Gèrico (Mc 10,46-52; Lc 18,35-43) - [29]Mentre uscivano da Gèrico, una gran folla seguiva Gesù. [30]Ed ecco che due ciechi, seduti lungo la strada, sentendo che passava, si misero a gridare: «Signore, abbi pietà di noi, figlio di Davide!». [31]La folla li sgridava perché tacessero; ma essi gridavano ancora più forte: «Signore, figlio di Davide, abbi pietà di noi!». [32]Gesù, fermatosi, li chiamò e disse: «Che volete che io vi faccia?». [33]Gli risposero: «Signore, che i nostri occhi si aprano!». [34]Gesù si commosse, toccò loro gli occhi e subito ricuperarono la vista e lo seguirono.

MINISTERO A GERUSALEMME

Ultima settimana

* L'ingresso messianico a Gerusalemme (= domenica delle palme) segna l'inizio dell'ultima settimana di Gesù, nella quale avverrà lo scontro frontale con il giudaismo. Con una serie di episodi, di controversie, di parabole e di invettive contro gli scribi e i farisei, l'Evangelista sottolinea l'indurimento dei nemici di Gesù, il loro rifiuto del Messia, atteso da secoli. *

21. Ingresso messianico a Gerusalemme (Mc 11,1-11; Lc 19,28-38; Gv 12,12-16) - [1]Quando furono vicini a Gerusalemme e giunsero presso Bètfage, verso il monte degli Ulivi, Gesù mandò due dei suoi discepoli [2]dicendo loro: «Andate nel villaggio che vi sta di fronte: subito troverete un'asina legata e con essa un puledro. Sciogliteli e conduceteli a me. [3]Se qualcuno vi dirà qualche cosa, risponderete: Il Signore ne ha bisogno, ma li rimanderà subito».

[4]Ora questo avvenne perché si adempisse ciò che era stato annunziato dal profeta: [5]*Dite alla figlia di Sion* (Is 62,11): *Ecco, il tuo re viene a te mite, seduto su un'asina, con un puledro figlio di bestia da soma* (Zc 9,9).

[6]I discepoli andarono e fecero quello che aveva ordinato loro Gesù: [7]condussero l'asina e il puledro, misero su di essi i mantelli ed egli vi si pose a sedere.

[8]La folla numerosissima stese i suoi mantelli sulla strada mentre altri tagliavano rami dagli alberi e li stendevano sulla via. [9]La folla che andava innanzi e quella che veniva dietro, gridava: *Osanna* al figlio di Davide! *Benedetto colui che viene nel nome del Signore! Osanna* nel più alto dei cieli! (Sal 117,25-26).

[10]Entrato Gesù in Gerusalemme, tutta la città fu in agitazione e la gente si chiedeva: «Chi è costui?». [11]E la folla rispondeva: «Questi è il profeta Gesù, da Nàzaret di Galilea».

I profanatori scacciati dal tempio (Mc 11,15-19; Lc 19,45-48; Gv 2,14-16) - [12]Gesù entrò poi nel tempio e scacciò tutti quelli che vi trovò a comprare e a vendere; rovesciò i tavoli dei cambiavalute e le sedie dei venditori di colombe [13]e disse loro: «La Scrittura dice: *La mia casa sarà chiamata casa di preghiera* (Is 56,7) ma voi ne fate *una spelonca di ladri* (Ger 7,11).

[14]Gli si avvicinarono ciechi e storpi nel tempio ed egli li guarì. [15]Ma i sommi sacerdoti e gli scribi, vedendo le meraviglie che faceva e i fanciulli che acclamavano nel tempio: «Osanna al figlio di Davide», si sdegnarono [16]e gli dissero: «Non senti quello che dicono?». Gesù rispose loro: «Sì, non avete mai letto: *Dalla bocca dei bambini e dei lattanti ti sei procurata una lode?*» (Sal 8,3).

[17]E, lasciatili, uscì fuori dalla città, verso Betània, e là trascorse la notte.

Il fico seccato (Mc 11,12-14.20-24) - [18]La mattina dopo, mentre rientrava in città, ebbe fame. [19]Vedendo un fico sulla strada, gli si avvicinò, ma non vi trovò altro che foglie, e gli disse: «Non nasca mai più frutto da te». E subito quel fico si seccò.

[20]Vedendo ciò i discepoli rimasero stupiti e dissero: «Come mai il fico si è seccato immediatamente?». [21]Rispose Gesù: «In verità vi dico: Se avrete fede e non dubiterete, non solo potrete fare ciò che è accaduto a questo fico, ma anche se direte a questo monte: Levati di lì e gettati nel mare, ciò avverrà. [22]E tutto quello che chiederete con fede nella preghiera, lo otterrete».

Discussione sull'autorità di Gesù (Mc 11,27-33; Lc 20,1-8) - [23]Entrato nel tempio, mentre insegnava gli si avvicinarono i sommi sacerdoti e gli anziani del popolo e gli dissero: «Con quale autorità fai questo? Chi ti ha dato questa autorità?». [24]Gesù rispose: «Vi farò anch'io una domanda e se voi mi rispondete, vi dirò anche con quale autorità faccio questo. [25]Il battesimo di Giovanni da dove veniva? Dal Cielo o dagli uomini?».

Ed essi riflettevano tra sé dicendo: «Se diciamo: "dal Cielo", ci risponderà: "perché dunque non gli avete creduto?"; [26]se diciamo "dagli uomini", abbiamo timore della folla, perché tutti considerano Giovanni un profeta». [27]Rispondendo perciò a Gesù, dissero: «Non lo sappiamo». Allora anch'egli disse loro: «Neanch'io vi dico con quale autorità faccio queste cose».

Parabola dei due figli - [28]«Che ve ne pare? Un uomo aveva due figli; rivoltosi al primo disse: Figlio, va' oggi a lavorare nella vigna. [29]Ed egli rispose: Sì, signore; ma non andò. [30]Rivoltosi al secondo, gli disse lo stesso. Ed egli rispose: Non ne ho voglia; ma poi, pentitosi, ci andò. [31]Chi dei due ha compiuto la volontà del padre?». Dicono: «L'ultimo».

E Gesù disse loro: «In verità vi dico: I pubblicani e le prostitute vi passano avanti nel regno di Dio. [32]È venuto a voi Giovanni nella via della giustizia e non gli avete creduto; i pubblicani e le prostitute invece gli hanno creduto. Voi, al contrario, pur avendo visto queste cose, non vi siete nemmeno pentiti per credergli.

Parabola dei vignaioli omicidi (Mc 12,1-12; Lc 20,9-19) -
[33]Ascoltate un'altra parabola: C'era un padrone che *piantò
una vigna e la circondò con una siepe, vi scavò un frantoio,
vi costruì una torre* (Is 5,1-2), poi l'affidò a dei vignaioli e se
ne andò. [34]Quando fu il tempo dei frutti, mandò i suoi servi
da quei vignaioli a ritirare il raccolto. [35]Ma quei vignaioli
presero i servi e uno lo bastonarono, l'altro lo uccisero,
l'altro lo lapidarono. [36]Di nuovo mandò altri servi più numerosi dei primi, ma quelli si comportarono nello stesso modo.
[37]Da ultimo mandò loro il proprio figlio dicendo: Avranno
rispetto di mio figlio! [38]Ma quei vignaioli, visto il figlio,
dissero tra sé: Costui è l'erede; venite, uccidiamolo, e avremo noi l'eredità. [39]E, presolo, lo cacciarono fuori dalla vigna
e l'uccisero.

[40]Quando dunque verrà il padrone della vigna che farà a
quei vignaioli?». [41]Gli rispondono: «Farà morire miseramen-
te quei malvagi e darà la vigna ad altri vignaioli che gli
consegneranno i frutti a suo tempo».

[42]E Gesù disse loro: «Non avete mai letto nelle Scritture:
*La pietra che i costruttori hanno scartata è diventata testata
d'angolo; dal Signore è stato fatto questo ed è mirabile agli
occhi nostri?* (Sal 117,22-23). [43]Perciò io vi dico: vi sarà tolto
il regno di Dio e sarà dato a un popolo che lo farà fruttifica-
re. [44]Chi cadrà sopra questa pietra sarà sfracellato; e qualora
essa cada su qualcuno, lo stritolerà».

[45]Udite queste parabole, i sommi sacerdoti e i farisei capirono che parlava di loro e cercavano di catturarlo; ma avevano paura della folla che lo considerava un profeta.

22. Parabola del banchetto nuziale (Lc 14,16-24) - [1]Gesù
riprese a parlar loro in parabole e disse: [2]«Il regno dei cieli è
simile a un re che fece un banchetto di nozze per suo figlio.
[3]Egli mandò i suoi servi a chiamare gli invitati alle nozze,
ma questi non vollero venire. [4]Di nuovo mandò altri servi a
dire: Ecco ho preparato il mio pranzo; i miei buoi e i miei
animali ingrassati sono già macellati e tutto è pronto; venite
alle nozze. [5]Ma costoro non se ne curarono e andarono chi
al proprio campo, chi ai propri affari; [6]altri poi presero i
suoi servi, li insultarono e li uccisero.

[7]Allora il re si indignò e, mandate le sue truppe, uccise
quegli assassini e diede alle fiamme la loro città. [8]Poi disse ai

suoi servi: Il banchetto nuziale è pronto, ma gli invitati non ne erano degni; [9]andate ora ai crocicchi delle strade e tutti quelli che troverete, chiamateli alle nozze. [10]Usciti nelle strade, quei servi raccolsero quanti ne trovarono, buoni e cattivi, e la sala si riempì di commensali.

[11]Il re entrò per vedere i commensali e, scorto un tale che non indossava l'abito nuziale, [12]gli disse: Amico, come hai potuto entrare qui senz'abito nuziale? Ed egli ammutolì. [13]Allora il re ordinò ai servi: Legatelo mani e piedi e gettatelo fuori nelle tenebre; là sarà pianto e stridore di denti. [14]Perché molti sono chiamati, ma pochi eletti».

Il tributo a Cesare (Mc 12,13-17; Lc 20,20-26) - [15]Allora i farisei, ritiratisi, tennero consiglio per vedere di coglierlo in fallo nei suoi discorsi. [16]Mandarono a lui i propri discepoli, con gli erodiani, a dirgli: «Maestro, sappiamo che sei veritiero e insegni la via di Dio secondo verità e non hai soggezione di nessuno perché non guardi in faccia ad alcuno. [17]Dicci dunque il tuo parere: È lecito o no pagare il tributo a Cesare?».

[18]Ma Gesù, conoscendo la loro malizia, rispose: «Ipocriti, perché mi tentate? [19]Mostratemi la moneta del tributo». Ed essi gli presentarono un denaro. [20]Egli domandò loro: «Di chi è questa immagine e l'iscrizione?». [21]Gli risposero: «Di Cesare». Allora disse loro: «Rendete dunque a Cesare quello che è di Cesare e a Dio quello che è di Dio». [22]A queste parole rimasero sorpresi e, lasciatolo, se ne andarono.

La risurrezione dei morti (Mc 12,18-27; Lc 20,27-40) - [23]In quello stesso giorno vennero a lui dei sadducei, i quali affermano che non c'è risurrezione, e lo interrogarono: [24]«Maestro, Mosè ha detto: *Se qualcuno muore senza figli, il fratello ne sposerà la vedova e così susciterà una discendenza al suo fratello* (Dt 25,5). [25]Ora, c'erano tra noi sette fratelli; il primo appena sposato morì e, non avendo discendenza, lasciò la moglie a suo fratello. [26]Così anche il secondo, e il terzo, fino al settimo. [27]Alla fine, dopo tutti, morì anche la donna. [28]Alla risurrezione, di quale dei sette essa sarà moglie? Poiché tutti l'hanno avuta». [29]E Gesù rispose loro: «Voi vi ingannate, non conoscendo né le Scritture né la potenza di Dio. ³⁰Alla risurrezione infatti non si prende né moglie né marito, ma si è come angeli nel cielo.

³¹Quanto poi alla risurrezione dei morti, non avete letto quello che vi è stato detto da Dio: ³²*Io sono il Dio di Abramo e il Dio di Isacco e il Dio di Giacobbe?* (Es 3,6). Ora, non è Dio dei morti, ma dei vivi». ³³Udendo ciò, la folla era sbalordita per la sua dottrina.

Il più grande comandamento (Mc 12,28-34; Lc 10,25-28) - ³⁴Allora i farisei, udito che egli aveva chiuso la bocca ai sadducei, si riunirono insieme ³⁵e uno di loro, un dottore della legge, lo interrogò per metterlo alla prova: ³⁶«Maestro, qual è il più grande comandamento della legge?».

³⁷Gli rispose: «*Amerai il Signore Dio tuo con tutto il cuore, con tutta la tua anima* (Dt 6,5) e con tutta la tua mente. ³⁸Questo è il più grande e il primo dei comandamenti. ³⁹E il secondo è simile al primo: *Amerai il prossimo tuo come te stesso* (Lv 19,18). ⁴⁰Da questi due comandamenti dipende tutta la Legge e i Profeti».

Il Messia, signore di Davide (Mc 12,35-37; Lc 20,41-44) - ⁴¹Trovandosi i farisei riuniti insieme, Gesù chiese loro: ⁴²«Che ne pensate del Messia? Di chi è figlio?». Gli risposero: «Di Davide». ⁴³Ed egli a loro: «Come mai allora Davide, sotto ispirazione, lo chiama Signore, dicendo: ⁴⁴*Ha detto il Signore al mio Signore: Siedi alla mia destra, finché io non abbia posto i tuoi nemici sotto i tuoi piedi?* (Sal 109,1). ⁴⁵Se dunque Davide lo chiama Signore, come può essere suo figlio?».

⁴⁶Nessuno era in grado di rispondergli nulla; e nessuno, da quel giorno in poi, osò interrogarlo.

Rimproveri contro i farisei

23. Ipocrisia degli scribi e dei farisei (Mc 12,38-40; Lc 20,45-47) - ¹Allora Gesù si rivolse alla folla e ai suoi discepoli dicendo: ²«Sulla cattedra di Mosè si sono seduti gli scribi e i farisei. ³Quanto vi dicono, fatelo e osservatelo, ma non fate secondo le loro opere, perché dicono e non fanno. ⁴Legano infatti pesanti fardelli e li impongono sulle spalle della gente, ma loro non vogliono muoverli neppure con un dito. ⁵Tutte le loro opere le fanno per essere ammirati dagli uomini: allargano i loro filattèri e allungano le frange; ⁶amano posti d'onore nei conviti, i primi seggi nelle sinagoghe ⁷e i saluti nelle piazze, come anche sentirsi chiamare "rabbì" dalla gente.

⁸Ma voi non fatevi chiamare "rabbì", perché uno solo è il vostro maestro e voi siete tutti fratelli. ⁹E non chiamate nessuno "padre" sulla terra, perché uno solo è il Padre vostro, quello del cielo. ¹⁰E non fatevi chiamare "maestri", perché uno solo è il vostro Maestro, il Cristo. ¹¹Il più grande tra voi sia vostro servo; ¹²chi invece si innalzerà sarà abbassato e chi si abbasserà sarà innalzato.

Sette invettive contro gli scribi e i farisei (Lc 11,39-54) - ¹³Guai a voi, scribi e farisei ipocriti, che chiudete il regno dei cieli davanti agli uomini; perché così voi non vi entrate, e non lasciate entrare nemmeno quelli che vogliono entrarci [¹⁴].

¹⁵Guai a voi, scribi e farisei ipocriti, che percorrete il mare e la terra per fare un solo proselito e, ottenutolo, lo rendete figlio della Geenna il doppio di voi.

¹⁶Guai a voi, guide cieche, che dite: Se si giura per il tempio non vale, ma se si giura per l'oro del tempio si è obbligati. ¹⁷Stolti e ciechi: che cosa è più grande, l'oro o il tempio che rende sacro l'oro? ¹⁸E dite ancora: Se si giura per l'altare non vale, ma se si giura per l'offerta che vi sta sopra, si resta obbligati. ¹⁹Ciechi! Che cosa è più grande, l'offerta o l'altare che rende sacra l'offerta? ²⁰Ebbene, chi giura per l'altare, giura per l'altare e per quanto vi sta sopra; ²¹e chi giura per il tempio, giura per il tempio e per Colui che l'abita. ²²E chi giura per il cielo, giura per il trono di Dio e per Colui che vi è assiso.

²³Guai a voi, scribi e farisei ipocriti, che pagate la decima della menta, dell'anèto e del cumìno, e trasgredite le prescrizioni più gravi della legge: la giustizia, la misericordia e la fedeltà. Queste cose bisognava praticare, senza omettere quelle. ²⁴Guide cieche, che filtrate il moscerino e ingoiate il cammello!

²⁵Guai a voi, scribi e farisei ipocriti, che pulite l'esterno del bicchiere e del piatto mentre all'interno sono pieni di

rapina e d'intemperanza. ²⁶Fariseo cieco, pulisci prima l'interno del bicchiere, perché anche l'esterno diventi netto!

²⁷Guai a voi, scribi e farisei ipocriti, che rassomigliate a sepolcri imbiancati: essi all'esterno sono belli a vedersi, ma dentro sono pieni di ossa di morti e di ogni putridume. ²⁸Così anche voi apparite giusti all'esterno davanti agli uomini, ma dentro siete pieni d'ipocrisia e d'iniquità.

²⁹Guai a voi, scribi e farisei ipocriti, che innalzate i sepolcri ai profeti e adornate le tombe dei giusti, ³⁰e dite: Se fossimo vissuti al tempo dei nostri padri, non ci saremmo associati a loro per versare il sangue dei profeti; ³¹e così testimoniate, contro voi stessi, di essere figli degli uccisori dei profeti. ³²Ebbene, colmate la misura dei vostri padri!

Castighi imminenti (Lc 11,49-51) - ³³Serpenti, razza di vipere, come potrete scampare dalla condanna della Geenna? ³⁴Perciò ecco, io vi mando profeti, sapienti e scribi; di questi alcuni ne ucciderete e crocifiggerete, altri ne flagellerete nelle vostre sinagoghe e li perseguiterete di città in città; ³⁵perché ricada su di voi tutto il sangue innocente versato sopra la terra, dal sangue del giusto Abele fino al sangue di Zaccaria, figlio di Barachìa, che avete ucciso tra il santuario e l'altare. ³⁶In verità vi dico: tutte queste cose ricadranno su questa generazione.

Lamento su Gerusalemme (Lc 13,34-35) - ³⁷Gerusalemme, Gerusalemme, che uccidi i profeti e lapidi quelli che ti sono inviati, quante volte ho voluto raccogliere i tuoi figli, come una gallina raccoglie i pulcini sotto le ali, e voi non avete voluto! ³⁸Ecco: *la vostra casa vi sarà lasciata deserta!* (Ger 22,5). ³⁹Vi dico infatti che non mi vedrete più finché non direte: *Benedetto colui che viene nel nome del Signore!»* (Sal 117,26).

Il discorso escatologico

* Il quinto grande discorso di Gesù riportato da Matteo ha per oggetto la distruzione di Gerusalemme come prefigurazione della fine dei tempi. Nonostante la descrizione di cataclismi cosmici, conforme allo stile apocalittico, le parole di Gesù sono un invito alla

vigilanza e alla operosità, in attesa della sua venuta finale (= parusia) per la vittoria definitiva sul male. Più che di provocare spavento, hanno lo scopo di ravvivare la speranza dei cristiani, che pregano *Maranà tha*, «Vieni, Signore!». *

24. Gesù predice la distruzione del tempio (Mc 13,1-4; Lc 21,5-7) - ¹Mentre Gesù, uscito dal tempio, se ne andava, gli si avvicinarono i suoi discepoli per fargli osservare le costruzioni del tempio. ²Gesù disse loro: «Vedete tutte queste cose? In verità vi dico, non resterà qui pietra su pietra che non venga diroccata».

³Sedutosi poi sul monte degli Ulivi, i suoi discepoli gli si avvicinarono e, in disparte, gli dissero: «Dicci quando accadranno queste cose, e quale sarà il segno della tua venuta e della fine del mondo».

I segni premonitori (Mc 13,5-13; Lc 21,8-19) - ⁴Gesù rispose: «Guardate che nessuno vi inganni; ⁵molti verranno nel mio nome, dicendo: Io sono il Cristo, e trarranno molti in inganno. ⁶Sentirete poi parlare di guerre e di rumori di guerre. Guardate di non allarmarvi; è necessario che tutto questo avvenga, ma non è ancora la fine. ⁷Si solleverà popolo contro popolo e regno contro regno; vi saranno carestie e terremoti in vari luoghi; ⁸ma tutto questo è solo l'inizio dei dolori.

⁹Allora vi consegneranno ai supplizi e vi uccideranno, e sarete odiati da tutti i popoli a causa del mio nome. ¹⁰Molti ne resteranno scandalizzati, ed essi si tradiranno e odieranno a vicenda. ¹¹Sorgeranno molti falsi profeti e inganneranno molti; ¹²per il dilagare dell'iniquità, l'amore di molti si raffredderà. ¹³Ma chi persevererà sino alla fine, sarà salvato. ¹⁴Frattanto questo vangelo del regno sarà annunziato in tutto il mondo, perché ne sia resa testimonianza a tutte le genti; e allora verrà la fine.

La grande tribolazione (Mc 13,14-20; Lc 21,20-24) - ¹⁵Quando dunque vedrete *l'abominio della desolazione* (Dn 9,27), di cui parlò il profeta Daniele, stare *nel luogo santo* - chi legge comprenda -, ¹⁶allora quelli che sono in Giudea fuggano ai monti, ¹⁷chi si trova sulla terrazza non scenda a prendere la roba di casa, [18]e chi si trova nel campo non torni indietro a prendersi il mantello. [19]Guai alle donne incinte e a quelle che allatteranno in quei giorni. [20]Pregate perché la vostra fuga non accada d'inverno o di sabato.

[21]Poiché vi sarà allora *una tribolazione* grande, *quale mai avvenne dall'inizio del mondo fino a ora* (Dn 12,1), né mai più ci sarà. [22]E se quei giorni non fossero abbreviati, nessun vivente si salverebbe; ma a causa degli eletti quei giorni saranno abbreviati.

Falsi cristi e falsi profeti (Mc 13,21-23; Lc 17,23-24.37) - [23]Allora se qualcuno vi dirà: Ecco, il Cristo è qui, o: È là, non ci credete. [24]Sorgeranno infatti falsi cristi e falsi profeti e faranno grandi portenti e miracoli, così da indurre in errore, se possibile, anche gli eletti. [25]Ecco, io ve l'ho predetto. [26]Se dunque vi diranno: Ecco, è nel deserto, non ci andate; o: È in casa, non ci credete. [27]Come la folgore viene da oriente e brilla fino a occidente, così sarà la venuta del Figlio dell'uomo. [28]Dovunque sarà il cadavere, ivi si raduneranno gli avvoltoi.

La venuta del Figlio dell'uomo (Mc 13,24-27; Lc 21,25-28) - [29]Subito dopo la tribolazione di quei giorni, *il sole si oscurerà, la luna non darà più la sua luce, gli astri cadranno* dal cielo *e le potenze dei cieli* saranno sconvolte (Is 13,10; 34,4). [30]Allora comparirà nel cielo *il segno del Figlio dell'uomo e allora si batteranno il petto tutte le tribù della terra* (Zc 12,10-12), e vedranno *il Figlio dell'uomo venire sopra le nubi del cielo* (Dn 7,13) con grande potenza e gloria. [31]Egli manderà i suoi angeli con una grande tromba e raduneranno tutti i suoi eletti dai quattro venti, da un estremo all'altro dei cieli.

Parabola del fico (Mc 13,28-32; Lc 21,29-33) - [32]Dal fico voi imparate la parabola: quando ormai il suo ramo diventa tenero e spuntano le foglie, sapete che l'estate è vicina. [33]Così anche voi, quando vedrete tutte queste cose, sappiate che Egli è proprio alle porte. [34]In verità vi dico: non passerà questa generazione prima che tutto questo accada. [35]Il cielo e la terra passeranno, ma le mie parole non passeranno.

Incertezza dell'ora (Mc 13,32-33.35; Lc 17,26-35; 12,39-40) - [36]Quanto a quel giorno e a quell'ora, però, nessuno lo sa, neanche gli angeli del cielo e neppure il Figlio, ma solo il Padre. [37]Come fu ai giorni di Noè, così sarà la venuta del Figlio dell'uomo. [38]Infatti, come nei giorni che precedettero il diluvio mangiavano e bevevano, prendevano moglie e marito, fino a quando Noè entrò nell'arca, [39]e non si accorsero di nulla finché venne il diluvio e inghiottì tutti, così sarà anche alla venuta del Figlio dell'uomo.

[40]Allora due uomini saranno nel campo: uno sarà preso e l'altro lasciato. [41]Due donne macineranno alla mola: una sarà presa e l'altra lasciata.

[42]Vegliate dunque, perché non sapete in quale giorno il Signore vostro verrà. [43]Questo considerate: se il padrone di casa sapesse in quale ora della notte viene il ladro, veglierebbe e non si lascerebbe scassinare la casa. [44]Perciò anche voi state pronti, perché nell'ora che non immaginate, il Figlio dell'uomo verrà.

Parabola del servo fedele e di quello malvagio (Lc 12,42-46) - [45]Qual è dunque il servo fidato e prudente che il padrone ha preposto ai suoi domestici con l'incarico di dar loro il cibo al tempo dovuto? [46]Beato quel servo che il padrone al suo ritorno troverà ad agire così! [47]In verità vi dico: gli affiderà l'amministrazione di tutti i suoi beni.

[48]Ma se questo servo malvagio dicesse in cuor suo: il mio padrone tarda a venire, [49]e cominciasse a percuotere i suoi compagni e a bere e a mangiare con gli ubriaconi, [50]arriverà il padrone quando il servo non se l'aspetta e nell'ora che non sa, [51]lo punirà con rigore e gli infliggerà la sorte che gli ipocriti si meritano: e là sarà pianto e stridore di denti.

25. Parabola delle dieci vergini - [1]Il regno dei cieli è simile a dieci vergini che, prese le loro lampade, uscirono incontro allo sposo. [2]Cinque di esse erano stolte e cinque sagge; [3]le stolte presero le lampade, ma non presero con sé olio; [4]le sagge invece, insieme alle lampade, presero anche l'olio in piccoli vasi. [5]Poiché lo sposo tardava, si assopirono tutte e dormirono. [6]A mezzanotte si levò un grido: Ecco lo sposo, andategli incontro! [7]Allora tutte quelle vergini si destarono e prepararono le loro lampade.

[8]E le stolte dissero alle sagge: Dateci del vostro olio, perché le nostre lampade si spengono. [9]Ma le sagge risposero:

No, che non abbia a mancare per noi e per voi; andate piuttosto dai venditori e compratevene. [10]Ora, mentre quelle andavano per comprare l'olio, arrivò lo sposo e le vergini che erano pronte entrarono con lui alle nozze, e la porta fu chiusa.

[11]Più tardi arrivarono anche le altre vergini e incominciarono a dire: Signore, signore, aprici! [12]Ma egli rispose: In verità vi dico: non vi conosco. [13]Vegliate dunque, perché non sapete né il giorno né l'ora.

Parabola dei talenti (Lc 19,12-27) - [14]Avverrà come di un uomo che, partendo per un viaggio, chiamò i suoi servi e consegnò loro i suoi beni. [15]A uno diede cinque talenti, a un altro due, a un altro uno, a ciascuno secondo la sua capacità, e partì. [16]Colui che aveva ricevuto cinque talenti, andò subito a impiegarli e ne guadagnò altri cinque. [17]Così anche quello che ne aveva ricevuti due, ne guadagnò altri due. [18]Colui invece che aveva ricevuto un solo talento, andò a fare una buca nel terreno e vi nascose il denaro del suo padrone.

[19]Dopo molto tempo il padrone di quei servi tornò e volle regolare i conti con loro. [20]Colui che aveva ricevuto cinque talenti, ne presentò altri cinque, dicendo: Signore, mi hai consegnato cinque talenti; ecco, ne ho guadagnati altri cinque. [21]Bene, servo buono e fedele, gli disse il suo padrone, sei stato fedele nel poco, ti darò autorità su molto; prendi parte alla gioia del tuo padrone. [22]Presentatosi poi colui che aveva ricevuto due talenti, disse: Signore, mi hai consegnato due talenti; vedi, ne ho guadagnati altri due. [23]Bene, servo buono e fedele, gli rispose il padrone, sei stato fedele nel poco, ti darò autorità su molto; prendi parte alla gioia del tuo padrone.

[24]Venuto infine colui che aveva ricevuto un solo talento, disse: Signore, so che sei un uomo duro, che mieti dove non hai seminato e raccogli dove non hai sparso; [25]per paura andai a nasconderte il tuo talento sotterra; ecco qui il tuo. [26]Il padrone gli rispose: Servo malvagio e infingardo, sapevi che mieto dove non ho seminato e raccolgo dove non ho sparso; [27]avresti dovuto affidare il mio denaro ai banchieri e così, ritornando, avrei ritirato il mio con l'interesse. [28]Toglietegli dunque il talento, e datelo a chi ha dieci talenti.

²⁹Perché a chiunque ha sarà dato e sarà nell'abbondanza; ma a chi non ha sarà tolto anche quello che ha. ³⁰E il servo fannullone gettatelo fuori nelle tenebre; là sarà pianto e stridore di denti.

Il giudizio finale - ³¹Quando il Figlio dell'uomo verrà nella sua gloria con tutti i suoi angeli, si siederà sul trono della sua gloria. ³²E saranno riunite davanti a lui tutte le genti, ed egli separerà gli uni dagli altri, come il pastore separa le pecore dai capri, ³³e porrà le pecore alla sua destra e i capri alla sinistra.

³⁴Allora il re dirà a quelli che stanno alla sua destra: Venite, benedetti del Padre mio, ricevete in eredità il regno preparato per voi fin dalla fondazione del mondo. ³⁵Perché io ho avuto fame e mi avete dato da mangiare, ho avuto sete e mi avete dato da bere; ero forestiero e mi avete ospitato, ³⁶nudo e mi avete vestito, malato e mi avete visitato, carcerato e siete venuti a trovarmi.

³⁷Allora i giusti gli risponderanno: Signore, quando mai ti abbiamo veduto affamato e ti abbiamo dato da mangiare, assetato e ti abbiamo dato da bere? ³⁸Quando ti abbiamo visto forestiero e ti abbiamo ospitato, o nudo e ti abbiamo vestito? ³⁹E quando ti abbiamo visto ammalato o in carcere e siamo venuti a visitarti?

⁴⁰Rispondendo, il re dirà loro: In verità vi dico: ogni volta che avete fatto queste cose a uno solo di questi miei fratelli più piccoli, l'avete fatto a me.

⁴¹Poi dirà anche a quelli alla sua sinistra: Via, lontano da me, maledetti, nel fuoco eterno, preparato per il diavolo e per i suoi angeli. ⁴²Perché ho avuto fame e non mi avete dato da mangiare; ho avuto sete e non mi avete dato da bere; ⁴³ero forestiero e non mi avete ospitato, nudo e non mi avete vestito, malato e in carcere e non mi avete visitato.

⁴⁴Anch'essi allora risponderanno: Signore, quando mai ti abbiamo visto affamato o assetato o forestiero o nudo o malato o in carcere e non ti abbiamo assistito?

⁴⁵Ma egli risponderà: In verità vi dico: ogni volta che non avete fatto queste cose a uno di questi miei fratelli più piccoli, non l'avete fatto a me. ⁴⁶E se ne andranno, questi al supplizio eterno, e i giusti alla vita eterna».

PASSIONE E RISURREZIONE

* Il racconto della passione costituisce il cuore del Vangelo. Si può dividere in due parti: due preludi (complotto di Giuda e ultima cena) e tre cicli (Getsemani, processo religioso dinanzi al Sinedrio e processo civile dinanzi a Pilato, crocifissione e morte di Gesù). Il racconto di Matteo è molto vicino a quello di Marco, tuttavia è già compenetrato dalla luce pasquale. Alcuni episodi che gli sono propri, come la morte di Giuda, il sogno della moglie di Pilato, la lavanda delle mani, il terremoto con l'apparizione di alcuni morti, attenuano la drammaticità della morte di Gesù. *

26. Complotto contro Gesù (Mc 14,1-2; Lc 22,1-2) - ¹Terminati tutti questi discorsi, Gesù disse ai suoi discepoli: ²«Voi sapete che fra due giorni è Pasqua e che il Figlio dell'uomo sarà consegnato per essere crocifisso».

³Allora i sommi sacerdoti e gli anziani del popolo si riunirono nel palazzo del sommo sacerdote, che si chiamava Caifa, ⁴e tennero consiglio per arrestare con un inganno Gesù e farlo morire. ⁵Ma dicevano: «Non durante la festa, perché non avvengano tumulti fra il popolo».

L'unzione a Betània (Mc 14,3-9; Gv 12,1-8) - ⁶Mentre Gesù si trovava a Betània, in casa di Simone il lebbroso, ⁷gli si avvicinò una donna con un vaso di alabastro di olio profumato molto prezioso, e glielo versò sul capo mentre stava a mensa. ⁸I discepoli vedendo ciò si sdegnarono e dissero: «Perché questo spreco? ⁹Lo si poteva vendere a caro prezzo per darlo ai poveri!».

¹⁰Ma Gesù, accortosene, disse loro: «Perché infastidite questa donna? Essa ha compiuto un'azione buona verso di me. ¹¹I poveri infatti li avete sempre con voi, me, invece, non sempre mi avete. ¹²Versando questo olio sul mio corpo, lo ha fatto in vista della mia sepoltura. ¹³In verità vi dico: dovunque sarà predicato questo vangelo, nel mondo intero, sarà detto anche ciò che essa ha fatto, in ricordo di lei».

Il tradimento di Giuda (Mc 14,10-11; Lc 22,3-6) - ¹⁴Allora uno dei Dodici, chiamato Giuda Iscariota, andò dai sommi sacerdoti ¹⁵e disse: «Quanto mi volete dare perché io ve lo consegni?». E quelli gli *fissarono trenta monete d'argento* (Zc 11,12). [16]Da quel momento cercava l'occasione propizia per consegnarlo.

Preparativi per la cena pasquale (Mc 14,12-16; Lc 22,7-13) - [17]Il primo giorno degli Azzimi, i discepoli si avvicinarono a Gesù e gli dissero: «Dove vuoi che ti prepariamo, per mangiare la Pasqua?». [18]Ed egli rispose: «Andate in città, da un tale, e ditegli: Il Maestro ti manda a dire: Il mio tempo è vicino; farò la Pasqua da te con i miei discepoli». [19]I discepoli fecero come aveva loro ordinato Gesù, e prepararono la Pasqua.

Gesù svela il traditore (Mc 14,17-21; Lc 22,14.21-23; Gv 13,21-30) - [20]Venuta la sera, si mise a mensa con i Dodici. [21]Mentre mangiavano disse: «In verità io vi dico, uno di voi mi tradirà». [22]Ed essi, addolorati profondamente, incominciarono ciascuno a domandargli: «Sono forse io, Signore?». [23]Ed egli rispose: «Colui che ha intinto con me la mano nel piatto, quello mi tradirà. [24]Il Figlio dell'uomo se ne va, come è scritto di lui, ma guai a colui dal quale il Figlio dell'uomo viene tradito; sarebbe meglio per quell'uomo se non fosse mai nato!».
[25]Giuda, il traditore, disse: «Rabbì, sono forse io?». Gli rispose: «Tu l'hai detto».

Istituzione dell'Eucaristia (Mc 14,22-25; Lc 22,15-20) - [26]Ora, mentre essi mangiavano, Gesù prese il pane e, pronunziata la benedizione, lo spezzò e lo diede ai discepoli dicendo: «Prendete e mangiate; questo è il mio corpo». [27]Poi prese il calice e, dopo aver reso grazie, lo diede loro, dicendo: «Bevetene tutti, [28]perché questo è il mio sangue dell'alleanza, versato per molti, in remissione dei peccati.
[29]Io vi dico che da ora non berrò più di questo frutto della vite fino al giorno in cui lo berrò nuovo con voi nel regno del Padre mio».

Gesù predice il rinnegamento di Pietro (Mc 14,26-31; Lc 22,31-34; Gv 13,36-38) - [30]E dopo aver cantato l'inno, uscirono verso il monte degli Ulivi. [31]Allora Gesù disse loro: «Voi tutti vi scandalizzerete per causa mia in questa notte.

Sta scritto infatti: *Percuoterò il pastore e saranno disperse le pecore del gregge* (Zc 13,7), [32]ma dopo la mia risurrezione, vi precederò in Galilea».

[33]E Pietro gli disse: «Anche se tutti si scandalizzassero di te, io non mi scandalizzerò mai». [34]Gli disse Gesù: «In verità ti dico: questa notte stessa, prima che il gallo canti, mi rinnegherai tre volte». [35]E Pietro gli rispose: «Anche se dovessi morire con te, non ti rinnegherò». Lo stesso dissero tutti gli altri discepoli.

Al Getsèmani (Mc 14,32-42; Lc 22,39-46) - [36]Allora Gesù andò con loro in un podere, chiamato Getsèmani, e disse ai discepoli: «Sedetevi qui, mentre io vado là a pregare». [37]E, presi con sé Pietro e i due figli di Zebedèo, cominciò a provare tristezza e angoscia. [38]Disse loro: «La mia anima è triste fino alla morte; restate qui e vegliate con me». [39]E, avanzatosi un poco, si prostrò con la faccia a terra e pregava dicendo: «Padre mio, se è possibile, passi da me questo calice! Però non come voglio io, ma come vuoi tu!».

[40]Poi tornò dai discepoli e li trovò che dormivano. E disse a Pietro: «Così non siete stati capaci di vegliare un'ora sola con me? [41]Vegliate e pregate, per non cadere in tentazione. Lo spirito è pronto, ma la carne è debole». [42]E di nuovo, allontanatosi, pregava dicendo: «Padre mio, se questo calice non può passare da me senza che io lo beva, sia fatta la tua volontà». [43]E tornato di nuovo trovò i suoi che dormivano, perché gli occhi loro si erano appesantiti. [44]E, lasciatili, si allontanò di nuovo e pregò per la terza volta, ripetendo le stesse parole.

[45]Poi si avvicinò ai discepoli e disse loro: «Dormite ormai e riposate! Ecco, è giunta l'ora nella quale il Figlio dell'uomo sarà consegnato in mano ai peccatori. [46]Alzatevi, andiamo; ecco, colui che mi tradisce si avvicina».

L'arresto di Gesù (Mc 14,43-52; Lc 22,47-53; Gv 18,2-11) - [47]Mentre parlava ancora, ecco arrivare Giuda, uno dei Dodici, e con una gran folla con spade e bastoni, mandata dai sommi sacerdoti e dagli anziani del popolo. [48]Il traditore aveva dato loro questo segnale dicendo: «Quello che bacerò, è lui; arrestatelo!». [49]E subito si avvicinò a Gesù e disse: «Salve, Rabbì!». E lo baciò. [50]E Gesù gli disse: «Amico, per questo sei qui!». Allora si fecero avanti e misero le mani addosso a Gesù e lo arrestarono.

⁵¹Ed ecco, uno di quelli che erano con Gesù, messa mano alla spada, la estrasse e colpì il servo del sommo sacerdote, staccandogli un orecchio. ⁵²Allora Gesù gli disse: «Rimetti la spada nel fodero, perché tutti quelli che mettono mano alla spada periranno di spada. ⁵³Pensi forse che io non possa pregare il Padre mio, che mi darebbe subito più di dodici legioni di angeli? ⁵⁴Ma come allora si adempirebbero le Scritture, secondo le quali così deve avvenire?».

⁵⁵In quello stesso momento Gesù disse alla folla: «Siete usciti come contro un brigante, con spade e bastoni, per catturarmi. Ogni giorno stavo seduto nel tempio ad insegnare, e non mi avete arrestato. ⁵⁶Ma tutto questo è avvenuto perché si adempissero le Scritture dei profeti». Allora tutti i discepoli, abbandonatolo, fuggirono.

Gesù davanti al sinedrio (Mc 14,53-65; Lc 22,54-55.66-71) - ⁵⁷Or quelli che avevano arrestato Gesù, lo condussero dal sommo sacerdote Caifa, presso il quale già si erano riuniti gli scribi e gli anziani. ⁵⁸Pietro intanto lo aveva seguito da lontano fino al palazzo del sommo sacerdote; ed entrato anche lui, si pose a sedere tra i servi, per vedere la conclusione.

⁵⁹I sommi sacerdoti e tutto il sinedrio cercavano qualche falsa testimonianza contro Gesù, per condannarlo a morte; ⁶⁰ma non riuscirono a trovarne alcuna, pur essendosi fatti avanti molti falsi testimoni. ⁶¹Finalmente se ne presentarono due, che affermarono: «Costui ha dichiarato: Posso distruggere il tempio di Dio e ricostruirlo in tre giorni».

⁶²Alzatosi il sommo sacerdote gli disse: «Non rispondi nulla? Che cosa testimoniano costoro contro di te?». ⁶³Ma Gesù taceva. Allora il sommo sacerdote gli disse: «Ti scongiuro, per il Dio vivente, perché ci dica se tu sei il Cristo, il Figlio di Dio». ⁶⁴«Tu l'hai detto, gli rispose Gesù, anzi io vi dico: d'ora innanzi vedrete *il Figlio dell'uomo seduto alla destra di Dio* (Sal 109,1), *e venire sulle nubi del cielo*» (Dn 7,13).

⁶⁵Allora il sommo sacerdote si stracciò le vesti dicendo: «Ha bestemmiato! Perché abbiamo ancora bisogno di testimoni? Ecco, ora avete udito la bestemmia; ⁶⁶che ve ne pare?». E quelli risposero: «È reo di morte!».

[67]Allora gli sputarono in faccia e lo schiaffeggiarono; altri lo bastonavano, [68]dicendo: «Indovina, Cristo! Chi è che ti ha percosso?».

Il rinnegamento di Pietro (Mc 14,66-72; Lc 22,56-62; Gv 18,17.25-27) - [69]Pietro intanto se ne stava seduto fuori, nel cortile. Una serva gli si avvicinò e gli disse: «Anche tu eri con Gesù, il Galileo!». [70]Ed egli negò davanti a tutti: «Non capisco che cosa tu voglia dire». [71]Mentre usciva verso l'atrio, lo vide un'altra serva ai presenti: «Costui era con Gesù, il Nazareno». [72]Ma egli negò di nuovo giurando: «Non conosco quell'uomo». [73]Dopo un poco, i presenti gli si accostarono e dissero a Pietro: «Certo anche tu sei di quelli; la tua parlata ti tradisce!». [74]Allora egli cominciò a imprecare e a giurare: «Non conosco quell'uomo!». E subito un gallo cantò.

[75]E Pietro si ricordò delle parole dette da Gesù: «Prima che il gallo canti, mi rinnegherai tre volte». E uscito all'aperto, pianse amaramente.

27. Gesù consegnato a Pilato (Mc 15,1; Lc 23,1; Gv 18,28) - [1]Venuto il mattino, tutti i sommi sacerdoti e gli anziani del popolo tennero consiglio contro Gesù, per farlo morire. [2]Poi, messolo in catene, lo condussero e consegnarono al governatore Pilato.

Il suicidio di Giuda - [3]Allora Giuda, il traditore, vedendo che Gesù era stato condannato, si pentì e riportò le trenta monete d'argento ai sommi sacerdoti e agli anziani [4]dicendo: «Ho peccato, perché ho tradito sangue innocente». Ma quelli dissero: «Che ci riguarda? Veditela tu!». [5]Ed egli, gettate le monete d'argento nel tempio, si allontanò e andò ad impiccarsi.

[6]Ma i sommi sacerdoti, raccolto quel denaro, dissero: «Non è lecito metterlo nel tesoro, perché è prezzo di sangue». [7]E, tenuto consiglio, comprarono con esso il Campo del vasaio per la sepoltura degli stranieri. [8]Perciò quel campo fu denominato "Campo di sangue" fino al giorno d'oggi. [9]Allora si adempì quanto era stato detto dal profeta Geremia: *E presero trenta denari d'argento, il prezzo del venduto, che i figli di Israele avevano mercanteggiato,* [10]*e li diedero per*

il campo del vasaio, come mi aveva ordinato il Signore (Zc 11,12-13).

Gesù davanti a Pilato (Mc 15,2-5; Lc 23,2-5; Gv 18,29-38) - [11]Gesù intanto comparve davanti al governatore, e il governatore l'interrogò dicendo: «Sei tu il re dei Giudei?». Gesù rispose: «Tu lo dici». [12]E mentre lo accusavano i sommi sacerdoti e gli anziani, non rispondeva nulla. [13]Allora Pilato gli disse: «Non senti quante cose attestano contro di te?». [14]Ma Gesù non gli rispose neanche una parola, con grande meraviglia del governatore.

Barabba preferito a Gesù (Mc 15,6-15; Lc 23,17-25; Gv 18,39-40) - [15]Il governatore era solito, per ciascuna festa di Pasqua, rilasciare al popolo un prigioniero, a loro scelta. [16]Avevano in quel tempo un prigioniero famoso, detto Barabba. [17]Quindi, mentre si trovavano riuniti, Pilato disse loro: «Chi volete che vi rilasci: Barabba o Gesù chiamato il Cristo?». [18]Sapeva bene infatti che glielo avevano consegnato per invidia.

[19]Mentre egli sedeva in tribunale, sua moglie gli mandò a dire: «Non avere a che fare con quel giusto; perché oggi fui molto turbata in sogno, per causa sua».

[20]Ma i sommi sacerdoti e gli anziani persuasero la folla a richiedere Barabba e a far morire Gesù. [21]Allora il governatore domandò: «Chi dei due volete che vi rilasci?». Quelli risposero: «Barabba!». [22]Disse loro Pilato: «Che farò dunque di Gesù chiamato il Cristo?». Tutti gli risposero: «Sia crocifisso!». [23]Ed egli aggiunse: «Ma che male ha fatto?». Essi allora urlarono: «Sia crocifisso!».

[24]Pilato, visto che non otteneva nulla, anzi che il tumulto cresceva sempre più, presa dell'acqua, si lavò le mani davanti alla folla: «Non sono responsabile, disse, di questo sangue; vedetevela voi!». [25]E tutto il popolo rispose: «Il suo sangue ricada su di noi e sopra i nostri figli». [26]Allora rilasciò loro Barabba e, dopo aver fatto flagellare Gesù, lo consegnò ai soldati perché fosse crocifisso.

La coronazione di spine (Mc 15,16-20; Gv 19,1-3) - [27]Allora i soldati del governatore condussero Gesù nel pretorio e gli radunarono attorno tutta la coorte. [28]Spogliatolo,

gli misero addosso un manto scarlatto [29]e, intrecciata una
corona di spine, gliela posero sul capo, con una canna nella
destra; poi mentre gli si inginocchiavano davanti, lo schernivano: «Salve, re dei Giudei!». [30]E sputandogli addosso, gli
tolsero di mano la canna e lo percuotevano sul capo.

[31]Dopo averlo così schernito, lo spogliarono del mantello,
gli fecero indossare i suoi vestiti e lo portarono via per
crocifiggerlo.

La crocifissione (Mc 15,21-32; Lc 23,26-38; Gv 19,17-24) -
[32]Mentre uscivano, incontrarono un uomo di Cirene, chiamato Simone, e lo costrinsero a prender su la croce di lui.
[33]Giunti a un luogo detto Gòlgota, che significa luogo del
cranio, [34]gli *diedero da bere vino* mescolato con *fiele* (Sal
68,22); ma egli, assaggiatolo, non ne volle bere.

[35]Dopo averlo quindi crocifisso, *si spartirono le sue vesti
tirandole a sorte* (Sal 21,19). [36]E sedutisi, gli facevano la
guardia. [37]Al di sopra del suo capo, posero la motivazione
scritta della sua condanna: «*Questi è Gesù, il re dei Giudei*».

[38]Insieme con lui furono crocifissi due ladroni, uno a destra e uno a sinistra. [39]E quelli che passavano di là lo insultavano *scuotendo il capo* (Sal 21,8) e dicendo: [40]«Tu che distruggi il tempio e lo ricostruisci in tre giorni, salva te stesso!
Se tu sei Figlio di Dio, scendi dalla croce!».

[41]Anche i sommi sacerdoti con gli scribi e gli anziani lo
schernivano: [42]«Ha salvato gli altri, non può salvare se stesso. È il re d'Israele, scenda ora dalla croce e gli crederemo.
[43]*Ha confidato in Dio; lo liberi lui ora, se gli vuol bene* (Sal
21,9). Ha detto infatti: Sono Figlio di Dio!». [44]Anche i ladroni crocifissi con lui lo oltraggiavano allo stesso modo.

La morte di Gesù (Mc 15,33-41; Lc 23,44-49; Gv 19,28-30)
- [45]Da mezzogiorno fino alle tre del pomeriggio si fece buio
su tutta la terra. [46]Verso le tre, Gesù gridò a gran voce: «*Elì,
Elì, lemà sabactàni?*», che significa: «*Dio mio, Dio mio,
perché mi hai abbandonato?*» (Sal 21,2). [47]Udendo questo,
alcuni dei presenti dicevano: «Costui chiama Elia». [48]E subito uno di loro corse a prendere una spugna e, imbevutala *di
aceto*, la fissò su una canna e così gli *dava da bere* (Sal
68,22). [49]Gli altri dicevano: «Lascia, vediamo se viene Elia a
salvarlo!». [50]E Gesù, emesso un alto grido, spirò.

[51]Ed ecco il velo del tempio si squarciò in due da cima a fondo, la terra si scosse, le rocce si spezzarono, [52]i sepolcri si aprirono e molti corpi di santi morti risuscitarono. [53]E uscendo dai sepolcri, dopo la sua risurrezione, entrarono nella città santa e apparvero a molti.

[54]Il centurione e quelli che con lui facevano la guardia a Gesù, sentito il terremoto e visto quel che succedeva, furono presi da grande timore e dicevano: «Davvero costui era Figlio di Dio!».

[55]C'erano anche là molte donne che stavano a osservare da lontano; esse avevano seguito Gesù dalla Galilea per servirlo. [56]Tra costoro Maria di Màgdala, Maria madre di Giacomo e di Giuseppe, e la madre dei figli di Zebedèo.

Sepoltura di Gesù (Mc 15,42-47; Lc 23,50-56; Gv 19,38-42) - [57]Venuta la sera giunse un uomo ricco di Arimatèa, chiamato Giuseppe, il quale era diventato anche lui discepolo di Gesù. [58]Egli andò da Pilato e gli chiese il corpo di Gesù. Allora Pilato ordinò che gli fosse consegnato.

[59]Giuseppe, preso il corpo di Gesù, lo avvolse in un candido lenzuolo [60]e lo depose nella sua tomba nuova, che si era fatta scavare nella roccia; rotolata poi una gran pietra sulla porta del sepolcro, se ne andò. [61]Erano lì, davanti al sepolcro, Maria di Màgdala e l'altra Maria.

La guardia al sepolcro - [62]Il giorno dopo, che era Parasceve, si riunirono presso Pilato i sommi sacerdoti e i farisei, dicendo: [63]«Signore, ci siamo ricordati che quell'impostore disse mentre era vivo: Dopo tre giorni risorgerò. [64]Ordina dunque che sia vigilato il sepolcro fino al terzo giorno, perché non vengano i suoi discepoli, e lo rubino e poi dicano al popolo: È risuscitato dai morti. Così quest'ultima impostura sarebbe peggiore della prima!». [65]Pilato disse loro: «Avete la vostra guardia, andate e assicuratevi come credete». [66]Ed essi andarono e assicurarono il sepolcro, sigillando la pietra e mettendovi la guardia.

---

* All'alba della domenica di Pasqua Gesù risorge da morte. Non riprende però la sua vita fisica di prima: la sua umanità è radicalmente trasformata per penetrare nel mondo dello Spirito ed essere glorificata alla destra di Dio. Le apparizioni del Risorto, mentre confer-

mano la fede dei discepoli, costituiscono esperienze indicibili, che
trascendono ogni realtà terrena e stanno alla base dell'attività missionaria della Chiesa per l'irradiazione del messaggio evangelico in tutto il mondo. *

28. Il messaggio pasquale alle donne (Mc 16,1-8; Lc 24,1-
10) - ¹Passato il sabato, all'alba del primo giorno della settimana, Maria di Màgdala e l'altra Maria andarono a visitare
il sepolcro.

²Ed ecco che vi fu un gran terremoto: un angelo del Signore, sceso dal cielo, si accostò, rotolò la pietra e si pose a
sedere su di essa. ³Il suo aspetto era come la folgore e il suo
vestito bianco come la neve. ⁴Per lo spavento che ebbero di
lui le guardie tremarono tramortite. ⁵Ma l'angelo disse alle
donne: «Non abbiate paura, voi! So che cercate Gesù il
crocifisso. ⁶Non è qui. È risorto, come aveva detto; venite a
vedere il luogo dove era deposto.

⁷Presto, andate a dire ai suoi discepoli: È risuscitato dai
morti, e ora vi precede in Galilea; là lo vedrete. Ecco, io ve
l'ho detto». ⁸Abbandonato in fretta il sepolcro, con timore e
gioia grande, le donne corsero a dare l'annunzio ai suoi
discepoli.

⁹Ed ecco Gesù venne loro incontro dicendo: «Salute a
voi». Ed esse, avvicinatesi, gli presero i piedi e lo adorarono. ¹⁰Allora Gesù disse loro: «Non temete; andate ad annunziare ai miei fratelli che vadano in Galilea e là mi vedranno».

L'inganno dei Giudei - ¹¹Mentre esse erano per via, alcuni
della guardia giunsero in città e annunziarono ai sommi sacerdoti quanto era accaduto. ¹²Questi si riunirono allora con
gli anziani e deliberarono di dare una buona somma di denaro ai soldati dicendo: ¹³«Dichiarate: i suoi discepoli sono
venuti di notte e l'hanno rubato, mentre noi dormivamo. ¹⁴E
se mai la cosa verrà all'orecchio del governatore noi lo per-
suaderemo e vi libereremo da ogni noia».

¹⁵Quelli, preso il denaro, fecero secondo le istruzioni rice-
vute. Così questa diceria si è divulgata fra i Giudei fino ad
oggi.

L'apparizione in Galilea (Mc 16,14-16) - [16]Gli undici discepoli, intanto, andarono in Galilea, sul monte che Gesù aveva loro fissato. [17]Quando lo videro, gli si prostrarono innanzi; alcuni però dubitavano.

[18]E Gesù, avvicinatosi, disse loro: «Mi è stato dato ogni potere in cielo e in terra. [19]Andate dunque e ammaestrate tutte le nazioni, battezzandole nel nome del Padre e del Figlio e dello Spirito Santo, [20]insegnando loro ad osservare tutto ciò che vi ho comandato. Ecco, io sono con voi tutti i giorni, fino alla fine del mondo».

VANGELO
SECONDO MARCO

INTRODUZIONE

Il secondo vangelo è attribuito a Marco, *chiamato anche* Giovanni *o* Giovanni-Marco. *Non fu discepolo del Signore. Tuttavia, entrò presto in stretto contatto con le più grandi figure del cristianesimo nascente. Fu battezzato dall'apostolo* Pietro. *Per un tratto del primo viaggio missionario in Asia Minore fu compagno di* Paolo *e* Barnaba. *Più tardi collaborò con* Pietro *a* Roma, *dove fu pure vicino a* Paolo *nella prima prigionia. Probabilmente lasciò* Roma *nel 64 quando si scatenò la persecuzione di Nerone.*

La tradizione ha concordemente attribuito a Marco *la stesura del secondo vangelo. La più antica testimonianza è quella di Papia, poi confermata da Ireneo intorno al 200. Entrambi affermano che* Marco *fu interprete di* Pietro, *di cui ci avrebbe «trasmesso le cose predicate». Dall'analisi interna dell'opera risulta che l'autore è di mentalità giudaica, benché la indirizzi a cristiani di provenienza pagana. Perciò illustra le usanze giudaiche, traduce le espressioni in aramaico, non riporta molte citazioni dall'Antico Testamento, non parla mai di "Legge", un termine che aveva un significato particolare nella Bibbia. Usa anche parecchi latinismi e allude a costumi noti nel mondo romano.*

La data di composizione va collocata tra il 62 e il 67. Sembra comunque anteriore alla distruzione di Gerusalemme (70). Gli esegeti lo considerano il vangelo più antico. Non conosciamo infatti la struttura di quello originale di Matteo, *scritto in aramaico.*

La struttura di Marco *riproduce il piano generale forse derivato dalla predicazione apostolica. Tuttavia, spesso dà l'impressione di accostare dei racconti isolati, senza un ordine apparente. Ma uno studio assiduo ha permesso di individuare il dinamismo interno del lavoro di* Marco. *Egli si è servito di raccolte preesistenti, che riportavano i conflitti, i miracoli, i detti, le parabole, i fatti di* Gesù; *ha raccolto tutto questo materiale inquadrandolo abilmente con brevi sommari, dando al suo racconto una notevole continuità narrativa e profondità teologica.*

Marco persegue uno schema dottrinale molto importante, fondato sul tema del segreto messianico. Infatti con la sua opera egli voleva illustrare il mistero di umiliazione e di gloria di Gesù, Messia e Figlio di Dio. La professione di fede messianica di Pietro (8,27-30) costituisce il vertice dottrinale del vangelo. Fino a quel punto l'Evangelista insiste sul tema della comprensione del mistero di Gesù. Dopo la confessione di Pietro il divino Maestro manifesta ai discepoli il carattere sofferente del vero messianismo e li invita alla piena adesione a sé sulla via della croce. Per preparare pedagogicamente i discepoli a questa idea esatta del Messia, Gesù rifiuta tale titolo, imponendo silenzio ai miracolati, ai demoni perché non svelassero la sua vera identità. Il «segreto messianico» aveva lo scopo di correggere la concezione politica e trionfalistica del Messia atteso dai giudei. È soltanto dopo la risurrezione che nella fede della Chiesa si svela pienamente il mistero del Servo sofferente, predetto dal Deutero-Isaia.

Il Gesù di Marco è quello più vicino alla realtà storica. L'Evangelista ne descrive veristicamente le amarezze, lo stupore, l'indignazione, la collera, i sentimenti umani di pietà, di tenerezza. Pur dichiarando fin dall'inizio che Gesù è Figlio di Dio, tuttavia ce lo presenta nella sua umanità avvolta di miseria e di fragilità. Marco cerca così di approfondire il mistero della croce. Dio ha voluto sconfiggere il potere diabolico mediante l'annientamento del Figlio dell'uomo e l'espiazione del Servo sofferente di Iahvè.

VANGELO SECONDO MARCO

I PRELUDI DEL VANGELO

* Marco omette i racconti dell'infanzia di Gesù e concentra la sua attenzione sui preludi del Vangelo, costituiti dalla predicazione del Battista, il battesimo e la tentazione di Gesù, per sottolinearne la messianità e divinità. Alla chiamata dei primi discepoli segue la descrizione di una giornata tipica del ministero pubblico di Gesù, che predica con un'«autorità» sovrumana, corrobora il suo insegnamento con prodigi strepitosi e si concentra nella preghiera in luogo appartato. *

1. Predicazione del Battista (Mt 3,1-12; Lc 3,1-18) - ¹Inizio del Vangelo di Gesù Cristo, Figlio di Dio.

²Come è scritto nel profeta Isaia: *Ecco, io mando il mio messaggero davanti a te, egli ti preparerà la strada* (Ml 3,1). ³*Voce di uno che grida nel deserto: preparate la strada del Signore, raddrizzate i suoi sentieri* (Is 40,3), ⁴si presentò Giovanni a battezzare nel deserto, predicando un battesimo di conversione per il perdono dei peccati. ⁵Accorreva a lui tutta la regione della Giudea e tutti gli abitanti di Gerusalemme. E si facevano battezzare da lui nel fiume Giordano, confessando i loro peccati.

⁶Giovanni era vestito di peli di cammello, con una cintura di pelle attorno ai fianchi, si cibava di locuste e miele selvatico ⁷e predicava: «Dopo di me viene uno che è più forte di me e al quale io non son degno di chinarmi per sciogliere i legacci dei suoi sandali. ⁸Io vi ho battezzati con acqua, ma Egli vi battezzerà con lo Spirito Santo».

Battesimo e tentazione di Gesù (Mt 3,13-4,11; Lc 3,21-22; 4,1-13) - ⁹In quei giorni Gesù venne da Nàzaret di Galilea e fu battezzato nel Giordano da Giovanni. ¹⁰E, uscendo dall'acqua, vide aprirsi i cieli e lo Spirito discendere su di lui come una colomba. ¹¹E si sentì una voce dal cielo: «Tu sei il Figlio mio prediletto, in te mi sono compiaciuto».

¹²Subito dopo lo Spirito lo sospinse nel deserto ¹³e vi rimase quaranta giorni, tentato da satana; stava con le fiere e gli angeli lo servivano.

MINISTERO IN GALILEA

Inizio del ministero (Mt 4,12-17; Lc 4,14-15) - ¹⁴Dopo che Giovanni fu arrestato, Gesù si recò nella Galilea predicando il vangelo di Dio e diceva: ¹⁵«Il tempo è compiuto e il regno di Dio è vicino; convertitevi e credete al vangelo».

I primi discepoli (Mt 4,18-22; Lc 5,1-11) - ¹⁶Passando lungo il mare della Galilea, vide Simone e Andrea, fratello di Simone, mentre gettavano le reti in mare; erano infatti pescatori. ¹⁷Gesù disse loro: «Seguitemi, vi farò diventare pescatori di uomini». ¹⁸E subito, lasciate le reti, lo seguirono. ¹⁹Andando un poco oltre, vide sulla barca anche Giacomo di Zebedèo e Giovanni suo fratello mentre riassettavano le reti. ²⁰Li chiamò. Ed essi, lasciato il loro padre Zebedèo sulla barca con i garzoni, lo seguirono.

Gesù predica a Cafarnao (Mt 7,28-29; Lc 4,31-32) - ²¹Andarono a Cafarnao e, entrato proprio di sabato nella sinagoga, Gesù si mise ad insegnare. ²²Ed erano stupiti del suo insegnamento, perché insegnava loro come uno che ha autorità e non come gli scribi.

Guarigione di un indemoniato (Lc 3,33-37) - ²³Allora un uomo che era nella sinagoga, posseduto da uno spirito immondo, si mise a gridare: ²⁴«Che c'entri con noi, Gesù Nazareno? Sei venuto a rovinarci! Io so chi tu sei: il santo di Dio». ²⁵E Gesù lo sgridò: «Taci! Esci da quell'uomo». ²⁶E lo spirito immondo, straziandolo e gridando forte, uscì da lui. ²⁷Tutti furono presi da timore, tanto che si chiedevano a vicenda: «Che è mai questo? Una dottrina nuova insegnata con autorità. Comanda persino agli spiriti immondi e gli obbediscono!». [28]La sua fama si diffuse subito dovunque nei dintorni della Galilea.

Guarigione della suocera di Pietro (Mt 8,14-15; Lc 4,38-39) - [29]E, usciti dalla sinagoga, si recarono subito in casa di Simone e di Andrea, in compagnia di Giacomo e di Giovanni. [30]La suocera di Simone era a letto con la febbre e subito gli parlarono di lei. [31]Egli, accostatosi, la sollevò prendendola per mano; la febbre la lasciò ed essa si mise a servirli.

Altri miracoli (Mt 8,16; Lc 4,40-41) - [32]Venuta la sera, dopo il tramonto del sole, gli portavano tutti i malati e gli indemoniati. [33]Tutta la città era riunita davanti alla porta. [34]Guarì molti che erano afflitti da varie malattie e scacciò molti demòni; ma non permetteva ai demòni di parlare, perché lo conoscevano.

Gesù parte da Cafarnao (Lc 4,42-44) - [35]Al mattino si alzò quando era ancora buio e, uscito di casa, si ritirò in un luogo deserto e là pregava. [36]Ma Simone e quelli che erano con lui si misero sulle sue tracce [37]e, trovatolo, gli dissero: «Tutti ti cercano!». [38]Egli disse loro: «Andiamocene altrove per i villaggi vicini, perché io predichi anche là; per questo infatti sono venuto!». [39]E andò per tutta la Galilea, predicando nelle loro sinagoghe e scacciando i demòni.

Guarigione di un lebbroso (Mt 8,1-4; Lc 5,12-16) - [40]Allora venne a lui un lebbroso: lo supplicava in ginocchio e gli diceva: «Se vuoi, puoi guarirmi!». [41]Mosso a compassione, stese la mano, lo toccò e gli disse: «Lo voglio, guarisci!». [42]Subito la lebbra scomparve ed egli guarì. [43]E, ammonendolo severamente, lo rimandò e gli disse: [44]«Guarda di non dir niente a nessuno, ma va', presentati al sacerdote, e offri per la tua purificazione quello che Mosè ha ordinato, a testimonianza per loro».

[45]Ma quegli, allontanatosi, cominciò a proclamare e a divulgare il fatto, al punto che Gesù non poteva più entrare pubblicamente in una città, ma se ne stava fuori, in luoghi deserti, e venivano a lui da ogni parte.

Le cinque controversie

* Cinque controversie con gli scribi e i farisei segnano l'inizio di una opposizione ostinata che avrebbe portato Gesù alla morte. Ogni conflitto racchiude un detto forte, con cui il divino Maestro si rivendica il potere soprannaturale di rimettere i peccati e di sciogliere dal precetto del riposo sabatico, in contrasto con la rigida casistica rabbinica. *

2. Guarigione di un paralitico (Mt 9,1-8; Lc 5,17-26) - [1]Ed entrò di nuovo a Cafàrnao dopo alcuni giorni. Si seppe che era in casa [2]e si radunarono tante persone, da non esserci più posto neanche davanti alla porta, ed egli annunziava loro la parola.

[3]Si recarono da lui con un paralitico portato da quattro persone. [4]Non potendo però portarglielo innanzi, a causa della folla, scoperchiarono il tetto nel punto dov'egli si trovava e, fatta un'apertura, calarono il lettuccio su cui giaceva il paralitico. [5]Gesù, vista la loro fede, disse al paralitico: «Figliolo, ti sono rimessi i tuoi peccati».

[6]Seduti là erano alcuni scribi che pensavano in cuor loro: [7]«Perché costui parla così? Bestemmia! Chi può rimettere i peccati se non Dio solo?». [8]Ma Gesù, avendo subito conosciuto nel suo spirito che così pensavano tra sé, disse loro: «Perché pensate così nei vostri cuori? [9]Che cosa è più facile: dire al paralitico: Ti sono rimessi i peccati, o dire: Alzati, prendi il tuo lettuccio e cammina? [10]Ora, perché sappiate che il Figlio dell'uomo ha il potere sulla terra di rimettere i peccati, [11]ti ordino - disse al paralitico - alzati, prendi il tuo lettuccio e va' a casa tua».

[12]Quegli si alzò, prese il suo lettuccio e se ne andò in presenza di tutti e tutti si meravigliarono e lodavano Dio dicendo: «Non abbiamo mai visto nulla di simile!».

La chiamata di Levi (Mt 9,9-13; Lc 5,27-32) - [13]Uscì di nuovo lungo il mare; tutta la folla veniva a lui ed egli li ammaestrava. [14]Nel passare, vide Levi, il figlio di Alfeo, seduto al banco delle imposte, e gli disse: «Seguimi». Egli, alzatosi, lo seguì.

[15]Mentre Gesù stava a mensa in casa di lui, molti pubblicani e peccatori si misero a mensa insieme con Gesù e i suoi

discepoli; erano molti infatti quelli che lo seguivano.
[16]Allora gli scribi della setta dei farisei, vedendolo mangiare
con i peccatori e i pubblicani, dicevano ai suoi discepoli:
«Come mai egli mangia e beve in compagnia dei pubblicani
e dei peccatori?». [17]Avendo udito questo, Gesù disse loro:
«Non sono i sani che hanno bisogno del medico, ma i malati; non sono venuto per chiamare i giusti, ma i peccatori».

Discussione sul digiuno (Mt 9,14-17; Lc 5,33-39) - [18]Ora i
discepoli di Giovanni e i farisei stavano facendo un digiuno.
Si recarono allora da Gesù e gli dissero: «Perché i discepoli
di Giovanni e i discepoli dei farisei digiunano, mentre i tuoi
discepoli non digiunano?». [19]Gesù disse loro: «Possono forse
digiunare gli invitati a nozze quando lo sposo è con loro?
Finché hanno lo sposo con loro, non possono digiunare.
[20]Ma verranno i giorni in cui sarà loro tolto lo sposo e allora
digiuneranno.
[21]Nessuno cuce una toppa di panno grezzo su un vestito
vecchio; altrimenti il rattoppo nuovo squarcia il vecchio e si
forma uno strappo peggiore. [22]E nessuno versa vino nuovo
in otri vecchi, altrimenti il vino spaccherà gli otri e si perdono vino e otri, ma vino nuovo in otri nuovi».

Le spighe colte di sabato (Mt 12,1-8; Lc 6,1-5) - [23]In giorno
di sabato Gesù passava per i campi di grano, e i discepoli,
camminando, cominciarono a strappare le spighe. [24]I farisei
gli dissero: «Vedi, perché essi fanno di sabato quel che non
è permesso?»
[25]Ma egli rispose loro: «Non avete mai letto che cosa fece
Davide quando si trovò nel bisogno ed ebbe fame, lui e i
suoi compagni? [26]Come entrò nella casa di Dio, sotto il
sommo sacerdote Abiatàr, e mangiò i pani dell'offerta, che
soltanto ai sacerdoti è lecito mangiare, e ne diede anche ai
suoi compagni?». [27]E diceva loro: «Il sabato è stato fatto per
l'uomo e non l'uomo per il sabato! [28]Perciò il Figlio dell'uomo è signore anche del sabato».

3. L'uomo dalla mano inaridita (Mt 12,9-14; Lc 6,6-11) -
[1]Entrò di nuovo nella sinagoga. C'era un uomo che aveva
una mano inaridita, [2]e lo osservavano per vedere se lo guariva in giorno di sabato per poi accusarlo. [3]Egli disse all'uomo

che aveva la mano inaridita: «Mettiti nel mezzo!». [4]Poi domandò loro: «È lecito in giorno di sabato fare il bene o il male, salvare una vita o toglierla?». [5]Ma essi tacevano. E guardandoli tutt'intorno con indignazione, rattristato per la durezza dei loro cuori, disse a quell'uomo: «Stendi la mano!». La stese e la sua mano fu risanata. [6]E i farisei uscirono subito con gli erodiani e tennero consiglio contro di lui per farlo morire.

Gesù ostacolato dai Giudei

* L'ostilità contro Gesù va sempre più acuendosi: dalle controversie i suoi avversari passano alle calunnie. Egli sceglie un gruppo di dodici discepoli per stringerli maggiormente a sé e per fare di essi il nucleo del nuovo popolo di Dio. *

Guarigioni presso il lago (Mt 12,15-16; Lc 6,17-19) - [7]Gesù intanto si ritirò presso il mare con i suoi discepoli e lo seguì molta folla dalla Galilea. [8]Dalla Giudea e da Gerusalemme e dall'Idumea e dalla Transgiordania e dalle parti di Tiro e Sidone una gran folla, sentendo ciò che faceva, si recò da lui. [9]Allora egli pregò i suoi discepoli che gli mettessero a disposizione una barca, a causa della folla, perché non lo schiacciassero. [10]Infatti ne aveva guariti molti, così che quanti avevano qualche male gli si gettavano addosso per toccarlo. [11]Gli spiriti immondi, quando lo vedevano, gli si gettavano ai piedi gridando: «Tu sei il Figlio di Dio!». [12]Ma egli li sgridava severamente perché non lo manifestassero.

Scelta dei Dodici (Mt 10,1-4; Lc 6,12-16) - [13]Salì poi sul monte, chiamò a sé quelli che egli volle ed essi andarono da lui. [14]Ne costituì Dodici che stessero con lui [15]e anche per mandarli a predicare e perché avessero il potere di scacciare i demòni. [16]Costituì dunque i Dodici: Simone, al quale impose il nome di Pietro; [17]poi Giacomo di Zebedèo e Giovanni fratello di Giacomo, ai quali diede il nome di Boanèrghes, cioè figli del tuono; [18]e Andrea, Filippo, Bartolomeo, Matteo, Tommaso, Giacomo di Alfeo, Taddeo, Simone il Cananèo [19]e Giuda Iscariota, quello che poi lo tradì.

Gesù e Beelzebùl (Mt 12,24-32; Lc 11,15-23) - [20]Entrò in una casa e si radunò di nuovo attorno a lui molta folla, al punto che non potevano neppure prendere cibo. [21]Allora i suoi, sentito questo, uscirono per andare a prenderlo; poiché dicevano: «È fuori di sé».

[22]Ma gli scribi, che erano discesi da Gerusalemme, dicevano: «Costui è posseduto da Beelzebùl e scaccia i demòni per mezzo del principe dei demòni». [23]Ma egli, chiamatili, diceva loro in parabole: «Come può satana scacciare satana? [24]Se un regno è diviso in se stesso, quel regno non può reggersi; [25]se una casa è divisa in se stessa, quella casa non può reggersi. [26]Alla stessa maniera, se satana si ribella contro se stesso ed è diviso, non può resistere, ma sta per finire. [27]Nessuno può entrare nella casa di un uomo forte e rapire le sue cose se prima non avrà legato l'uomo forte; allora ne saccheggerà la casa.

[28]In verità vi dico: tutti i peccati saranno perdonati ai figli degli uomini e anche tutte le bestemmie che diranno; [29]ma chi avrà bestemmiato contro lo Spirito Santo, non avrà perdono in eterno: sarà reo di colpa eterna». [30]Poiché dicevano: «È posseduto da uno spirito immondo».

I veri parenti di Gesù (Mt 12,46-50; Lc 8,19-21) - [31]Giunsero sua madre e i suoi fratelli e, stando fuori, lo mandarono a chiamare. [32]Tutto attorno era seduta la folla e gli dissero: «Ecco tua madre, i tuoi fratelli e le tue sorelle sono fuori e ti cercano». [33]Ma egli rispose loro: «Chi è mia madre e chi sono i miei fratelli?». [34]Girando lo sguardo su quelli che gli stavano seduti attorno, disse: «Ecco mia madre e i miei fratelli! [35]Chi compie la volontà di Dio, costui è mio fratello, sorella e madre».

Insegnamento in parabole

   * Marco riporta un raggruppamento di parabole per illustrare la natura del regno di Dio con un linguaggio alquanto enigmatico, ma che viene chiarito agli uditori ben disposti. *

4. - [1]Di nuovo si mise a insegnare lungo il mare. E si riunì attorno a lui una folla enorme, tanto che egli salì su una barca e là restò seduto, stando in mare, mentre la folla era a terra lungo la riva.

Parabola del seminatore (Mt 13,1-9; Lc 8,4-8) - [2]Insegnava loro molte cose in parabole e diceva loro nel suo insegnamento: [3]«Ascoltate. Ecco, uscì il seminatore a seminare. [4]Mentre seminava, una parte cadde lungo la strada e vennero gli uccelli e la divorarono. [5]Un'altra cadde fra i sassi, dove non c'era molta terra, e subito spuntò perché non c'era un terreno profondo; [6]ma quando si levò il sole, restò bruciata e, non avendo radice, si seccò. [7]Un'altra cadde tra le spine; le spine crebbero, la soffocarono e non diede frutto. [8]E un'altra cadde sulla terra buona, diede frutto che venne su e crebbe, e rese ora il trenta, ora il sessanta e ora il cento per uno». [9]E diceva: «Chi ha orecchi per intendere intenda!».

Perché Gesù parla in parabole (Mt 13,10-15; Lc 8,9-10) - [10]Quando poi fu solo, quelli che erano intorno a lui insieme ai Dodici lo interrogavano sulle parabole. Ed egli disse loro: [11]«A voi è stato confidato il mistero del regno di Dio; quelli di fuori invece tutto viene esposto in parabole, [12]perché: *guardino, ma non vedano, ascoltino, ma non intendano, perché non si convertano e venga loro perdonato*» (Is 6,9-10).

Spiegazione della parabola del seminatore (Mt 13,18-23; Lc 8,11-15) - [13]Continuò dicendo loro: «Se non comprenderete questa parabola, come potrete capire tutte le altre parabole? [14]Il seminatore semina la parola. [15]Quelli lungo la strada sono coloro nei quali viene seminata la parola; ma quando l'ascoltano, subito viene satana, e porta via la parola seminata in loro. [16]Similmente quelli che ricevono il seme sulle pietre sono coloro che, quando ascoltano la parola, subito l'accolgono con gioia, [17]ma non hanno radice in se stessi, sono incostanti e quindi, al sopraggiungere di qualche tribolazione o persecuzione a causa della parola, subito si abbattono. [18]Altri sono quelli che ricevono il seme tra le spine: sono coloro che hanno ascoltato la parola, [19]ma sopraggiungono le preoccupazioni del mondo e l'inganno della ricchezza e tutte le altre bramosie, soffocano la parola e questa rimane senza frutto. [20]Quelli poi che ricevono il seme su terreno buono, sono coloro che ascoltano la parola, l'accolgono e portano frutto nella misura chi del trenta, chi del sessanta, chi del cento per uno».

La lucerna e la misura (Mt 5,15.10,26; Lc 8,16-18) - [21]Diceva loro: «Si porta forse la lampada per metterla sotto il moggio o sotto il letto? O non piuttosto per metterla sul lucerniere? [22]Non c'è nulla infatti di nascosto che non debba essere manifestato e nulla di segreto che non debba essere messo in luce. [23]Se uno ha orecchi per intendere, intenda!».

[24]Diceva loro: «Fate attenzione a quello che udite: Con la stessa misura con la quale misurate, sarete misurati anche voi; anzi vi sarà dato di più. [25]Poiché a chi ha, sarà dato e a chi non ha, sarà tolto anche quello che ha».

Parabola del seme che cresce da sé - [26]Diceva: «Il regno di Dio è come un uomo che getta il seme nella terra; [27]dorma o vegli, di notte o di giorno, il seme germoglia e cresce; come, egli stesso non lo sa. [28]Poiché la terra produce spontaneamente, prima lo stelo, poi la spiga, poi il chicco pieno nella spiga. [29]Quando il frutto è pronto, subito si mette mano alla falce, perché è venuta la mietitura».

Parabola del granello di senapa (Mt 13,31-32; Lc 13,18-19) - [30]Diceva: «A che cosa possiamo paragonare il regno di Dio o con quale parabola possiamo descriverlo? [31]Esso è come un granellino di senapa che, quando viene seminato per terra, è il più piccolo di tutti i semi che sono sulla terra; [32]ma appena seminato cresce e diviene più grande di tutti gli ortaggi e fa rami tanto grandi che gli uccelli del cielo possono ripararsi alla sua ombra».

Conclusione delle parabole (Mt 13,34-35) - [33]Con molte parabole di questo genere annunziava loro la parola secondo quello che potevano intendere. [34]Senza parabole non parlava loro; ma in privato, ai suoi discepoli, spiegava ogni cosa.

Gesù taumaturgo

* Al libretto delle parabole Marco fa ora seguire una raccolta di miracoli con i quali mette in risalto la potenza misericordiosa di Gesù, il dominatore degli elementi naturali, dei demoni, delle malattie e persino della morte. Così egli appare come il Messia predetto dai profeti. *

La tempesta sedata (Mt 8,23-27; Lc 8,22-25) - ³⁵In quel medesimo giorno, verso sera, disse loro: «Passiamo all'altra riva». ³⁶E lasciata la folla, lo presero con sé, così com'era, nella barca. C'erano anche altre barche con lui.

³⁷Nel frattempo si sollevò una gran tempesta di vento e gettava le onde nella barca, tanto che ormai era piena. ³⁸Egli se ne stava a poppa, sul cuscino, e dormiva. Allora lo svegliarono e gli dissero: «Maestro, non t'importa che moriamo?». ³⁹Destatosi, sgridò il vento e disse al mare: «Taci, calmati!». Il vento cessò e vi fu grande bonaccia. ⁴⁰Poi disse loro: «Perché siete così paurosi? Non avete ancora fede?». ⁴¹E furono presi da grande timore e si dicevano l'un l'altro: «Chi è dunque costui, al quale anche il vento e il mare obbediscono?».

5. L'indemoniato geraseno (Mt 8,28-34; Lc 8,26-39) - ¹Intanto giunsero all'altra riva del mare, nella regione dei Gerasèni. ²Come scese dalla barca, gli venne incontro dai sepolcri un uomo posseduto da uno spirito immondo. ³Egli aveva la sua dimora nei sepolcri e nessuno più riusciva a tenerlo legato neanche con catene, ⁴perché più volte era stato legato con ceppi e catene, ma aveva sempre spezzato le catene e infranto i ceppi, e nessuno più riusciva a domarlo. ⁵Continuamente, notte e giorno, tra i sepolcri e sui monti, gridava e si percuoteva con pietre.

⁶Visto Gesù da lontano, accorse, gli si gettò ai piedi, ⁷e urlando a gran voce disse: «Che hai tu in comune con me, Gesù, Figlio del Dio altissimo? Ti scongiuro, in nome di Dio, non tormentarmi!». ⁸Gli diceva, infatti: «Esci, spirito immondo, da quest'uomo!». ⁹E gli domandò: «Come ti chiami?». «Mi chiamo Legione, gli rispose, perché siamo in molti». ¹⁰E prese a scongiurarlo con insistenza perché non lo cacciasse fuori da quella regione.

[11]Ora c'era là, sul monte, un numeroso branco di porci al pascolo. [12]E gli spiriti lo scongiurarono: «Mandaci da quei porci, perché entriamo in essi». [13]Glielo permise. E gli spiriti immondi uscirono ed entrarono nei porci e il branco si precipitò dal burrone nel mare; erano circa duemila e affogarono uno dopo l'altro nel mare. [14]I mandriani allora fuggirono, portarono la notizia in città e nella campagna e la gente si mosse a vedere che cosa fosse accaduto. [15]Giunti che furono da Gesù, videro l'indemoniato seduto, vestito e sano di mente, lui che era stato posseduto dalla Legione, ed ebbero paura. [16]Quelli che avevano visto tutto, spiegarono loro che cosa era accaduto all'indemoniato e il fatto dei porci. [17]Ed essi si misero a pregarlo di andarsene dal loro territorio.

[18]Mentre risaliva nella barca, colui che era stato indemoniato lo pregava di permettergli di stare con lui. [19]Non gli permise, ma gli disse: «Va' nella tua casa, dai tuoi, annunzia loro ciò che il Signore ti ha fatto e la misericordia che ti ha usato». [20]Egli se ne andò e si mise a proclamare per la Decàpoli ciò che Gesù gli aveva fatto, e tutti ne eran meravigliati.

La figlia di Giairo e l'emorroissa (Mt 9,18-26; Lc 8,40-56) - [21]Essendo passato di nuovo Gesù all'altra riva, gli si radunò attorno molta folla, ed egli stava lungo il mare. [22]Si recò da lui uno dei capi della sinagoga, di nome Giàiro, il quale, vedutolo, gli si gettò ai piedi [23]e lo pregava con insistenza: «La mia figlioletta è agli estremi; vieni a imporle le mani perché sia guarita e viva». [24]Gesù andò con lui. Molta folla lo seguiva e gli si stringeva intorno.

[25]Or una donna, che da dodici anni era affetta da emorragia [26]e aveva molto sofferto per opera di molti medici, spendendo tutti i suoi averi senza nessun vantaggio, anzi peggiorando, [27]udito parlare di Gesù, venne tra la folla, alle sue spalle, e gli toccò il mantello. Diceva infatti: [28]«Se riuscirò anche solo a toccare il suo mantello, sarò guarita». [29]E subito le si fermò il flusso di sangue, e sentì nel suo corpo che era stata guarita da quel male.

[30]Ma subito Gesù, avvertita la potenza che era uscita da lui, si voltò alla folla dicendo: «Chi mi ha toccato il mantello?». [31]I discepoli gli dissero: «Tu vedi la folla che ti si stringe attorno e dici: Chi mi ha toccato?». [32]Egli intanto

guardava intorno, per vedere colei che aveva fatto questo. [33]E la donna impaurita e tremante, sapendo ciò che le era accaduto, venne, gli si gettò davanti e gli disse tutta la verità. [34]Gesù rispose: «Figlia, la tua fede ti ha salvata. Va' in pace e sii guarita dal tuo male».

[35]Mentre ancora parlava, dalla casa del capo della sinagoga vennero a dirgli: «Tua figlia è morta. Perché disturbi ancora il Maestro?». [36]Ma Gesù, udito quanto dicevano, disse al capo della sinagoga: «Non temere, continua solo ad aver fede!». [37]E non permise a nessuno di seguirlo fuorché a Pietro, Giacomo e Giovanni, fratello di Giacomo. [38]Giunsero alla casa del capo della sinagoga ed egli vide trambusto e gente che piangeva e urlava. [39]Entrato, disse loro: «Perché fate tanto strepito e piangete? La bambina non è morta, ma dorme». [40]Ed essi lo deridevano.

Ma egli, cacciati tutti fuori, prese con sé il padre e la madre della fanciulla e quelli che erano con lui, ed entrò dove era la bambina. [41]Presa la mano della bambina, le disse: «Talità kum», che significa: «Fanciulla, io ti dico, alzati!». [42]Subito la fanciulla si alzò e si mise a camminare; aveva dodici anni. Essi furono presi da grande stupore. [43]Gesù raccomandò loro con insistenza che nessuno venisse a saperlo e ordinò di darle da mangiare.

Ostilità crescente contro Gesù

* L'incomprensione e l'ostilità non soltanto delle guide, ma anche del popolo giudaico contro Gesù si aggravano sempre più. Questi allora si ritira progressivamente in luoghi appartati e si dedica con particolare cura alla formazione dei discepoli, preparandoli alla loro futura missione di continuatori della sua opera. La morte tragica del Battista fa presagire una fine violenta anche per Gesù. *

6. Gesù a Nazaret (Mt 13,53-58; Lc 4,16-30) - [1]Partito quindi di là, andò nella sua patria e i discepoli lo seguirono. [2]Venuto il sabato, incominciò a insegnare nella sinagoga. E molti ascoltandolo rimanevano stupiti e dicevano: «Donde gli vengono queste cose? E che sapienza è mai questa che gli è stata data? E questi prodigi compiuti dalle sue mani? [3]Non è costui il carpentiere, il figlio di Maria, il fratello di Giacomo, di Joses, di Giuda e di Simone? E le sue sorelle non stanno qui da noi?». E si scandalizzavano di lui. [4]Ma Gesù disse loro: «Un profeta non è disprezzato che nella sua patria, tra i suoi parenti e in casa sua». [5]E non vi poté operare nessun prodigio, ma solo impose le mani a pochi ammalati e li guarì. [6]E si meravigliava della loro incredulità.

La missione dei Dodici (Mt 10,1.9-14; Lc 9,1-6) - Gesù andava attorno per i villaggi, insegnando.
[7]Allora chiamò i Dodici, ed incominciò a mandarli a due a due e diede loro potere sugli spiriti immondi. [8]E ordinò loro che, oltre al bastone, non prendessero nulla per il viaggio: né pane, né bisaccia, né denaro nella borsa; [9]ma, calzati solo i sandali, non indossassero due tuniche. [10]E diceva loro: «Entrati in una casa, rimanetevi fino a che ve ne andiate da quel luogo. [11]Se in qualche luogo non vi riceveranno e non vi ascolteranno, andandovene, scuotete la polvere di sotto ai vostri piedi, a testimonianza per loro». [12]E partiti, predicavano che la gente si convertisse, [13]scacciavano molti demòni, ungevano di olio molti infermi e li guarivano.

Opinione di Erode su Gesù (Mt 14,1-2; Lc 9,7-9) - [14]Il re Erode sentì parlare di Gesù, poiché intanto il suo nome era diventato famoso. Si diceva: «Giovanni il Battista è risuscitato dai morti e per questo il potere dei miracoli opera in lui». [15]Altri invece dicevano: «È Elia»; altri dicevano ancora: «È un profeta, come uno dei profeti». [16]Ma Erode, al sentirne parlare, diceva: «Quel Giovanni che io ho fatto decapitare è risuscitato!».

Decapitazione di Giovanni Battista (Mt 14,3-12; Lc 3,19-20) - [17]Erode infatti aveva fatto arrestare Giovanni e lo aveva messo in prigione a causa di Erodìade, moglie di suo fratello Filippo, che egli aveva sposata. [18]Giovanni diceva a Erode: «Non ti è lecito tenere la moglie di tuo fratello». [19]Per questo Erodìade gli portava rancore e avrebbe voluto farlo uccidere, ma non poteva, [20]perché Erode temeva Giovanni, sapendolo giusto e santo, e vigilava su di lui; e anche se nell'ascoltarlo restava molto perplesso, tuttavia lo ascoltava volentieri.
[21]Venne però il giorno propizio, quando Erode per il suo

compleanno fece un banchetto per i grandi della sua corte, gli ufficiali e i notabili della Galilea. [22]Entrata la figlia della stessa Erodìade, danzò e piacque a Erode e ai commensali. Allora il re disse alla ragazza: «Chiedimi quello che vuoi e io te lo darò». [23]E le fece questo giuramento: «Qualsiasi cosa mi chiederai, te la darò, fosse anche la metà del mio regno».

[24]La ragazza uscì e disse alla madre: «Che cosa devo chiedere?». Quella rispose: «La testa di Giovanni il Battista». [25]Ed entrata di corsa dal re fece la richiesta dicendo: «Voglio che tu mi dia subito su un vassoio la testa di Giovanni il Battista». [26]Il re ne fu rattristato; tuttavia, a motivo del giuramento e dei commensali, non volle opporle un rifiuto. [27]Subito il re mandò una guardia con l'ordine che gli fosse portata la testa. [28]La guardia andò, lo decapitò in prigione e portò la testa su un vassoio, la diede alla ragazza e la ragazza la diede a sua madre. [29]I discepoli di Giovanni, saputa la cosa, vennero, ne presero il cadavere e lo posero in un sepolcro.

* La cosiddetta «sezione dei pani» (6,30-8,26) costituisce una unità molto caratteristica e bene strutturata, incentrata sul tema del pane offerto dal nuovo Mosè nel deserto, preludio dell'istituzione dell'Eucaristia e del banchetto messianico escatologico. L'ordine vecchio, fondato sulle osservanze ritualistiche, sarà sostituito da un nuovo rapporto di amore e di sincerità tra Dio e l'uomo. *

Prima moltiplicazione dei pani (Mt 14,13-21; Lc 9,10-17; Gv 6,1-13) - [30]Gli apostoli si riunirono attorno a Gesù e gli riferirono tutto quello che avevano fatto e insegnato. [31]Ed egli disse loro: «Venite in disparte, in un luogo solitario, e riposatevi un po'». Era infatti molta la folla che andava e veniva e non avevano più neanche il tempo di mangiare. [32]Allora partirono sulla barca verso un luogo solitario, in disparte.

[33]Molti però li videro partire e capirono, e da tutte le città cominciarono ad accorrere là a piedi e li precedettero. [34]Sbarcando, vide molta folla e si commosse per loro, perché erano come pecore senza pastore, e si mise a insegnare loro molte cose. [35]Essendosi ormai fatto tardi, gli si avvicinarono i discepoli dicendo: «Questo luogo è solitario ed è ormai

tardi; [36]congedali perciò, in modo che, andando per le campagne e i villaggi vicini, possano comprarsi da mangiare». [37]Ma egli rispose: «Voi stessi date loro da mangiare». Gli dissero: «Dobbiamo andar noi a comprare duecento denari di pane e dare loro da mangiare?».

[38]Ma egli replicò loro: «Quanti pani avete? Andate a vedere». E accertatisi, riferirono: «Cinque pani e due pesci». [39]Allora ordinò loro di farli mettere tutti a sedere, a gruppi, sull'erba verde. [40]E sedettero tutti a gruppi e gruppetti di cento e di cinquanta. [41]Presi i cinque pani e i due pesci, levò gli occhi al cielo, pronunziò la benedizione, spezzò i pani e li diede ai discepoli perché li distribuissero; e divise i due pesci fra tutti. [42]Tutti mangiarono e si sfamarono, [43]e portarono via dodici ceste piene di pezzi di pane e anche dei pesci. [44]Quelli che avevano mangiato i pani erano cinquemila uomini.

Gesù cammina sulle acque (Mt 14,22-33; Gv 6,16-21) - [45]Ordinò poi ai discepoli di salire sulla barca e precederlo sull'altra riva, verso Betsàida, mentre egli avrebbe licenziato la folla. [46]Appena li ebbe congedati, salì sul monte a pregare.

[47]Venuta la sera, la barca era in mezzo al mare ed egli solo a terra. [48]Vedendoli però tutti affaticati nel remare, poiché avevano il vento contrario, già verso l'ultima parte della notte andò verso di loro camminando sul mare, e voleva oltrepassarli. [49]Essi, vedendolo camminare sul mare, pensarono: «È un fantasma», e cominciarono a gridare, [50]perché tutti lo avevano visto ed erano rimasti turbati. Ma egli subito rivolse loro la parola e disse: «Coraggio, sono io, non temete!». [51]Quindi salì con loro sulla barca e il vento cessò. Ed erano enormemente stupiti in se stessi, [52]perché non avevano capito il fatto dei pani, essendo il loro cuore indurito.

Guarigioni nel territorio di Genesaret (Mt 14,34-36) - [53]Compiuta la traversata, approdarono e presero terra a Genesaret. [54]Appena scesi dalla barca, la gente lo riconobbe, [55]e accorrendo da tutta quella regione cominciarono a portargli sui lettucci gli ammalati, dovunque udivano che si trovasse. [56]E dovunque giungeva, in villaggi o città o campagne, ponevano i malati nelle piazze e lo pregavano di potergli toccare almeno la frangia del mantello; e quanti lo toccavano guarivano.

7. La tradizione degli antichi (Mt 15,1-9) - [1]Allora si riunirono attorno a lui i farisei e alcuni degli scribi venuti da Gerusalemme. [2]Avendo visto che alcuni dei suoi discepoli prendevano cibo con mani immonde, cioè non lavate - [3]i farisei infatti e tutti i Giudei non mangiano se non si sono lavate le mani fino al gomito, attenendosi alla tradizione degli antichi, [4]e tornando dal mercato non mangiano senza aver fatto le abluzioni, e osservano molte altre cose per tradizione, come lavature di bicchieri, stoviglie e oggetti di rame - [5]quei farisei e scribi lo interrogarono: «Perché i tuoi discepoli non si comportano secondo la tradizione degli antichi, ma prendono cibo con mani immonde?».

[6]Ed egli rispose loro: «Bene ha profetato Isaia di voi, ipocriti, come sta scritto: *Questo popolo mi onora con le labbra, ma il suo cuore è lontano da me.* [7]*Invano essi mi rendono culto, insegnando dottrine che sono precetti di uomini* (Is 29,13).

[8]Trascurando il comandamento di Dio, voi osservate la tradizione degli uomini». [9]E aggiungeva: «Siete veramente abili nell'eludere il comandamento di Dio, per osservare la vostra tradizione. [10]Mosè infatti disse: *Onora tuo padre e tua madre* (Es 20,12), e *chi maledice il padre e la madre sia messo a morte* (Es 21,17). [11]Voi invece dicendo: Se uno dichiara al padre o alla madre: È Korbàn, cioè offerta sacra quello che ti sarebbe dovuto da me, [12]non gli permettete più di fare nulla per il padre e la madre, [13]annullando così la parola di Dio con la tradizione che avete tramandato voi. E di cose simili ne fate molte».

Ciò che rende impuro l'uomo (Mt 15,10-20) - [14]Chiamata di nuovo la folla, diceva loro: «Ascoltatemi tutti e intendete bene: [15]non c'è nulla fuori dell'uomo che, entrando in lui, possa contaminarlo; sono invece le cose che escono dall'uomo a contaminarlo». [16]

[17]Quando entrò in una casa lontano dalla folla, i discepoli lo interrogarono sul significato di quella parabola. [18]E disse loro: «Siete anche voi così privi di intelletto? Non capite che

utto ciò che entra nell'uomo dal di fuori non può contaminarlo, [19]perché non gli entra nel cuore ma nel ventre e va a finire nella fogna?». Dichiarava così mondi tutti gli alimenti.

[20]Quindi soggiunse: «Ciò che esce dall'uomo, questo sì contamina l'uomo. [21]Dal di dentro infatti, cioè dal cuore degli uomini, escono le intenzioni cattive: fornicazioni, furti, omicidi, [22]adultèri, cupidigie, malvagità, inganno, impudicizia, invidia, calunnia, superbia, stoltezza. [23]Tutte queste cose cattive vengono fuori dal di dentro e contaminano l'uomo».

MINISTERO FUORI DELLA GALILEA

La donna cananea (Mt 15,21-28) - [24]Partito di là, andò nella regione di Tiro e di Sidone. Ed entrato in una casa, voleva che nessuno lo sapesse, ma non poté restare nascosto.

[25]Subito una donna che aveva la sua figlioletta posseduta da uno spirito immondo, appena lo seppe, andò e si gettò ai suoi piedi. [26]Ora, quella donna che lo pregava di scacciare il demonio dalla figlia era greca, di origine siro-fenicia. [27]Ed egli le disse: «Lascia prima che si sfamino i figli; non è bene prendere il pane dei figli e gettarlo ai cagnolini». [28]Ma essa replicò: «Sì, Signore, ma anche i cagnolini sotto la tavola mangiano delle briciole dei figli». [29]Allora le disse: «Per questa tua parola va', il demonio è uscito da tua figlia». [30]Tornata a casa, trovò la bambina coricata sul letto e il demonio se n'era andato.

Guarigione di un sordomuto - [31]Di ritorno dalla regione di Tiro, passò per Sidone, dirigendosi verso il mare di Galilea in pieno territorio della Decàpoli. [32]E gli condussero un sordomuto, pregandolo di imporgli la mano. [33]E portandolo in disparte lontano dalla folla, gli pose le dita negli orecchi e con la saliva gli toccò la lingua; [34]guardando quindi verso il cielo, emise un sospiro e disse: «Effatà» cioè: «Apriti!». [35]E subito gli si aprirono gli orecchi, si sciolse il nodo della sua lingua e parlava correttamente. ³⁶E comandò loro di non dirlo a nessuno. Ma più egli lo raccomandava, più essi ne parlavano ³⁷e, pieni di stupore, dicevano: «Ha fatto bene ogni cosa; fa udire i sordi e fa parlare i muti!».

8. Seconda moltiplicazione dei pani (Mt 15,32-39) - ¹In quei giorni, essendoci di nuovo molta folla che non aveva da mangiare, chiamò a sé i discepoli e disse loro: ²«Sento compassione di questa folla, perché già da tre giorni mi stanno dietro e non hanno da mangiare. ³Se li rimando digiuni alle proprie case, verranno meno per via; e alcuni di loro vengono di lontano». ⁴Gli risposero i discepoli: «E come si potrebbe sfamarli di pane qui, in un deserto?».

⁵E domandò loro: «Quanti pani avete?». Gli dissero: «Sette». ⁶Gesù ordinò alla folla di sedersi per terra. Presi allora quei sette pani, rese grazie, li spezzò e li diede ai discepoli perché li distribuissero; ed essi li distribuirono alla folla. ⁷Avevano anche pochi pesciolini; dopo aver pronunziata la benedizione su di essi, disse di distribuire anche quelli. ⁸Così essi mangiarono e si saziarono; e portarono via sette sporte di pezzi avanzati. ⁹Erano circa quattromila. E li congedò.

Domanda di un segno dal cielo (Mt 16,1-4; Lc 11,29-30) - ¹⁰Salì poi sulla barca con i discepoli e andò dalle parti di Dalmanùta. ¹¹Allora vennero i farisei e incominciarono a discutere con lui, chiedendogli un segno dal cielo, per metterlo alla prova. ¹²Ma egli, traendo un profondo sospiro, disse: «Perché questa generazione chiede un segno? In verità vi dico: non sarà dato alcun segno a questa generazione». ¹³E lasciatili, risalì sulla barca e si avviò all'altra sponda.

Il lievito dei farisei e di Erode (Mt 16,5-12; Lc 12,1) - ¹⁴Ma i discepoli avevano dimenticato di prendere dei pani e non avevano con sé sulla barca che un pane solo. ¹⁵Allora egli li ammoniva dicendo: «Fate attenzione, guardatevi dal lievito dei farisei e dal lievito di Erode!». ¹⁶E quelli dicevano fra loro: «Non abbiamo pane».

¹⁷Ma Gesù, accortosi di questo, disse loro: «Perché discutete che non avete pane? Non intendete e non capite ancora? Avete il cuore indurito? ¹⁸*Avete occhi e non vedete, avete*

recchi e non udite? E non vi ricordate, [19]quando ho spezzato i cinque pani per i cinquemila, quante ceste colme di
pezzi avete portato via?». Gli dissero: «Dodici». [20]«E quando ho spezzato i sette pani per i quattromila, quante sporte
piene di pezzi avete portato via?». Gli dissero: «Sette». [21]E
disse loro: «Non capite ancora?».

Guarigione del cieco di Betsàida - [22]Giunsero a Betsàida,
dove gli condussero un cieco pregandolo di toccarlo.
[23]Allora preso il cieco per mano, lo condusse fuori del villaggio e, dopo avergli messo della saliva sugli occhi, gli impose
le mani e gli chiese: «Vedi qualcosa?». [24]Quegli, alzando gli
occhi, disse: «Vedo gli uomini, poiché vedo come degli alberi che camminano». [25]Allora gli impose di nuovo le mani
sugli occhi ed egli ci vide chiaramente e fu sanato e vedeva a
distanza ogni cosa. [26]E lo rimandò a casa dicendo: «Non
entrare nemmeno nel villaggio».

* Pietro riconosce Gesù come Messia. È questo il punto centrale
del vangelo di Marco. Finora l'Evangelista ha insistito sulla conoscenza della persona del Cristo. D'ora in poi ribadirà la necessità di
seguire Gesù sulla via della sofferenza portando la croce dietro a lui,
poiché il vero Messia non è quello trionfalistico atteso dai Giudei,
ma il servo sofferente di Iahvè, che deve attuare la salvezza del
mondo con la propria morte sacrificale. I tre preannunzi della passione da parte di Gesù scandiscono il suo cammino verso il Golgota. I
discepoli stentano ad adeguarsi a questa dura lezione della croce,
mentre Dio conferma con la Trasfigurazione e con altri prodigi la
necessità della tragica fine del Figlio dell'uomo. *

La confessione di Pietro (Mt 16,13-20; Lc 9,18-21) - [27]Poi
Gesù partì con i suoi discepoli verso i villaggi intorno a
Cesarea di Filippo; e per via interrogava i suoi discepoli
dicendo: «Chi dice la gente che io sia?». [28]Ed essi gli risposero: «Giovanni il Battista, altri poi Elia e altri uno dei profeti». [29]Ma egli replicò. «E voi chi dite che io sia?». Pietro gli
rispose: "Tu sei il Cristo". [30]E impose loro severamente di
non parlare di lui a nessuno.

Primo annunzio della passione (Mt 16,21-23; Lc 9,22) - [31]E
cominciò a insegnar loro che il Figlio dell'uomo doveva mol-

to soffrire, ed essere riprovato dagli anziani, dai sommi sacerdoti e dagli scribi, poi venire ucciso e, dopo tre giorni, risuscitare. ³²Gesù faceva questo discorso apertamente. Allora Pietro lo prese in disparte, e si mise a rimproverarlo. ³³Ma egli voltatosi e guardando i discepoli, rimproverò Pietro e gli disse: «Lungi da me, satana! Perché tu non pensi secondo Dio, ma secondo gli uomini».

Condizioni per seguire Gesù (Mt 16,24-28; Lc 9,23-27) - ³⁴Convocata la folla insieme ai suoi discepoli, disse loro: «Se qualcuno vuol venire dietro di me rinneghi se stesso, prenda la sua croce e mi segua. ³⁵Perché chi vorrà salvare la propria vita, la perderà; ma chi perderà la propria vita per causa mia e del vangelo, la salverà. ³⁶Che giova infatti all'uomo guadagnare il mondo intero, se poi perde la propria anima? ³⁷E che cosa potrebbe mai dare un uomo in cambio della propria anima? ³⁸Chi si vergognerà di me e delle mie parole davanti a questa generazione adultera e peccatrice, anche il Figlio dell'uomo si vergognerà di lui, quando verrà nella gloria del Padre suo con gli angeli santi».

9. - ¹E diceva loro: «In verità vi dico: vi sono alcuni qui presenti, che non morranno senza aver visto il regno di Dio venire con potenza».

La trasfigurazione (Mt 17,1-8; Lc 9,28-36) - ²Dopo sei giorni, Gesù prese con sé Pietro, Giacomo e Giovanni e li portò sopra un monte alto, in un luogo appartato, loro soli. Si trasfigurò davanti a loro ³e le vesti divennero splendenti, bianchissime: nessun lavandaio sulla terra potrebbe renderle così bianche. ⁴E apparve loro Elia con Mosè e discorrevano con Gesù.

⁵Prendendo allora la parola, Pietro disse a Gesù: «Maestro, è bello per noi stare qui; facciamo tre tende, una per te, una per Mosè e una per Elia!». ⁶Non sapeva infatti che cosa dire, poiché erano stati presi dallo spavento. ⁷Poi si formò una nube che li avvolse nell'ombra e uscì una voce dalla nube: «Questi è il Figlio mio prediletto; ascoltatelo!». ⁸E subito guardandosi attorno, non videro più nessuno, se non Gesù solo con loro.

⁹Mentre scendevano dal monte, ordinò loro di non rac-

contare a nessuno ciò che avevano visto, se non dopo che il Figlio dell'uomo fosse risuscitato dai morti. [10]Ed essi tennero per sé la cosa, domandandosi però che cosa volesse dire risuscitare dai morti.

Il ritorno di Elia (Mt 17,9-13) - [11]E lo interrogarono: «Perché gli scribi dicono che prima deve venire Elia?». [12]Egli rispose loro: «Sì, prima viene Elia e ristabilisce ogni cosa; ma come sta scritto del Figlio dell'uomo? Che deve soffrire molto ed essere disprezzato. [13]Orbene, io vi dico che Elia è già venuto, ma hanno fatto di lui quello che hanno voluto, come sta scritto di lui».

Guarigione del fanciullo epilettico (Mt 17,14-21; Lc 9,37-43) - [14]E giunti presso i discepoli, li videro circondati da molta folla e da scribi che discutevano con loro. [15]Tutta la folla, al vederlo, fu presa da meraviglia e corse a salutarlo. [16]Ed egli li interrogò: «Di che cosa discutete con loro?». [17]Gli rispose uno della folla: «Maestro, ho portato da te mio figlio, posseduto da uno spirito muto. [18]Quando lo afferra, lo getta al suolo ed egli schiuma, digrigna i denti e si irrigidisce. Ho detto ai tuoi discepoli di scacciarlo, ma non ci sono riusciti».

[19]Egli allora in risposta, disse loro: «O generazione incredula! Fino a quando starò con voi? Fino a quando dovrò sopportarvi? Portatelo da me». [20]E glielo portarono. Alla vista di Gesù lo spirito scosse con convulsioni il ragazzo ed egli, caduto a terra, si rotolava spumando. [21]Gesù interrogò il padre: «Da quanto tempo gli accade questo?». Ed egli rispose: «Dall'infanzia; [22]anzi, spesso lo ha buttato persino nel fuoco e nell'acqua per ucciderlo. Ma se tu puoi qualcosa, abbi pietà di noi e aiutaci». [23]Gesù gli disse: «Se tu puoi! Tutto è possibile per chi crede». [24]Il padre del fanciullo rispose ad alta voce: «Credo, aiutami nella mia incredulità».

[25]Allora Gesù, vedendo accorrere la folla, minacciò lo spirito immondo dicendo: «Spirito muto e sordo, io te l'ordino, esci da lui e non vi rientrare più». [26]E gridando e scuotendolo fortemente, se ne uscì. E il fanciullo diventò come morto, sicché molti dicevano: «È morto». [27]Ma Gesù, presolo per mano, lo sollevò ed egli si alzò in piedi.

[28]Entrò poi in una casa e i discepoli gli chiesero in privato:

«Perché noi non abbiamo potuto scacciarlo?». [29]Ed egli disse loro: «Questa specie di demòni non si può scacciare in alcun modo, se non con la preghiera».

Secondo annunzio della passione (Mt 17,22-23; Lc 9,43-45) - [30]Partiti di là, attraversavano la Galilea, ma egli non voleva che alcuno lo sapesse. [31]Istruiva infatti i suoi discepoli e diceva loro: «Il Figlio dell'uomo sta per esser consegnato nelle mani degli uomini e lo uccideranno; ma una volta ucciso, dopo tre giorni, risusciterà». [32]Essi però non comprendevano queste parole e avevano timore di chiedergli spiegazioni.

Chi è il più grande (Mt 18,1-5; Lc 9,46-48) - [33]Giunsero intanto a Cafàrnao. E quando fu in casa, chiese loro: «Di che cosa stavate discutendo lungo la via?». [34]Ed essi tacevano. Per la via infatti avevano discusso tra loro chi fosse il più grande. [35]Allora, sedutosi, chiamò i Dodici e disse loro: «Se uno vuol essere il primo, sia l'ultimo di tutti e il servo di tutti». [36]E, preso un bambino, lo pose in mezzo e abbracciandolo disse loro:

[37]«Chi accoglie uno di questi bambini nel mio nome, accoglie me; chi accoglie me, non accoglie me, ma colui che mi ha mandato».

L'esorcista estraneo (Lc 9,49-50) - [38]Giovanni gli disse: «Maestro, abbiamo visto uno che scacciava i demòni nel tuo nome e glielo abbiamo vietato, perché non era dei nostri». [39]Ma Gesù disse: «Non glielo proibite, perché non c'è nessuno che faccia un miracolo nel mio nome e subito dopo possa parlare male di me. [40]Chi non è contro di noi, è per noi. [41]Chiunque vi darà da bere un bicchiere d'acqua nel mio nome perché siete di Cristo, vi dico in verità che non perderà la sua ricompensa».

Lo scandalo (Mt 18,6-9; Lc 17,1-3) - [42]«Chi scandalizza uno di questi piccoli che credono, sarebbe meglio per lui che gli passassero al collo una mola da asino e lo buttassero in mare. [43]Se la tua mano ti scandalizza, tagliala: è meglio per te entrare nella vita monco, che con due mani andare nella Geenna, nel fuoco inestinguibile. [[44]]. [45]Se il tuo piede ti scandalizza, taglialo: è meglio per te entrare nella vita zoppo, che esser gettato con due piedi nella Geenna. [⁴⁶]. ⁴⁷Se il tuo occhio ti scandalizza, cavalo: è meglio per te entrare nel regno di Dio con un occhio solo, che essere gettato con due occhi nella Geenna, ⁴⁸dove *il loro verme non muore e il fuoco non si estingue* (Is 66,24).

⁴⁹Perché ciascuno sarà salato con il fuoco. ⁵⁰Buona cosa il sale; ma se il sale diventasse senza sapore, con che cosa lo salerete? Abbiate sale in voi stessi e siate in pace gli uni con gli altri».

MINISTERO IN GIUDEA

10. - ¹Partito di là, si recò nel territorio della Giudea e oltre il Giordano. La folla accorse di nuovo a lui e di nuovo egli l'ammaestrava, come era solito fare.

Indissolubilità del matrimonio (Mt 19,1-9; Lc 16,18) - ²E avvicinatisi dei farisei, per metterlo alla prova, gli domandarono: «È lecito ad un marito ripudiare la propria moglie?». ³Ma egli rispose loro: «Che cosa vi ha ordinato Mosè?». ⁴Dissero: «Mosè ha permesso di *scrivere un atto di ripudio e di rimandarla*» (Dt 24,1). ⁵Gesù disse loro: «Per la durezza del vostro cuore egli scrisse per voi questa norma. ⁶Ma all'inizio della creazione *Dio li creò maschio e femmina; ⁷per questo l'uomo lascerà suo padre e sua madre e i due saranno una carne sola* (Gn 1,27; 2,24). ⁸Sicché non sono più due, ma una sola carne. ⁹L'uomo dunque non separi ciò che Dio ha congiunto».

¹⁰Rientrati a casa, i discepoli lo interrogarono di nuovo su questo argomento. Ed egli disse: ¹¹«Chi ripudia la propria moglie e ne sposa un'altra, commette adulterio contro di lei; ¹²se la donna ripudia il marito e ne sposa un altro, commette adulterio».

Gesù benedice i bambini (Mt 19,13-15; Lc 18,15-17) - ¹³Gli presentavano dei bambini perché li accarezzasse, ma i discepoli li sgridavano. ¹⁴Gesù, al vedere questo, s'indignò e disse loro: «Lasciate che i bambini vengano a me e non glielo impedite, perché a chi è come loro appartiene il regno di Dio. ¹⁵In verità vi dico: Chi non accoglie il regno di Dio come un bambino, non entrerà in esso». ¹⁶E prendendoli fra le braccia e ponendo le mani sopra di loro li benediceva.

L'uomo ricco (Mt 19,16-27; Lc 18,18-23) - ¹⁷Mentre usciva per mettersi in viaggio, un tale gli corse incontro e, gettandosi in ginocchio davanti a lui, gli domandò: «Maestro buono, che cosa devo fare per avere la vita eterna?». ¹⁸Gesù gli disse: «Perché mi chiami buono? Nessuno è buono, se non Dio solo. ¹⁹Tu conosci i comandamenti: *Non uccidere, non commettere adulterio, non rubare, non dire falsa testimonianza,* non frodare, *onora il padre e la madre*» (Es 20,12-16). ²⁰Egli allora gli disse: «Maestro, tutte queste cose le ho osservate fin dalla mia giovinezza». ²¹Allora Gesù, fissatolo, lo amò e gli disse: «Una cosa sola ti manca: va', vendi quello che hai e dàllo ai poveri e avrai un tesoro in cielo; poi vieni e seguimi». ²²Ma egli, rattristatosi per quelle parole, se ne andò afflitto, poiché aveva molti beni.

Il pericolo delle ricchezze (Mt 19,23-26; Lc 28,24-27) - ²³Gesù, volgendo lo sguardo attorno, disse ai suoi discepoli: «Quanto difficilmente coloro che hanno ricchezze entreranno nel regno di Dio!». ²⁴I discepoli rimasero stupefatti a queste sue parole; ma Gesù, rispose: «Figlioli, com'è difficile entrare nel regno di Dio! ²⁵È più facile che un cammello passi per la cruna di un ago, che un ricco entri nel regno di Dio». ²⁶Essi, ancora più sbigottiti, dicevano tra loro: «E chi mai si può salvare?». ²⁷Ma Gesù, guardandoli, disse: «Impossibile presso gli uomini, ma non presso Dio! Perché tutto è possibile presso Dio».

Ricompensa a chi lascia i beni terreni (Mt 19,27-30; Lc 18,28-30) - ²⁸Pietro allora gli disse: «Ecco, noi abbiamo lasciato tutto e ti abbiamo seguito». ²⁹Gesù gli rispose: «In verità vi dico: non c'è nessuno che abbia lasciato casa o fratelli o sorelle o madre o padre o figli o campi a causa mia e a causa del vangelo, ³⁰che non riceva già al presente cento volte tanto in case e fratelli e sorelle e madri e figli e campi, insieme a persecuzioni, e nel futuro la vita eterna. [31]E molti dei primi saranno ultimi e gli ultimi i primi».

Terzo annuncio della passione (Mt 20,17-19; Lc 18,31-33) - [32]Mentre erano in viaggio per salire a Gerusalemme, Gesù camminava davanti a loro ed essi erano stupiti; coloro che venivano dietro erano pieni di timore. Prendendo di nuovo in disparte i Dodici, cominciò a dir loro quello che gli sarebbe accaduto. [33]«Ecco, noi saliamo a Gerusalemme e il Figlio dell'uomo sarà consegnato ai sommi sacerdoti e agli scribi: lo condanneranno a morte, lo consegneranno ai pagani, [34]lo scherniranno, gli sputeranno addosso, lo flagelleranno e lo uccideranno; ma dopo tre giorni risusciterà».

Domanda di Giacomo e di Giovanni (Mt 20,20-28; Lc 22,24-27) - [35]E gli si avvicinarono Giacomo e Giovanni, i figli di Zebedèo, dicendogli: «Maestro, noi vogliamo che tu ci faccia quello che ti chiederemo». [36]Egli disse loro: «Cosa volete che io faccia per voi?». Gli risposero: [37]«Concedici di sedere nella tua gloria uno alla tua destra e uno alla tua sinistra». [38]Gesù disse loro: «Voi non sapete ciò che domandate. Potete bere il calice che io bevo, o ricevere il battesimo con cui io sono battezzato?». Gli risposero: «Lo possiamo». [39]E Gesù disse: «Il calice che io bevo anche voi lo berrete, e il battesimo che io ricevo anche voi lo riceverete. [40]Ma sedere alla mia destra o alla mia sinistra non sta a me concederlo; è per coloro per i quali è stato preparato».

[41]All'udire questo, gli altri dieci si sdegnarono con Giacomo e Giovanni. [42]Allora Gesù, chiamatili a sé, disse loro: «Voi sapete che coloro che sono ritenuti capi delle nazioni le dominano, e i loro grandi esercitano su di esse il potere. [43]Fra voi però non è così; ma chi vuol essere grande tra voi si farà vostro servitore, [44]e chi vuol essere il primo tra voi sarà il servo di tutti. [45]Il Figlio dell'uomo infatti non è venuto per essere servito, ma per servire e dare la propria vita in riscatto per molti».

Guarigione di un cieco (Mt 20,29-34; Lc 18,35-43) - [46]E giunsero a Gèrico. E mentre partiva da Gèrico insieme ai discepoli e a molta folla, il figlio di Timèo, Bartimèo, cieco, sedeva lungo la strada a mendicare. [47]Costui, al sentire che c'era Gesù Nazareno, cominciò a gridare e a dire: «Figlio di Davide, Gesù, abbi pietà di me!». [48]Molti lo sgridavano per farlo tacere, ma egli gridava più forte: «Figlio di Davide, abbi pietà di me!». [49]Allora Gesù si fermò e disse: «Chiamatelo!». E chiamarono il cieco dicendogli: «Coraggio! Alzati, ti chiama!». [50]Egli, gettato via il mantello, balzò in piedi e venne da Gesù. [51]Allora Gesù gli disse: «Che vuoi che io ti faccia?». E il cieco a lui: «Rabbunì, che io riabbia la vista!». [52]E Gesù gli disse: «Va', la tua fede ti ha salvato». E subito riacquistò la vista e prese a seguirlo per la strada.

MINISTERO A GERUSALEMME

Ultima settimana

* Siamo ormai giunti alla svolta conclusiva della vita di Gesù, alla sua ultima settimana. Come era previsto dalle Scritture, egli entra messianicamente nella Città santa per prenderne possesso. Cinque controversie con i capi dei Giudei sottolineano la frattura ormai insanabile con i suoi avversari. Il discorso escatologico, mentre da una parte preannuncia la fine del giudaismo, ormai pianta sterile e inutile, ha soprattutto lo scopo di ravvivare la speranza dei discepoli di Gesù perseguitati, ma certi della venuta del Signore glorioso. Di qui la pressante esortazione alla vigilanza per essere pronti all'incontro decisivo con il Risorto nella sua parusia (= venuta finale). *

11. Ingresso messianico a Gerusalemme (Mt 21,1-11; Lc 19,29-38; Gv 12,12-16) - [1]Quando si avvicinarono a Gerusalemme, verso Bètfage e Betània, presso il monte degli Ulivi, mandò due dei suoi discepoli [2]e disse loro: «Andate nel villaggio che vi sta di fronte, e subito entrando in esso troverete un asinello legato, sul quale nessuno è mai salito. Scioglietelo e conducetelo. [3]E se qualcuno vi dirà: Perché fate questo?, rispondete: Il Signore ne ha bisogno, ma lo rimanderà qui subito».

[4]Andarono e trovarono un asinello legato vicino a una porta, fuori sulla strada, e lo sciolsero. [5]E alcuni dei presenti

però dissero loro: «Che cosa fate, sciogliendo questo asinello?». [6]Ed essi risposero come aveva detto loro il Signore. E li lasciarono fare.

[7]Essi condussero l'asinello da Gesù, e vi gettarono sopra i loro mantelli, ed egli vi montò sopra. [8]E molti stendevano i propri mantelli sulla strada e altri delle fronde, che avevano tagliate dai campi. [9]Quelli poi che andavano innanzi, e quelli che venivano dietro gridavano: *Osanna! Benedetto colui che viene nel nome del Signore!* [10]Benedetto il regno che viene, del nostro padre Davide! *Osanna* nel più alto dei cieli! (Sal 117,25-26).

[11]Ed entrò a Gerusalemme, nel tempio. E dopo aver guardato ogni cosa attorno, essendo ormai l'ora tarda, uscì con i Dodici diretto a Betània.

Il fico sterile (Mt 21,18-19) - [12]La mattina seguente, mentre uscivano da Betània, ebbe fame. [13]E avendo visto di lontano un fico che aveva delle foglie, si avvicinò per vedere se mai vi trovasse qualche frutto; ma giuntovi sotto, non trovò altro che foglie. Non era infatti quella la stagione dei fichi. [14]E gli disse: «Nessuno possa mai più mangiare i tuoi frutti». E i discepoli l'udirono.

I profanatori scacciati dal tempio (Mt 21,12-17; Lc 19,45-48; Gv 2,14-16) - [15]Andarono intanto a Gerusalemme. Ed entrato nel tempio, si mise a scacciare quelli che vendevano e comperavano nel tempio; rovesciò i tavoli dei cambiavalute e le sedie dei venditori di colombe [16]e non permetteva che si portassero cose attraverso il tempio. [17]Ed insegnava loro dicendo: «Non sta forse scritto: *La mia casa sarà chiamata casa di preghiera per tutte le genti?* (Is 56,7). Voi invece ne avete fatto *una spelonca di ladri!*» (Ger 7,11).

[18]L'udirono i sommi sacerdoti e gli scribi e cercavano il modo di farlo morire. Avevano infatti paura di lui, perché tutto il popolo era ammirato del suo insegnamento. [19]Quando venne la sera uscirono dalla città.

La forza della fede (Mt 21,20-22) - [20]La mattina seguente, passando, videro il fico seccato fin dalle radici. [21]Allora Pietro, ricordatosi, gli disse: «Maestro, guarda: il fico che hai maledetto si è seccato». [22]E Gesù disse loro: «Abbiate fede in Dio! [23]In verità vi dico: se uno dice a questo monte: Levati e gettati nel mare, senza dubitare in cuor suo ma credendo che quanto dice avverrà, ciò gli sarà accordato. [24]Per questo vi dico: tutto quello che domandate nella preghiera, abbiate fede di averlo ottenuto e vi sarà accordato.

[25]Quando vi mettete a pregare, se avete qualcosa contro qualcuno, perdonate, perché anche il Padre vosto che è nei cieli perdoni a voi i vostri peccati». [[26]].

Controversie con i farisei e i sadducei

Discussione sull'autorità di Gesù (Mt 21,23-27; Lc 20,1-8) - [27]Andarono di nuovo a Gerusalemme. E mentre egli si aggirava per il tempio, gli si avvicinarono i sommi sacerdoti, gli scribi e gli anziani e gli dissero: [28]«Con quale autorità fai queste cose? O chi ti ha dato l'autorità di farle?». [29]Ma Gesù disse loro: «Vi farò anch'io una domanda e, se mi risponderete, vi dirò con quale potere le faccio. [30]Il battesimo di Giovanni veniva dal cielo o dagli uomini? Rispondetemi». [31]Ed essi discutevano tra sé dicendo: «Se rispondiamo "dal cielo", dirà: Perché allora non gli avete creduto? [32]Diciamo dunque "dagli uomini"?». Però temevano la folla, perché tutti consideravano Giovanni come un vero profeta. [33]Allora diedero a Gesù questa risposta: «Non sappiamo». E Gesù disse loro: «Neanch'io vi dico con quale autorità faccio queste cose».

12. Parabola dei vignaioli omicidi (Mt 21,33-46; Lc 20,9-19) - [1]Gesù si mise a parlare loro in parabole: «Un uomo *piantò una vigna, vi pose attorno una siepe, scavò un torchio, costruì una torre* (Is 5,1), poi la diede in affitto a dei vignaioli e se ne andò lontano. [2]A suo tempo inviò un servo a ritirare da quei vignaioli i frutti della vigna. [3]Ma essi, afferratolo, lo bastonarono e lo rimandarono a mani vuote. [4]Inviò loro di nuovo un altro servo: anche quello lo picchiarono sulla testa e lo coprirono di insulti. [5]Ne inviò ancora un altro, e questo lo uccisero; e di molti altri, che egli ancora mandò, alcuni li bastonarono, altri li uccisero. [6]Aveva ancora uno, il figlio prediletto: lo inviò loro per ultimo, dicendo: Avranno rispetto per mio figlio! [7]Ma quei vignaioli dissero tra di loro: Questi è l'erede; su, uccidiamolo e l'eredità sarà nostra. ⁸E afferratolo, lo uccisero e lo gettarono fuori dalla vigna. ⁹Che cosa farà dunque il padrone della vigna? Verrà e sterminerà quei vignaioli e darà la vigna ad altri.

¹⁰Non avete forse letto questa scrittura: *La pietra che i costruttori hanno scartata è diventata testata d'angolo;* ¹¹ *dal Signore è stato fatto questo ed è mirabile agli occhi nostri»?* (Sal 117,22-23).

¹²Allora cercarono di catturarlo, ma ebbero paura della folla; avevano capito infatti che aveva detto quella parabola contro di loro. E, lasciatolo, se ne andarono.

Il tributo a Cesare (Mt 22,15-22; Lc 20,20-26) - ¹³Gli mandarono però alcuni farisei ed erodiani per coglierlo in fallo nel discorso. ¹⁴E venuti, quelli gli dissero: «Maestro, sappiamo che sei veritiero e non ti curi di nessuno; infatti non guardi in faccia agli uomini, ma secondo verità insegni la via di Dio. È lecito o no dare il tributo a Cesare? Lo dobbiamo dare o no?». ¹⁵Ma egli, conoscendo la loro ipocrisia, disse: «Perché mi tentate? Portatemi un denaro perché io lo veda». ¹⁶Ed essi glielo portarono. Allora disse loro: «Di chi è questa immagine e l'iscrizione?». Gli risposero: «Di Cesare». ¹⁷Gesù disse loro: «Rendete a Cesare ciò che è di Cesare e a Dio ciò che è di Dio». E rimasero ammirati di lui.

La risurrezione dei morti (Mt 22,23-33; Lc 20,27-40) - ¹⁸Vennero a lui dei sadducei, i quali dicono che non c'è risurrezione, e lo interrogarono dicendo: ¹⁹«Maestro, Mosè ci ha lasciato scritto che *se muore il fratello di uno* e lascia la moglie *senza figli, il fratello ne prenda la moglie per dare discendenza al fratello* (Dt 25,5). ²⁰C'erano sette fratelli: il primo prese moglie e morì senza lasciare discendenza; ²¹allora la prese il secondo, ma morì senza lasciare discendenza; e il terzo egualmente, ²²e nessuno dei sette lasciò discendenza. Infine, dopo tutti, morì anche la donna. ²³Nella risurrezione, quando risorgeranno, a chi di loro apparterrà la donna? Poiché in sette l'hanno avuta come moglie».

²⁴Rispose loro Gesù: «Non siete voi forse in errore dal momento che non conoscete le Scritture, né la potenza di Dio? ²⁵Quando risusciteranno dai morti, infatti, non prenderanno moglie né marito, ma saranno come angeli nei cieli.

²⁶A riguardo poi dei morti che devono risorgere, non avete letto nel libro di Mosè, a proposito del roveto, come Dio gli parlò dicendo: *Io sono il Dio di Abramo, il Dio di Isacco e di Giacobbe?* (Es 3,6). ²⁷Non è un Dio dei morti ma dei viventi! Voi siete in grande errore».

Il primo comandamento (Mt 22,34-40; Lc 10,25-28) - ²⁸Allora si accostò uno degli scribi che li aveva uditi discutere, e, visto come aveva loro ben risposto, gli domandò: «Qual è il primo di tutti i comandamenti?». ²⁹Gesù rispose: «Il primo è: *Ascolta, Israele. Il Signore Dio nostro è l'unico Signore;* ³⁰amerai dunque il Signore Dio tuo con tutto il tuo cuore, con tutta la tua mente e con tutta la tua forza (Dt 6,4-5). ³¹E il secondo è questo: *Amerai il prossimo tuo come te stesso* (Lv 19,18). Non c'è altro comandamento più importante di questi». ³²Allora lo scriba gli disse: «Hai detto bene, Maestro, e secondo verità che Egli è *unico e non v'è altri all'infuori di lui* (Dt 4,35); ³³*amarlo con tutto il cuore e con tutta la mente e con tutta la forza e amare il prossimo come se stesso* val più di tutti gli olocausti e i sacrifici» (1 Sam 15,22). ³⁴Gesù, vedendo che aveva risposto saggiamente, gli disse: «Non sei lontano dal regno di Dio». E nessuno aveva più il coraggio di interrogarlo.

Il Messia, signore di Davide (Mt 22,41-46; Lc 20,41-44) - ³⁵Gesù continuava a parlare, insegnando nel tempio: «Come mai dicono gli scribi che il Messia è figlio di Davide?». ³⁶Davide stesso infatti ha detto, mosso dallo Spirito Santo: *Disse il Signore al mio Signore: Siedi alla mia destra, finché io ponga i tuoi nemici come sgabello ai tuoi piedi* (Sal 109,1). ³⁷Davide stesso lo chiama Signore: come dunque può essere suo figlio?». E la numerosa folla lo ascoltava volentieri.

Ipocrisia degli scribi (Mt 23,5-7; Lc 20,45-47) - ³⁸Diceva loro mentre insegnava: «Guardatevi dagli scribi, che amano passeggiare in lunghe vesti, ricevere saluti nelle piazze, ³⁹avere i primi seggi nelle sinagoghe e i primi posti nei banchetti. ⁴⁰Divorano le case delle vedove e ostentano di fare lunghe preghiere; essi riceveranno una condanna più grave».

L'obolo della vedova (Lc 21,1-4) - [41]E, sedutosi di fronte al tesoro, osservava come la folla gettava monete nel tesoro. E tanti ricchi ne gettavano molte. [42]Ma venuta una povera vedova vi gettò due spiccioli, cioè un quattrino. [43]Allora, chiamati a sé i discepoli, disse loro: «In verità vi dico: questa vedova ha gettato nel tesoro più di tutti gli altri. [44]Poiché tutti hanno dato del loro superfluo, essa invece, nella sua povertà, vi ha messo tutto quello che aveva, tutto quanto aveva per vivere».

Il discorso escatologico

13. Gesù predice la distruzione del tempio (Mt 24,1-3; Lc 21,5-7) - [1]Mentre usciva dal tempio, un discepolo gli disse: «Maestro, guarda che pietre e che costruzioni!». [2]Gesù gli rispose: «Vedi queste grandi costruzioni? Non rimarrà qui pietra su pietra, che non sia distrutta». [3]Mentre era seduto sul monte degli Ulivi, di fronte al tempio, Pietro, Giacomo, Giovanni e Andrea lo interrogavano in disparte: [4]«Dicci, quando accadrà questo, e quale sarà il segno che tutte queste cose staranno per compiersi?».

I segni premonitori (Mt 24,4-14; Lc 21,8-19) - [5]Gesù si mise a dire loro: «Guardate che nessuno v'inganni! [6]Molti verranno in mio nome, dicendo: "Sono io", e inganneranno molti. [7]E quando sentirete parlare di guerre, non allarmatevi; bisogna infatti che ciò avvenga, ma non sarà ancora la fine. [8]Si leverà infatti nazione contro nazione e regno contro regno; vi saranno terremoti sulla terra e vi saranno carestie. Questo sarà il principio dei dolori.

[9]Ma voi badate a voi stessi! Vi consegneranno ai sinedri, sarete percossi nelle sinagoghe, comparirete davanti a governatori e re a causa mia, per render testimonianza davanti a loro. [10]Ma prima è necessario che il vangelo sia proclamato a tutte le genti. [11]E quando vi condurranno via per consegnarvi, non preoccupatevi di ciò che dovrete dire, ma dite ciò che in quell'ora vi sarà dato: poiché non siete voi a parlare, ma lo Spirito Santo.

[12]Il fratello consegnerà a morte il fratello, il padre il figlio e i figli insorgeranno contro i genitori e li metteranno a

morte. [13]Voi sarete odiati da tutti a causa del mio nome, ma chi avrà perseverato sino alla fine sarà salvato.

La grande tribolazione (Mt 24,15-28; Lc 21,20-24) - [14]Quando vedrete *l'abominio della desolazione* (Dn 9,27) stare là dove non conviene, chi legge capisca, allora quelli che si trovano nella Giudea fuggano ai monti; [15]chi si trova sulla terrazza non scenda per entrare a prender qualcosa nella sua casa; [16]chi è nel campo non torni indietro a prendersi il mantello. [17]Guai alle donne incinte e a quelle che allatteranno in quei giorni!

[18]Pregate che ciò non accada d'inverno; [19]perché quei giorni saranno *una tribolazione, quale non è mai stata dall'inizio della creazione*, fatta da Dio, *fino al presente* (Dn 12,1), né mai vi sarà. [20]Se il Signore non abbreviasse quei giorni, nessun uomo si salverebbe. Ma a motivo degli eletti che si è scelto ha abbreviato quei giorni.

[21]Allora, dunque, se qualcuno vi dirà: «Ecco, il Cristo è qui, ecco è là», non ci credete; [22]perché sorgeranno falsi cristi e falsi profeti e faranno segni e portenti per ingannare, se fosse possibile, anche gli eletti. [23]Voi però state attenti! Io vi ho predetto tutto.

La venuta del Figlio dell'uomo (Mt 24,29-31; Lc 21,25-28) - [24]In quei giorni, dopo quella tribolazione, *il sole si oscurerà e la luna non darà più il suo splendore* (Is 13,10) [25]*e gli astri si metteranno a cadere dal cielo e le potenze che sono nei cieli* saranno sconvolte (Is 34,4).

[26]Allora vedranno *il Figlio dell'uomo venire sulle nubi* (Dn 7,13) con grande potenza e gloria. [27]Ed egli manderà gli angeli e riunirà i suoi eletti dai quattro venti, dall'estremità della terra fino all'estremità del cielo.

Parabola del fico (Mt 24,32-36; Lc 21,29-33) - [28]Dal fico imparate questa parabola: quando già il suo ramo si fa tenero e mette le foglie, voi sapete che l'estate è vicina; [29]così anche voi, quando vedrete accadere queste cose, sappiate che egli è vicino, alle porte. [30]In verità vi dico: non passerà questa generazione prima che tutte queste cose siano avvenute. [31]Il cielo e la terra passeranno, ma le mie parole non passeranno. [32]Quanto poi a quel giorno o a quell'ora, nessuno li conosce, neanche gli angeli nel cielo, e neppure il Figlio, ma solo il Padre.

Vigilanza (Mt 24,42; 25,13-15; Lc 19,11-13; 12,38.40) - [33]State attenti, vigilate, perché non sapete quando sarà il momento preciso. [34]È come uno che è partito per un viaggio dopo aver lasciato la propria casa e dato il potere ai servi, a ciascuno il suo compito, e ha ordinato al portiere di vigilare. [35]Vigilate dunque, poiché non sapete quando il padrone di casa ritornerà, se alla sera o a mezzanotte o al canto del gallo o al mattino, [36]perché non giunga all'improvviso, trovandovi addormentati. [37]Quello che dico a voi, lo dico a tutti: Vegliate!».

PASSIONE E RISURREZIONE

* Il racconto della passione di Marco è stringato, molto ordinato e preciso nella concatenazione dei vari episodi. Ma più che un intento biografico è un accentuato interesse teologico che guida l'Evangelista, il quale mira a presentare nella tragica morte di Gesù la realizzazione della figura misteriosa del Servo sofferente predetto dal Deutero-Isaia. Per questo ne sottolinea la solitudine estrema, il silenzio, il grido angoscioso di abbandono al momento della morte. Ora, nella drammatica fine del Cristo, Dio è all'opera per attuare la salvezza del mondo. *

14. Complotto contro Gesù (Mt 26,1-5; Lc 22,1-2) - [1]Mancavano intanto due giorni alla Pasqua e agli Azzimi e i sommi sacerdoti e gli scribi cercavano il modo di impadronirsi di lui con inganno, per ucciderlo. [2]Dicevano infatti: «Non durante la festa, perché non succeda un tumulto di popolo».

L'unzione a Betània (Mt 26,6-13; Gv 12,1-8) - [3]Gesù si trovava a Betània nella casa di Simone il lebbroso. Mentre stava a mensa, giunse una donna con un vasetto di alabastro, pieno di olio profumato di nardo genuino di gran valore; ruppe il vasetto di alabastro e versò l'unguento sul suo capo. ⁴Ci furono alcuni che si sdegnarono fra di loro: «Perché tutto questo spreco di olio profumato? ⁵Si poteva benissimo vendere quest'olio a più di trecento denari e darli ai poveri!». Ed erano infuriati contro di lei.

⁶Allora Gesù disse: «Lasciatela stare; perché le date fastidio? Ella ha compiuto verso di me un'opera buona; ⁷i poveri infatti li avete sempre con voi e potete beneficarli quando volete, me invece non mi avete sempre. ⁸Essa ha fatto ciò ch'era in suo potere, ungendo in anticipo il mio corpo per la sepoltura. ⁹In verità vi dico che dovunque, in tutto il mondo, sarà annunziato il vangelo, si racconterà pure in suo ricordo ciò che ella ha fatto».

Il tradimento di Giuda (Mt 26,14-16; Lc 22,3-6) - ¹⁰Allora Giuda Iscariota, uno dei Dodici, si recò dai sommi sacerdoti, per consegnare loro Gesù. ¹¹Quelli all'udirlo si rallegrarono e promisero di dargli denaro. Ed egli cercava l'occasione opportuna per consegnarlo.

Preparativi per la cena pasquale (Mt 26,17-19; Lc 22,7-13) - ¹²Il primo giorno degli Azzimi, quando si immolava la Pasqua, i suoi discepoli gli dissero: «Dove vuoi che andiamo a preparare perché tu possa mangiare la Pasqua?». ¹³Allora mandò due dei suoi discepoli dicendo loro: «Andate in città e vi verrà incontro un uomo con una brocca d'acqua; seguitelo ¹⁴e là dove entrerà dite al padrone di casa: Il Maestro dice: Dov'è la mia stanza, perché io vi possa mangiare la Pasqua con i miei discepoli? ¹⁵Egli vi mostrerà al piano superiore una grande sala con i tappeti, già pronta; là preparate per noi».

¹⁶I discepoli andarono e, entrati in città, trovarono come aveva detto loro e prepararono per la Pasqua.

Gesù svela il traditore (Mt 26,20-25; Lc 22,21-23; Gv 13,21-30) - ¹⁷Venuta la sera, egli giunse con i Dodici. ¹⁸Ora, mentre erano a mensa e mangiavano, Gesù disse: «In verità vi dico, uno di voi, *colui che mangia con me* (Sal 40,10), mi tradirà». ¹⁹Allora cominciarono a rattristarsi e a dirgli uno dopo l'altro: «Sono forse io?». ²⁰Ed egli disse loro: «Uno dei Dodici, colui che intinge con me nel piatto. ²¹Il Figlio dell'uomo se ne va, come sta scritto di lui, ma guai a quell'uomo dal quale il Figlio dell'uomo è tradito! Meglio per quell'uomo se non fosse mai nato!».

Istituzione dell'Eucaristia (Mt 26,26-29; Lc 22,14-20) - [22]Mentre mangiavano prese il pane e, pronunziata la benedizione, lo spezzò e lo diede loro, dicendo: «Prendete, questo è il mio corpo». [23]Poi prese il calice e rese grazie, lo diede loro e ne bevvero tutti. [24]E disse: «Questo è il mio sangue, il sangue dell'alleanza, versato per molti. [25]In verità vi dico che io non berrò più del frutto della vite fino al giorno in cui lo berrò nuovo nel regno di Dio».

Gesù predice il rinnegamento di Pietro (Mt 26,30-35; Lc 22,31-34; Gv 13,36-38) - [26]E dopo aver cantato l'inno, uscirono verso il monte degli Ulivi. [27]Gesù disse loro: «Tutti rimarranno scandalizzati, poiché sta scritto: *Percuoterò il pastore e le pecore saranno disperse* (Zc 13,7).

[28]Ma, dopo la mia risurrezione, vi precederò in Galilea». [29]Allora Pietro gli disse: «Anche se tutti saranno scandalizzati, io non lo sarò». [30]Gesù gli disse: «In verità ti dico: proprio tu oggi, in questa stessa notte, prima che il gallo canti due volte, mi rinnegherai tre volte». [31]Ma egli, con grande insistenza, diceva: «Se anche dovessi morire con te, non ti rinnegherò». Lo stesso dicevano anche tutti gli altri.

Al Getsemani (Mt 26,36-46; Lc 22,39-46) - [32]Giunsero intanto a un podere chiamato Getsèmani, ed egli disse ai suoi discepoli: «Sedetevi qui, mentre io prego». [33]Prese con sé Pietro, Giacomo e Giovanni e cominciò a sentire paura e angoscia. [34]Gesù disse loro: «La mia anima è triste fino alla morte. Restate qui e vegliate». [35]Poi, andato un po' innanzi, si gettò a terra e pregava che, se fosse possibile, passasse da lui quell'ora. [36]E diceva: «Abbà, Padre! Tutto è possibile a te, allontana da me questo calice! Però non ciò che io voglio, ma ciò che vuoi tu».

[37]Tornato indietro, li trovò addormentati e disse a Pietro: «Simone, dormi? Non sei riuscito a vegliare un'ora sola? [38]Vegliate e pregate per non entrare in tentazione; lo spirito è pronto, ma la carne è debole». [39]Allontanatosi di nuovo, pregava dicendo le medesime parole. [40]Ritornato li trovò

addormentati, perché i loro occhi si erano appesantiti, e non sapevano che cosa rispondergli. [41]Venne la terza volta e disse loro: «Dormite ormai e riposatevi! Basta, è venuta l'ora: ecco, il Figlio dell'uomo viene consegnato nelle mani dei peccatori. [42]Alzatevi, andiamo! Ecco, colui che mi tradisce è vicino».

L'arresto di Gesù (Mt 26,47-56; Lc 22,47-53; Gv 18,2-12) - [43]E subito, mentre ancora parlava, arrivò Giuda, uno dei Dodici, e con lui una folla con spade e bastoni mandata dai sommi sacerdoti, dagli scribi e dagli anziani. [44]Chi lo tradiva aveva dato loro questo segno: «Quello che bacerò, è lui; arrestatelo e conducetelo via sotto buona scorta». [45]Allora gli si accostò dicendo: «Rabbì» e lo baciò. [46]Essi gli misero addosso le mani e lo arrestarono.

[47]Uno dei presenti, estratta la spada, colpì il servo del sommo sacerdote e gli recise l'orecchio. [48]Allora Gesù disse loro: «Come contro un brigante, con spade e bastoni siete venuti a prendermi. [49]Ogni giorno ero in mezzo a voi a insegnare nel tempio e non mi avete arrestato. Si adempiano dunque le Scritture!». [50]Tutti allora, abbandonandolo, fuggirono.

[51]Un giovanetto però lo seguiva, rivestito soltanto di un lenzuolo, e lo fermarono. [52]Ma egli, lasciato il lenzuolo, fuggì via nudo.

Gesù davanti al sinedrio (Mt 26,57-68; Lc 22,54.63-71; Gv 18,15-18) - [53]Allora condussero Gesù dal sommo sacerdote, e là si riunirono tutti i capi dei sacerdoti, gli anziani e gli scribi. [54]Pietro lo aveva seguito da lontano, fin dentro il cortile del sommo sacerdote; e se ne stava seduto tra i servi, scaldandosi al fuoco.

[55]Intanto i capi dei sacerdoti e tutto il sinedrio cercavano una testimonianza contro Gesù per metterlo a morte, ma non la trovavano. [56]Molti infatti attestavano il falso contro di lui e così le loro testimonianze non erano concordi. [57]Ma alcuni si alzarono per testimoniare il falso contro di lui, dicendo: [58]«Noi lo abbiamo udito mentre diceva: Io distruggerò questo tempio fatto da mani d'uomo e in tre giorni ne edificherò un altro non fatto da mani d'uomo». [59]Ma nemmeno su questo punto la loro testimonianza era concorde.

⁶⁰Allora il sommo sacerdote, levatosi in mezzo all'assemblea, interrogò Gesù dicendo: «Non rispondi nulla? Che cosa testimoniano costoro contro di te?». ⁶¹Ma egli taceva e non rispondeva nulla. Di nuovo il sommo sacerdote lo interrogò dicendogli: «Sei tu il Cristo, il Figlio di Dio benedetto?». ⁶²Gesù rispose: «Io lo sono! E vedrete *il Figlio dell'uomo seduto alla destra della Potenza* (Sal 109,1) *e venire con le nubi del cielo*» (Dn 7,13).

⁶³Allora il sommo sacerdote, stracciandosi le vesti, disse: «Che bisogno abbiamo ancora di testimoni? ⁶⁴Avete udito la bestemmia; che ve ne pare?». Tutti sentenziarono che era reo di morte.

⁶⁵Allora alcuni cominciarono a sputargli addosso, a coprirgli il volto, a schiaffeggiarlo e a dirgli: «Indovina». I servi intanto lo percuotevano.

Il rinnegamento di Pietro (Mt 26,69-75; Lc 22,55-62; Gv 18,15-18.25-27)

⁶⁶Mentre Pietro era giù nel cortile, venne una serva del sommo sacerdote ⁶⁷e, vedendo Pietro che stava a scaldarsi, lo fissò e gli disse: «Anche tu eri con il Nazareno, con Gesù». ⁶⁸Ma egli negò: «Non so e non capisco quello che vuoi dire». Uscì quindi fuori del cortile e il gallo cantò. ⁶⁹E la serva, vedendolo, ricominciò a dire ai presenti: «Costui è di quelli». ⁷⁰Ma egli negò di nuovo. Dopo un poco i presenti dissero di nuovo a Pietro: «Tu sei certo di quelli, perché sei Galileo». ⁷¹Ma egli cominciò a imprecare e a giurare: «Non conosco quell'uomo che voi dite». ⁷²Per la seconda volta un gallo cantò.

Allora Pietro si ricordò di quella parola che Gesù gli aveva detto: «Prima che il gallo canti due volte, mi rinnegherai per tre volte». E scoppiò in pianto.

15. Gesù davanti a Pilato (Mt 27,1-2.11-14; Lc 23,1-5.13-25; Gv 18,28-40; 19,4-16)

¹Al mattino i sommi sacerdoti, con gli anziani, gli scribi e tutto il sinedrio, dopo aver tenuto consiglio, misero in catene Gesù, lo condussero e lo consegnarono a Pilato.

²Allora Pilato prese a interrogarlo: «Sei tu il re dei Giudei?». Ed egli rispose: «Tu lo dici». ³I sommi sacerdoti frattanto gli muovevano molte accuse. ⁴Pilato lo interrogò di nuovo: «Non rispondi nulla? Vedi di quante cose ti accusa-

no!». ⁵Ma Gesù non rispose più nulla, sicché Pilato ne restò meravigliato.

⁶Per la festa egli era solito rilasciare un carcerato a loro richiesta. ⁷Un tale chiamato Barabba si trovava in carcere insieme ai ribelli che nel tumulto avevano commesso un omicidio. ⁸La folla, accorsa, cominciò a chiedere ciò che sempre egli le concedeva. ⁹Allora Pilato rispose loro: «Volete che vi rilasci il re dei Giudei?». ¹⁰Sapeva infatti che i sommi sacerdoti glielo avevano consegnato per invidia.

¹¹Ma i sommi sacerdoti sobillarono la folla perché egli rilasciasse loro piuttosto Barabba. ¹²Pilato replicò: «Che farò dunque di quello che voi chiamate il re dei Giudei?». ¹³Ed essi di nuovo gridarono: «Crocifiggilo!». ¹⁴Ma Pilato diceva loro: «Che male ha fatto?». Allora essi gridarono più forte: «Crocifiggilo!». ¹⁵E Pilato, volendo dar soddisfazione alla moltitudine, rilasciò loro Barabba e, dopo aver fatto flagellare Gesù, lo consegnò perché fosse crocifisso.

Coronazione di spine (Mt 27,27-31; Gv 19,1-3) - ¹⁶Allora i soldati lo condussero dentro il cortile, cioè nel pretorio, e convocarono tutta la coorte. ¹⁷Lo rivestirono di porpora e, dopo aver intrecciato una corona di spine, gliela misero sul capo. ¹⁸Cominciarono poi a salutarlo: «Salve, re dei Giudei!». ¹⁹E gli percuotevano il capo con una canna, gli sputavano addosso e, piegando le ginocchia, si prostravano a lui. ²⁰Dopo averlo schernito, lo spogliarono della porpora e gli rimisero le sue vesti, poi lo condussero fuori per crocifiggerlo.

Crocifissione (Mt 27,32-44; Lc 23,33-43; Gv 19,17-24) - ²¹Allora costrinsero un tale che passava, un certo Simone di Cirene che veniva dalla campagna, padre di Alessandro e Rufo, a portare la croce. ²²Condussero dunque Gesù al luogo del Gòlgota, che significa luogo del cranio, ²³e gli offrirono vino mescolato con mirra, ma egli non ne prese.

²⁴Poi lo crocifissero *e si divisero le sue vesti, tirando a sorte su di esse* (Sal 21,19) quello che ciascuno dovesse prendere. ²⁵Erano le nove del mattino quando lo crocifissero: ²⁶E l'iscrizione con il motivo della condanna diceva: *Il re dei Giudei*. ²⁷Con lui crocifissero anche due ladroni, uno alla sua destra e uno alla sua sinistra. [²⁸].

²⁹I passanti lo insultavano e, *scuotendo il capo* (Sal 21,8), esclamavano: «Ehi, tu che distruggi il tempio e lo riedifichi in tre giorni, ³⁰salva te stesso scendendo dalla croce!».

³¹Ugualmente anche i sommi sacerdoti con gli scribi, facendosi beffe di lui, dicevano: «Ha salvato altri, non può salvare se stesso! ³²Il Cristo, il re d'Israele, scenda ora dalla croce, perché vediamo e crediamo». E anche quelli che erano stati crocifissi con lui lo insultavano.

Morte di Gesù (Mt 27,45-56; Lc 23,44-49; Gv 19,28-30) - ³³Venuto mezzogiorno, si fece buio su tutta la terra, fino alle tre del pomeriggio. ³⁴Alle tre Gesù gridò con voce forte: *Eloì, Eloì, lema sabactàni?*, che significa: *Dio mio, Dio mio, perché mi hai abbandonato?* (Sal 21,2). ³⁵Alcuni dei presenti, udito ciò, dicevano: «Ecco, chiama Elia!». ³⁶Uno corse a inzuppare di *aceto* una spugna e, postala su una canna, gli *dava da bere* (Sal 68,1) dicendo: «Aspettate, vediamo se viene Elia a toglierlo dalla croce». ³⁷Ma Gesù, dando un forte grido, spirò.

³⁸Il velo del tempio si squarciò in due, dall'alto in basso.

³⁹Allora il centurione che gli stava di fronte, vistolo spirare in quel modo, disse: «Veramente quest'uomo era Figlio di Dio!».

⁴⁰C'erano anche alcune donne, che stavano ad osservare da lontano, tra le quali Maria di Màgdala, Maria madre di Giacomo il minore e di Joses, e Salome, ⁴¹che lo seguivano e servivano quando era ancora in Galilea, e molte altre che erano salite con lui a Gerusalemme.

Sepoltura di Gesù (Mt 27,57-61; Lc 23,50-56; Gv 19,38-42) - ⁴²Sopraggiunta ormai la sera, poiché era la Parascève, cioè la vigilia del sabato, ⁴³Giuseppe d'Arimatèa, membro autorevole del sinedrio, che aspettava anche lui il regno di Dio, andò coraggiosamente da Pilato per chiedere il corpo di Gesù. ⁴⁴Pilato si meravigliò che fosse già morto e, chiamato il centurione, lo interrogò se fosse morto da tempo. ⁴⁵Informato dal centurione, concesse la salma a Giuseppe.

⁴⁶Egli allora, comprato un lenzuolo, lo calò giù dalla croce e, avvoltolo nel lenzuolo, lo depose in un sepolcro scavato nella roccia. Poi fece rotolare un masso contro l'entrata del

sepolcro. [47]Intanto Maria di Màgdala e Maria madre di Joses stavano ad osservare dove veniva deposto.

* Il messaggio centrale della fede cristiana, «è risorto!», che Dio rivela alle donne nel sepolcro, segna per Marco il culmine del suo vangelo, e anche la conclusione. Le apparizioni vengono descritte da un'altra mano, sintetizzando i racconti più estesi che ne fanno gli evangelisti Luca e Giovanni. *

16. Il messaggio pasquale alle donne (Mt 28,1-10; Lc 24,1-10; Gv 20,1-2) - [1]Passato il sabato, Maria di Màgdala, Maria di Giacomo e Salome comprarono oli aromatici per andare a imbalsamare Gesù. [2]Di buon mattino, il primo giorno dopo il sabato, vennero al sepolcro al levar del sole. [3]Esse dicevano tra loro: «Chi ci rotolerà via il masso dall'ingresso del sepolcro?». [4]Ma, guardando, videro che il masso era già stato rotolato via, benché fosse molto grande. [5]Entrando nel sepolcro, videro un giovane, seduto sulla destra, vestito d'una veste bianca, ed ebbero paura. [6]Ma egli disse loro: «Non abbiate paura! Voi cercate Gesù Nazareno, il crocifisso. È risorto, non è qui. Ecco il luogo dove l'avevano deposto.

[7]Ora andate, dite ai suoi discepoli e a Pietro che egli vi precede in Galilea. Là lo vedrete, come vi ha detto». [8]Ed esse, uscite, fuggirono via dal sepolcro perché erano piene di timore e di spavento. E non dissero niente a nessuno, perché avevano paura.

Apparizioni di Gesù (Lc 24,13-35; Gv 20,11-18) - [9]Risuscitato al mattino nel primo giorno dopo il sabato, apparve prima a Maria di Màgdala, dalla quale aveva cacciato sette demòni. [10]Questa andò ad annunziarlo ai suoi seguaci che erano in lutto e in pianto. [11]Ma essi, udito che era vivo ed era stato visto da lei, non vollero credere.

[12]Dopo, ciò apparve a due di loro sotto altro aspetto, mentre erano in cammino verso la campagna. [13]Anch'essi ritornarono ad annunziarlo agli altri; ma neanche a loro vollero credere.

La missione degli apostoli (Mt 28,16-20; Lc 24,36-49; Gv 20,19-23) - [14]Alla fine apparve agli Undici, mentre stavano a mensa, e li rimproverò per la loro incredulità e durezza di cuore, perché non avevano creduto a quelli che lo avevano visto risuscitato. [15]Gesù disse loro: «Andate in tutto il mondo e predicate il vangelo ad ogni creatura. [16]Chi crederà e sarà battezzato sarà salvo, ma chi non crederà sarà condannato.

[17]E questi saranno i segni che accompagneranno quelli che credono: nel mio nome scacceranno i demòni, parleranno lingue nuove, [18]prenderanno in mano i serpenti e, se berranno qualche veleno, non recherà loro danno, imporranno le mani ai malati e questi guariranno».

L'ascensione (Lc 24,50-53) - [19]Il Signore Gesù, dopo aver parlato con loro, fu assunto in cielo e sedette alla destra di Dio.
[20]Allora essi partirono e predicarono dappertutto, mentre il Signore operava insieme con loro e confermava la parola con i prodigi che l'accompagnavano.

VANGELO
SECONDO LUCA

INTRODUZIONE

L'autore *del terzo vangelo proviene dal mondo pagano. Benché profondamente nutrito della conoscenza della Bibbia in greco, riflette una mentalità diversa da quella ebraica. Nativo di Antiochia di Siria, esercitava la professione di medico. Abbracciò con entusiasmo la fede cristiana e accompagnò Paolo per qualche tappa del secondo e terzo viaggio, e gli fu accanto anche durante la drammatica navigazione alla volta di Roma.*

La tradizione cristiana ha riconosciuto in Luca l'autore del terzo vangelo. La testimonianza più antica è data dal Canone di Muratori e dal Prologo antimarcionita, scritti intorno al 160. La data di composizione va però ricercata dopo il 70 e probabilmente verso l'anno 80.

La struttura letteraria di Luca riflette lo schema comune della tradizione. Si distinguono nella sua opera sezioni provenienti dalla fonte marciana, intercalate da lunghe inserzioni provenienti da altre fonti. Le sezioni non marciane più notevoli sono le seguenti: la storia dell'infanzia (1-2), la piccola inserzione (6,20 - 8,3), la grande inserzione (9,51-18,14). Parte di questo materiale è in comune con Matteo, parte è proprio di Luca.

Nonostante questo metodo redazionale, Luca ha saputo imprimere al materiale desunto da varie fonti una particolare visione teologica. Per cogliere il suo pensiero è necessario premettere che gli Atti formavano un'unica opera con il vangelo, da cui furono staccati nel secondo secolo per poter inserire il vangelo di Giovanni dopo i tre Sinottici.

Luca è considerato dagli studiosi il primo teologo della Storia della salvezza. Egli inquadra il ministero di Gesù in un movimento ascensionale che dalla Galilea lo porta a Gerusalemme quale profeta definitivo, per attuare il disegno salvifico di Dio, preannunziato nelle Scritture. Tale schema emerge soprattutto nel grande itinerario da Cafarnao alla Città Santa, descritto nella grande inserzione sopraccitata. Gesù compie la sua missione morendo come martire nel centro del mondo giudaico per realizzare tutte le promesse dell'Antico

Testamento. Tuttavia, dopo la Pentecoste la salvezza doveva irradiarsi in tutto il mondo. Riflettendo sul piano salvifico di Dio, Luca comprese che la morte di Gesù segnava la fine di un'epoca, mentre con la nascita della Chiesa spuntava una nuova èra per l'umanità, il tempo intermedio della storia, che avrà la sua consumazione nella venuta gloriosa del Cristo alla fine dei tempi. Nonostante le resistenze umane, Luca intravede una sublime continuità nella Storia della salvezza, che ha come centro e spartiacque la morte e risurrezione di Gesù di Nazaret a Gerusalemme. La Chiesa rappresenta ormai il nuovo popolo di Dio, il vero Israele, in cui si convogliano tutti i doni e le benedizioni della bontà misericordiosa di Dio in favore dell'umanità redenta.

Nella figura di Gesù Luca ha proiettato tutte le caratteristiche dell'uomo ideale secondo la concezione greca. Gesù è veramente il capolavoro della bontà divina, pieno di amore e di mansuetudine verso i poveri, gli emarginati, i peccatori. Sono proprie di Luca le stupende parabole del buon samaritano e del figliol prodigo. È giustamente considerato l'Evangelista dei grandi perdoni e della mansuetudine di Cristo. Gli stanno particolarmente a cuore i temi della gioia messianica, della preghiera, della lode, della povertà. Dà rilievo all'azione dello Spirito Santo nella vita di Gesù e parallelamente nella vita della Chiesa (Atti), perché in essa Cristo continua a vivere e ad agire per la salvezza degli uomini.

VANGELO SECONDO LUCA

Prologo

1. - ¹Poiché molti han posto mano a stendere un racconto degli avvenimenti successi tra di noi, ²come ce li hanno trasmessi coloro che ne furono testimoni fin da principio e divennero ministri della parola, ³così ho deciso anch'io di fare ricerche accurate su ogni circostanza fin dagli inizi e di scriverne per te un resoconto ordinato, illustre Teòfilo, ⁴perché ti possa rendere conto della solidità degli insegnamenti che hai ricevuto.

L'INFANZIA DI GESÙ

* Luca struttura il racconto dell'infanzia di Gesù in perfetta simmetria con quella del Battista, ispirandosi a modelli dell'Antico Testamento. In un primo dittico narra gli annunci della nascita del Battista e di Gesù. Dopo un episodio complementare, la visitazione, segue il dittico delle nascite, completato dai racconti della presentazione e del ritrovamento di Gesù al tempio. Tale schematismo permette all'Evangelista di rilevare la superiorità di Gesù, la trascendenza della sua personalità misteriosa che si svelerà pienamente nella morte eroica a Gerusalemme, il centro geografico della storia della salvezza. Il vangelo dell'infanzia in Luca è tutto pervaso da un sentimento di gioia per la venuta del Salvatore, allegrezza che sboccia in inni di ringraziamento per le grandi opere compiute da Dio in favore del suo popolo, composto da persone semplici e umili, oggetto del suo beneplacito. Viene pure ribadita spesso l'azione dello Spirito Santo. *

Annunzio della nascita del Battista - ⁵Al tempo di Erode, re della Giudea, c'era un sacerdote chiamato Zaccaria, della classe di Abìa, e aveva in moglie una discendente di Aronne chiamata Elisabetta. ⁶Erano giusti davanti a Dio, osservavano irreprensibili tutte le leggi e le prescrizioni del Signore.

⁷Ma non avevano figli, perché Elisabetta era sterile e tutti e due erano avanti negli anni.

⁸Mentre Zaccaria officiava davanti al Signore nel turno della sua classe, ⁹secondo l'usanza del servizio sacerdotale, gli toccò in sorte di entrare nel tempio per fare l'offerta dell'incenso. ¹⁰Tutta l'assemblea del popolo pregava fuori nell'ora dell'incenso.

¹¹Allora gli apparve un angelo del Signore, ritto alla destra dell'altare dell'incenso. ¹²Quando lo vide, Zaccaria si turbò e fu preso da timore. ¹³Ma l'angelo gli disse: «Non temere, Zaccaria, la tua preghiera è stata esaudita e tua moglie Elisabetta ti darà un figlio, che chiamerai Giovanni. ¹⁴Avrai gioia ed esultanza e molti si rallegreranno della sua nascita, ¹⁵poiché egli sarà grande davanti al Signore; non berrà vino né bevande inebrianti, sarà pieno di Spirito Santo fin dal seno di sua madre ¹⁶e ricondurrà molti figli d'Israele al Signore loro Dio. ¹⁷Gli camminerà innanzi con lo spirito e la forza di Elia, *per ricondurre i cuori dei padri verso i figli* (Ml 3,23-24) e i ribelli alla saggezza dei giusti e preparare al Signore un popolo ben disposto».

¹⁸Zaccaria disse all'angelo: «Come posso conoscere questo? Io sono vecchio e mia moglie è avanzata negli anni». ¹⁹L'angelo gli rispose: «Io sono Gabriele che sto al cospetto di Dio e sono stato mandato a parlarti e a portarti questo lieto annunzio. ²⁰Ed ecco, sarai muto e non potrai parlare fino al giorno in cui queste cose avverranno, perché non hai creduto alle mie parole, le quali si adempiranno a loro tempo».

²¹Intanto il popolo stava in attesa di Zaccaria, e si meravigliava per il suo indugiare nel tempio. ²²Quando poi uscì e non poteva parlare loro, capirono che nel tempio aveva avuto una visione. Faceva loro dei cenni e restava muto.

²³Compiuti i giorni del suo servizio, tornò a casa. ²⁴Dopo quei giorni Elisabetta, sua moglie, concepì e si tenne nascosta per cinque mesi e diceva: ²⁵«Ecco che cosa ha fatto per me il Signore, nei giorni in cui si è degnato di togliere la mia vergogna tra gli uomini».

Annunzio della nascita di Gesù - ²⁶Nel sesto mese, l'angelo Gabriele fu mandato da Dio in una città della Galilea, chiamata Nàzaret, ²⁷a una vergine, sposa di un uomo della casa di Davide, chiamato Giuseppe. La vergine si chiamava Maria. [28]Entrando da lei, disse: «Ti saluto, o piena di grazia, il Signore è con te». [29]A queste parole ella rimase turbata e si domandava che senso avesse un tale saluto. [30]L'angelo le disse: «Non temere, Maria, perché hai trovato grazia presso Dio. [31]Ecco concepirai un figlio, lo darai alla luce e lo chiamerai Gesù. [32]Sarà grande e chiamato Figlio dell'Altissimo; il Signore Dio gli darà il trono di Davide suo padre [33]e regnerà per sempre sulla casa di Giacobbe e il suo regno non avrà fine».

[34]Allora Maria disse all'angelo: «Come è possibile? Non conosco uomo». [35]Le rispose l'angelo: «Lo Spirito Santo scenderà su di te, su te stenderà la sua ombra la potenza dell'Altissimo. Colui che nascerà sarà dunque santo e chiamato Figlio di Dio. [36]Vedi: anche Elisabetta, tua parente, nella sua vecchiaia, ha concepito un figlio e questo è il sesto mese per lei, che tutti dicevano sterile: [37]*nulla è impossibile a Dio*» (Gn 18,14). [38]Allora Maria disse: «Eccomi, sono la serva del Signore, avvenga di me quello che hai detto». E l'angelo partì da lei.

La visita di Maria a Elisabetta - [39]In quei giorni Maria si mise in viaggio verso la montagna e raggiunse in fretta una città di Giuda. [40]Entrata nella casa di Zaccaria, salutò Elisabetta. [41]Appena Elisabetta ebbe udito il saluto di Maria, il bambino le sussultò nel grembo. Elisabetta fu piena di Spirito Santo [42]ed esclamò a gran voce: «Benedetta tu fra le donne, e benedetto il frutto del tuo grembo! [43]A che debbo che la madre del mio Signore venga a me? [44]Ecco, appena la voce del tuo saluto è giunta ai miei orecchi, il bambino ha esultato di gioia nel mio grembo. [45]E beata colei che ha creduto nell'adempimento delle parole del Signore».

Il Magnificat - [46]Allora Maria disse:
«*L'anima mia magnifica il Signore*
[47]*e il mio spirito esulta in Dio, mio salvatore,*
[48]*perché ha guardato l'umiltà della sua serva.*
D'ora in poi tutte le generazioni mi chiameranno beata.
[49]Grandi cose ha fatto in me l'Onnipotente
e *Santo è il suo nome*:
[50]*di generazione in generazione la sua misericordia*

si stende su quelli che lo temono.
[51]*Ha spiegato la potenza del suo braccio,*
ha disperso i superbi nei pensieri del loro cuore;
[52]*ha rovesciato i potenti dai troni,*
ha innalzato gli umili;
[53]*ha ricolmato di beni gli affamati,*
ha rimandato i ricchi a mani vuote.
[54]*Ha soccorso Israele, suo servo,*
ricordandosi della sua misericordia,
[55]*come aveva promesso ai nostri padri,*
ad Abramo e alla sua discendenza, per sempre».

Nascita di Giovanni Battista - [56]Maria rimase con lei circa tre mesi, poi tornò a casa sua.

[57]Per Elisabetta intanto si compì il tempo del parto e diede alla luce un figlio. [58]I vicini e i parenti udirono che il Signore aveva esaltato in lei la sua misericordia, e si rallegravano con lei.

[59]All'ottavo giorno vennero per circoncidere il bambino e volevano chiamarlo col nome di suo padre, Zaccaria. [60]Ma sua madre intervenne: «No, si chiamerà Giovanni». [61]Le dissero: «Non c'è nessuno della tua parentela che si chiami con questo nome». [62]Allora domandavano con cenni a suo padre come voleva che si chiamasse. [63]Egli chiese una tavoletta, e scrisse: «Giovanni è il suo nome». Tutti furono meravigliati.

[64]In quel medesimo istante gli si aprì la bocca e gli si sciolse la lingua, e parlava benedicendo Dio. [65]Tutti i loro vicini furono presi da timore, e per tutta la regione montuosa della Giudea si discorreva di tutte queste cose. [66]Coloro che le udivano, le serbavano in cuor loro: «Che sarà mai questo bambino?» si dicevano. Davvero la mano del Signore stava con lui.

Il cantico di Zaccaria - [67]Zaccaria, suo padre, fu pieno di Spirito Santo, e profetò dicendo:
[68]*«Benedetto il Signore Dio d'Israele,*
perché ha visitato e redento il suo popolo,
[69]*e ha suscitato per noi una salvezza potente*
nella casa di Davide, suo servo,
[70]*come aveva promesso*

per bocca dei suoi santi profeti d'un tempo:
[71]*salvezza dai nostri nemici,*
e dalle mani di quanti ci odiano.
[72]*Così egli ha concesso misericordia ai nostri padri*
e si è ricordato della sua santa alleanza,
[73]*del giuramento fatto ad Abramo,* nostro padre,
[74]di concederci, liberati dalle mani dei nemici,
di servirlo senza timore, [75]in santità e giustizia
al suo cospetto, per tutti i nostri giorni.
[76]E tu, bambino, sarai chiamato profeta dell'Altissimo
perché andrai *innanzi al Signore a preparargli le strade,*
[77]per dare al suo popolo la conoscenza della salvezza
nella remissione dei suoi peccati,
[78]grazie alla bontà misericordiosa del nostro Dio,
per cui verrà a visitarci dall'alto un sole che sorge
[79]*per rischiarare quelli che stanno nelle tenebre*
e nell'ombra della morte
e dirigere i nostri passi sulla via della pace».

[80]Il fanciullo cresceva e si fortificava nello spirito. Visse in regioni deserte fino al giorno della sua manifestazione a Israele.

2. Nascita di Gesù - [1]In quei giorni un decreto di Cesare Augusto ordinò che si facesse il censimento di tutta la terra. [2]Questo primo censimento fu fatto quando era governatore della Siria Quirinio. [3]Andavano tutti a farsi registrare, ciascuno nella sua città.

[4]Anche Giuseppe, che era della casa e della famiglia di Davide, dalla città di Nazaret e dalla Galilea salì in Giudea e alla città di Davide, chiamata Betlemme, [5]per farsi registrare insieme con Maria sua sposa, che era incinta. [6]Ora, mentre si trovavano in quel luogo, si compirono per lei i giorni del parto. [7]Diede alla luce il suo figlio primogenito, lo avvolse in fasce e lo depose in una mangiatoia, perché non c'era posto per loro nell'albergo.

Visita dei pastori - [8]C'erano in quella regione alcuni pastori che vegliavano di notte facendo la guardia al loro gregge. [9]Un angelo del Signore si presentò davanti a loro e la gloria del Signore li avvolse di luce. Essi furono presi da grande spavento, [10]ma l'angelo disse loro: «Non temete, ecco vi annunzio una grande gioia, che sarà di tutto il popolo: [11]oggi vi è nato nella città di Davide un salvatore, che è il Cristo Signore. [12]Questo per voi il segno: troverete un bambino avvolto in fasce, che giace in una mangiatoia». [13]E subito apparve con l'angelo una moltitudine dell'esercito celeste che lodava Dio e diceva: [14]«Gloria a Dio nel più alto dei cieli e pace in terra agli uomini che egli ama».

[15]Appena gli angeli si furono allontanati per tornare al cielo, i pastori dicevano fra loro: «Andiamo fino a Betlemme, vediamo questo avvenimento che il Signore ci ha fatto conoscere». [16]Andarono dunque senz'indugio e trovarono Maria e Giuseppe e il bambino, che giaceva nella mangiatoia. [17]E dopo averlo visto, riferirono ciò che del bambino era stato detto loro. [18]Tutti quelli che udirono si stupirono delle cose che i pastori dicevano. [19]Maria, da parte sua, serbava tutte queste cose meditandole nel suo cuore.

[20]I pastori poi se ne tornarono, glorificando e lodando Dio per tutto quello che avevano udito e visto, com'era stato detto loro.

Circoncisione - [21]Quando furon passati gli otto giorni prescritti per la circoncisione, gli fu messo nome Gesù, come era stato chiamato dall'angelo prima di essere concepito nel grembo della madre.

Presentazione di Gesù al tempio - [22]Quando venne il tempo della loro purificazione secondo la Legge di Mosè, portarono il bambino a Gerusalemme per offrirlo al Signore, [23]come è scritto nella Legge del Signore: *Ogni maschio primogenito sarà sacro al Signore* (Es 13,12); [24]e per offrire in sacrificio *una coppia di tortore o di giovani colombi* (Lv 5,7), come prescrive la Legge del Signore.

Incontro con Simeone - [25]Ora a Gerusalemme c'era un uomo di nome Simeone, uomo giusto e timorato di Dio, che aspettava il conforto d'Israele; [26]lo Spirito Santo che era sopra di lui, gli aveva preannunziato che non avrebbe visto la morte senza prima aver veduto il Messia del Signore. [27]Mosso dunque dallo Spirito, si recò al tempio; e mentre i genitori vi portavano il bambino Gesù per adempiere la Legge, [28]lo prese tra le braccia e benedisse Dio:

Cantico di Simeone - ²⁹«Ora lascia, o Signore, che il tuo servo
vada in pace secondo la tua parola;
³⁰perché i miei occhi han visto la tua salvezza
³¹preparata da te davanti a tutti i popoli,
³²luce per illuminare le genti
e gloria del tuo popolo Israele».

Profezia di Simeone - ³³Il padre e la madre di Gesù si stupivano delle cose che si dicevano di lui. ³⁴Simeone li benedisse e parlò a Maria, sua madre: «Egli è qui per la rovina e la risurrezione di molti in Israele, segno di contraddizione ³⁵perché siano svelati i pensieri di molti cuori. E anche a te una spada trafiggerà l'anima».

Incontro con Anna - ³⁶C'era anche una profetessa, Anna, figlia di Fanuèle, della tribù di Aser. Era molto avanzata in età, aveva vissuto col marito sette anni dal tempo in cui era ragazza, ³⁷era poi rimasta vedova e ora aveva ottantaquattro anni. Non si allontanava mai dal tempio, servendo Dio notte e giorno con digiuni e preghiere. ³⁸Sopraggiunta in quel momento, si mise anche lei a lodare Dio e parlava del bambino a quanti aspettavano la redenzione di Gerusalemme.

Gesù a Nazaret - ³⁹Quando ebbero tutto compiuto secondo la legge del Signore, fecero ritorno in Galilea, alla loro città di Nàzaret. ⁴⁰Il bambino cresceva e si fortificava, pieno di sapienza, e la grazia di Dio era sopra di lui.

Gesù tra i dottori - ⁴¹I suoi genitori si recavano tutti gli anni a Gerusalemme per la festa di Pasqua. ⁴²Quando egli ebbe dodici anni, vi salirono di nuovo secondo l'usanza; ⁴³ma trascorsi i giorni della festa, mentre riprendevano la via del ritorno, il fanciullo Gesù rimase a Gerusalemme, senza che i genitori se ne accorgessero. ⁴⁴Credendolo nella carovana, fecero una giornata di viaggio, e poi si misero a cercarlo tra i parenti e i conoscenti; ⁴⁵non avendolo trovato, tornarono in cerca di lui a Gerusalemme.

⁴⁶Dopo tre giorni lo trovarono nel tempio, seduto in mezzo ai dottori, mentre li ascoltava e li interrogava. ⁴⁷E tutti quelli che l'udivano erano pieni di stupore per la sua intelli-

genza e le sue risposte. [48]Al vederlo restarono stupiti e sua madre gli disse: «Figlio, perché ci hai fatto così? Ecco, tuo padre e io, angosciati, ti cercavamo». [49]Ed egli rispose: «Perché mi cercavate? Non sapevate che io devo occuparmi delle cose del Padre mio?». [50]Ma essi non compresero le sue parole.

[51]Partì dunque con loro e tornò a Nàzaret e stava loro sottomesso. Sua madre serbava tutte queste cose nel suo cuore. [52]E Gesù *cresceva* in sapienza, età *e grazia davanti a Dio e agli uomini* (1 Sam 2,26).

I PRELUDI DEL VANGELO

* Anche Luca presenta i tre preludi al ministero pubblico di Gesù, ma conferendo ad essi una particolare tonalità teologica. Interessante la cornice storica in cui inserisce la predicazione penitenziale del Battista, innestando così la storia della salvezza in quella universale. Probabilmente l'anno decimoquinto di Tiberio ha inizio nell'ottobre dell'anno 27. Luca sottolinea spesso l'universalità della redenzione e ama presentare Gesù come il benefattore e il capo della nuova umanità, fondata sulla giustizia e sull'amore. *

3. La comparsa del Battista (Mt 3,1-6; Mc 1,1-8) - [1]Nell'anno decimoquinto dell'impero di Tiberio Cesare, mentre Ponzio Pilato era governatore della Giudea, Erode tetrarca della Galilea, e Filippo, suo fratello, tetrarca dell'Iturèa e della Traconìtide, e Lisània tetrarca dell'Abilène, [2]sotto i sommi sacerdoti Anna e Caifa, la parola di Dio scese su Giovanni, figlio di Zaccaria, nel deserto. [3]Ed egli percorse tutta la regione del Giordano, predicando un battesimo di conversione per il perdono dei peccati, [4]com'è scritto nel libro degli oracoli del profeta Isaia: *Voce di uno che grida nel deserto: Preparate la via del Signore, raddrizzate i suoi sentieri!* [5]*Ogni burrone sia riempito, ogni monte e ogni colle sia abbassato; i passi tortuosi siano diritti; i luoghi impervi spianati.* [6]*Ogni uomo vedrà la salvezza di Dio!* (40,3-5).

La predicazione del Battista (Mt 3,7-12) - [7]Diceva dunque alle folle che andavano a farsi battezzare da lui: «Razza di vipere, chi vi ha insegnato a sfuggire all'ira imminente? [8]Fate dunque opere degne della conversione e non cominciate a dire in voi stessi: Abbiamo Abramo per padre! Perché io vi dico che Dio può far nascere figli ad Abramo anche da queste pietre. [9]Anzi, la scure è già posta alla radice degli alberi; ogni albero che non porta buon frutto, sarà tagliato e buttato nel fuoco».

[10]Le folle lo interrogavano: «Che cosa dobbiamo fare?». [11]Rispondeva: «Chi ha due tuniche, ne dia una a chi non ne ha; e chi ha da mangiare, faccia altrettanto». [12]Vennero anche dei pubblicani a farsi battezzare, e gli chiesero: «Maestro, che dobbiamo fare?». [13]Ed egli disse loro: «Non esigete nulla di più di quanto vi è stato fissato». [14]Lo interrogavano anche alcuni soldati: «E noi che dobbiamo fare?». Rispose: «Non maltrattate e non estorcete niente a nessuno, contentatevi delle vostre paghe».

[15]Poiché il popolo era in attesa e tutti si domandavano in cuor loro, riguardo a Giovanni, se non fosse lui il Cristo, [16]Giovanni rispose a tutti dicendo: «Io vi battezzo con acqua; ma viene uno che è più forte di me, al quale io non sono degno di sciogliere neppure il legaccio dei sandali: costui vi battezzerà in Spirito Santo e fuoco. [17]Egli ha in mano il ventilabro per ripulire la sua aia e per raccogliere il frumento nel granaio; ma la pula, la brucerà con fuoco inestinguibile».

Carcerazione del Battista (Mt 14,3-4; Mc 6,17-18) - [18]Con molte altre esortazioni annunziava al popolo la buona novella. [19]Ma il tetrarca Erode, biasimato da lui a causa di Erodiade, moglie di suo fratello, e per tutte le scelleratezze che aveva commesso, [20]aggiunse alle altre anche questa: fece rinchiudere Giovanni in prigione.

Battesimo di Gesù (Mt 3,13-17; Mc 1,9-11) - [21]Quando tutto il popolo fu battezzato e mentre Gesù, ricevuto anche lui il battesimo, stava in preghiera, il cielo si aprì [22]e scese su di lui lo Spirito Santo in apparenza corporea, come di colomba, e vi fu una voce dal cielo: «Tu sei il mio figlio prediletto, in te mi sono compiaciuto».

Genealogia di Gesù (Mt 1,1-17) - [23]Gesù quando incominciò il suo ministero aveva circa trent'anni ed era figlio, come si credeva, di Giuseppe, figlio di Eli, [24]figlio di Mattàt, figlio di Levi, figlio di Melchi, figlio di Innài, figlio di Giuseppe, [25]figlio di Mattatìa, figlio di Amos, figlio di Naum, figlio di Esli, figlio di Naggài, [26]figlio di Maat, figlio di Mattatìa, figlio di Semèin, figlio di Iosek, figlio di Ioda, [27]figlio di Ioanan, figlio di Resa, figlio di Zorobabèle, figlio di Salatiel, figlio di Neri, [28]figlio di Melchi, figlio di Addi, figlio di Cosam, figlio di Elmadàm, figlio di Er, [29]figlio di Gesù, figlio di Elièzer, figlio di Iorim, figlio di Mattàt, figlio di Levi, [30]figlio di Simeone, figlio di Giuda, figlio di Giuseppe, figlio di Ionam, figlio di Eliacim, [31]figlio di Melèa, figlio di Menna, figlio di Mattatà, figlio di Natàm, figlio di Davide, [32]figlio di Iesse, figlio di Obed, figlio di Booz, figlio di Sala, figlio di Naàsson, [33]figlio di Aminadàb, figlio di Admin, figlio di Arni, figlio di Esrom, figlio di Fares, figlio di Giuda, [34]figlio di Giacobbe, figlio di Isacco, figlio di Abramo, figlio di Tare, figlio di Nacor, [35]figlio di Seruk, figlio di Ragau, figlio di Falek, figlio di Eber, figlio di Sala, [36]figlio di Cainam, figlio di Arfàcsad, figlio di Sem, figlio di Noè, figlio di Lamech, [37]figlio di Matusalemme, figlio di Enoch, figlio di Iaret, figlio di Mallèèl, figlio di Cainam, [38]figlio di Enos, figlio di Set, figlio di Adamo, figlio di Dio.

4. Tentazione di Gesù (Mt 4,1-11; Mc 1,12-13) - [1]Gesù, pieno di Spirito Santo, si allontanò dal Giordano e fu condotto dallo Spirito nel deserto [2]dove, per quaranta giorni, fu tentato dal diavolo. Non mangiò nulla in quei giorni; ma quando furono terminati ebbe fame.

[3]Allora il diavolo gli disse: «Se tu sei Figlio di Dio, di' a questa pietra che diventi pane». [4]Gesù gli rispose: «Sta scritto: *Non di solo pane vivrà l'uomo*» (Dt 8,3).

[5]Il diavolo lo condusse in alto, e mostrandogli in un istante tutti i regni della terra, gli disse: [6]«Ti darò tutta questa potenza e la gloria di questi regni, perché è stata messa nelle mie mani e io la do a chi voglio. [7]Se ti prostri dinanzi a me, tutto sarà tuo». [8]Gesù gli rispose: «Sta scritto: *Solo al Signore Dio tuo ti prostrerai, lui solo adorerai*» (Dt 6,13).

[9]Lo condusse a Gerusalemme, lo pose sul pinnacolo del tempio e gli disse: «Se tu sei il Figlio di Dio, buttati giù; [10]sta

scritto infatti: *Ai suoi angeli darà ordine per te, perché essi ti custodiscano*; [11]*e anche: essi ti sosterranno con le mani, perché il tuo piede non inciampi in una pietra*» (Sal 90,11-12).

[12]Gesù gli rispose: «È stato detto: *Non tenterai il Signore Dio tuo*» (Dt 6,16). [13]Dopo aver esaurito ogni specie di tentazione, il diavolo si allontanò da lui per ritornare al tempo fissato.

MINISTERO IN GALILEA

Inizio del ministero

* Luca è molto attento nel delimitare la prima fase del ministero di Gesù in Galilea. La predicazione a Nazaret, mentre rileva che il lieto annuncio del regno è destinato soprattutto ai poveri e agli emarginati, prelude all'indurimento degli Israeliti che si escluderanno dal regno, partecipato ed accolto invece gioiosamente dai pagani. Poi Luca segue da vicino la medesima trama di Marco, fino al discorso della pianura; posticipa soltanto la chiamata dei primi discepoli (5,1-11). *

Gesù ritorna in Galilea (Mt 4,12-17; Mc 1,14-15) - [14]Gesù ritornò in Galilea con la potenza dello Spirito Santo e la sua fama si diffuse in tutta la regione. [15]Insegnava nelle loro sinagoghe e tutti ne facevano grandi lodi.

Gesù respinto da Nazaret (Mt 13,53-58; Mc 6,1-6) - [16]Si recò a Nazaret, dove era stato allevato; ed entrò, secondo il suo solito, di sabato nella sinagoga e si alzò a leggere. [17]Gli fu dato il rotolo del profeta Isaia; apertolo trovò il passo dove era scritto: [18]*Lo Spirito del Signore è sopra di me; per questo mi ha consacrato con l'unzione, e mi ha mandato per annunziare ai poveri un lieto messaggio, per proclamare ai prigionieri la liberazione e ai ciechi la vista; per rimettere in libertà gli oppressi,* [19]*e predicare un anno di grazia del Signore* (Is 61,1-2).

[20]Poi arrotolò il volume, lo consegnò all'inserviente e se-

dette. Gli occhi di tutti nella sinagoga stavano fissi sopra di lui. [21]Allora cominciò a dire: «Oggi si è adempiuta questa scrittura che voi avete udita con i vostri orecchi». [22]Tutti gli rendevano testimonianza ed erano meravigliati delle parole di grazia che uscivano dalla sua bocca e dicevano: «Non è il figlio di Giuseppe?».

[23]Ma egli rispose: «Di certo voi mi citerete il proverbio: Medico, cura te stesso. Quanto abbiamo udito che accadde a Cafàrnao, fallo anche qui, nella tua patria!». [24]Poi aggiunse: «Nessun profeta è bene accetto in patria. [25]Vi dico anche: c'erano molte vedove in Israele al tempo di Elia, quando il cielo fu chiuso per tre anni e sei mesi e ci fu una grande carestia in tutto il paese; [26]ma a nessuna di esse fu mandato Elia, se non a una vedova in Sarepta di Sidone. [27]C'erano molti lebbrosi in Israele al tempo del profeta Eliseo, ma nessuno di loro fu risanato se non Naaman, il Siro».

[28]All'udire queste cose, tutti nella sinagoga furono pieni di sdegno; [29]si levarono, lo cacciarono fuori della città e lo condussero fin sul ciglio del monte sul quale la loro città era situata, per gettarlo giù dal precipizio. [30]Ma egli, passando in mezzo a loro, se ne andò.

Gesù a Cafarnao (Mt 7,28-29; Mc 1,21-22) - [31]Poi discese a Cafàrnao, una città della Galilea, e al sabato ammaestrava la gente. [32]Rimanevano colpiti dal suo insegnamento, perché parlava con autorità.

Guarigione di un indemoniato (Mc 1,23-28) - [33]Nella sinagoga c'era un uomo con un demonio immondo e cominciò a gridare forte: [34]«Basta! Che abbiamo a che fare con te, Gesù Nazareno? Sei venuto a rovinarci? So bene chi sei: il Santo di Dio!». [35]Gesù gli intimò: «Taci, esci da costui!». E il demonio, gettatolo a terra in mezzo alla gente, uscì da lui, senza fargli alcun male. [36]Tutti furono presi da paura e si dicevano l'un l'altro: «Che parola è mai questa, che comanda con autorità e potenza agli spiriti immondi ed essi se ne vanno?». [37]E si diffondeva la fama di lui in tutta la regione.

Guarigione della suocera di Pietro (Mt 8,14-15; Mc 1,29-31) - [38]Uscito dalla sinagoga entrò nella casa di Simone. La suocera di Simone era in preda a una grande febbre e lo pregarono per lei. ³⁹Chinatosi su di lei, intimò alla febbre, e la febbre la lasciò. Levatasi all'istante, la donna cominciò a servirli.

Altri miracoli in serata (Mt 8,16-17; Mc 1,32-34) - ⁴⁰Al calar del sole, tutti quelli che avevano infermi colpiti da mali di ogni genere li condussero a lui. Ed egli, imponendo su ciascuno le mani, li guariva. ⁴¹Da molti uscivano demòni gridando: «Tu sei il Figlio di Dio!». Ma egli li minacciava e non li lasciava parlare, perché sapevano che era il Cristo.

Gesù parte da Cafarnao (Mc 1,35-39) - ⁴²Sul far del giorno uscì e si recò in un luogo deserto. Ma le folle lo cercavano, lo raggiunsero e volevano trattenerlo perché non se ne andasse via da loro. ⁴³Egli però disse: «Bisogna che io annunzi il regno di Dio anche alle altre città; per questo sono stato mandato». ⁴⁴E andava predicando nelle sinagoghe della Giudea.

5. Chiamata dei primi discepoli (Mt 4,18-22; Mc 1,16-20) - ¹Un giorno, mentre, levato in piedi, stava presso il lago di Genèsaret ²e la folla gli faceva ressa intorno per ascoltare la parola di Dio, vide due barche ormeggiate alla sponda. I pescatori erano scesi e lavavano le reti. ³Salì in una barca, che era di Simone, e lo pregò di scostarsi un poco da terra. Sedutosi, si mise ad ammaestrare le folle dalla barca.

⁴Quando ebbe finito di parlare, disse a Simone: «Prendi il largo e calate le reti per la pesca». ⁵Simone rispose: «Maestro, abbiamo faticato tutta la notte e non abbiamo preso nulla; ma sulla tua parola getterò le reti». ⁶E avendolo fatto, presero una quantità enorme di pesci e le reti si rompevano. ⁷Allora fecero cenno ai compagni dell'altra barca, che venissero ad aiutarli. Essi vennero e riempirono tutte e due le barche al punto che quasi affondavano.

⁸Al veder questo, Simon Pietro si gettò alle ginocchia di Gesù, dicendo: «Signore, allontanati da me che sono un peccatore». ⁹Grande stupore infatti aveva preso lui e tutti quelli che erano insieme con lui per la pesca che avevano fatto; ¹⁰così pure Giacomo e Giovanni, figli di Zebedèo, che erano soci di Simone. Gesù disse a Simone: «Non temere;

d'ora in poi sarai pescatore di uomini». ¹¹Tirate le barche a terra, lasciarono tutto e lo seguirono.

Guarigione di un lebbroso (Mt 8,1-4; Mc 1,40-45) - ¹²Un giorno Gesù si trovava in una città e un uomo coperto di lebbra lo vide e gli si gettò ai piedi pregandolo: «Signore, se vuoi, puoi sanarmi». ¹³Gesù stese la mano e lo toccò dicendo: «Lo voglio, sii risanato!». E subito la lebbra scomparve da lui. ¹⁴Gli ingiunse di non dirlo a nessuno: «Va', mostrati al sacerdote e fa' l'offerta per la tua purificazione, come ha ordinato Mosè, perché serva di testimonianza per essi».

¹⁵La sua fama si diffondeva ancor più; folle numerose venivano per ascoltarlo e farsi guarire dalle loro infermità. ¹⁶Ma Gesù si ritirava in luoghi solitari a pregare.

Guarigione di un paralitico (Mt 9,1-8; Mc 2,1-12) - ¹⁷Un giorno sedeva insegnando. Sedevano là anche farisei e dottori della legge, venuti da ogni villaggio della Galilea, della Giudea e da Gerusalemme. E la potenza del Signore gli faceva operare guarigioni. ¹⁸Ed ecco alcuni uomini, portando sopra un letto un paralitico, cercavano di farlo passare e metterlo davanti a lui. ¹⁹Non trovando da qual parte introdurlo a causa della folla, salirono sul tetto e lo calarono attraverso le tegole con il lettuccio davanti a Gesù, nel mezzo della stanza. ²⁰Veduta la loro fede, disse: «Uomo, i tuoi peccati ti sono rimessi!»

²¹Gli scribi e i farisei cominciarono a discutere dicendo: «Chi è costui che pronuncia bestemmie? Chi può rimettere i peccati, se non Dio soltanto?». ²²Ma Gesù, conosciuti i loro ragionamenti, rispose: «Che cosa andate ragionando nei vostri cuori? ²³Che cosa è più facile, dire: Ti sono rimessi i tuoi peccati, o dire: Alzati e cammina? ²⁴Ora, perché sappiate che il Figlio dell'uomo ha il potere sulla terra di rimettere i peccati: io ti dico - esclamò rivolto al paralitico - alzati, prendi il tuo lettuccio e va' a casa tua». ²⁵Subito egli si alzò davanti a loro, prese il lettuccio su cui era disteso e si avviò verso casa glorificando Dio. ²⁶Tutti rimasero stupiti e levavano lode a Dio; pieni di timore dicevano: «Oggi abbiamo visto cose prodigiose».

La chiamata di Levi (Mt 9,9-13; Mc 2,13-17) - ²⁷Dopo di ciò egli uscì e vide un pubblicano di nome Levi seduto al banco delle imposte, e gli disse: «Seguimi!». 28Egli, lasciando tutto, si alzò e lo seguì.

29Poi Levi gli preparò un grande banchetto nella sua casa. C'era una folla di pubblicani e d'altra gente seduta con loro a tavola. 30I farisei e i loro scribi mormoravano e dicevano ai suoi discepoli: «Perché mangiate e bevete con i pubblicani e i peccatori?». 31Gesù rispose: «Non sono i sani che hanno bisogno del medico, ma i malati; 32io non sono venuto a chiamare i giusti, ma i peccatori a convertirsi».

Discussione sul digiuno (Mt 9,14-17; Mc 2,18-22) - 33Allora gli dissero: «I discepoli di Giovanni digiunano spesso e fanno orazioni; così pure i discepoli dei farisei; invece, i tuoi mangiano e bevono!». 34Gesù rispose: «Potete far digiunare gli invitati a nozze, mentre lo sposo è con loro? 35Verranno però i giorni in cui lo sposo sarà strappato da loro; allora, in quei giorni, digiuneranno».

36Diceva loro anche una parabola: «Nessuno strappa un pezzo da un vestito nuovo per attaccarlo a un vestito vecchio; altrimenti egli strappa il nuovo, e la toppa presa dal nuovo non si adatta al vecchio. 37E nessuno mette vino nuovo in otri vecchi; altrimenti il vino nuovo spacca gli otri, si versa fuori e gli otri vanno perduti. 38Il vino nuovo bisogna metterlo in otri nuovi. 39Nessuno poi che beve il vino vecchio desidera il nuovo, perché dice: Il vecchio è buono!».

6. Le spighe colte di sabato (Mt 12,1-8; Mc 2,23-28) - 1Un giorno di sabato passava attraverso campi di grano e i suoi discepoli coglievano e mangiavano le spighe, sfregandole con le mani. 2Alcuni farisei dissero: «Perché fate ciò che non è permesso di sabato?». 3Gesù rispose: «Allora non avete mai letto ciò che fece Davide, quando ebbe fame lui e i suoi compagni? 4Come entrò nella casa di Dio, prese i pani dell'offerta, ne mangiò e ne diede ai suoi compagni, sebbene non fosse lecito mangiarli se non ai soli sacerdoti?». 5E diceva loro: «Il Figlio dell'uomo è signore del sabato».

L'uomo dalla mano inaridita (Mt 12,9-14; Mc 3,1-6) - 6Un altro sabato egli entrò nella sinagoga e si mise a insegnare. Ora c'era là un uomo, che aveva la mano destra inaridita. 7Gli scribi e i farisei lo osservavano per vedere se lo guariva di sabato, allo scopo di trovare un capo di accusa contro di lui. [8]Ma Gesù era a conoscenza dei loro pensieri e disse all'uomo che aveva la mano inaridita: «Alzati e mettiti nel mezzo!». L'uomo, alzatosi, si mise nel punto indicato. [9]Poi Gesù disse loro: «Domando a voi: È lecito nel giorno di sabato fare il bene o fare del male, salvare una vita o perderla?». [10]E volgendo tutt'intorno lo sguardo su di loro, disse all'uomo: «Stendi la mano!». Egli lo fece e la mano guarì. [11]Ma essi furono pieni di rabbia e discutevano fra di loro su quello che avrebbero potuto fare a Gesù.

* Il discorso programmatico di Gesù è preceduto in Luca dalla scelta dei dodici Apostoli, i continuatori della sua opera, e dal concorso delle folle, cui è destinato l'insegnamento del divino Maestro. All'introduzione delle beatitudini, riferite ai poveri, agli afflitti e perseguitati, segue il corpo del discorso che riassume l'insegnamento di Gesù relativo alla legge fondamentale dell'amore verso il prossimo. *

Scelta dei Dodici (Mt 10,1-4; Mc 3,13-19) - [12]In quei giorni Gesù se ne andò sulla montagna a pregare e passò la notte in orazione. [13]Quando fu giorno, chiamò a sé i suoi discepoli e ne scelse dodici, ai quali diede il nome di apostoli: [14]Simone, che chiamò anche Pietro, Andrea suo fratello, Giacomo, Giovanni, Filippo, Bartolomeo, [15]Matteo, Tommaso, Giacomo d'Alfeo, Simone soprannominato Zelota, [16]Giuda di Giacomo e Giuda Iscariota, che fu il traditore.

Le folle a Gesù (Mt 4,24-25; Mc 3,7-12) - [17]Disceso con loro, si fermò in un luogo pianeggiante. C'era gran folla di suoi discepoli e gran moltitudine di gente da tutta la Giudea, da Gerusalemme e dal litorale di Tiro e di Sidone, [18]che erano venuti per ascoltarlo ed esser guariti dalle loro malattie; anche quelli che erano tormentati da spiriti immondi, venivano guariti. [19]Tutta la folla cercava di toccarlo, perché da lui usciva una forza che sanava tutti.

Il discorso inaugurale

Le beatitudini (Mt 5,1-12)
[20]Alzàti gli occhi verso i suoi discepoli, Gesù diceva:

«Beati voi poveri,
perché vostro è il regno di Dio.
²¹Beati voi che ora avete fame,
perché sarete saziati.
Beati voi che ora piangete,
perché riderete.
²²Beati voi quando gli uomini vi odieranno e quando vi metteranno al bando e v'insulteranno e respingeranno il vostro nome come scellerato, a causa del Figlio dell'uomo.
²³Rallegratevi in quel giorno ed esultate, perché, ecco, la
vostra ricompensa è grande nei cieli. Allo stesso modo infatti facevano i loro padri con i profeti.

²⁴Ma guai a voi, ricchi,
perché avete già la vostra consolazione.
²⁵guai a voi che ora siete sazi,
perché avrete fame.
Guai a voi che ora ridete,
perché sarete afflitti e piangerete.
²⁶Guai quando tutti gli uomini diranno bene di voi. Allo
stesso modo infatti facevano i loro padri con i falsi profeti.

L'amore dei nemici (Mt 5,38-48; 7,12) - ²⁷Ma a voi che
ascoltate, io dico: Amate i vostri nemici, fate del bene a
coloro che vi odiano, ²⁸benedite coloro che vi maledicono,
pregate per coloro che vi maltrattano. ²⁹A chi ti percuote
sulla guancia, porgi anche l'altra; a chi ti leva il mantello,
non rifiutare la tunica. ³⁰Da' a chiunque ti chiede; e a chi
prende del tuo, non richiederlo. ³¹Ciò che volete gli uomini
facciano a voi, anche voi fatelo a loro.

³²Se amate quelli che vi amano, che merito ne avrete?
Anche i peccatori fanno lo stesso. ³³E se fate del bene a
coloro che vi fanno del bene, che merito ne avrete? Anche i
peccatori fanno lo stesso. ³⁴E se prestate a coloro da cui
sperate ricevere, che merito ne avrete? Anche i peccatori
concedono prestiti ai peccatori per riceverne altrettanto.
³⁵Amate invece i vostri nemici, fate del bene e prestate senza sperarne nulla, e il vostro premio sarà grande e sarete
figli dell'Altissimo; perché egli è benevolo verso gl'ingrati e
i malvagi. ³⁶Siate misericordiosi, come è misericordioso il
Padre vostro.

Non giudicare (Mt 7,1-5; Mc 4,24) - [37]Non giudicate e non sarete giudicati; non condannate e non sarete condannati; perdonate e vi sarà perdonato; [38]date e vi sarà dato; una buona misura, pigiata, scossa e traboccante vi sarà versata nel grembo, perché con la misura con cui misurate, sarà misurato a voi in cambio».

[39]Disse loro anche una parabola: «Può forse un cieco guidare un altro cieco? Non cadranno tutt'e due in una buca? [40]Il discepolo non è da più del maestro; ma ognuno ben preparato sarà come il suo maestro.

[41]Perché guardi la pagliuzza che è nell'occhio del tuo fratello, e non t'accorgi della trave che è nel tuo? [42]Come puoi dire al tuo fratello: Permetti che tolga la pagliuzza che è nel tuo occhio, e tu non vedi la trave del tuo occhio e allora potrai vederci bene nel togliere la pagliuzza nell'occhio del tuo fratello.

Dall'albero si conosce il frutto (Mt 12,33-37; 7,15-20) - [43]Non c'è albero buono che faccia frutti cattivi, né albero cattivo che faccia frutti buoni. [44]Ogni albero infatti si riconosce dal suo frutto: non si raccolgono fichi dalle spine, né si vendemmia uva da un rovo. [45]L'uomo buono trae fuori il bene dal buon tesoro del suo cuore; l'uomo cattivo dal suo cattivo tesoro trae fuori il male, perché la bocca parla dalla pienezza del cuore.

La casa sulla roccia (Mt 7,21.24-27) - [46]Perché mi chiamate: Signore, Signore, e poi non fate ciò che dico? [47]Chi viene a me e ascolta le mie parole e le mette in pratica, vi mostrerò a chi è simile: [48]è simile a un uomo che, costruendo una casa, ha scavato molto profondo e ha posto le fondamenta sopra la roccia. Venuta la piena, il fiume irruppe contro quella casa, ma non riuscì a smuoverla perché era costruita bene.

[49]Chi invece ascolta e non mette in pratica, è simile a un uomo che ha costruito una casa sulla terra, senza fondamenta. Il fiume la investì e subito crollò; e la rovina di quella casa fu grande».

Diversi atteggiamenti verso Gesù

* Al discorso inaugurale Luca fa seguire due miracoli che dimostrano la bontà di Gesù pure verso i pagani (il centurione) e gli emarginati (la vedova di Nain). Anche se ciò è in contrasto con le attese messianiche dei Giudei, Gesù riafferma la sua missione in favore dei poveri, dei sofferenti e dei peccatori. *

7. Guarigione del servo del centurione (Mt 8,5-13; Gv 4,46-54) - [1]Quando ebbe terminato di rivolgere tutte queste parole al popolo che stava in ascolto, entrò in Cafàrnao. [2]Il servo di un centurione era ammalato e stava per morire. Il centurione l'aveva molto caro. [3]Perciò, avendo udito parlare di Gesù, gli mandò alcuni anziani dei Giudei a pregarlo di venire e di salvare il suo servo. [4]Costoro giunti da Gesù lo pregavano con insistenza: «Egli merita che tu gli faccia questa grazia, dicevano, [5]perché ama il nostro popolo, ed è stato lui a costruirci la sinagoga».

[6]Gesù si incamminò con loro. Non era ormai molto distante dalla casa quando il centurione mandò alcuni amici a dirgli: «Signore, non stare a disturbarti, io non son degno che tu entri sotto il mio tetto; [7]per questo non mi sono neanche ritenuto degno di venire da te, ma comanda con una parola e il mio servo sarà guarito. [8]Anche io infatti sono uomo sottoposto a un'autorità, e ho sotto di me dei soldati; e dico all'uno: Va', ed egli va, e a un altro: Vieni, ed egli viene, e al mio servo: Fa' questo, ed egli lo fa».

[9]All'udire questo Gesù restò ammirato e rivolgendosi alla folla che lo seguiva disse: «Io vi dico che neanche in Israele ho trovato una fede così grande!». [10]E gli inviati, quando tornarono a casa, trovarono il servo guarito.

Risurrezione del figlio della vedova di Nain - [11]In seguito si recò in una città chiamata Nain e facevano la strada con lui i discepoli e grande folla. [12]Quando fu vicino alla porta della città, ecco che veniva portato al sepolcro un morto, figlio unico di madre vedova; e molta gente della città era con lei. [13]Vedendola, il Signore ne ebbe compassione e le disse: «Non piangere!». [14]E accostatosi toccò la bara, mentre i portatori si fermarono. Poi disse: «Giovinetto, dico a te, alzati!». [15]Il morto si levò a sedere e incominciò a parlare.

Ed egli lo diede alla madre. [16]Tutti furono presi da timore e glorificavano Dio dicendo: «Un grande profeta è sorto tra noi e Dio ha visitato il suo popolo». [17]La fama di questi fatti si diffuse in tutta la Giudea e per tutta la regione.

La legazione del Battista (Mt 11,2-15) - [18]Anche Giovanni fu informato dai suoi discepoli di tutti questi avvenimenti. Giovanni chiamò due di essi [19]e li mandò a dire al Signore: «Sei tu colui che viene, o dobbiamo aspettare un altro?». [20]Venuti a lui, quegli uomini dissero: «Giovanni il Battista ci ha mandati da te per domandarti: Sei tu colui che viene o dobbiamo aspettare un altro?».

[21]In quello stesso momento Gesù guarì molti da malattie, da infermità, da spiriti cattivi e donò la vista a molti ciechi. [22]Poi diede loro questa risposta: «Andate e riferite a Giovanni ciò che avete visto e udito: *i ciechi riacquistano la vista*, gli zoppi camminano, i lebbrosi vengono sanati, i sordi odono, i morti risuscitano, *ai poveri è annunziata la buona novella* (Is 35,5-6; 61,1). [23]E beato è chiunque non sarà scandalizzato di me!».

[24]Quando gli inviati di Giovanni furono partiti, Gesù cominciò a dire alla folla riguardo a Giovanni: «Che cosa siete andati a vedere nel deserto? Una canna agitata dal vento? [25]E allora, che cosa siete andati a vedere? Un uomo avvolto in morbide vesti? Coloro che portano vesti sontuose e vivono nella lussuria stanno nei palazzi dei re. [26]Allora, che cosa siete andati a vedere? Un profeta? Sì, vi dico, e più che un profeta. [27]Egli è colui del quale sta scritto: *Ecco io mando davanti a te il mio messaggero, egli preparerà la via davanti a te* (Ml 3,1).

[28]Io vi dico, tra i nati di donna non c'è nessuno più grande di Giovanni; però il più piccolo nel regno di Dio è più grande di lui. [29]Tutto il popolo che lo ha ascoltato, e anche i pubblicani, hanno riconosciuto la giustizia di Dio ricevendo il battesimo di Giovanni. [30]Ma i farisei e i dottori della legge non facendosi battezzare da lui hanno reso vano per loro il disegno di Dio.

Gesù giudica i suoi contemporanei (Mt 11,16-19) - [31]A chi dunque paragonerò gli uomini di questa generazione, a chi sono simili? [32]Sono simili a quei bambini che stando in piaz-

za gridano gli uni agli altri: Vi abbiamo suonato il flauto e
non avete ballato: vi abbiamo cantato un lamento e non
avete pianto!
³³È venuto infatti Giovanni il Battista che non mangia
pane e non beve vino, e voi dite: Ha un demonio. ³⁴È venuto il Figlio dell'uomo che mangia e beve, e voi dite: Ecco un
mangione e un beone, amico dei pubblicani e dei peccatori.
³⁵Ma alla sapienza è stata resa giustizia da tutti i suoi figli».

La peccatrice - ³⁶Uno dei farisei lo invitò a mangiare da
lui. Egli entrò nella casa del fariseo e si mise a tavola. ³⁷Ed
ecco una donna, una peccatrice di quella città, saputo che si
trovava nella casa del fariseo, venne con un vasetto di olio
profumato; ³⁸e stando dietro, presso i suoi piedi, piangendo
cominciò a bagnarli di lacrime, poi li asciugava con i suoi
capelli, li baciava e li cospargeva di olio profumato.
³⁹A quella vista il fariseo che l'aveva invitato pensò tra sé:
«Se costui fosse un profeta, saprebbe chi e che specie di
donna è colei che lo tocca: è una peccatrice». ⁴⁰Gesù allora
gli disse: «Simone, ho una cosa da dirti». Ed egli: «Maestro,
di' pure». ⁴¹«Un creditore aveva due debitori: l'uno gli doveva cinquecento denari, l'altro cinquanta. ⁴²Non avendo essi
da restituire, condonò il debito a tutti e due. Chi dunque di
loro lo amerà di più?». ⁴³Simone rispose: «Suppongo quello
a cui ha condonato di più». Gli disse Gesù: «Hai giudicato
bene».
⁴⁴E volgendosi verso la donna, disse a Simone: «Vedi questa donna? Sono entrato nella tua casa e tu non m'hai dato
l'acqua per i piedi; lei invece mi ha bagnato i piedi con le
lacrime e li ha asciugati con i suoi capelli. ⁴⁵Tu non mi hai
dato un bacio, lei invece da quando sono entrato non ha
cessato di baciarmi i piedi. ⁴⁶Tu non mi hai cosparso il capo
di olio profumato, ma lei mi ha cosparso di profumo i piedi.
⁴⁷Per questo ti dico: le sono perdonati i suoi molti peccati,
poiché ha molto amato. Invece quello a cui si perdona poco,
ama poco».
⁴⁸Poi disse a lei: «Ti sono perdonati i tuoi peccati».
⁴⁹Allora i commensali cominciarono a dire tra sé: «Chi è
quest'uomo che perdona anche i peccati?». ⁵⁰Ma egli disse
alla donna: «La tua fede ti ha salvata; va' in pace!».

* Dopo un accenno al seguito femminile, Luca riporta, riprendendo la trama di Marco, il discorso in parabole e poi una raccolta di miracoli. *

8. Le pie donne al seguito di Gesù (Mt 4,23; 9,35; Mc 1,39) - [1]In seguito egli se ne andava per le città e i villaggi, predicando e annunziando la buona novella del regno di Dio. [2]C'erano con lui i Dodici e alcune donne che erano state guarite da spiriti cattivi e da infermità: Maria di Màgdala, dalla quale erano usciti sette demòni, [3]Giovanna, moglie di Cusa, amministratore di Erode, Susanna e molte altre, che li assistevano con i loro beni.

Insegnamento in parabole

La parabola del seminatore (Mt 13,1-9; Mc 4,1-9) - [4]Poiché una gran folla si radunava e accorreva a lui gente da ogni città, disse con una parabola: [5]«Il seminatore uscì a seminare la sua semente. Mentre seminava, parte cadde lungo la strada e fu calpestata, e gli uccelli del cielo la divorarono. [6]Un'altra parte cadde sulla pietra e appena germogliata inaridì per mancanza di umidità. [7]Un'altra cadde in mezzo alle spine e le spine, cresciute insieme con essa, la soffocarono. [8]Un'altra cadde sulla terra buona, germogliò e fruttò cento volte tanto». Detto questo, esclamò: «Chi ha orecchi per intendere, intenda!».

Perché Gesù parla in parabole (Mt 13,10-15; Mc 4,10-12) - [9]I suoi discepoli lo interrogarono sul significato della parabola. [10]Ed egli disse: «A voi è dato conoscere i misteri del regno di Dio, ma agli altri solo in parabole, perché *vedendo non vedano e udendo non intendano* (Is 6,9).

Spiegazione della parabola del seminatore (Mt 13,18-23; Mc 4,13-20) - [11]Il significato della parabola è questo: il seme è la parola di Dio. [12]I semi caduti lungo la strada sono coloro che l'hanno ascoltata, ma poi viene il diavolo e porta via la parola dai loro cuori, perché non credano e così siano salvati. [13]Quelli sulla pietra sono coloro che, quando ascoltano, accolgono con gioia la parola, ma non hanno radice; credono per un certo tempo, ma nell'ora della tentazione vengono meno. [14]Il seme caduto in mezzo alle spine sono coloro che dopo aver ascoltato, strada facendo si lasciano sopraffare dalle preoccupazioni, dalla ricchezza e dai piaceri della vita e non giungono a maturazione. [15]Il seme caduto sulla terra buona sono coloro che dopo aver ascoltato la parola con cuore buono e perfetto, la custodiscono e producono frutto con la loro perseveranza.

La lucerna (Mt 5,15; 10,26; Mc 4,21-25) - [16]Nessuno accende una lampada e la copre con un vaso o la pone sotto un letto; la pone invece su un lampadario, perché chi entra veda la luce. [17]Non c'è nulla di nascosto che non debba essere manifestato, nulla di segreto che non debba essere conosciuto e venire in piena luce.

[18]Fate attenzione dunque a come ascoltate; perché a chi ha sarà dato, ma a chi non ha sarà tolto anche ciò che crede di avere».

I veri parenti di Gesù (Mt 12,46-50; Mc 3,31-35) - [19]Un giorno andarono a trovarlo la madre e i fratelli, ma non potevano avvicinarlo a causa della folla. [20]Gli fu annunziato: «Tua madre e i tuoi fratelli sono qui fuori e desiderano vederti». [21]Ma egli rispose: «Mia madre e i miei fratelli sono coloro che ascoltano la parola di Dio e la mettono in pratica».

Gesù taumaturgo

La tempesta sedata (Mt 8,23-27; Mc 4,35-41) - [22]Un giorno salì su una barca con i suoi discepoli e disse: «Passiamo all'altra riva del lago». Presero il largo. [23]Ora, mentre navigavano, egli si addormentò. Un turbine di vento si abbatté sul lago, imbarcavano acqua ed erano in pericolo. [24]Accostatisi a lui, lo svegliarono dicendo: «Maestro, maestro, siamo perduti!». E lui, destatosi, sgridò il vento e i flutti minacciosi; essi cessarono e si fece bonaccia. [25]Allora disse loro: «Dov'è la vostra fede?». Essi intimoriti e meravigliati si dicevano l'un l'altro: «Chi è dunque costui che dà ordini ai venti e all'acqua e gli obbediscono?».

L'indemoniato geraseno (Mt 8,28-34; Mc 5,1-20) - [26]Approdarono nella regione dei Geraseni, che sta di fronte alla Galilea. [27]Era appena sceso a terra, quando gli venne incontro un uomo della città posseduto dai demoni. Da molto tempo non portava vestiti, né abitava in casa, ma nei sepolcri. [28]Alla vista di Gesù gli si gettò ai piedi urlando e disse a gran voce: «Che vuoi da me, Gesù, Figlio del Dio Altissimo? Ti prego, non tormentarmi!». [29]Gesù infatti stava ordinando allo spirito immondo di uscire da quell'uomo. Molte volte infatti s'era impossessato di lui; allora lo legavano con catene e lo custodivano in ceppi, ma egli spezzava i legami e veniva spinto dal demonio in luoghi deserti. [30]Gesù gli domandò: «Qual è il tuo nome?». Rispose: «Legione», perché molti demoni erano entrati in lui. [31]E lo supplicavano che non ordinasse loro di andarsene nell'abisso.

[32]Vi era là un numeroso branco di porci che pascolavano sul monte. Lo pregarono che concedesse loro di entrare nei porci; ed egli lo permise. [33]I demoni uscirono dall'uomo ed entrarono nei porci e quel branco corse a gettarsi a precipizio dalla rupe nel lago e annegò. [34]Quando videro ciò che era accaduto, i mandriani fuggirono e portarono la notizia nella città e nei villaggi. [35]La gente uscì per vedere l'accaduto, arrivarono da Gesù e trovarono l'uomo dal quale erano usciti i demoni vestito e sano di mente, che sedeva ai piedi di Gesù; e furono presi da spavento. [36]Quelli che erano stati spettatori, riferirono come l'indemoniato era stato guarito. [37]Allora tutta la popolazione del territorio dei Geraseni gli chiese che si allontanasse da loro, perché avevano molta paura. Gesù, salito su una barca, tornò indietro.

[38]L'uomo dal quale erano usciti i demoni, gli chiese di restare con lui, ma egli lo congedò dicendo: [39]«Torna a casa tua e racconta quello che Dio ti ha fatto». L'uomo se ne andò, proclamando per tutta la città quello che Gesù gli aveva fatto.

La figlia di Giairo e l'emorroissa (Mt 9,18-26; Mc 5,21-43) - [40]Al suo ritorno, Gesù fu accolto dalla folla, poiché tutti erano in attesa di lui. [41]Ed ecco venne un uomo di nome Giàiro, che era capo della sinagoga: gettatosi ai piedi di Gesù, lo pregava di recarsi a casa sua, [42]perché aveva un'unica figlia, di circa dodici anni, che stava per morire. Durante il cammino, le folle gli si accalcavano attorno.

[43]Una donna che soffriva di emorragia da dodici anni, e che nessuno era riuscito a guarire, [44]gli si avvicinò alle spalle e gli toccò il lembo del mantello e subito il flusso di sangue si arrestò. [45]Gesù disse: «Chi mi ha toccato?». Mentre tutti negavano, Pietro disse: «Maestro, la folla ti stringe da ogni parte e ti schiaccia». [46]Ma Gesù disse: «Qualcuno mi ha toccato. Ho sentito che una forza è uscita da me». [47]Allora la donna, vedendo che non poteva rimanere nascosta, si fece avanti tremando e, gettatasi ai suoi piedi, dichiarò davanti a tutto il popolo il motivo per cui l'aveva toccato, e come era stata subito guarita. [48]Egli le disse: «Figlia, la tua fede ti ha salvata, va' in pace!».

[49]Stava ancora parlando quando venne uno della casa del capo della sinagoga a dirgli: «Tua figlia è morta, non disturbare più il maestro». [50]Ma Gesù che aveva udito rispose: «Non temere, soltanto abbi fede e sarà salvata». [51]Giunto alla casa, non lasciò entrare nessuno con sé, all'infuori di Pietro, Giovanni e Giacomo e il padre e la madre della fanciulla. [52]Tutti piangevano e facevano il lamento su di lei. Gesù disse: «Non piangete, perché non è morta, ma dorme».

[53]Essi lo deridevano, sapendo che era morta, [54]ma egli, prendendole la mano, disse ad alta voce: «Fanciulla, alzati!». [55]Il suo spirito ritornò in lei ed ella si alzò all'istante. Egli ordinò di darle da mangiare. [56]I genitori ne furono sbalorditi, ma egli raccomandò loro di non raccontare a nessuno ciò che era accaduto.

Formazione dei discepoli

* La missione di Gesù in Galilea sta per concludersi con esito piuttosto deludente. Gesù si dedica perciò alla formazione dei capi del futuro popolo di Dio con esperienze missionarie e con una particolare insistenza li invita a seguirlo sulla via della croce, distogliendoli da vane ambizioni di gloria terrena. *

9. La missione dei Dodici (Mt 10,1.5-14; Mc 6,7-13) - [1]Egli allora chiamò a sé i Dodici e diede loro potere e autorità su tutti i demòni e di curare le malattie. [2]E li mandò ad annunziare il regno di Dio e a guarire gli infermi. [3]Disse loro: «Non prendete nulla per il viaggio, né bastone, né bisaccia, né pane, né denaro, né due tuniche per ciascuno.

[4]In qualunque casa entriate, là rimanete e di là poi riprendete il cammino. [5]Quanto a coloro che non vi accolgono, nell'uscire dalla loro città, scuotete la polvere dai vostri piedi, a testimonianza contro di essi». [6]Allora essi partirono e giravano di villaggio in villaggio, annunziando dovunque la buona novella e operando guarigioni.

Opinioni di Erode su Gesù (Mt 14,1-2; Mc 6,14-16) - [7]Intanto il tetrarca Erode sentì parlare di tutti questi avvenimenti e non sapeva che cosa pensare, perché alcuni dicevano: «Giovanni è risuscitato dai morti», [8]altri: «È apparso Elia», e altri ancora: «È risorto uno degli antichi profeti». [9]Ma Erode diceva: «Giovanni l'ho fatto decapitare io; chi è dunque costui, del quale sento dire tali cose?». E cercava di vederlo.

Moltiplicazione dei pani (Mt 14,13-21; Mc 6,30-44; Gv 6,1-13) - [10]Al loro ritorno, gli apostoli raccontarono a Gesù tutto quello che avevano fatto. Allora li prese con sé e si ritirò verso una città chiamata Betsàida. [11]Ma le folle lo seppero e lo seguirono. Egli le accolse e prese a parlar loro del regno di Dio e a guarire quanti avevan bisogno di cure.

[12]Il giorno cominciava a declinare e i Dodici gli si avvicinarono dicendo: «Congeda la folla, perché vada nei villaggi e nelle campagne dintorno per alloggiare e trovar cibo, poiché qui siamo in una zona deserta». [13]Gesù disse loro: «Dategli voi stessi da mangiare». Ma essi risposero: «Non abbiamo che cinque pani e due pesci, a meno che non andiamo noi a comprare viveri per tutta questa gente». [14]C'erano infatti circa cinquemila uomini. Egli disse ai discepoli: «Fateli sedere per gruppi di cinquanta». [15]Così fecero e li invitarono a sedersi tutti quanti. [16]Allora egli prese i cinque pani e i due pesci e, levati gli occhi al cielo, li benedisse, li spezzò e li diede ai discepoli perché li distribuissero alla folla. [17]Tutti

mangiarono e si saziarono e delle parti loro avanzate furono portate via dodici ceste.

La confessione di Pietro e primo annunzio della passione (Mt 16,13-23; Mc 8,27-33) - [18]Un giorno, mentre Gesù si trovava in un luogo appartato a pregare e i discepoli erano con lui, pose loro questa domanda: «Chi sono io secondo la gente?». [19]Essi risposero: «Per alcuni Giovanni il Battista, per altri Elia, per altri uno degli antichi profeti che è risorto». [20]Allora domandò: «Ma voi chi dite che io sia?». Pietro, prendendo la parola, rispose: «Il Cristo di Dio». [21]Egli allora ordinò loro severamente di non riferirlo a nessuno.

[22]«Il Figlio dell'uomo, disse, deve soffrire molto, essere riprovato dagli anziani, dai sommi sacerdoti e dagli scribi, esser messo a morte e risorgere il terzo giorno».

Condizioni per seguire Gesù (Mt 16,24-28; Mc 8,34-9,1) - [23]E a tutti diceva: «Se qualcuno vuol venire dietro a me, rinneghi se stesso, prenda la sua croce ogni giorno e mi segua. [24]Chi vorrà salvare la propria vita, la perderà, ma chi perderà la propria vita per me, la salverà. [25]Che giova all'uomo guadagnare il mondo intero, se poi si perde o rovina se stesso? [26]Chi si vergognerà di me e delle mie parole, di lui si vergognerà il Figlio dell'uomo, quando verrà nella gloria sua e del Padre e degli angeli santi. [27]In verità vi dico: vi sono alcuni qui presenti, che non morranno prima di aver visto il regno di Dio».

La trasfigurazione (Mt 17,1-9; Mc 9,2-10) - [28]Circa otto giorni dopo questi discorsi, prese con sé Pietro, Giovanni e Giacomo e salì sul monte a pregare. [29]E, mentre pregava, il suo volto cambiò d'aspetto e la sua veste divenne candida e sfolgorante. [30]Ed ecco due uomini parlavano con lui: erano Mosè ed Elia, [31]apparsi nella loro gloria, e parlavano della sua dipartita che avrebbe portato a compimento a Gerusalemme. [32]Pietro e i suoi compagni erano oppressi dal sonno; tuttavia restarono svegli e videro la sua gloria e i due uomini che stavano con lui.

[33]Mentre questi si separavano da lui, Pietro disse a Gesù: «Maestro, è bello per noi stare qui. Facciamo tre tende, una per te, una per Mosè e una per Elia». Egli non sapeva quel

che diceva. ³⁴Mentre parlava così, venne una nube e li avvolse; all'entrare in quella nube, ebbero paura. ³⁵E dalla nube uscì una voce che diceva: «Questi è il Figlio mio, l'eletto; ascoltatelo». ³⁶Appena la voce cessò, Gesù restò solo. Essi tacquero e in quei giorni non riferirono a nessuno nulla di ciò che avevano visto.

Guarigione del fanciullo epilettico (Mt 17,14-21; Mc 9,14-29) - ³⁷Il giorno seguente, quando furon discesi dal monte, una gran folla gli venne incontro. ³⁸A un tratto dalla folla un uomo si mise a gridare: «Maestro, ti prego di volgere lo sguardo a mio figlio, perché è l'unico che ho. ³⁹Ecco, uno spirito lo afferra e subito egli grida, lo scuote ed egli dà schiuma e solo a fatica se ne allontana lasciandolo sfinito. ⁴⁰Ho pregato i tuoi discepoli di scacciarlo, ma non ci sono riusciti».

⁴¹Gesù rispose: «O generazione incredula e perversa, fino a quando sarò con voi e vi sopporterò? Conducimi qui tuo figlio». ⁴²Mentre questi si avvicinava, il demonio lo gettò per terra agitandolo con convulsioni. Gesù minacciò lo spirito immondo, risanò il fanciullo e lo consegnò a suo padre. ⁴³E tutti furono stupiti per la grandezza di Dio.

Secondo annunzio della passione (Mt 17,22-23; Mc 9,30-32) - Mentre tutti erano pieni di meraviglia per tutte le cose che faceva, disse ai suoi discepoli: ⁴⁴«Mettetevi bene in mente queste parole: Il Figlio dell'uomo sta per esser consegnato in mano degli uomini». ⁴⁵Ma essi non comprendevano questa frase; per loro restava così misteriosa che non ne comprendevano il senso e avevano paura a rivolgergli domande su tale argomento.

Chi è il più grande (Mt 18,1-5; Mc 9,33-37) - ⁴⁶Frattanto sorse una discussione tra loro, chi di essi fosse il più grande. ⁴⁷Allora Gesù, conoscendo il pensiero del loro cuore, prese un fanciullo, se lo mise vicino a sé e disse: ⁴⁸«Chi accoglie questo fanciullo nel mio nome, accoglie me; e chi accoglie me, accoglie colui che mi ha mandato. Poiché chi è il più piccolo tra tutti voi, questi è grande».

L'esorcista estraneo (Mc 9,38-40) - [49]Giovanni prese la parola dicendo: «Maestro, abbiamo visto un tale che scacciava demòni nel tuo nome e glielo abbiamo impedito, perché non è con noi tra i tuoi seguaci». [50]Ma Gesù gli rispose: «Non glielo impedite, perché chi non è contro di voi, è per voi».

VIAGGIO VERSO GERUSALEMME

* Ha qui inizio il lungo viaggio (più teologico che geografico) che porta Gesù dalla Galilea a Gerusalemme per compiere l'opera della salvezza, per mezzo della sua morte in croce e della risurrezione. Lungo il cammino il divino Maestro illustra le rinunce necessarie per essere suoi veri discepoli; ne manda poi settantadue per un'esperienza missionaria. *

Gesù respinto dai Samaritani - [51]Mentre stavano compiendosi i giorni in cui sarebbe stato tolto dal mondo, si diresse decisamente verso Gerusalemme [52]e mandò avanti dei messaggeri. Questi si incamminarono ed entrarono in un villaggio di Samaritani per fare i preparativi per lui. [53]Ma essi non vollero riceverlo, perché era diretto verso Gerusalemme. [54]Quando videro ciò, i discepoli Giacomo e Giovanni dissero: «Signore, vuoi che diciamo che *scenda un fuoco dal cielo e li consumi?*» (2 Re 1,10). [55]Ma Gesù si voltò e li rimproverò. [56]E si avviarono verso un altro villaggio.

Le esigenze dell'apostolato

Alcune vocazioni (Mt 8,18-22) - [57]Mentre andavano per la strada, un tale gli disse: «Ti seguirò dovunque tu vada». [58]Gesù gli rispose: «Le volpi hanno le loro tane e gli uccelli del cielo i loro nidi, ma il Figlio dell'uomo non ha dove posare il capo».

[59]A un altro disse: «Seguimi». E costui rispose: «Signore, concedimi di andare a seppellire prima mio padre». [60]Gesù

replicò: «Lascia che i morti seppelliscano i loro morti; tu va' e annunzia il regno di Dio».

⁶¹Un altro disse: «Ti seguirò, Signore, ma prima lascia che io mi congedi da quelli di casa». ⁶²Ma Gesù gli rispose: «Nessuno che ha messo mano all'aratro e poi si volge indietro, è adatto per il regno di Dio».

10. La missione dei settantadue discepoli (Mt 9,37-38; 10,7-16.40; Mc 6,8-11) - ¹Dopo questi fatti il Signore designò altri settantadue discepoli e li inviò a due a due avanti a sé in ogni città e luogo dove stava per recarsi. ²Diceva loro: «La messe è molta, ma gli operai sono pochi. Pregate dunque il padrone della messe perché mandi operai per la sua messe.

³Andate: ecco io vi mando come agnelli in mezzo a lupi; ⁴non portate borsa, né bisaccia, né sandali e non salutate nessuno lungo la strada. ⁵In qualunque casa entriate, prima dite: Pace a questa casa. ⁶Se vi sarà un figlio della pace, la vostra pace scenderà su di lui, altrimenti ritornerà su di voi. ⁷Restate in quella casa, mangiando e bevendo di quello che hanno, perché l'operaio è degno della sua mercede. Non passate di casa in casa.

⁸Quando entrerete in una città e vi accoglieranno, mangiate quello che vi sarà messo dinanzi, ⁹curate i malati che vi si trovano, e dite loro: È vicino a voi il regno di Dio. ¹⁰Ma quando entrerete in una città e non vi accoglieranno, uscite sulle piazze e dite: ¹¹Anche la polvere della vostra città che si è attaccata ai nostri piedi, noi la scuotiamo contro di voi; sappiate però che il regno di Dio è vicino. ¹²Io vi dico che in quel giorno Sòdoma sarà trattata meno duramente di quella città.

Rimprovero alle città impenitenti (Mt 11,20-24) - ¹³Guai a te, Coràzin, guai a te, Betsàida! Perché se in Tiro e Sidone fossero stati compiuti i miracoli compiuti tra voi, già da tempo si sarebbero convertiti vestendo il sacco e coprendosi di cenere. ¹⁴Perciò nel giudizio Tiro e Sidone saranno trattate meno duramente di voi.

¹⁵E tu, Cafàrnao, *sarai innalzata fino al cielo? Fino agli inferi sarai precipitata!* (Is 14,13.15).

[16]Chi ascolta voi ascolta me, chi disprezza voi disprezza me. E chi disprezza me disprezza colui che mi ha mandato».

Ritorno dei settantadue - [17]I settantadue tornarono pieni di gioia dicendo: «Signore, anche i dèmoni si sottomettono a noi nel tuo nome». [18]Egli disse: «Io vedevo satana cadere dal cielo come la folgore. [19]Ecco, io vi ho dato il potere di camminare sopra i serpenti e gli scorpioni e sopra ogni potenza del nemico; nulla vi potrà danneggiare. [20]Non rallegratevi però perché i dèmoni si sottomettono a voi; rallegratevi piuttosto che i vostri nomi sono scritti nei cieli».

Lode al Padre (Mt 11,25-27; 13,16-17) - [21]In quello stesso istante Gesù esultò nello Spirito Santo e disse: «Io ti rendo lode, Padre, Signore del cielo e della terra, che hai nascosto queste cose ai dotti e ai sapienti e le hai rivelate ai piccoli. Sì, Padre, perché così a te è piaciuto. [22]Ogni cosa mi è stata affidata dal Padre mio e nessuno sa chi è il Figlio se non il Padre, né chi è il Padre se non il Figlio e colui al quale il Figlio lo voglia rivelare».

[23]E volgendosi ai discepoli, in disparte, disse: «Beati gli occhi che vedono ciò che voi vedete. [24]Vi dico che molti profeti e re hanno desiderato vedere ciò che voi vedete, ma non lo videro, e udire ciò che voi udite, ma non l'udirono».

* Luca anticipa una controversia per introdurre la parabola del buon Samaritano e per inculcare il tema dell'amore incondizionato verso il prossimo. *

Il grande comandamento (Mt 22,34-40; Mc 12,28-31) - [25]Un dottore della legge si alzò per metterlo alla prova: «Maestro, che devo fare per ereditare la vita eterna?». [26]Gesù gli disse: «Che cosa sta scritto nella Legge? Che cosa vi leggi?». [27]Costui rispose: «*Amerai il Signore Dio tuo con tutto il tuo cuore, con tutta la tua anima, con tutta la tua forza* (Dt 6,5) e con tutta la tua mente e *il prossimo tuo come te stesso*» (Lv 19,18). [28]E Gesù: «Hai risposto bene; fa' questo e vivrai». [29]Ma quegli, volendo giustificarsi, disse a Gesù: «E chi è il mio prossimo?». [30]Gesù riprese:

Parabola del buon Samaritano - «Un uomo scendeva da Gerusalemme a Gèrico e incappò nei briganti che lo spogliarono, lo percossero e poi se ne andarono, lasciandolo mezzo morto. [31]Per caso, un sacerdote scendeva per quella medesima strada e quando lo vide passò oltre dall'altra parte. [32]Anche un levita, giunto in quel luogo, lo vide e passò oltre.

[33]Invece un Samaritano, che era in viaggio, passandogli accanto lo vide e n'ebbe compassione. [34]Gli si fece vicino, gli fasciò le ferite, versandovi olio e vino; poi caricatolo sopra il suo giumento, lo portò a una locanda e si prese cura di lui. [35]Il giorno seguente, estrasse due denari e li diede all'albergatore, dicendo: Abbi cura di lui e ciò che spenderai in più, te lo rifonderò al mio ritorno. [36]Chi di questi tre ti sembra sia stato il prossimo di colui che è incappato nei briganti?». [37]Quegli rispose: «Chi ha avuto compassione di lui». Gesù gli disse: «Va' e anche tu fa' lo stesso».

Marta e Maria - [38]Mentre erano in cammino, entrò in un villaggio e una donna, di nome Marta, lo accolse nella sua casa. [39]Essa aveva una sorella, di nome Maria, la quale, sedutasi ai piedi di Gesù, ascoltava la sua parola; [40]Marta invece era tutta presa dai molti servizi. Pertanto, fattasi avanti, disse: «Signore, non ti curi che mia sorella mi ha lasciata sola a servire? Dille dunque che mi aiuti». [41]Ma Gesù le rispose: «Marta, Marta, ti preoccupi e ti agiti per molte cose, [42]ma una sola è la cosa di cui c'è bisogno. Maria si è scelta la parte migliore, che non le sarà tolta».

Catechesi sulla preghiera

* Luca riporta qui una breve catechesi sulla preghiera. Innanzitutto si ha il Padre nostro come la preghiera tipica per il discepolo di Gesù. La parabola dell'amico importuno illustra la preghiera perseverante. Gesù, infine, esorta a una preghiera fiduciosa. *

11. Il Padre nostro (Mt 6,9-13) - [1]Un giorno Gesù si trovava in un luogo a pregare e quando ebbe finito uno dei discepoli gli disse: «Signore, insegnaci a pregare, come anche Giovanni ha insegnato ai suoi discepoli». [2]Ed egli disse loro: «Quando pregate, dite:

Padre, sia santificato il tuo nome,
venga il tuo regno;
[3]dacci ogni giorno il nostro pane quotidiano,
[4]e perdonaci i nostri peccati,
perché anche noi perdoniamo ad ogni nostro debitore,
e non ci indurre in tentazione».

Parabola dell'amico importuno - [5]Poi aggiunse: «Se uno di voi ha un amico e va da lui a mezzanotte a dirgli: Amico, prestami tre pani, [6]perché è giunto da me un amico da un viaggio e non ho nulla da mettergli davanti; [7]e se quegli dall'interno gli risponde: Non m'importunare, la porta è già chiusa e i miei bambini sono a letto con me, non posso alzarmi per darteli; [8]vi dico che, se anche non si alzerà a darglieli per amicizia, si alzerà a darglierne quanti gliene occorrono almeno per la sua insistenza.

Preghiera efficace (Mt 7,7-11) - [9]Ebbene io vi dico: Chiedete e vi sarà dato, cercate e troverete, bussate e vi sarà aperto. [10]Perché chi chiede ottiene, chi cerca trova, e a chi bussa sarà aperto. [11]Quale padre tra voi, se il figlio gli chiede un pesce, gli darà al posto del pesce una serpe? [12]O se gli chiede un uovo, gli darà uno scorpione? [13]Se dunque voi, che siete cattivi, sapete dare cose buone ai vostri figli, quanto più il Padre vostro celeste darà lo Spirito Santo a coloro che glielo chiedono!».

Contrasti con i farisei

* Si apre ora una sezione che ha per oggetto i contrasti tra Gesù e i farisei. Il Maestro premunisce i discepoli dal lievito dei farisei che è l'ipocrisia. Al formalismo legalistico ed esteriore dei farisei contrappone una religiosità fondata sull'ascolto sincero della parola di Dio e su una fede intrepida. *

Gesù e Beelzebùl (Mt 12,22-30; Mc 3,22-27) - [14]Gesù stava scacciando un demonio che era muto. Uscito il demonio, il muto cominciò a parlare e le folle rimasero meravigliate.

[15]Ma alcuni dissero: «È in nome di Beelzebùl, capo dei demòni, che egli scaccia i demòni». [16]Altri poi, per metterlo alla prova, gli domandavano un segno dal cielo. [17]Egli, conoscendo i loro pensieri, disse: «Ogni regno diviso in se stesso va in rovina e una casa cade sull'altra. [18]Ora, se anche satana è diviso in se stesso, come potrà stare in piedi il suo regno? Voi dite che io scaccio i demòni in nome di Beelzebùl. [19]Ma se io scaccio i demòni in nome di Beelzebùl, i vostri discepoli in nome di chi li scacciano? Perciò essi stessi saranno i vostri giudici. [20]Se invece io scaccio i demòni con il dito di Dio, è dunque giunto a voi il regno di Dio.

[21]Quando un uomo forte, bene armato, fa la guardia al suo palazzo, tutti i suoi beni stanno al sicuro. [22]Ma se arriva uno più forte di lui e lo vince, gli strappa via l'armatura nella quale confidava e ne distribuisce il bottino.

[23]Chi non è con me, è contro di me; e chi non raccoglie con me, disperde.

Il ritorno dello spirito immondo (Mt 12,43-45) - [24]Quando lo spirito immondo esce dall'uomo, si aggira per luoghi aridi in cerca di riposo e, non trovandone, dice: Ritornerò nella mia casa da cui sono uscito. [25]Venuto, la trova spazzata e adorna. [26]Allora va, prende con sé altri sette spiriti peggiori di lui ed essi entrano e vi alloggiano e la condizione finale di quell'uomo diventa peggiore della prima».

La vera beatitudine - [27]Mentre diceva questo, una donna alzò la voce di mezzo alla folla e disse: «Beato il ventre che ti ha portato e il seno da cui hai preso il latte!». [28]Ma egli disse: «Beati piuttosto coloro che ascoltano la parola di Dio e la osservano!».

Il segno di Giona (Mt 12,38-42) - [29]Mentre le folle si accalcavano, Gesù cominciò a dire: «Questa generazione è una generazione malvagia; essa cerca un segno, ma non le sarà dato nessun segno fuorché il segno di Giona. [30]Poiché come Giona fu un segno per quelli di Ninive, così anche il Figlio dell'uomo lo sarà per questa generazione.

[31]La regina del sud sorgerà nel giudizio insieme con gli uomini di questa generazione e li condannerà; perché essa venne dalle estremità della terra per ascoltare la sapienza di

Salomone. Ed ecco, ben più di Salomone c'è qui. [32]Quelli di Nìnive sorgeranno nel giudizio insieme con questa generazione e la condanneranno; perché essi alla predicazione di Giona si convertirono. Ed ecco, ben più di Giona c'è qui.

La lucerna del corpo (Mt 5,15; 6,22-23; Mc 4,21) - [33]Nessuno accende una lucerna e la mette in luogo nascosto o sotto il moggio, ma sopra il lucerniere, perché quanti entrano vedano la luce.

[34]La lucerna del tuo corpo è l'occhio. Se il tuo occhio è sano, anche il tuo corpo è tutto nella luce; ma se è malato, anche il tuo corpo è nelle tenebre. [35]Bada dunque che la luce che è in te non sia tenebra. [36]Se il tuo corpo è tutto luminoso, senza avere alcuna parte nelle tenebre, tutto sarà luminoso, come quando la lucerna ti illumina con il suo bagliore».

Invettive contro i farisei (Mt 23,4-36) - [37]Dopo che ebbe finito di parlare, un fariseo lo invitò a pranzo. Egli entrò e si mise a tavola. [38]Il fariseo si meravigliò che non avesse fatto le abluzioni prima del pranzo. [39]Allora il Signore gli disse: «Voi farisei purificate l'esterno della coppa e del piatto, ma il vostro interno è pieno di rapina e di iniquità. [40]Stolti! Colui che ha fatto l'esterno non ha forse fatto anche l'interno? [41]Piuttosto date in elemosina quel che c'è dentro, ed ecco, tutto per voi sarà mondo.

[42]Ma guai a voi, farisei, che pagate la decima della menta, della ruta e di ogni erbaggio, e poi trasgredite la giustizia e l'amore di Dio. Queste cose bisognava curare senza trascurare le altre. [43]Guai a voi, farisei, che avete cari i primi posti nelle sinagoghe e i saluti sulle piazze. [44]Guai a voi perché siete come quei sepolcri che non si vedono e la gente vi passa sopra senza saperlo».

[45]Uno dei dottori della legge intervenne: «Maestro, dicendo questo offendi anche noi». [46]Egli rispose: «Guai anche a voi, dottori della legge, che caricate gli uomini di pesi insopportabili, e quei pesi voi non li toccate nemmeno con un dito! [47]Guai a voi, che costruite i sepolcri dei profeti, e i vostri padri li hanno uccisi. [48]Così voi date la testimonianza e approvazione alle opere dei vostri padri: essi li uccisero e voi costruite loro i sepolcri.

⁴⁹Per questo la sapienza di Dio ha detto: Manderò a loro profeti e apostoli ed essi li uccideranno e perseguiteranno; ⁵⁰perché sia chiesto conto a questa generazione del sangue di tutti i profeti, versato fin dall'inizio del mondo, ⁵¹dal sangue di Abele fino al sangue di Zaccaria, che fu ucciso fra l'altare e il santuario. Sì, vi dico, ne sarà chiesto conto a questa generazione.

⁵²Guai a voi, dottori della legge, che avete tolto la chiave della scienza. Voi non siete entrati, e a quelli che volevano entrare l'avete impedito».

⁵³Quando fu uscito di là, gli scribi e i farisei cominciarono a trattarlo ostilmente e a farlo parlare su molti argomenti, ⁵⁴tendendogli insidie, per sorprenderlo in qualche parola uscita dalla sua stessa bocca.

12. Il lievito dei farisei - ¹Nel frattempo, radunatesi migliaia di persone che si calpestavano a vicenda, Gesù cominciò a dire anzitutto ai discepoli: «Guardatevi dal lievito dei farisei, che è l'ipocrisia.

Fede intrepida (Mt 10,19-33; Mc 3,28-30; 13,11) - ²Non c'è nulla di nascosto che non sarà svelato, né di segreto che non sarà conosciuto. ³Pertanto ciò che avrete detto nelle tenebre, sarà udito in piena luce; e ciò che avrete detto all'orecchio nelle stanze più interne, sarà annunziato sui tetti.

⁴A voi miei amici, dico: Non temete coloro che uccidono il corpo e dopo questo non possono far più nulla. ⁵Vi mostrerò invece chi dovete temere: temete Colui che, dopo aver ucciso, ha il potere di gettare nella Geenna. Sì, ve lo dico, temete Costui. ⁶Cinque passeri non si vendono forse per due soldi? Eppure nemmeno uno di essi è dimenticato davanti a Dio. ⁷Anche i capelli del vostro capo sono tutti contati. Non temete, voi valete più di molti passeri.

⁸Inoltre vi dico: Chiunque mi riconoscerà davanti agli uomini, anche il Figlio dell'uomo lo riconoscerà davanti agli angeli di Dio; ⁹ma chi mi rinnegherà davanti agli uomini sarà rinnegato davanti agli angeli di Dio.

¹⁰Chiunque parlerà contro il Figlio dell'uomo gli sarà perdonato, ma chi bestemmierà lo Spirito Santo non gli sarà perdonato.

¹¹Quando vi condurranno davanti alle sinagoghe, ai magi-

strati e alle autorità, non preoccupatevi come discolparvi o che cosa dire; [12]perché lo Spirito Santo vi insegnerà in quel momento ciò che bisogna fare».

Povertà come abbandono in Dio

* Per il discepolo di Gesù è essenziale il distacco dalle ricchezze e dalle altre preoccupazioni terrene per abbandonarsi con fiducia illimitata nella divina Provvidenza. Gesù non è venuto per occuparsi delle cose temporali, bensì dei beni eterni. *

[13]Uno della folla gli disse: «Maestro, di' a mio fratello che divida con me l'eredità». [14]Ma egli rispose: «O uomo, chi mi ha costituito giudice o mediatore sopra di voi?». [15]E disse loro: «Guardatevi e tenetevi lontano da ogni cupidigia, perché anche se uno è nell'abbondanza, la sua vita non dipende dai suoi beni».

Parabola del ricco stolto - [16]Disse poi una parabola: «La campagna di un uomo ricco aveva dato un buon raccolto. [17]Egli ragionava tra sé: Che farò, poiché non ho dove riporre i miei raccolti? [18]E disse: Farò così: demolirò i miei magazzini e ne costruirò di più grandi e vi raccoglierò tutto il grano e i miei beni. [19]Poi dirò a me stesso: Anima mia, hai a disposizione molti beni, per molti anni; riposati, mangia, bevi e datti alla gioia. [20]Ma Dio gli disse: Stolto, questa notte stessa ti sarà richiesta la tua vita. E quello che hai preparato di chi sarà? [21]Così è di chi accumula tesori per sé, e non arricchisce davanti a Dio».

Provvidenza (Mt 6,25-34) - [22]Poi disse ai discepoli: «Per questo io vi dico: Non datevi pensiero per la vostra vita, di quello che mangerete; né per il vostro corpo, come lo vestirete. [23]La vita vale più del cibo e il corpo più del vestito. [24]Guardate i corvi: non seminano e non mietono, non hanno ripostiglio né granaio, e Dio li nutre. Quanto più degli uccelli voi valete? [25]Chi di voi, per quanto si affanni, può aggiungere un'ora sola alla sua vita? [26]Se dunque non avete potere neanche per la più piccola cosa, perché vi affannate del resto?

²⁷Guardate i gigli, come crescono: non filano, non tessono; eppure io vi dico che neanche Salomone, con tutta la sua gloria, vestiva come uno di loro. ²⁸Se dunque Dio veste così l'erba del campo, che oggi c'è e domani si getta nel forno, quanto più voi, gente di poca fede?

²⁹Non cercate perciò che cosa mangerete e berrete, e non state con l'animo in ansia: ³⁰di tutte queste cose si preoccupa la gente del mondo; ma il Padre vostro sa che ne avete bisogno. ³¹Cercate piuttosto il regno di Dio, e queste cose vi saranno date in aggiunta.

L'elemosina (Mt 6,19-21) - ³²Non temere, piccolo gregge, perché al Padre vostro è piaciuto di darvi il suo regno. ³³Vendete ciò che avete e datelo in elemosina; fatevi borse che non invecchiano, un tesoro inesauribile nei cieli, dove i ladri non arrivano e la tignola non consuma. ³⁴Perché dove è il vostro tesoro, là sarà anche il vostro cuore.

Il ritorno del Signore

* Inizia qui una catechesi sul ritorno finale del Signore e sulla necessità della vigilanza, della conversione e dell'impegno assiduo per conseguire la salvezza escatologica. *

Vigilanza (Mt 24,42-44) - ³⁵Siate pronti, con la cintura ai fianchi e le lucerne accese; ³⁶siate simili a coloro che aspettano il padrone quando torna dalle nozze, per aprirgli subito, appena arriva e bussa. ³⁷Beati quei servi che il padrone al suo ritorno troverà ancora svegli; in verità vi dico, si cingerà le sue vesti, li farà mettere a tavola e passerà a servirli. ³⁸E se, giungendo nel mezzo della notte o prima dell'alba, li troverà così, beati loro! ³⁹Sappiate bene questo: se il padrone di casa sapesse a che ora viene il ladro, non si lascerebbe scassinare la casa. ⁴⁰Anche voi tenetevi pronti, perché il Figlio dell'uomo verrà nell'ora che non pensate».

Parabola del servo fedele e di quello malvagio (Mt 24,45-51) - ⁴¹Allora Pietro disse: «Signore, questa parabola la dici per noi o anche per tutti?». ⁴²Il Signore rispose: «Qual è dunque l'amministratore fedele e saggio, che il Signore porrà a capo della sua servitù, per distribuire a tempo debito la razione del cibo? ⁴³Beato quel servo che il padrone, arrivando, troverà al suo lavoro. ⁴⁴In verità vi dico, lo metterà a capo di tutti i suoi averi.

⁴⁵Ma se quel servo dicesse in cuor suo: Il padrone tarda a venire, e cominciasse a percuotere i servi e le serve, a mangiare, a bere e a ubriacarsi, ⁴⁶il ladrone di quel servo arriverà nel giorno in cui meno se l'aspetta e in un'ora che non sa, e lo punirà con rigore assegnandogli il posto tra gli infedeli.

⁴⁷Il servo che, conoscendo la volontà del padrone, non avrà disposto o agito secondo la sua volontà, riceverà molte percosse; ⁴⁸quello invece che, non conoscendola, avrà fatto cose meritevoli di percosse, ne riceverà poche. A chiunque fu dato molto, molto sarà chiesto; a chi fu affidato molto sarà richiesto molto di più.

Gesù causa di divisioni (Mt 10,34-36) - ⁴⁹Sono venuto a portare il fuoco sulla terra; e come vorrei che fosse già acceso! ⁵⁰C'è un battesimo che devo ricevere; e come sono angosciato, finché non sia compiuto! ⁵¹Pensate che io sia venuto a portare la pace sulla terra? No, vi dico, ma la divisione. ⁵²D'ora innanzi in una casa di cinque persone ⁵³si divideranno tre contro due e due contro tre; padre contro figlio e *figlio contro padre*, madre contro figlia e *figlia contro madre*, suocera contro nuora e *nuora contro suocera*» (Mi 7,6).

I segni dei tempi (Mt 16,2-3) - ⁵⁴Diceva ancora alle folle: «Quando vedete una nuvola salire da ponente, subito dite: Viene la pioggia, e così accade. ⁵⁵E quando soffia lo scirocco, dite: Ci sarà caldo, e così accade. ⁵⁶Ipocriti! Sapete giudicare l'aspetto della terra e del cielo, come mai questo tempo non sapete giudicarlo? ⁵⁷E perché non giudicate da voi stessi ciò che è giusto?

⁵⁸Quando vai con il tuo avversario davanti al magistrato, lungo la strada procura di accordarti con lui, perché non ti trascini davanti al giudice e il giudice ti consegni all'esecutore e questi ti getti in prigione. ⁵⁹Ti assicuro, non ne uscirai finché non avrai pagato fino all'ultimo spicciolo».

Il rifiuto d'Israele

13. Invito alla conversione - [1]In quello stesso tempo si presentarono alcuni a riferirgli circa quei Galilei, il cui sangue Pilato aveva mescolato con quello dei loro sacrifici. [2]Prendendo la parola, Gesù rispose: «Credete che quei Galilei fossero più peccatori di tutti i Galilei, per aver subito tale sorte? [3]No, vi dico, ma se non vi convertite, perirete tutti allo stesso modo. [4]O quei diciotto, sopra i quali rovinò la torre di Sìloe e li uccise, credete che fossero più colpevoli di tutti gli abitanti di Gerusalemme? [5]No, vi dico, ma se non vi convertite, perirete tutti allo stesso modo».

Parabola del fico sterile - [6]Disse anche questa parabola: «Un tale aveva un fico piantato nella vigna e venne a cercarvi frutti, ma non ne trovò. [7]Allora disse al vignaiolo: Ecco, son tre anni che vengo a cercare frutti su questo fico, ma non ne trovo. Taglialo. Perché deve sfruttare il terreno? [8]Ma quegli rispose: Padrone, lascialo ancora quest'anno, finché io gli zappi attorno e vi metta il concime [9]e vedremo se porterà frutto per l'avvenire; se no, lo taglierai».

Guarigione della donna curva - [10]Una volta stava insegnando in una sinagoga il giorno di sabato. [11]C'era là una donna che aveva da diciotto anni uno spirito che la teneva inferma; era curva e non poteva drizzarsi in nessun modo. [12]Gesù la vide, la chiamò a sé e le disse: «Donna, sei libera dalla tua infermità», [13]e le impose le mani. Subito quella si raddrizzò e glorificava Dio.

[14]Ma il capo della sinagoga, sdegnato perché Gesù aveva operato quella guarigione di sabato, rivolgendosi alla folla disse: «Ci sono sei giorni in cui si deve lavorare; in quelli dunque venite a farvi curare e non in giorno di sabato». [15]Il Signore replicò: «Ipocriti, non scioglie forse, di sabato, ciascuno di voi il bue o l'asino dalla mangiatoia, per condurlo ad abbeverarsi? [16]E questa figlia di Abramo, che satana ha tenuto legata diciott'anni, non doveva essere sciolta da questo legame in giorno di sabato?». [17]Quando egli diceva queste cose, tutti i suoi avversari si vergognavano, mentre la folla intera esultava per tutte le meraviglie da lui compiute.

Parabole del granello di senapa e del lievito (Mt 13,31-33; Mc 4,30-32) - [18]Diceva dunque: «A che cosa è simile il regno di Dio, e a che cosa lo rassomiglierò? [19]È simile a un granellino di senapa, che un uomo ha preso e gettato nell'orto; poi è cresciuto e diventato un arbusto, e gli uccelli del cielo si sono posati tra i suoi rami».

[20]E ancora: «A che cosa rassomiglierò il regno di Dio? [21]È simile al lievito che una donna ha preso e nascosto in tre staia di farina, finché sia tutta fermentata».

La porta stretta (Mt 7,13-14; 25,10-12; 7,22-23) - [22]Passava per città e villaggi, insegnando, mentre camminava verso Gerusalemme. [23]Un tale gli chiese: «Signore, sono pochi quelli che si salvano?». Rispose: [24]«Sforzatevi di entrare per la porta stretta, perché molti, vi dico, cercheranno di entrarvi, ma non ci riusciranno.

[25]Quando il padrone di casa si alzerà e chiuderà la porta, rimasti fuori, comincerete a bussare alla porta, dicendo: «Signore, aprici. Ma egli vi risponderà: Non vi conosco, non so di dove siete. [26]Allora comincerete a dire: Abbiamo mangiato e bevuto in tua presenza e tu hai insegnato nelle nostre piazze. [27]Ma egli dichiarerà: Vi dico che non so di dove siete. Allontanatevi da me voi tutti operatori d'iniquità! [28]Là ci sarà pianto e stridore di denti quando vedrete Abramo, Isacco e Giacobbe e tutti i profeti nel regno di Dio e voi cacciati fuori.

[29]Verranno da oriente e da occidente, da settentrione e da mezzogiorno e siederanno a mensa nel regno di Dio. [30]Ed ecco, ci sono alcuni tra gli ultimi che saranno primi e alcuni tra i primi che saranno ultimi».

Le insidie di Erode - [31]In quel momento si avvicinarono alcuni farisei a dirgli: «Parti e vattene via di qui, perché Erode ti vuole uccidere». [32]Egli rispose: «Andate a dire a quella volpe: Ecco, io scaccio i demòni e compio guarigioni oggi e domani; e il terzo giorno avrò finito. [33]Però è necessario che oggi, domani e il giorno seguente io vada per la mia strada, perché non è possibile che un profeta muoia fuori di Gerusalemme.

Lamento su Gerusalemme (Mt 23,37-39) - [34]Gerusalemme, Gerusalemme, che uccidi i profeti e lapidi coloro che sono mandati a te, quante volte ho voluto raccogliere i tuoi figli come una gallina la sua covata sotto le ali e voi non avete voluto! [35]Ecco, *la vostra casa vi viene lasciata deserta!* (Ger 22,5). Vi dico infatti che non mi vedrete più fino al tempo in cui direte: *Benedetto colui che viene nel nome del Signore!*» (Sal 117,26).

Le parabole del banchetto

* Vengono qui raggruppate le «parabole del banchetto», pronunciate in occasione d'un convito. Segue una breve catechesi relativa al discepolato. *

14. Guarigione di un idropico - [1]Un sabato era entrato in casa di uno dei capi dei farisei per pranzare e la gente stava ad osservarlo. [2]Davanti a lui stava un idropico. [3]Rivolgendosi ai dottori della legge e ai farisei, Gesù disse: «È lecito o no curare di sabato?». [4]Ma essi tacquero. Egli lo prese per mano, lo guarì e lo congedò. [5]Poi disse: «Chi di voi, se un asino o un bue gli cade nel pozzo, non lo tirerà subito fuori in giorno di sabato?». [6]E non potevano rispondere nulla a queste parole.

Non scegliere il primo posto - [7]Osservando poi come gli invitati sceglievano i primi posti, disse loro una parabola: [8]«Quando sei invitato a nozze da qualcuno, non metterti al primo posto, perché non ci sia un altro invitato più ragguardevole di te [9]e colui che ha invitato te e lui venga a dirti: Cedigli il posto! Allora dovrai con vergogna occupare l'ultimo posto. [10]Invece quando sei invitato, va' a metterti all'ultimo posto, perché venendo colui che ti ha invitato ti dica: Amico, passa più avanti. Allora ne avrai onore davanti a tutti i commensali. [11]Perché chiunque si esalta sarà umiliato, e chi si umilia sarà esaltato».

Invitare i poveri - [12]Disse poi a colui che l'aveva invitato: «Quando offri un pranzo o una cena, non invitare i tuoi amici, né i tuoi fratelli, né i tuoi parenti, né i ricchi vicini, perché anch'essi non ti invitino a loro volta e tu abbia il contraccambio. [13]Al contrario, quando dài un banchetto, invita poveri, storpi, zoppi, ciechi; [14]e sarai beato perché non hanno da ricambiarti. Riceverai infatti la tua ricompensa alla risurrezione dei giusti».

Parabola della grande cena (Mt 22,1-10) - [15]Uno dei commensali, avendo udito ciò, gli disse: «Beato chi mangerà il pane nel regno di Dio!». [16]Gesù rispose: «Un uomo diede una grande cena e fece molti inviti. [17]All'ora della cena, mandò il suo servo a dire agli invitati: Venite, è pronto. [18]Ma tutti, all'unanimità, cominciarono a scusarsi. Il primo disse: Ho comprato un campo e devo andare a vederlo; ti prego, considerami giustificato. [19]Un altro disse: Ho comprato cinque paia di buoi e vado a provarli; ti prego, considerami giustificato. [20]Un altro disse: Ho preso moglie e perciò non posso venire. [21]Al suo ritorno il servo riferì tutto questo al padrone.

Allora il padrone di casa, irritato, disse al servo: Esci subito per le piazze e per le vie della città e conduci qui poveri, storpi, ciechi e zoppi. [22]Il servo disse: Signore, è stato fatto come hai ordinato, ma c'è ancora posto. [23]Il padrone allora disse al servo: Esci per le strade e lungo le siepi, spingili a entrare, perché la mia casa si riempia. [24]Perché vi dico: Nessuno di quegli uomini che erano stati invitati assaggerà la mia cena».

Catechesi del discepolato

Condizioni per seguire Gesù (Mt 10,37-38) - [25]Siccome molta gente andava con lui, egli si voltò e disse: [26]«Se uno viene a me e non odia suo padre, sua madre, la moglie, i figli, i fratelli, le sorelle e perfino la propria vita, non può essere mio discepolo. [27]Chi non porta la propria croce e non viene dietro di me, non può essere mio discepolo.

Parabola della torre e della guerra - [28]Chi di voi, volendo costruire una torre, non si siede prima a calcolarne la spese, se ha i mezzi per portarla a compimento? [29]Per evitare che,

se getta le fondamenta e non può finire il lavoro, tutti coloro che vedono comincino a deriderlo, dicendo: [30]Costui ha
iniziato a costruire, ma non è stato capace di finire il lavoro.
[31]Oppure quale re, partendo in guerra contro un altro re,
non siede prima a esaminare se può affrontare con diecimila
uomini chi gli viene incontro con ventimila? [32]Se no, mentre
l'altro è ancora lontano, gli manda un'ambasceria per la
pace. [33]Così chiunque di voi non rinunzia a tutti i suoi averi,
non può essere mio discepolo.

Parabola del sale (Mt 5,13; Mc 9,50) - [34]Il sale è buono,
ma se anche il sale perdesse il sapore, con che cosa lo si
salerà? [35]Non serve né per la terra né per il concime e così lo
buttano via. Chi ha orecchi per intendere, intenda».

Le parabole della misericordia

* Le tre meravigliose «parabole della misericordia divina» hanno
lo scopo di giustificare la sconvolgente bontà di Gesù verso i peccatori: egli si adegua semplicemente alla volontà del Padre. *

15. [1]Si avvicinavano a lui tutti i pubblicani e i peccatori
per ascoltarlo. [2]I farisei e gli scribi mormoravano: «Costui
riceve i peccatori e mangia con loro».

Parabola della pecora perduta (Mt 18,12-14) - [3]Allora egli
disse loro questa parabola: [4]«Chi di voi se ha cento pecore e
ne perde una, non lascia le novantanove nel deserto e va
dietro a quella perduta, finché non la ritrova? [5]Ritrovatala,
se la mette in spalla tutto contento, [6]va a casa, chiama gli
amici e i vicini dicendo: Rallegratevi con me, perché ho
trovato la mia pecora che era perduta. [7]Così, vi dico, ci sarà
più gioia in cielo per un peccatore convertito, che per novantanove giusti che non hanno bisogno di conversione.

Parabola della dramma perduta - [8]O quale donna, se ha
dieci dramme e ne perde una, non accende la lucerna e
spazza la casa e cerca attentamente finché non la ritrova?
[9]E dopo averla trovata, chiama le amiche e le vicine, dicen-

do: Rallegratevi con me, perché ho ritrovato la dramma che avevo perduta. ¹⁰Così, vi dico, c'è gioia davanti agli angeli di Dio per un solo peccatore che si converte».

Parabola del figliol prodigo - ¹¹Disse ancora: «Un uomo aveva due figli. ¹²Il più giovane disse al padre: Padre, dammi la parte del patrimonio che mi spetta. E il padre divise tra loro le sostanze. ¹³Dopo non molti giorni, il figlio più giovane, raccolte le sue cose, partì per un paese lontano e là sperperò le sue sostanze vivendo da dissoluto. ¹⁴Quando ebbe speso tutto, in quel paese venne una grande carestia ed egli cominciò a trovarsi nel bisogno.

¹⁵Allora andò e si mise a servizio di uno degli abitanti di quella regione, che lo mandò nei campi a pascolare i porci. ¹⁶Avrebbe voluto saziarsi con le carrube che mangiavano i porci; ma nessuno gliene dava. ¹⁷Allora rientrò in se stesso e disse: Quanti salariati in casa di mio padre hanno pane in abbondanza e io qui muoio di fame! ¹⁸Mi leverò e andrò da mio padre e gli dirò: Padre, ho peccato contro il Cielo e contro di te; ¹⁹non sono più degno di esser chiamato tuo figlio. Trattami come uno dei tuoi garzoni. ²⁰Partì e si incamminò verso suo padre.

Quando era ancora lontano il padre lo vide e commosso gli corse incontro, gli si gettò al collo e lo baciò. ²¹Il figlio gli disse: Padre, ho peccato contro il Cielo e contro di te; non sono più degno di esser chiamato tuo figlio. ²²Ma il padre disse ai servi: Presto, portate qui il vestito più bello e rivestitelo, mettetegli l'anello al dito e i calzari ai piedi. ²³Portate il vitello grasso, ammazzatelo, mangiamo e facciamo festa, ²⁴perché questo mio figlio era morto ed è tornato in vita, era perduto ed è stato ritrovato. E cominciarono a far festa.

²⁵Il figlio maggiore si trovava nei campi. Al ritorno, quando fu vicino a casa, udì la musica e le danze; ²⁶chiamò un servo e gli domandò che cosa fosse tutto ciò. ²⁷Il servo gli rispose: È tornato tuo fratello e il padre ha fatto ammazzare il vitello grasso, perché lo ha riavuto sano e salvo. ²⁸Egli si arrabbiò, e non voleva entrare.

Il padre allora uscì a pregarlo. ²⁹Ma lui rispose a suo padre: Ecco, io ti servo da tanti anni e non ho mai trasgredito un tuo comando, e tu non mi hai dato mai un capretto per far festa con i miei amici. ³⁰Ma ora che questo tuo figlio che ha divorato i tuoi averi con le prostitute è tornato, per lui hai ammazzato il vitello grasso. [31]Gli rispose il Padre: Figlio, tu sei sempre con me e tutto ciò che è mio è tuo; [32]ma bisognava far festa e rallegrarsi, perché questo tuo fratello era morto ed è tornato in vita, era perduto ed è stato ritrovato».

Catechesi sull'uso dei beni terreni

* Luca riporta l'insegnamento di Gesù riguardante il retto uso dei beni terreni, tema già toccato nel capo 12,13-34. *

16. Parabola dell'amministratore infedele - [1]Diceva anche ai discepoli: «C'era un uomo ricco che aveva un amministratore, e questi fu accusato dinanzi a lui di sperperare i suoi averi. [2]Lo chiamò e gli disse: Che è questo che sento dire di te? Rendi conto della tua amministrazione, perché non puoi più essere amministratore. [3]L'amministratore disse tra sé: Che farò ora che il mio padrone mi toglie l'amministrazione? Zappare, non ho forza, mendicare, mi vergogno. [4]So io che cosa fare perché, quando sarò stato allontanato dall'amministrazione, ci sia qualcuno che mi accolga in casa sua.

[5]Chiamò uno per uno i debitori del padrone e disse al primo: [6]Tu quanto devi al mio padrone? Quello rispose: Cento barili d'olio. Gli disse: prendi la tua ricevuta, siediti e scrivi subito cinquanta. [7]Poi disse a un altro: Tu quanto devi? Rispose: Cento misure di grano. Gli disse: Prendi la tua ricevuta e scrivi ottanta. [8]Il padrone lodò quell'amministratore disonesto, perché aveva agito con scaltrezza. I figli di questo mondo, infatti, verso i loro pari sono più scaltri dei figli della luce.

Fedeltà nell'uso dei beni - [9]Ebbene, io vi dico: Procuratevi amici con la iniqua ricchezza, perché quand'essa verrà a mancare, vi accolgano nelle dimore eterne.

[10]Chi è fedele nel poco, è fedele anche nel molto; e chi è disonesto nel poco, è disonesto anche nel molto.

[11]Se dunque non siete stati fedeli nella iniqua ricchezza, chi vi affiderà quella vera? [12]E se non siete stati fedeli nella ricchezza altrui, chi vi darà la vostra?

I due padroni (Mt 6,24) - ¹³Nessun servo può servire a due padroni: o odierà l'uno e amerà l'altro oppure si affezionerà all'uno e disprezzerà l'altro. Non potete servire a Dio e a mammona».

¹⁴I farisei, che erano attaccati al denaro, ascoltavano tutte queste cose e si beffavano di lui. ¹⁵Egli disse: «Voi vi ritenete giusti davanti agli uomini, ma Dio conosce i vostri cuori: ciò che è esaltato fra gli uomini è cosa detestabile davanti a Dio.

Regno di Dio e Legge (Mt 11,12-13) - ¹⁶La Legge e i Profeti fino a Giovanni; da allora in poi viene annunziato il regno di Dio e ognuno si sforza per entrarvi.

¹⁷È più facile che abbiano fine il cielo e la terra, anziché cada un solo trattino della Legge.

Indissolubilità del matrimonio (Mt 5,32; 19,9; Mc 10,11-12) - ¹⁸Chiunque ripudia la propria moglie e ne sposa un'altra, commette adulterio; chi sposa una donna ripudiata dal marito, commette adulterio.

Parabola del ricco epulone - ¹⁹C'era un uomo ricco, che vestiva di porpora e di bisso e tutti i giorni banchettava lautamente. ²⁰Un mendicante, di nome Lazzaro, giaceva alla sua porta, coperto di piaghe, ²¹bramoso di sfamarsi di quello che cadeva dalla mensa del ricco. Perfino i cani venivano a leccare le sue piaghe. ²²Un giorno il povero morì e fu portato dagli angeli nel seno di Abramo. Morì anche il ricco e fu sepolto.

²³Stando nell'inferno tra i tormenti, levò gli occhi e vide di lontano Abramo e Lazzaro accanto a lui. ²⁴Allora gridando disse: Padre Abramo, abbi pietà di me e manda Lazzaro a intingere nell'acqua la punta del dito e bagnarmi la lingua, perché questa fiamma mi tortura. ²⁵Ma Abramo rispose: Figlio, ricordati che hai ricevuto i tuoi beni durante la vita e Lazzaro parimenti i suoi mali; ora invece lui è consolato e tu sei in mezzo ai tormenti. ²⁶Per di più, tra noi e voi è stabilito un grande abisso: coloro che che di qui vogliono passare da voi non possono, né di costì si può attraversare fino a noi.

²⁷E quegli replicò: Allora, padre, ti prego di mandarlo a casa di mio padre, ²⁸perché ho cinque fratelli. Li ammoni-

sca, perché non vengano anch'essi in questo luogo di tormento. ²⁹Ma Abramo rispose: Hanno Mosè e i Profeti; ascoltino loro. ³⁰E lui: No, padre Abramo, ma se qualcuno dai morti andrà da loro, si ravvederanno. ³¹Abramo rispose: Se non ascoltano Mosè e i Profeti, neanche se uno risuscitasse dai morti saranno persuasi».

Istruzioni per i discepoli

* Dopo alcune istruzioni per i discepoli abbiamo la guarigione dei dieci lebbrosi e un altro brano sulla parusia del Figlio dell'uomo. *

17. Lo scandalo (Mt 18,6-7; Mc 9,42) - ¹Disse ancora ai suoi discepoli: «È inevitabile che avvengano scandali, ma guai a colui per cui avvengono. ²È meglio per lui che gli sia messa al collo una pietra da mulino e venga gettato nel mare, piuttosto che scandalizzare uno di questi piccoli. ³State attenti a voi stessi!

Il perdono (Mt 18,15.21-22) - Se un tuo fratello pecca, rimproveralo; ma se si pente, perdonagli. ⁴E se pecca sette volte al giorno contro di te e sette volte ti dice: Mi pento, tu gli perdonerai».

La forza della fede (Mt 17,20; 21,21; Mc 11,23) - ⁵Gli apostoli dissero al Signore: ⁶«Aumenta la nostra fede!». Il Signore rispose: «Se aveste fede quanto un granellino di senapa, potreste dire a questo gelso: Sii sradicato e trapiantato nel mare, ed esso vi ascolterebbe».

Siamo servi inutili - ⁷«Chi di voi, se ha un servo ad arare o a pascolare il gregge, gli dirà quando rientra dal campo: Vieni subito e mettiti a tavola? ⁸Non gli dirà piuttosto: Preparami da mangiare, rimboccami la veste e servimi, finché io abbia mangiato e bevuto, e dopo mangerai e berrai anche tu? ⁹Si riterrà obbligato verso il suo servo, perché ha eseguito gli ordini ricevuti? ¹⁰Così anche voi, quando avrete fatto tutto quello che vi è stato ordinato, dite: Siamo servi inutili. Abbiamo fatto quanto dovevamo fare».

Guarigione dei dieci lebbrosi - [11]Durante il viaggio verso Gerusalemme, Gesù attraversò la Samarìa e la Galilea. [12]Entrando in un villaggio, gli vennero incontro dieci lebbrosi i quali, fermatisi a distanza, [13]alzarono la voce, dicendo: «Gesù maestro, abbi pietà di noi!». [14]Appena li vide, Gesù disse: «Andate a presentarvi ai sacerdoti». E mentre essi andavano, furono sanati.

[15]Uno di loro, vedendosi guarito, tornò indietro lodando Dio a gran voce; [16]e si gettò ai piedi di Gesù per ringraziarlo. Era un samaritano. [17]Ma Gesù osservò: «Non sono stati guariti tutti e dieci? E gli altri nove dove sono? [18]Non si è trovato chi tornasse a render gloria a Dio, all'infuori di questo straniero?». E gli disse: [19]«Alzati e va'; la tua fede ti ha salvato!».

La parusia

La venuta del regno di Dio - [20]Interrogato dai farisei: «Quando verrà il regno di Dio?», rispose: [21]«Il regno di Dio non viene in modo da attirare l'attenzione, e nessuno dirà: Eccolo qui, o eccolo là. Perché il regno di Dio è in mezzo a voi!».

La venuta del Figlio dell'uomo (Mt 24,23-27; Mc 13,21-23) - [22]Disse ancora ai discepoli: «Verrà un tempo in cui desidererete vedere anche uno solo dei giorni del Figlio dell'uomo, ma non lo vedrete. [23]Vi diranno: Eccolo là, o eccolo qua; non andateci, non seguiteli. [24]Perché come il lampo, guizzando, brilla da un capo all'altro del cielo, così sarà il Figlio dell'uomo nel suo giorno. [25]Ma prima è necessario che egli soffra molto e venga ripudiato da questa generazione.

[26]Come avvenne al tempo di Noè, così sarà nei giorni del Figlio dell'uomo: [27]mangiavano, bevevano, si ammogliavano e si maritavano, fino al giorno in cui Noè entrò nell'arca e venne il diluvio e li fece perire tutti. [28]Come avvenne anche al tempo di Lot: mangiavano, bevevano, compravano, vendevano, piantavano, costruivano; [29]ma nel giorno in cui Lot uscì da Sòdoma piovve fuoco e zolfo dal cielo e li fece perire tutti. [30]Così sarà nel giorno in cui il Figlio dell'uomo si rivelerà.

³¹In quel giorno, chi si troverà sulla terrazza, se le sue
cose sono in casa, non scenda a prenderle; così chi si troverà
nel campo, non torni indietro. ³²Ricordatevi della moglie di
Lot. ³³Chi cercherà di salvare la propria vita la perderà, chi
invece l'avrà perduta la salverà. ³⁴Vi dico: in quella notte
due si troveranno in un solo letto; l'uno verrà preso e l'altro
lasciato; ³⁵due donne staranno a macinare nello stesso luogo,
l'una verrà presa e l'altra lasciata». [³⁶]. ³⁷Allora i discepoli
gli chiesero: «Dove, Signore?». Ed egli disse loro: «Dove
sarà il cadavere, là si raduneranno anche gli avvoltoi».

Le parabole della preghiera

* Le due parabole della preghiera ne illustrano due requisiti es-
senziali: la fiducia e l'umiltà dell'orante per essere esaudito da Dio.
Dopo le due parabole, Luca riprende la trama di Marco, lasciata al
capitolo 9,51, per inserire la grande sezione del viaggio di Gesù
verso Gerusalemme. *

18. Parabola del giudice iniquo - ¹Disse loro una parabola
sulla necessità di pregare sempre, senza stancarsi: ²«C'era in
una città un giudice, che non temeva Dio e non aveva riguardo per nessuno. ³In quella città c'era anche una vedova,
che andava da lui e gli diceva: Fammi giustizia contro il mio
avversario. ⁴Per un certo tempo egli non volle; ma poi disse
tra sé: Anche se non temo Dio e non ho rispetto di nessuno,
⁵poiché questa vedova è così molesta le farò giustizia, perché non venga continuamente a importunarmi».

⁶E il Signore soggiunse: «Avete udito ciò che dice il giudice disonesto. ⁷E Dio non farà giustizia ai suoi eletti che
gridano giorno e notte verso di lui? Li farà a lungo aspettare? ⁸Vi dico che farà loro giustizia prontamente. Ma il Figlio
dell'uomo, quando verrà, troverà la fede sulla terra?».

Parabola del fariseo e del pubblicano - ⁹Disse ancora questa parabola per alcuni che presumevano di esser giusti e
disprezzavano gli altri: ¹⁰«Due uomini salirono al tempio a
pregare: uno era fariseo e l'altro pubblicano. ¹¹Il fariseo,
stando in piedi, pregava così tra sé: O Dio, ti ringrazio che
non sono come gli altri uomini, ladri, ingiusti, adùlteri, e

neppure come questo pubblicano. [12]Digiuno due volte la settimana e pago le decime di quanto possiedo.

[13]Il pubblicano invece, fermatosi a distanza, non osava nemmeno alzare gli occhi al cielo, ma si batteva il petto dicendo: O Dio, abbi pietà di me peccatore. [14]Io vi dico: questi tornò a casa sua giustificato, a differenza dell'altro, perché chi si esalta sarà umiliato e chi si umilia sarà esaltato».

La ricerca del regno

Gesù benedice i bambini (Mt 19,13-15; Mc 10,13-16) - [15]Gli presentavano anche i bambini perché li accarezzasse; ma i discepoli, vedendo ciò, li rimproveravano. [16]Allora Gesù li fece venire avanti e disse: «Lasciate che i bambini vengano a me, non glielo impedite perché a chi è come loro appartiene il regno di Dio. [17]In verità vi dico: Chi non accoglie il regno di Dio come un bambino, non vi entrerà».

L'uomo ricco (Mt 19,16-26; Mc 10,17-27) - [18]Un notabile lo interrogò: «Maestro buono, che devo fare per ottenere la vita eterna?». [19]Gesù gli rispose: «Perché mi dici buono? Nessuno è buono, se non uno solo, Dio. [20]Tu conosci i comandamenti: *Non commettere adulterio, non uccidere, non rubare, non testimoniare il falso, onora tuo padre e tua madre*» (Es 20,12-16). [21]Costui disse: «Tutto questo l'ho osservato fin dalla mia giovinezza».

[22]Udito ciò, Gesù gli disse: «Una cosa ancora ti manca: vendi tutto quello che hai, distribuiscilo ai poveri e avrai un tesoro nei cieli; poi vieni e seguimi». [23]Ma quegli, udite queste parole, divenne assai triste, perché era molto ricco.

[24]Quando Gesù lo vide, disse: «Quant'è difficile, per coloro che possiedono ricchezze entrare nel regno di Dio! [25]È più facile per un cammello passare per la cruna di un ago che per un ricco entrare nel regno di Dio». [26]Quelli che ascoltavano dissero: «Allora chi potrà essere salvato?». [27]Rispose: «Ciò che è impossibile agli uomini, è possibile a Dio».

Ricompensa a chi lascia i beni terreni (Mt 19,27-29; Mc 10,28-30) - ²⁸Pietro allora disse: «Noi abbiamo lasciato tutte le nostre cose e ti abbiamo seguito». ²⁹Ed egli rispose: «In verità vi dico, non c'è nessuno che abbia lasciato casa o moglie o fratelli o genitori o figli per il regno di Dio, ³⁰che non riceva molto di più nel tempo presente e la vita eterna nel tempo che verrà».

Terzo annunzio della passione (Mt 20,17-19; Mc 10,32-34) - ³¹Poi prese con sé i Dodici e disse loro: «Ecco, noi andiamo a Gerusalemme, e tutto ciò che fu scritto dai profeti riguardo al Figlio dell'uomo si compirà. ³²Sarà consegnato ai pagani, schernito, oltraggiato, coperto di sputi ³³e, dopo averlo flagellato, lo uccideranno e il terzo giorno risorgerà». ³⁴Ma non compresero nulla di tutto questo; quel parlare restava oscuro per loro e non capivano ciò che egli aveva detto.

Guarigione del cieco di Gerico (Mt 20,29-34; Mc 10,46-52) - ³⁵Mentre si avvicinava a Gèrico, un cieco era seduto a mendicare lungo la strada. ³⁶Sentendo passare la gente, domandò che cosa accadesse. ³⁷Gli risposero: «Passa Gesù il Nazareno!». ³⁸Allora incominciò a gridare: «Gesù, figlio di Davide, abbi pietà di me!». ³⁹Quelli che camminavano avanti lo sgridavano, perché tacesse; ma lui continuava ancora più forte: «Figlio di Davide, abbi pietà di me!».

⁴⁰Gesù allora si fermò e ordinò che glielo conducessero. Quando gli fu vicino, gli domandò: ⁴¹«Che vuoi che io faccia per te?». Egli rispose: «Signore, che io riabbia la vista». ⁴²E Gesù gli disse: «Abbi di nuovo la vista! La tua fede ti ha salvato». ⁴³Subito ci vide di nuovo e cominciò a seguirlo lodando Dio. E tutto il popolo, alla vista di ciò, diede lode a Dio.

* Con l'episodio di Zaccheo, Luca ribadisce l'annuncio che Gesù è venuto per salvare i peccatori. Per Zaccheo si attua l'oggi della salvezza. La parabola delle mine tende a dissuadere i discepoli dall'attesa di un regno messianico terreno. La realizzazione del vero regno passa attraverso la sofferenza e un lungo tempo di persecuzioni e di prove. *

19. Zaccheo - ¹Entrato in Gèrico, attraversava la città. ²Ed ecco un uomo di nome Zaccheo, capo dei pubblicani e ricco, ³cercava di vedere quale fosse Gesù, ma non gli riusciva a causa della folla, poiché era piccolo di statura. ⁴Allora corse avanti e, per poterlo vedere, salì su un sicomòro, poiché doveva passare di là. ⁵Quando giunse sul luogo, Gesù alzò lo sguardo e gli disse: «Zaccheo, scendi subito, perché oggi devo fermarmi a casa tua». ⁶In fretta scese e lo accolse pieno di gioia.

⁷Vedendo ciò, tutti mormoravano: «È andato ad alloggiare da un peccatore!». ⁸Ma Zaccheo, alzatosi, disse al Signore: «Ecco, Signore, io do la metà dei miei beni ai poveri; e se ho frodato qualcuno, restituisco quattro volte tanto». ⁹Gesù gli rispose: «Oggi la salvezza è entrata in questa casa, perché anch'egli è figlio di Abramo; ¹⁰il Figlio dell'uomo infatti è venuto a cercare e a salvare chi era perduto».

Parabola delle mine (Mt 25,14-30) - ¹¹Mentre essi stavano ad ascoltare queste cose, Gesù disse ancora una parabola perché era vicino a Gerusalemme ed essi credevano che il regno di Dio dovesse manifestarsi da un momento all'altro. ¹²Disse dunque: «Un uomo di nobile stirpe partì per un paese lontano per ricevere un titolo regale e poi ritornare. ¹³Chiamati dieci servi, consegnò loro dieci mine, dicendo: Impiegatele fino al mio ritorno. ¹⁴Ma i suoi cittadini lo odiavano e gli mandarono dietro un'ambasceria a dire: Non vogliamo che costui venga a regnare su di noi.

¹⁵Quando fu di ritorno, dopo aver ottenuto il titolo di re, fece chiamare i servi ai quali aveva consegnato il denaro, per vedere quanto ciascuno avesse guadagnato. ¹⁶Si presentò il primo e disse: Signore, la tua mina mi ha fruttato altre dieci mine. ¹⁷Gli disse: Bene, bravo servitore; poiché ti sei mostrato fedele nel poco, ricevi il potere sopra dieci città. ¹⁸Poi si presentò il secondo e disse: La tua mina, Signore, ha fruttato altre cinque mine. ¹⁹Anche a questo disse: Sarai tu pure a capo di cinque città.

²⁰Venne poi anche l'altro e disse: Signore, ecco la tua mina, che ho tenuta riposta in un fazzoletto; ²¹avevo paura di te che sei un uomo severo e prendi quello che non hai messo in deposito, mieti quello che non hai seminato. ²²Gli rispose: Dalle tue stesse parole ti giudico, servo malvagio!

Sapevi che sono un uomo severo, che prendo quello che non ho messo in deposito e mieto quello che non ho seminato: ²³perché allora non hai consegnato il mio denaro a una banca? Al mio ritorno l'avrei riscosso con gli interessi. ²⁴Disse poi ai presenti: Toglietegli la mina e datela a colui che ne ha dieci: ²⁵Gli risposero: Signore, ha già dieci mine! ²⁶Vi dico: A chiunque ha sarà dato; ma a chi non ha sarà tolto anche quello che ha. ²⁷E quei miei nemici che non volevano che diventassi loro re, conduceteli qui e uccideteli davanti a me».

MINISTERO A GERUSALEMME

Ultima settimana

* Fino al capo 9,51 Luca aveva fatto convergere l'attività di Gesù verso Gerusalemme, il centro geografico della storia della salvezza. Ora il Maestro fa il solenne ingresso messianico e, secondo Luca, non lascia più la città sino alla morte. Il suo ministero, nell'ultima settimana di vita, si svolgerà tutto presso il tempio. *

Ingresso messianico a Gerusalemme (Mt 21,1-11; Mc 11,1-11) - ²⁸Dette queste cose, Gesù proseguì avanti agli altri salendo verso Gerusalemme.

²⁹Quando fu vicino a Bètfage e a Betània, presso il monte detto degli Ulivi, inviò due discepoli dicendo: ³⁰«Andate nel villaggio di fronte; entrando, troverete un puledro legato, sul quale nessuno è mai salito; scioglietelo e portatelo qui. ³¹E se qualcuno vi chiederà: Perché lo sciogliete?, direte così: Il Signore ne ha bisogno». ³²Gli inviati andarono e trovarono tutto come aveva detto. ³³Mentre scioglievano il puledro, i proprietari dissero loro: «Perché sciogliete il puledro?». ³⁴Essi risposero: «Il Signore ne ha bisogno».

³⁵Lo condussero allora da Gesù; e gettati i loro mantelli sul puledro, vi fecero salire Gesù. ³⁶Via via che egli avanzava, stendevano i loro mantelli sulla strada. ³⁷Era ormai vicino alla discesa del monte degli Ulivi, quando tutta la folla

dei discepoli, esultando, cominciò a lodare Dio a gran voce, per tutti i prodigi che avevano veduto, dicendo: [38]«*Benedetto colui che viene*, il re, *nel nome del Signore* (Sal 117,26). Pace in cielo e gloria nel più alto dei cieli!».

[39]Alcuni farisei tra la folla gli dissero: «Maestro, rimprovera i tuoi discepoli». [40]Ma egli rispose: «Vi dico che, se questi taceranno, grideranno le pietre».

Pianto su Gerusalemme - [41]Quando fu vicino, alla vista della città, pianse su di essa, dicendo: [42]«Se avessi compreso anche tu, in questo giorno, la via della pace! Ma ormai è stata nascosta ai tuoi occhi. [43]Giorni verranno per te in cui i tuoi nemici ti cingeranno di trincee, ti circonderanno e ti stringeranno da ogni parte; [44]abbatteranno te e i tuoi figli dentro di te e non lasceranno in te pietra su pietra, perché non hai riconosciuto il tempo in cui sei stata visitata».

I profanatori scacciati dal tempio (Mt 21,12-17; Mc 11,15-19; Gv 2,14-16) - [45]Entrato poi nel tempio, cominciò a cacciare i venditori, [46]dicendo: «Sta scritto: *La mia casa sarà casa di preghiera* (Is 56,7). Ma voi ne avete fatto *una spelonca di ladri!*» (Ger 7,11).

[47]Ogni giorno insegnava nel tempio. I sommi sacerdoti e gli scribi cercavano di farlo perire e così anche i notabili del popolo; [48]ma non sapevano come fare, perché tutto il popolo pendeva dalle sue parole.

20. Discussione sull'autorità di Gesù (Mt 21,23-27; Mc 11,27-33) - [1]Un giorno, mentre istruiva il popolo nel tempio e annunziava la parola di Dio, si avvicinarono i sommi sacerdoti e gli scribi con gli anziani e si rivolsero a lui dicendo: [2]«Dicci con quale autorità fai queste cose o chi è che t'ha dato quest'autorità». [3]E Gesù disse loro: «Vi farò anch'io una domanda e voi rispondetemi: [4]Il battesimo di Giovanni veniva dal Cielo o dagli uomini?». [5]Allora essi discutevano fra loro: «Se diciamo "dal Cielo", risponderà: "Perché non gli avete creduto?". [6]E se diciamo "dagli uomini", tutto il popolo ci lapiderà, perché è convinto che Giovanni è un profeta». [7]Risposero quindi di non saperlo. [8]E Gesù disse loro: «Nemmeno io vi dico con quale autorità faccio queste cose».

Parabola dei vignaioli omicidi (Mt 21,33-46; Mc 12,1-12) - [9]Poi cominciò a dire al popolo questa parabola: «Un uomo *piantò una vigna* (Is 5,1), l'affidò a dei coltivatori e se ne andò lontano per molto tempo. [10]A suo tempo, mandò un servo da quei coltivatori perché gli dessero una parte del raccolto della vigna. Ma i coltivatori lo percossero e lo rimandarono a mani vuote. [11]Mandò un altro servo, ma essi percossero anche questo, lo insultarono e lo rimandarono a mani vuote. [12]Ne mandò ancora un terzo, ma anche questo lo ferirono e lo cacciarono. [13]Disse allora il padrone della vigna: Che devo fare? Manderò il mio unico figlio; forse di lui avranno rispetto. [14]Quando lo videro, i coltivatori discutevano fra loro dicendo: Costui è l'erede. Uccidiamolo e così l'eredità sarà nostra. [15]E lo cacciarono fuori della vigna e l'uccisero.

Che cosa farà dunque a costoro il padrone della vigna? [16]Verrà e manderà a morte quei coltivatori, e affiderà ad altri la vigna». Ma essi, udito ciò, esclamarono: «Non sia mai!». [17]Allora egli si volse verso di loro e disse: «Che cos'è dunque ciò che è scritto: *La pietra che i costruttori hanno scartata, è diventata testata d'angolo*? (Sal 117,22).

[18]Chiunque cadrà su quella pietra si sfracellerà e a chi cadrà addosso, lo stritolerà». [19]Gli scribi e i sommi sacerdoti cercarono allora di mettergli addosso le mani, ma ebbero paura del popolo. Avevano capito che quella parabola l'aveva detta per loro.

Il tributo a Cesare (Mt 22,15-22; Mc 12,13-17) - [20]Postisi in osservazione, mandarono informatori, che si fingessero persone oneste, per coglierlo in fallo nelle sue parole e poi consegnarlo all'autorità e al potere del governatore. [21]Costoro lo interrogarono: «Maestro, sappiamo che parli e insegni con rettitudine e non guardi in faccia a nessuno, ma insegni secondo verità la via di Dio. [22]È lecito che noi paghiamo il tributo a Cesare?».

[23]Conoscendo la loro malizia, disse: [24]«Mostratemi un denaro: di chi è l'immagine e l'iscrizione?». Risposero: «Di Cesare». [25]Ed egli disse: «Rendete dunque a Cesare ciò che è di Cesare e a Dio ciò che è di Dio». [26]Così non poterono coglierlo in fallo davanti al popolo e, meravigliati della sua risposta, tacquero.

La risurrezione dei morti (Mt 22,23-33; Mc 12,18-27) - ²⁷Gli si avvicinarono poi alcuni sadducei, i quali negano che vi sia la risurrezione, e gli posero questa domanda: ²⁸«Maestro, Mosè ci ha prescritto: Se a qualcuno muore un fratello che ha moglie, ma senza figli, suo fratello si prenda la vedova e dia una discendenza al proprio fratello. ²⁹C'erano dunque sette fratelli: il primo, dopo aver preso moglie, morì senza figli. ³⁰Allora la prese il secondo ³¹e poi il terzo e così tutti e sette; e morirono tutti senza lasciare figli. ³²Da ultimo anche la donna morì. ³³Questa donna dunque, nella risurrezione, di chi sarà moglie? Poiché tutti e sette l'hanno avuta in moglie». ³⁴Gesù rispose: «I figli di questo mondo prendono moglie e prendono marito; ³⁵ma quelli che sono giudicati degni dell'altro mondo e della risurrezione dai morti, non prendono moglie né marito; ³⁶e nemmeno possono più morire, perché sono uguali agli angeli e, essendo figli della risurrezione, sono figli di Dio.

³⁷Che poi i morti risorgono, lo ha indicato anche Mosè a proposito del roveto, quando chiama il *Signore: Dio di Abramo, Dio di Isacco e Dio di Giacobbe* (Es 3,6). ³⁸Dio non è Dio dei morti, ma dei vivi; perché tutti vivono per lui». ³⁹Dissero allora alcuni scribi: «Maestro, hai parlato bene». ⁴⁰E non osavano più fargli alcuna domanda.

Il Messia, signore di David (Mt 22,41-45; Mc 12,35-37) - ⁴¹Egli poi disse loro: «Come mai dicono che il Cristo è figlio di Davide, ⁴²se Davide stesso nel libro dei Salmi dice: *Ha detto il Signore al mio Signore: siedi alla mia destra, ⁴³finché io ponga i tuoi nemici come sgabello ai tuoi piedi*? (Sal 109,1).

⁴⁴Davide dunque lo chiama Signore; perciò come può essere suo figlio?».

Ipocrisia degli scribi (Mt 23,6-7; Mc 12,38-40) - ⁴⁵E mentre tutto il popolo ascoltava, disse ai discepoli: ⁴⁶«Guardatevi dagli scribi che amano passeggiare in lunghe vesti e hanno piacere di esser salutati nelle piazze, avere i primi seggi nelle sinagoghe e i primi posti nei conviti; ⁴⁷divorano le case delle vedove, e in apparenza fanno lunghe preghiere. Essi riceveranno una condanna più severa».

21. L'obolo della vedova (Mc 12,41-44) ¹Alzàti gli occhi, vide alcuni ricchi che gettavano le loro offerte nel tesoro. ²Vide anche una vedova povera che vi gettava due spiccioli ³e disse: «In verità vi dico: questa vedova, povera, ha messo più di tutti. ⁴Tutti costoro, infatti, han deposto come offerta del loro superfluo, questa invece nella sua miseria ha dato tutto quanto aveva per vivere».

Il discorso escatologico

* Luca scrive dopo la distruzione di Gerusalemme (70 d.C.) e pertanto distingue la fine tragica della Città Santa dalla venuta finale del Figlio dell'uomo, che allontana nel tempo. Infatti, tra la morte di Gesù e la sua parusia Luca prospetta un lungo periodo di attività della Chiesa: è il tempo intermedio della storia della salvezza tra le due venute di Cristo, il tempo della vigilanza, della preghiera. *

Gesù predice la distruzione del tempio (Mt 24,1-3; Mc 13,1-4) – ⁵Mentre alcuni parlavano del tempio e delle belle pietre e dei doni votivi che lo adornavano, disse: ⁶«Verranno giorni in cui, di tutto quello che ammirate, non resterà pietra su pietra che non venga distrutta». ⁷Gli domandarono: «Maestro, quando accadrà questo e quale sarà il segno che ciò sta per compiersi?».

I segni premonitori (Mt 24,4-10; 10,17-22; Mc 13,5-13) – ⁸Rispose: «Guardate di non lasciarvi ingannare. Molti verranno sotto il mio nome dicendo: "Sono io" e: "Il tempo è prossimo"; non seguiteli. ⁹Quando sentirete parlare di guerre e di rivoluzioni, non vi terrorizzate. Devono infatti accadere prima queste cose, ma non sarà subito la fine».

¹⁰Poi disse loro: «Si solleverà popolo contro popolo e regno contro regno, ¹¹e vi saranno di luogo in luogo terremoti, carestie e pestilenze; vi saranno anche fatti terrificanti e segni grandi dal cielo.

¹²Ma prima di tutto questo metteranno le mani su di voi e vi perseguiteranno, consegnandovi alle sinagoghe e alle prigioni, trascinandovi davanti a re e a governatori, a causa del mio nome. ¹³Questo vi darà occasione di render testimonianza. ¹⁴Mettetevi bene in mente di non preparare prima la

vostra difesa; [15]io vi darò lingua e sapienza, a cui tutti i vostri avversari non potranno resistere, né controbattere.

[16]Sarete traditi perfino dai genitori, dai fratelli, dai parenti e dagli amici, e metteranno a morte alcuni di voi; [17]sarete odiati da tutti per causa del mio nome. [18]Ma nemmeno un capello del vostro capo perirà. [19]Con la vostra perseveranza salverete le vostre anime.

La distruzione di Gerusalemme (Mt 24,15-20; Mc 13,14-20) - [20]Ma quando vedrete Gerusalemme circondata da eserciti, sappiate allora che la sua devastazione è vicina. [21]Allora coloro che si trovano nella Giudea fuggano ai monti, coloro che sono dentro la città se ne allontanino, e quelli in campagna non tornino in città; [22]saranno infatti giorni di vendetta, perché tutto ciò che è stato scritto si compia. [23]Guai alle donne che sono incinte e allattano in quei giorni, perché vi sarà grande calamità nel paese e ira contro questo popolo.

[24]Cadranno a fil di spada e saranno condotti prigionieri tra tutti i popoli; Gerusalemme sarà calpestata dai pagani finché i tempi dei pagani siano compiuti.

La venuta del Figlio dell'uomo (Mt 24,29-31; Mc 13,24-27) - [25]Vi saranno segni nel sole, nella luna e nelle stelle, e sulla terra angoscia di popoli in ansia per il fragore del mare e dei flutti, [26]mentre gli uomini moriranno per la paura e per l'attesa di ciò che dovrà accadere sulla terra. *Le* potenze *dei cieli* infatti saranno sconvolte.

[27]Allora vedranno *il Figlio dell'uomo venire su una nube* (Dn 7,13) con potenza e gloria grande.

[28]Quando cominceranno ad accadere queste cose, alzatevi e levate il capo, perché la vostra liberazione è vicina».

Parabola del fico (Mt 24,32-35; Mc 13,28-31) - [29]E disse loro una parabola: «Guardate il fico e tutte le piante; [30]quando già germogliano, guardandoli capite da voi stessi che ormai l'estate è vicina. [31]Così pure, quando voi vedrete accadere queste cose, sappiate che il regno di Dio è vicino. [32]In verità vi dico: non passerà questa generazione finché tutto ciò sia avvenuto. [33]Il cielo e la terra passeranno, ma le mie parole non passeranno.

Vigilanza - ³⁴State attenti che i vostri cuori non si appesantiscano in dissipazioni, ubriachezze e affanni della vita e che quel giorno non vi piombi addosso improvviso; ³⁵come un laccio esso si abbatterà sopra tutti coloro che abitano sulla faccia di tutta la terra. ³⁶Vegliate e pregate in ogni momento, perché abbiate la forza di sfuggire a tutto ciò che deve accadere, e di comparire davanti al Figlio dell'uomo».

³⁷Durante il giorno insegnava nel tempio, la notte usciva e pernottava all'aperto sul monte detto degli Ulivi. ³⁸E tutto il popolo veniva a lui di buon mattino nel tempio per ascoltarlo.

PASSIONE E RISURREZIONE

* Il racconto della passione secondo Luca presenta molte affinità con quello di Giovanni, soprattutto nel sottolineare l'innocenza di Gesù e l'azione tenebrosa di satana nel dramma della morte di Cristo. Gesù non appare isolato e taciturno come in Marco, ma è proteso verso il popolo, quale modello del martire che soffre ingiustamente, con somma mansuetudine e con uno sconfinato abbandono filiale nelle mani del Padre. *

22. Il tradimento di Giuda (Mt 26,1-5; Mc 14,1-2.10-11) - ¹Si avvicinava la festa degli Azzimi, chiamata Pasqua, ²e i sommi sacerdoti e gli scribi cercavano come toglierlo di mezzo, poiché temevano il popolo. ³Allora satana entrò in Giuda, detto Iscariota, che era nel numero dei Dodici. ⁴Ed egli andò a discutere con i sommi sacerdoti e i capi delle guardie sul modo di consegnarlo nelle loro mani. ⁵Essi si rallegrarono e si accordarono di dargli del denaro. ⁶Egli fu d'accordo e cercava l'occasione propizia per consegnarlo loro di nascosto dalla folla.

Preparativi per la cena pasquale (Mt 26,17-19; Mc 14,12-16) - ⁷Venne il giorno degli Azzimi, nel quale si doveva immolare la vittima di Pasqua. ⁸Gesù mandò Pietro e Giovanni dicendo: «Andate a preparare per noi la Pasqua, perché possiamo mangiare». ⁹Gli chiesero: «Dove vuoi che la prepariamo?». ¹⁰Ed egli rispose: «Appena entrati in città, vi verrà incontro un uomo che porta una brocca d'acqua. Seguitelo nella casa dove entrerà ¹¹e direte al padrone di casa: Il Maestro ti dice: Dov'è la stanza in cui posso mangiare la Pasqua con i miei discepoli? ¹²Egli vi mostrerà una sala al piano superiore, grande e addobbata; là preparate». ¹³Essi andarono e trovarono tutto come aveva loro detto e prepararono la Pasqua.

Istituzione dell'Eucaristia (Mt 26,26-29; Mc 14,22-25) - ¹⁴Quando fu l'ora, prese posto a tavola e gli apostoli con lui, ¹⁵e disse: «Ho desiderato ardentemente di mangiare questa Pasqua con voi, prima della mia passione, ¹⁶poiché vi dico: non la mangerò più, finché essa non si compia nel regno di Dio». ¹⁷E preso un calice, rese grazie e disse: «Prendetelo e distribuitelo tra voi, ¹⁸poiché vi dico: da questo momento non berrò più del frutto della vite, finché non venga il regno di Dio».

¹⁹Poi preso un pane, rese grazie, lo spezzò e lo diede loro dicendo: «Questo è il mio corpo che è dato per voi; fate questo in memoria di me». ²⁰Allo stesso modo, dopo aver cenato, prese il calice dicendo: «Questo calice è la nuova alleanza nel mio sangue, che viene versato per voi».

Gesù svela il traditore (Mt 26,20-25; Mc 14,17-21) - ²¹«Ma ecco, la mano di chi mi tradisce è con me, sulla tavola. ²²Il Figlio dell'uomo se ne va, secondo quanto è stabilito; ma guai a quell'uomo dal quale è tradito!». ²³Allora essi cominciarono a domandarsi a vicenda chi di essi avrebbe fatto ciò.

Autorità come servizio (Mt 20,24-28; Mc 10,41-45) - ²⁴Sorse anche una discussione, chi di loro poteva esser considerato il più grande. ²⁵Egli disse: «I re delle nazioni le governano, e coloro che hanno il potere su di esse si fanno chiamare benefattori. ²⁶Per voi però non sia così; ma chi è il più grande tra voi diventi come il più piccolo e chi governa come colui che serve. ²⁷Infatti chi è più grande, chi sta a tavola o chi serve? Non è forse colui che sta a tavola? Eppure io sto in mezzo a voi come colui che serve.

Ricompensa per gli Apostoli (Mt 19,28) - [28]Voi siete quelli che avete perseverato con me nelle mie prove; [29]e io preparo per voi un regno, come il Padre l'ha preparato per me, [30]perché possiate mangiare e bere alla mia mensa nel mio regno e siederete in trono a giudicare le dodici tribù di Israele.

Gesù predice il rinnegamento di Pietro (Mt 26,31-35; Mc 14,27-31; Gv 13,36-38) - [31]Simone, Simone, ecco satana vi ha cercato per vagliarvi come il grano; [32]ma io ho pregato per te, che non venga meno la tua fede; e tu, una volta ravveduto, conferma i tuoi fratelli».

[33]E Pietro gli disse: «Signore, con te sono pronto ad andare in prigione e alla morte». [34]Gli rispose: «Pietro, io ti dico: non canterà oggi il gallo prima che tu per tre volte avrai negato di conoscermi».

Le due spade - [35]Poi disse: «Quando vi ho mandato senza borsa, né bisaccia, né sandali, vi è forse mancato qualcosa?». Risposero: «Nulla». [36]Ed egli soggiunse: «Ma ora, chi ha una borsa la prenda, e così una bisaccia; chi non ha spada, venda il mantello e ne compri una. [37]Perché vi dico: deve compiersi in me questa parola della Scrittura: *E fu annoverato tra i malfattori* (Is 53,12). Infatti tutto quello che mi riguarda volge al suo termine». [38]Ed essi dissero: «Signore, ecco qui due spade». Ma egli rispose: «Basta!».

Al Getsemani (Mt 26,36-46; Mc 14,32-42) - [39]Uscito se ne andò, come al solito, al monte degli Ulivi; anche i discepoli lo seguirono. [40]Giunto sul luogo, disse loro: «Pregate, per non entrare in tentazione». [41]Poi si allontanò da loro quasi un tiro di sasso e inginocchiatosi, pregava [42]«Padre, se vuoi, allontana da me questo calice! Tuttavia non sia fatta la mia, ma la tua volontà».

[43]Gli apparve allora un angelo dal cielo a confortarlo. [44]In preda all'angoscia, pregava più intensamente; e il suo sudore diventò come gocce di sangue che cadevano a terra. [45]Poi, rialzatosi dalla preghiera, andò dai discepoli e li trovò che dormivano per la tristezza. [46]E disse loro: «Perché dormite? Alzatevi e pregate, per non entrare in tentazione».

L'arresto di Gesù (Mt 26,47-56; Mc 14,43-52; Gv 18,3-11) - ⁴⁷Mentre egli ancora parlava, ecco una turba di gente; li precedeva colui che si chiamava Giuda, uno dei Dodici; e si accostò a Gesù per baciarlo. ⁴⁸Gesù gli disse: «Giuda, con un bacio tradisci il Figlio dell'uomo?».

⁴⁹Allora quelli che eran con lui, vedendo ciò che stava per accadere, dissero: «Signore, dobbiamo colpire con la spada?». ⁵⁰E uno di loro colpì il servo del sommo sacerdote e gli staccò l'orecchio destro. ⁵¹Ma Gesù intervenne dicendo: «Lasciate, basta così!». E toccandogli l'orecchio, lo guarì.

⁵²Poi Gesù disse a coloro che gli eran venuti contro, sommi sacerdoti, capi delle guardie del tempio e anziani: «Siete usciti con spade e bastoni come contro un brigante? ⁵³Ogni giorno ero con voi nel tempio e non avete steso le mani contro di me; ma questa è la vostra ora, è l'impero delle tenebre».

Il rinnegamento di Pietro (Mt 26,67-75; Mc 14,65-72; Gv 18,15-18.25-27) - ⁵⁴Dopo averlo preso, lo condussero via e lo fecero entrare nella casa del sommo sacerdote. Pietro lo seguiva da lontano. ⁵⁵Siccome avevano acceso un fuoco in mezzo al cortile e si erano seduti attorno, anche Pietro si sedette in mezzo a loro.

⁵⁶Vedutolo seduto presso la fiamma, una serva fissandolo disse: «Anche questi era con lui». ⁵⁷Ma egli negò dicendo: «Donna, non lo conosco!». ⁵⁸Poco dopo un altro lo vide e disse: «Anche tu sei di loro!». Ma Pietro rispose: «No, non lo sono!». ⁵⁹Passata circa un'ora, un altro insisteva: «In verità, anche questo era con lui; è anche lui un Galileo». ⁶⁰Ma Pietro disse: «O uomo, non so quello che dici». E in quell'istante, mentre ancora parlava, un gallo cantò. ⁶¹Allora il Signore, voltatosi, guardò Pietro, e Pietro si ricordò delle parole che il Signore gli aveva detto: «Prima che il gallo canti, oggi mi rinnegherai tre volte». ⁶²E uscito, pianse amaramente.

⁶³Frattanto gli uomini che avevano in custodia Gesù lo schernivano e lo percuotevano, ⁶⁴lo bendavano e gli dicevano: «Indovina: chi ti ha colpito?». ⁶⁵E molti altri insulti dicevano contro di lui.

Gesù davanti al sinedrio (Mt 26,57-66; Mc 14,53-64) -
⁶⁶Appena fu giorno, si riunì il consiglio degli anziani del
popolo, con i sommi sacerdoti e gli scribi; lo condussero
davanti al sinedrio e gli dissero: ⁶⁷«Se tu sei il Cristo, dìce-
lo». Gesù rispose: «Anche se ve lo dico, non mi crederete;
⁶⁸se vi interrogo, non mi risponderete. ⁶⁹Ma da questo momento starà *il Figlio dell'uomo seduto alla destra della potenza di Dio*» (Sal 109,1).
⁷⁰Allora tutti esclamarono: «Tu dunque sei il Figlio di
Dio?». Ed egli disse loro: «Lo dite voi stessi: io lo sono».
⁷¹Risposero: «Che bisogno abbiamo ancora di testimonianza? L'abbiamo udito noi stessi dalla sua bocca».

23. Gesù davanti a Pilato (Mt 27,11-14; Mc 15,1-5; Gv
18,29-38) - ¹Tutta l'assemblea si alzò, lo condussero da Pilato ²e cominciarono ad accusarlo: «Abbiamo trovato costui
che sobillava il nostro popolo, impedìva di dare tributi a
Cesare e affermava di essere il Cristo re». ³Pilato lo interrogò: «Sei tu il re dei Giudei?». Ed egli rispose: «Tu lo dici».
⁴Pilato disse ai sommi sacerdoti e alla folla: «Non trovo
nessuna colpa in quest'uomo». ⁵Ma essi insistevano: «Costui
solleva il popolo, insegnando per tutta la Giudea, dopo aver
cominciato dalla Galilea fino a qui».

Gesù davanti a Erode - ⁶Udito ciò, Pilato domandò se era
Galileo ⁷e, saputo che apparteneva alla giurisdizione di Erode, lo mandò da Erode che in quei giorni si trovava anch'e-
gli a Gerusalemme. ⁸Vedendo Gesù, Erode si rallegrò molto, perché da molto tempo desiderava vederlo per averne
sentito parlare e sperava di vedere qualche miracolo fatto da
lui. ⁹Lo interrogò con molte domande, ma Gesù non gli
rispose nulla. ¹⁰C'erano là anche i sommi sacerdoti e gli
scribi, e lo accusavano con insistenza. ¹¹Allora Erode, con i
suoi soldati, lo insultò e lo schernì, poi lo rivestì di una
splendida veste e lo rimandò a Pilato. ¹²In quel giorno Erode
e Pilato diventarono amici; prima infatti c'era stata inimici-
zia tra loro.

Pilato dichiara Gesù innocente (Mt 27,15-26; Mc 15,6-15;
Gv 18,39-19,16) - ¹³Pilato, riuniti i sommi sacerdoti, le autorità e il popolo, ¹⁴disse: «Mi avete portato quest'uomo come

sobillatore del popolo; ecco, l'ho esaminato davanti a voi, ma non ho trovato in lui nessuna colpa di quelle di cui lo accusate; [15]e neanche Erode, infatti ce l'ha rimandato. Ecco, egli non ha fatto nulla che meriti la morte. [16]Perciò dopo averlo severamente castigato, lo rilascerò». [[17]].

[18]Ma essi si misero a gridare tutti insieme: «A morte costui! Dacci libero Barabba!». [19]Questi era stato messo in carcere per una sommossa scoppiata in città e per omicidio.

[20]Pilato parlò di nuovo, volendo rilasciare Gesù. [21]Ma essi urlavano: «Crocifiggilo, crocifiggilo!». [22]Ed egli, per la terza volta, disse loro: «Ma che male ha fatto costui? Non ho trovato nulla in lui che meriti la morte. Lo castigherò severamente e poi lo rilascerò». [23]Essi però insistevano a gran voce, chiedendo che venisse crocifisso; e le loro grida crescevano. [24]Pilato allora decise che la loro richiesta fosse eseguita. [25]Rilasciò colui che era stato messo in carcere per sommossa e omicidio e che essi richiedevano, e abbandonò Gesù alla loro volontà.

Sulla via del Calvario (Mt 27,32; Mc 15,21; Gv 19,17) - [26]Mentre lo conducevano via, presero un certo Simone di Cirène che veniva dalla campagna e gli misero addosso la croce da portare dietro a Gesù.

[27]Lo seguiva una gran folla di popolo e di donne che si battevano il petto e facevano lamenti su di lui. [28]Ma Gesù, voltandosi verso le donne, disse: «Figlie di Gerusalemme, non piangete su di me, ma piangete su voi stesse e sui vostri figli. [29]Ecco, verranno giorni nei quali si dirà: Beate le sterili e i grembi che non hanno generato e le mammelle che non hanno allattato. [30]Allora cominceranno a *dire ai monti: Cadete su di noi! e ai colli: Copriteci!* (Os 10,8). [31]Perché se trattano così il legno verde, che avverrà del legno secco?».

[32]Venivano condotti insieme con lui anche due malfattori per essere giustiziati.

La crocifissione (Mt 27,33-43; Mc 15,22-32; Gv 19,17-24) - [33]Quando giunsero al luogo detto Cranio, là crocifissero lui e i due malfattori, uno a destra e l'altro a sinistra. [34]Gesù diceva: «Padre, perdonali, perché non sanno quello che fanno».

Dopo essersi poi divise le sue vesti, le tirarono a sorte (Sal

21,19). [35]Il popolo stava *a vedere*, i capi invece lo *scherniva-no* dicendo: «Ha salvato gli altri, salvi se stesso, se è il Cristo di Dio, il suo eletto». [36]Anche i soldati lo schernivano, e gli si accostavano per porgergli *dell'aceto*, e dicevano: [37]«Se tu sei il re dei Giudei, salva te stesso». [38]C'era anche una scritta, sopra il suo capo: Questi è il re dei Giudei.

Il buon ladrone (Mt 27,44; Mc 15,32) - [39]Uno dei malfattori appesi alla croce lo insultava: «Non sei tu il Cristo? Salva te stesso e anche noi!». [40]Ma l'altro lo rimproverava: «Neanche tu hai timore di Dio e sei dannato alla stessa pena? [41]Noi giustamente, perché riceviamo il giusto per le nostre azioni, egli invece non ha fatto nulla di male». [42]E aggiunse: «Gesù, ricordati di me quando entrerai nel tuo regno». [43]Gli rispose: «In verità ti dico, oggi sarai con me nel paradiso».

La morte di Gesù (Mt 27,45-56; Mc 15,33-41; Gv 19,25-37) - [44]Era verso mezzogiorno, quando il sole si eclissò e si fece buio su tutta la terra fino alle tre del pomeriggio. [45]Il velo del tempio si squarciò nel mezzo. [46]Gesù, gridando a gran voce, disse: «Padre, *nelle tue mani consegno il mio spirito*» (Sal 30,6). Detto questo spirò.
[47]Visto ciò che era accaduto, il centurione glorificava Dio: «Veramente quest'uomo era giusto». [48]Anche tutte le folle che erano accorse a questo spettacolo, ripensando a quanto era accaduto, se ne tornavano percuotendosi il petto. [49]Tutti i suoi conoscenti assistevano da lontano e così le donne che lo avevano seguito fin dalla Galilea, osservando questi avvenimenti.

Sepoltura di Gesù (Mt 27,57-61; Mc 15,42-47; Gv 19,38-42) - [50]C'era un uomo di nome Giuseppe, membro del sinedrio, persona buona e giusta. [51]Non aveva aderito alla decisione e all'operato degli altri. Egli era di Arimatèa, una città dei Giudei, e aspettava il regno di Dio. [52]Si presentò a Pilato e chiese il corpo di Gesù.
[53]Lo calò dalla croce, lo avvolse in un lenzuolo e lo depose in una tomba scavata nella roccia, nella quale nessuno era stato ancora deposto. [54]Era la vigilia di Pasqua e già splendevano le luci del sabato.
[55]Le donne che erano venute con Gesù dalla Galilea se-

guivano Giuseppe; esse osservarono la tomba e come era stato deposto il corpo di Gesù, ⁵⁶poi tornarono indietro e prepararono aromi e oli profumati. Il giorno di sabato osservarono il riposo, secondo il comandamento.

* Luca, fedele al suo intento teologico, concentra le apparizioni del Risorto nella Giudea e soprattutto a Gerusalemme, donde il messaggio evangelico si sarebbe irradiato in tutto il mondo mediante la testimonianza degli Apostoli. *

24. Il messaggio pasquale alle donne (Mt 28,1-10; Mc 16,1-8; Gv 20,1-2) - ¹Il primo giorno dopo il sabato, di buon mattino, si recarono nella tomba, portando con sé gli aromi che avevano preparato. ²Trovarono la pietra rotolata via dal sepolcro; ³ma, entrate, non trovarono il corpo del Signore Gesù. ⁴Mentre erano ancora incerte, ecco due uomini apparire vicino a loro in vesti sfolgoranti. ⁵Essendosi le donne impaurite e avendo chinato il volto a terra, essi dissero loro: «Perché cercate tra i morti colui che è vivo? ⁶Non è qui, è risuscitato.

Ricordatevi come vi parlò quando era ancora in Galilea, ⁷dicendo che bisognava che il Figlio dell'uomo fosse consegnato in mano ai peccatori, che fosse crocifisso e risuscitasse il terzo giorno». ⁸Ed esse si ricordarono delle sue parole. ⁹E, tornate dal sepolcro, annunziarono tutto questo agli Undici e a tutti gli altri. ¹⁰Erano Maria di Màgdala, Giovanna e Maria di Giacomo. Anche le altre che erano insieme lo raccontarono agli apostoli. ¹¹Quelle parole parvero loro come un vaneggiamento e non credettero ad esse.

¹²Pietro tuttavia corse al sepolcro e chinatosi vide solo le bende. E tornò a casa pieno di stupore per l'accaduto.

Apparizione ai discepoli di Emmaus (Mc 16,12-13) - ¹³Ed ecco in quello stesso giorno due di loro erano in cammino per un villaggio distante circa sette miglia da Gerusalemme, di nome Emmaus, ¹⁴e conversavano di tutto quello che era accaduto. ¹⁵Mentre discorrevano e discutevano insieme, Gesù in persona si accostò e camminava con loro. ¹⁶Ma i loro occhi erano incapaci di riconoscerlo. ¹⁷Ed egli disse loro: «Che sono questi discorsi che state facendo fra voi durante il cammino?».

Si fermarono, col volto triste; [18]uno di loro, di nome Clèopa, gli disse: «Tu solo sei così forestiero in Gerusalemme da non sapere ciò che vi è accaduto in questi giorni?». [19]Domandò: «Che cosa?». Gli risposero: «Tutto ciò che riguarda Gesù Nazareno, che fu profeta potente in opere e in parole, davanti a Dio e a tutto il popolo; [20]come i sommi sacerdoti e i nostri capi lo hanno consegnato per farlo condannare a morte e poi l'hanno crocifisso. [21]Noi speravamo che fosse lui a liberare Israele; con tutto ciò son passati tre giorni da quando queste cose sono accadute. [22]Ma alcune donne, delle nostre, ci hanno sconvolti; recatesi al mattino al sepolcro [23]e non avendo trovato il suo corpo, son venute a dirci di aver avuto anche una visione di angeli, i quali affermano che egli è vivo. [24]Alcuni dei nostri sono andati al sepolcro e hanno trovato come avevan detto le donne, ma lui non l'hanno visto».

[25]Ed egli disse loro: «Stolti e tardi di cuore nel credere alla parola dei profeti! [26]Non bisognava che il Cristo sopportasse queste sofferenze per entrare nella sua gloria?». [27]E cominciando da Mosè e da tutti i profeti spiegò loro in tutte le Scritture ciò che si riferiva a lui. [28]Quando furon vicini al villaggio dove erano diretti, egli fece come se dovesse andare più lontano. [29]Ma essi insistettero: «Resta con noi perché si fa sera e il giorno già volge al declino». Egli entrò per rimanere con loro.

[30]Quando fu a tavola con loro, prese il pane, disse la benedizione, lo spezzò e lo diede loro. [31]Allora si aprirono loro gli occhi e lo riconobbero. Ma lui sparì dalla loro vista. [32]Ed essi si dissero l'un l'altro: «Non ci ardeva forse il cuore nel petto mentre conversava con noi lungo il cammino, quando ci spiegava le Scritture?».

[33]E partirono senz'indugio e fecero ritorno a Gerusalemme, dove trovarono riuniti gli Undici e gli altri che erano con loro, [34]i quali dicevano: «Davvero il Signore è risorto ed è apparso a Simone». [35]Essi poi riferirono ciò che era accaduto lungo la via e come l'avevano riconosciuto nello spezzare il pane.

Apparizione agli Apostoli - [36]Mentre essi parlavano di queste cose, Gesù in persona apparve in mezzo a loro e disse: «Pace a voi!». [37]Stupiti e spaventati credevano di vedere un fantasma. [38]Ma egli disse: «Perché siete turbati, e perché sorgono dubbi nel vostro cuore? [39]Guardate le mie mani e i miei piedi; sono proprio io! Toccatemi e guardate; un fantasma non ha carne e ossa come vedete che io ho». [40]Dicendo questo, mostrò loro le mani e i piedi. [41]Ma poiché per la grande gioia ancora non credevano ed erano stupefatti, disse: «Avete qui qualche cosa da mangiare?». [42]Gli offrirono una porzione di pesce arrostito; [43]egli lo prese e lo mangiò davanti a loro.

La missione degli Apostoli - [44]Poi disse: «Sono queste le parole che vi dicevo quando ero ancora con voi: bisogna che si compiano tutte le cose scritte su di me nella Legge di Mosè, nei Profeti e nei Salmi». [45]Allora aprì loro la mente all'intelligenza delle Scritture e disse: [46]«Così sta scritto: il Cristo dovrà patire e risuscitare dai morti il terzo giorno [47]e nel suo nome saranno predicati a tutte le genti la conversione e il perdono dei peccati, cominciando da Gerusalemme. [48]Di questo voi siete testimoni. [49]E io manderò su di voi quello che il Padre mio ha promesso; ma voi restate in città, finché non siate rivestiti di potenza dall'alto».

L'ascensione - [50]Poi li condusse fuori verso Betània e, alzate le mani, li benedisse. [51]Mentre li benediceva, si staccò da loro e fu portato verso il cielo. [52]Ed essi, dopo averlo adorato, tornarono a Gerusalemme con grande gioia; [53]e stavano sempre nel tempio lodando Dio.

VANGELO
SECONDO GIOVANNI

INTRODUZIONE

L'autenticità *del quarto vangelo è stata discussa* fin dai primi secoli del cristianesimo. Tuttavia, la maggioranza dei Padri della Chiesa lo ha attribuito a Giovanni apostolo, figlio di Zebedèo, il discepolo prediletto del Signore.

Una delle testimonianze più antiche è quella di Ireneo (verso il 180). Pure san Giustino martire († 165) ha conosciuto e utilizzato il quarto vangelo. Vari indizi interni ne confermano la paternità giovannea, come l'anonimato del «discepolo che Gesù amava», la sua partecipazione all'ultima cena, l'indipendenza dalla tradizione sinottica. L'autore appare un caposcuola la cui autorevolezza deriva dalla sua comunione di vita con il Signore.

La struttura di Giovanni non è trasparente. Ciò forse si spiega per la formazione progressiva e il notevole apporto dato da qualche discepolo dell'Apostolo nella stesura definitiva dell'opera. Gli studiosi distinguono generalmente due parti. La prima (1-12) la chiamano «libro dei segni», perché strutturata intorno a sette miracoli che manifestano progressivamente l'essere divino di Gesù. La seconda (13-21) è il «libro della passione», che descrive il ritorno di Gesù al Padre attraverso l'innalzamento in croce.

Leggendo il vangelo di Giovanni viene spontaneo un confronto con i Sinottici. Le differenze sono considerevoli. Dei sette miracoli soltanto due coincidono con i 29 dei Sinottici (la moltiplicazione dei pani e il cammino di Gesù sulle acque). Il racconto della passione è affine a quello sinottico, ma ha molti dettagli propri e una prospettiva teologica diversa. Il quadro geografico è molto differente. La vita pubblica di Gesù secondo Giovanni si svolge soprattutto in Giudea, e non in Galilea come nei Sinottici. Giovanni riferisce quattro viaggi di Gesù a Gerusalemme e non soltanto uno come i Sinottici.

La dottrina del quarto vangelo rappresenta un vertice del Nuovo Testamento. Giovanni è come assorbito dal mistero della persona del Cristo, che è il rivelatore e il mediatore *della bontà salvifica del Padre. Egli parla raramente del regno, ma concentra la sua riflessione su Gesù, epifania dell'amore del Padre. Il tema dominante è quello della rivelazione cui corrisponde da parte degli uomini un atteggiamento di fede e di incredulità. In base a questa loro opzione avviene una discriminazione di salvezza o di condanna, determinata appunto dall'accoglienza o dal rifiuto del Figlio di Dio. La salvezza escatologica passa unicamente attraverso la persona di Gesù, costituito dal Padre giudice e vivificatore universale.*

L'incarnazione assume un rilievo importante in Giovanni. Gesù è l'inviato di Dio, il Figlio unigenito che fissa la sua dimora tra gli uomini. Dopo aver compiuto l'opera affidatagli con la morte in croce, ritorna al Padre, spalancando la porta della salvezza ai credenti. Pur insistendo sulla preesistenza del Verbo e sulla divinità di Gesù, Giovanni non ne dimentica neppure l'umanità, che anzi sottolinea contro le eresie nascenti. La croce rappresenta l'«ora» per eccellenza, la tappa decisiva. Però l'innalzamento in croce è visto da Giovanni come l'inizio della glorificazione di Gesù nel trionfo pasquale. Tutto il racconto della passione è come trasfigurato dalla gloria. Il Risorto poi continua a vivere nella Chiesa soprattutto nel contesto fraterno delle agapi e nella celebrazione dei sacramenti.

VANGELO SECONDO GIOVANNI

* Il vangelo di Giovanni si apre con un magnifico inno al Verbo incarnato, la Sapienza di Dio che fissa la sua dimora fra noi uomini, il Rivelatore supremo dell'amore del Padre, cui deve corrispondere da parte dell'uomo un atteggiamento di fede per rinascere alla vita spirituale e diventare figli di Dio. Al Prologo segue una parte storica che riferisce la testimonianza del Battista resa a Gesù e la chiamata dei primi discepoli. *

Prologo
1. - ¹In principio era il Verbo,
e il Verbo era presso Dio
e il Verbo era Dio.
²Egli era in principio presso Dio:
³tutto è stato fatto per mezzo di lui,
e senza di lui niente è stato fatto
di tutto ciò che esiste.

⁴In lui era la vita
e la vita era la luce degli uomini;
⁵la luce splende nelle tenebre,
ma le tenebre non l'hanno accolta.
⁶Venne un uomo mandato da Dio
e il suo nome era Giovanni.
⁷Egli venne come testimone
per rendere testimonianza alla luce,
perché tutti credessero per mezzo di lui.
⁸Egli non era la luce,
ma doveva render testimonianza alla luce.

⁹Veniva nel mondo la luce vera,
quella che illumina ogni uomo.
¹⁰Egli era nel mondo,
e il mondo fu fatto per mezzo di lui,
eppure il mondo non lo riconobbe.
¹¹Venne fra la sua gente,
ma i suoi non l'hanno accolto.
¹²A quanti però l'hanno accolto,
ha dato potere di diventare figli di Dio:

a quelli che credono nel suo nome,
[13]i quali non da sangue,
né da volere di carne,
né da volere di uomo,
ma da Dio sono stati generati.
[14]E il Verbo si fece carne
e venne ad abitare in mezzo a noi;
e noi vedemmo la sua gloria;
gloria come di unigenito dal Padre,
pieno di grazia e di verità.

[15]Giovanni gli rende testimonianza
e grida: «Ecco l'uomo di cui io dissi:
Colui che viene dopo di me
mi è passato avanti,
perché era prima di me».
[16]Dalla sua pienezza
noi tutti abbiamo ricevuto
e grazia su grazia.
[17]Perché la legge fu data per mezzo di Mosè,
la grazia e la verità vennero per mezzo di Gesù Cristo.
[18]Dio nessuno l'ha mai visto:
proprio il Figlio unigenito,
che è nel seno del Padre,
lui lo ha rivelato.

PRIME MANIFESTAZIONI
DELLA GLORIA DI GESÙ

Testimonianza del Precursore

Legazione dei Giudei (Mt 3,1-12; Mc 1,2-8; Lc 3,1-6.15-17) - [19]E questa è la testimonianza di Giovanni, quando i Giudei gli inviarono da Gerusalemme sacerdoti e leviti a interrogarlo: «Chi sei tu?». [20]Egli confessò e non negò, e confessò: «Io non sono il Cristo». [21]Allora gli chiesero: «Che cosa dunque? Sei Elia?». Rispose: «Non lo sono». «Sei tu il profeta?». Rispose: «No». ²²Gli dissero dunque: «Chi sei? Perché possiamo dare una risposta a coloro che ci hanno mandato. Che cosa dici di te stesso?». ²³Rispose: «Io sono *voce di uno che grida nel deserto: Preparate la via del Signore* (Is 40,3), come disse il profeta Isaia».

²⁴Essi erano stati mandati da parte dei farisei. ²⁵Lo interrogarono e gli dissero: «Perché dunque battezzi se tu non sei il Cristo, né Elia, né il profeta?». ²⁶Giovanni rispose loro: «Io battezzo con acqua, ma in mezzo a voi sta uno che voi non conoscete, ²⁷uno che viene dopo di me, al quale io non son degno di sciogliere il legaccio del sandalo». ²⁸Questo avvenne in Betània, al di là del Giordano, dove Giovanni stava battezzando.

L'agnello di Dio - ²⁹Il giorno dopo, Giovanni vedendo Gesù venire verso di lui disse: «Ecco l'agnello di Dio, ecco colui che toglie il peccato del mondo! ³⁰Ecco colui del quale io dissi: Dopo di me viene un uomo che mi è passato avanti, perché era prima di me. ³¹Io non lo conoscevo, ma sono venuto a battezzare con acqua perché egli fosse fatto conoscere a Israele».

³²Giovanni rese testimonianza dicendo: «Ho visto lo Spirito scendere come una colomba dal cielo e posarsi su di lui. ³³Io non lo conoscevo, ma chi mi ha inviato a battezzare con acqua, mi aveva detto: L'uomo sul quale vedrai scendere e rimanere lo Spirito è colui che battezza in Spirito Santo. ³⁴E io ho visto e ho reso testimonianza che questi è il Figlio di Dio».

Chiamata dei primi discepoli - ³⁵Il giorno dopo Giovanni stava ancora là con due dei suoi discepoli ³⁶e, fissando lo sguardo su Gesù che passava, disse: «Ecco l'agnello di Dio!». ³⁷E i due discepoli, sentendolo parlare così, seguirono Gesù. ³⁸Gesù allora si voltò e, vedendo che lo seguivano, disse: «Chi cercate?». Gli risposero: «Rabbì (che significa maestro), dove abiti?». ³⁹Disse loro: «Venite e vedrete». Andarono dunque e videro dove abitava e quel giorno si fermarono presso di lui; erano circa le quattro del pomeriggio.

⁴⁰Uno dei due che avevano udito le parole di Giovanni e lo avevano seguito, era Andrea, fratello di Simon Pietro.

⁴¹Egli incontrò per primo suo fratello Simone, e gli disse: «Abbiamo trovato il Messia (che significa il Cristo)» ⁴²e lo condusse da Gesù. Gesù, fissando lo sguardo su di lui, disse: «Tu sei Simone, il figlio di Giovanni; ti chiamerai Cefa (che vuol dire Pietro)».

⁴³Il giorno dopo Gesù aveva stabilito di partire per la Galilea; incontrò Filippo e gli disse: «Seguimi». ⁴⁴Filippo era di Betsàida, la città di Andrea e di Pietro. ⁴⁵Filippo incontrò Natanaèle e gli disse: «Abbiamo trovato colui del quale hanno scritto Mosè nella Legge e i Profeti, Gesù, figlio di Giuseppe di Nàzaret». ⁴⁶Natanaèle esclamò: «Da Nàzaret può mai venire qualcosa di buono?». Filippo gli rispose: «Vieni e vedi».

⁴⁷Gesù intanto, visto Natanaèle che gli veniva incontro, disse di lui: «Ecco davvero un Israelita in cui non c'è falsità». ⁴⁸Natanaèle gli domandò: «Come mi conosci?». Gli rispose Gesù: «Prima che Filippo ti chiamasse, io ti ho visto quando eri sotto il fico». ⁴⁹Gli replicò Natanaèle: «Rabbì, tu sei il Figlio di Dio, tu sei il re d'Israele!». ⁵⁰Gli rispose: «Perché ti ho detto che ti avevo visto sotto il fico, credi? Vedrai cose maggiori di queste!». ⁵¹Poi gli disse: «In verità, in verità vi dico: vedrete il cielo aperto e gli angeli di Dio salire e scendere sul Figlio dell'uomo».

I due «segni» iniziali

* Giovanni ricorda sette miracoli operati da Gesù. Li chiama «segni» in quanto manifestano progressivamente il mistero della persona di Gesù. Il primo avviene per intervento di Maria, chiamata «donna» da Gesù, come ai piedi della croce (19,26), per preludere al suo ruolo nel piano divino della salvezza. Il segno di Cana costituisce la prima rivelazione di Gesù, che diventerà il santuario vivente della Nuova Alleanza. Seguono alcune reazioni tipiche di fede da parte di un giudeo (Nicodemo), di una scismatica (la samaritana), di un pagano (il funzionario del re). Il miracolo operato ancora a Cana, in favore di quest'ultimo prototipo del vero credente, chiude la prima parte di Giovanni. *

2. Le nozze di Cana - ¹Tre giorni dopo, ci fu uno sposalizio a Cana di Galilea e c'era la madre di Gesù. ²Fu invitato alle nozze anche Gesù con i suoi discepoli. ³Nel frattempo, venuto a mancare il vino, la madre di Gesù gli disse: «Non hanno più vino». ⁴E Gesù rispose: «Che ho da fare con te, o donna? Non è ancora giunta la mia ora». ⁵La madre dice ai servi: «Fate quello che vi dirà».

⁶Vi erano là sei giare di pietra per la purificazione dei Giudei, contenenti ciascuna due o tre barili. ⁷E Gesù disse loro: «Riempite d'acqua le giare»; e le riempirono fino all'orlo. ⁸Disse loro di nuovo: «Ora attingete e portatene al maestro di tavola». Ed essi gliene portarono. ⁹E come ebbe assaggiato l'acqua diventava vino, il maestro di tavola, che non sapeva di dove venisse (ma lo sapevano i servi che avevano attinto l'acqua), chiamò lo sposo ¹⁰e gli disse: «Tutti servono da principio il vino buono e, quando sono un po' brilli, quello meno buono; tu invece hai conservato fino ad ora il vino buono».

¹¹Così Gesù diede inizio ai suoi miracoli in Cana di Galilea, manifestò la sua gloria e i suoi discepoli credettero in lui. ¹²Dopo questo fatto, discese a Cafàrnao insieme con sua madre, i fratelli e i suoi discepoli e si fermarono colà solo pochi giorni.

I profanatori scacciati dal tempio (Mt 21,12-13; Mc 11,15-17; Lc 19,45-48) - ¹³Si avvicinava intanto la Pasqua dei Giudei e Gesù salì a Gerusalemme. ¹⁴Trovò nel tempio gente che vendeva buoi, pecore e colombe, e i cambiavalute seduti al banco. ¹⁵Fatta allora una sferza di cordicelle, scacciò tutti fuori dal tempio con le pecore e i buoi; gettò a terra il denaro dei cambiavalute e ne rovesciò i banchi, ¹⁶e ai venditori di colombe disse: «Portate via queste cose e non fate della casa del Padre mio un luogo di mercato». ¹⁷I discepoli si ricordarono che sta scritto: *Lo zelo per la tua casa mi divora* (Sal 68,10).

¹⁸Allora i Giudei presero la parola e gli dissero: «Quale segno ci mostri per fare queste cose?». ¹⁹Rispose loro Gesù: «Distruggete questo tempio e in tre giorni lo farò risorgere». ²⁰Gli dissero allora i Giudei: «Questo tempio è stato costruito in quarantasei anni e tu in tre giorni lo farai risorgere?». ²¹Ma egli parlava del tempio del suo corpo. ²²Quando poi fu risuscitato dai morti, i suoi discepoli si ricordarono che aveva detto questo, e credettero alla Scrittura e alla parola detta da Gesù.

²³Mentre era a Gerusalemme per la Pasqua, durante la festa molti, vedendo i segni che faceva, credettero nel suo nome. ²⁴Gesù però non si confidava con loro, perché conosceva tutti ²⁵e non aveva bisogno che qualcuno gli desse testimonianza su un altro, egli infatti sapeva quello che c'è in ogni uomo.

Tre risposte di fede

3. Colloquio con Nicodèmo - ¹C'era tra i farisei un uomo chiamato Nicodèmo, un capo dei Giudei. ²Egli andò da Gesù, di notte, e gli disse: «Rabbì, sappiamo che sei un maestro venuto da Dio; nessuno infatti può fare i segni che tu fai, se Dio non è con lui». ³Gli rispose Gesù: «In verità, in verità ti dico, se uno non rinasce dall'alto, non può vedere il regno di Dio». ⁴Gli disse Nicodemo: «Come può un uomo nascere quando è vecchio? Può forse entrare una seconda volta nel grembo di sua madre e rinascere?». ⁵Gli rispose Gesù: «In verità, in verità ti dico, se uno non nasce da acqua e da Spirito, non può entrare nel regno di Dio. ⁶Quel che è nato dalla carne è carne e quel che è nato dallo Spirito, è Spirito. ⁷Non ti meravigliare se t'ho detto: dovete rinascere dall'alto. ⁸Il vento soffia dove vuole e ne senti la voce, ma non sai di dove viene e dove va: così è di chiunque è nato dallo Spirito».

⁹Replicò Nicodemo: «Come può accadere questo?». ¹⁰Gli rispose Gesù: «Tu sei maestro in Israele e non sai queste cose? ¹¹In verità, in verità ti dico, noi parliamo di quel che sappiamo e testimoniamo quel che abbiamo veduto; ma voi non accogliete la nostra testimonianza. ¹²Se vi ho parlato di cose della terra e non credete, come crederete se vi parlerò di cose del cielo? ¹³Eppure nessuno è mai salito al cielo, fuorché il Figlio dell'uomo che è disceso dal cielo. ¹⁴E come Mosè innalzò il serpente nel deserto, così bisogna che sia innalzato il Figlio dell'uomo, ¹⁵perché chiunque crede in lui abbia la vita eterna».

¹⁶Dio infatti ha tanto amato il mondo da dare il suo Figlio unigenito, perché chiunque crede in lui non muoia, ma abbia la vita eterna. ¹⁷Dio non ha mandato il Figlio nel mondo per giudicare il mondo, ma perché il mondo si salvi per

mezzo di lui. [18]Chi crede in lui non è condannato; ma chi
non crede è già stato condannato, perché non ha creduto nel
nome dell'unigenito Figlio di Dio. [19]E il giudizio è questo: la
luce è venuta nel mondo, ma gli uomini hanno preferito le
tenebre alla luce, perché le loro opere erano malvagie.
[20]Chiunque infatti fa il male, odia la luce e non viene alla
luce perché non siano svelate le sue opere. [21]Ma chi opera la
verità viene alla luce, perché appaia chiaramente che le sue
opere sono state fatte in Dio.

Nuova testimonianza del Battista - [22]Dopo queste cose,
Gesù andò con i suoi discepoli nella regione della Giudea; e
là si trattenne con loro, e battezzava. [23]Anche Giovanni
battezzava a Ennòn, vicino a Salìm, perché c'era là molta
acqua; e la gente andava a farsi battezzare. [24]Giovanni, infatti, non era stato ancora imprigionato.

[25]Nacque allora una discussione tra i discepoli di Giovanni
e un Giudeo riguardo la purificazione. [26]Andarono perciò da
Giovanni e gli dissero: «Rabbì, colui che era con te dall'altra parte del Giordano, e al quale hai reso testimonianza,
ecco sta battezzando e tutti accorrono a lui». [27]Giovanni
rispose: «Nessuno può prendersi qualcosa se non gli è stato
dato dal cielo. [28]Voi stessi mi siete testimoni che ho detto:
Non sono io il Cristo, ma io sono stato mandato innanzi a
lui. [29]Chi possiede la sposa è lo sposo; ma l'amico dello
sposo, che è presente e l'ascolta, esulta di gioia alla voce
dello sposo. Ora questa mia gioia è compiuta. [30]Egli deve
crescere e io invece diminuire.

[31]Chi viene dall'alto è al di sopra di tutti; ma chi viene
dalla terra, appartiene alla terra e parla della terra. Chi
viene dal cielo è al di sopra di tutti. [32]Egli attesta ciò che ha
visto e udito, eppure nessuno accetta la sua testimonianza;
[33]chi però ne accetta la testimonianza, certifica che Dio è
veritiero. [34]Infatti colui che Dio ha mandato proferisce le
parole di Dio e dà lo Spirito senza misura. [35]Il Padre ama il
Figlio e gli ha dato in mano ogni cosa. [36]Chi crede nel Figlio
ha la vita eterna; chi non obbedisce al Figlio non vedrà la
vita, ma l'ira di Dio incombe su di lui».

4. Gesù in Samarìa - [1]Quando il Signore venne a sapere
che i farisei avevan sentito dire: Gesù fa più discepoli e

battezza più di Giovanni - [2]sebbene non fosse Gesù in persona che battezzava, ma i suoi discepoli -, [3]lasciò la Giudea e si diresse di nuovo verso la Galilea. [4]Doveva perciò attraversare la Samarìa.

Colloquio con la Samaritana - [5]Giunse pertanto ad una città della Samarìa chiamata Sicàr, vicina al terreno che Giacobbe aveva dato a Giuseppe suo figlio; [6]qui c'era il pozzo di Giacobbe. Gesù dunque, stanco del viaggio, sedeva presso il pozzo. Era verso mezzogiorno.

[7]Arrivò intanto una donna di Samarìa ad attingere acqua. Le disse Gesù: «Dammi da bere». [8]I suoi discepoli infatti erano andati in città a far provvista di cibi. [9]Ma la Samaritana gli disse: «Come mai tu, che sei Giudeo, chiedi da bere a me, che sono una donna samaritana?». I Giudei infatti non mantengono buone relazioni con i Samaritani. [10]Gesù le rispose: «Se tu conoscessi il dono di Dio e chi è colui che ti dice: "Dammi da bere!", tu stessa gliene avresti chiesto ed egli ti avrebbe dato acqua viva». [11]Gli disse la donna: «Signore, tu non hai un mezzo per attingere e il pozzo è profondo; da dove hai dunque quest'acqua viva? [12]Sei tu forse più grande del nostro padre Giacobbe, che ci diede questo pozzo e ne bevve lui con i suoi figli e il suo gregge?». [13]Rispose Gesù: «Chiunque beve di quest'acqua avrà di nuovo sete; [14]ma chi beve dell'acqua che io gli darò, non avrà mai più sete, anzi, l'acqua che io gli darò diventerà in lui sorgente di acqua che zampilla per la vita eterna». [15]«Signore, gli disse la donna, dammi di quell'acqua, perché non abbia più sete e non continui a venire qui ad attingere acqua».

[16]Le disse: «Va' a chiamare tuo marito e poi ritorna qui». [17]Rispose la donna: «Non ho marito». Le disse Gesù: «Hai detto bene "non ho marito"; [18]infatti hai avuto cinque mariti e quello che hai ora non è tuo marito; in questo hai detto il vero».

[19]Gli replicò la donna: «Signore, vedo che tu sei un profeta. [20]I nostri padri hanno adorato Dio sopra questo monte e voi dite che è Gerusalemme il luogo in cui bisogna adorare». [21]Gesù le dice: «Credimi, donna, è giunto il momento in cui né su questo monte, né in Gerusalemme adorerete il Padre. [22]Voi adorate quel che non conoscete, noi adoriamo

quello che conosciamo, perché la salvezza viene dai Giudei. [23]Ma è giunto il momento, ed è questo, in cui i veri adoratori adoreranno il Padre in spirito e verità; perché il Padre cerca tali adoratori. [24]Dio è spirito, e quelli che lo adorano devono adorarlo in spirito e verità». [25]Gli rispose la donna: «So che deve venire il Messia (cioè il Cristo): quando egli verrà, ci annunzierà ogni cosa». [26]Le disse Gesù: «Sono io, che ti parlo».

[27]In quel momento giunsero i suoi discepoli e si meravigliarono che stesse a discorrere con una donna. Nessuno tuttavia gli disse: «Che desideri?», o: «Perché parli con lei?». [28]La donna intanto lasciò la brocca, andò in città e disse alla gente: [29]«Venite a vedere un uomo che mi ha detto tutto quello che ho fatto. Che sia forse il Messia?». [30]Uscirono allora dalla città e andavano da lui.

[31]Intanto i discepoli lo pregavano: «Rabbì, mangia». [32]Ma egli rispose: «Ho da mangiare un cibo che voi non conoscete». [33]E i discepoli si domandavano l'un l'altro: «Qualcuno forse gli ha portato da mangiare?». [34]Gesù disse loro: «Mio cibo è fare la volontà di colui che mi ha mandato e di compiere la sua opera. [35]Non dite voi: Ci sono ancora quattro mesi e poi viene la mietitura? Ecco, io vi dico: Levate i vostri occhi e guardate i campi che già biondeggiano per la mietitura. [36]E chi miete riceve salario e raccoglie frutto per la vita eterna, perché ne goda insieme chi semina e chi miete. [37]Qui infatti si realizza il detto: uno semina e uno miete. [38]Io vi ho mandati a mietere ciò che voi non avete lavorato; altri hanno lavorato e voi siete subentrati nel loro lavoro».

[39]Molti Samaritani di quella città credettero in lui per le parole della donna che dichiarava: «Mi ha detto tutto quello che ho fatto». [40]E quando i Samaritani giunsero da lui, lo pregarono di fermarsi con loro ed egli vi rimase due giorni. [41]Molti di più credettero per la sua parola [42]e dicevano alla donna: «Non è più per la tua parola che noi crediamo; ma perché noi stessi abbiamo udito e sappiamo che questi è veramente il salvatore del mondo».

Gesù in Galilea - [43]Trascorsi due giorni, partì di là per andare in Galilea. [44]Ma Gesù stesso aveva dichiarato che un profeta non riceve onore nella sua patria. [45]Quando però

giunse in Galilea, i Galilei lo accolsero con gioia, poiché
avevano visto tutto quello che aveva fatto a Gerusalemme
durante la festa; anch'essi infatti erano andati alla festa.

Guarigione del figlio di un funzionario reale (Mt 8,5-13;
Lc 7,1-10) - [46]Andò dunque di nuovo a Cana di Galilea,
dove aveva cambiato l'acqua in vino. Vi era un funzionario
del re, che aveva un figlio malato a Cafàrnao. [47]Costui,
udito che Gesù era venuto dalla Giudea in Galilea, si recò
da lui e lo pregò di scendere a guarire suo figlio poiché stava
per morire. [48]Gesù gli disse: «Se non vedete segni e prodigi,
voi non credete». [49]Ma il funzionario del re insistette: «Signore, scendi prima che il mio bambino muoia». [50]Gesù gli
risponde: «Va', tuo figlio vive».

Quell'uomo credette alla parola che gli aveva detto Gesù
e si mise in cammino. [51]Proprio mentre scendeva, gli vennero incontro i servi a dirgli: «Tuo figlio vive!». [52]S'informò
poi a che ora avesse cominciato a star meglio. Gli dissero:
«Ieri, un'ora dopo mezzogiorno la febbre lo ha lasciato». [53]Il
padre riconobbe che proprio in quell'ora Gesù gli aveva
detto: «Tuo figlio vive» e credette lui con tutta la sua famiglia. [54]Questo fu il secondo miracolo che Gesù fece tornando
dalla Giudea in Galilea.

Le «opere» di Gesù

* Il miracolo alla piscina e quello della moltiplicazione dei pani
sono detti «opere» perché manifestano più in profondità la personalità di Gesù, il quale si attribuisce le stesse operazioni divine di giudicare e di comunicare la vita eterna ai credenti. Da questo capitolo
fino al decimo compreso è caratteristico un continuo confronto del-
l'attività di Gesù con il significato delle feste giudaiche, che vengono
superate da nuovi valori cristologici. Il primo miracolo sembra accadere di sabato, il giorno sacro degli Israeliti. Per l'Evangelista tale
guarigione preannuncia la vivificazione futura che opererà il Risorto,
costituito dal Padre giudice escatologico. *

5. Guarigione del paralitico alla piscina - [1]Vi fu poi una
festa dei Giudei e Gesù salì a Gerusalemme. [2]V'è a Gerusalemme, presso la porta delle Pecore, una piscina, chiamata

in ebraico Betzata, con cinque portici, [3]sotto i quali giaceva un gran numero di infermi, ciechi, zoppi e paralitici. [[4]Un angelo infatti in certi momenti discendeva nella piscina e agitava l'acqua; il primo ad entrarvi dopo l'agitazione dell'acqua guariva da qualsiasi malattia fosse affetto].

[5]Si trovava là un uomo che da trentotto anni era malato. [6]Gesù, vedendolo disteso e sapendo che da molto tempo stava così, gli disse: «Vuoi guarire?». [7]Gli rispose il malato: «Signore, io non ho nessuno che mi immerga nella piscina quando l'acqua si agita. Mentre infatti sto per andarvi, qualche altro scende prima di me». [8]Gesù gli disse: «Alzati, prendi il tuo lettuccio e cammina». [9]E sull'istante quell'uomo guarì e, preso il suo lettuccio, cominciò a camminare.

Quel giorno però era un sabato. [10]Dissero dunque i Giudei all'uomo guarito: «È sabato e non ti è lecito prender su il tuo lettuccio». [11]Ma egli rispose loro: «Colui che mi ha guarito mi ha detto: Prendi il tuo lettuccio e cammina». [12]Gli chiesero allora: «Chi è stato a dirti: Prendi il tuo lettuccio e cammina?». [13]Ma colui che era stato guarito non sapeva chi fosse; Gesù infatti si era allontanato, essendoci folla in quel luogo.

[14]Poco dopo Gesù lo trovò nel tempio e gli disse: «Ecco che sei guarito; non peccare più, perché non ti abbia ad accadere qualcosa di peggio». [15]Quell'uomo se ne andò e disse ai Giudei che era stato Gesù a guarirlo. [16]Per questo i Giudei cominciarono a perseguitare Gesù, perché faceva tali cose di sabato.

[17]Ma Gesù rispose loro: «Il Padre mio opera sempre e anch'io opero». [18]Proprio per questo i Giudei cercavano ancor più di ucciderlo: perché non soltanto violava il sabato, ma chiamava Dio suo Padre, facendosi uguale a Dio.

Apologia di Gesù - [19]Gesù riprese a parlare e disse: «In verità, in verità vi dico, il Figlio da sé non può fare nulla se non ciò che vede fare dal Padre; quello che egli fa, anche il Figlio lo fa. [20]Il Padre infatti ama il Figlio, gli manifesta tutto quello che fa e gli manifesterà opere ancora più grandi di queste, e voi ne resterete meravigliati. [21]Come il Padre risuscita i morti e dà la vita, così anche il Figlio dà la vita a chi vuole; [22]il Padre infatti non giudica nessuno ma ha rimesso ogni giudizio al Figlio, [23]perché tutti onorino il Figlio

come onorano il Padre. Chi non onora il Figlio, non onora il
Padre che lo ha mandato.

²⁴In verità, in verità vi dico: chi ascolta la mia parola e
crede a colui che mi ha mandato, ha la vita eterna e non va
incontro al giudizio, ma è passato dalla morte alla vita. ²⁵In
verità, in verità vi dico: è venuto il momento, ed è questo,
in cui i morti udranno la voce del Figlio di Dio, e quelli che
l'avranno ascoltata, vivranno. ²⁶Come infatti il Padre ha la
vita in se stesso, così ha concesso al Figlio di avere la vita in
se stesso; ²⁷e gli ha dato il potere di giudicare, perché è
Figlio dell'uomo.

²⁸Non vi meravigliate di questo, poiché verrà l'ora in cui
tutti coloro che sono nei sepolcri udranno la sua voce e ne
usciranno: ²⁹quanti fecero il bene per una risurrezione di vita
e quanti fecero il male per una risurrezione di condanna.
³⁰Io non posso far nulla da me stesso; giudico secondo quello
che ascolto e il mio giudizio è giusto, perché non cerco la
mia volontà, ma la volontà di colui che mi ha mandato.

³¹Se fossi io a render testimonianza a me stesso, la mia
testimonianza non sarebbe vera; ³²ma c'è un altro che mi
rende testimonianza, e so che la testimonianza che egli mi
rende è verace. ³³Voi avete inviato messaggeri di Giovanni
ed egli ha reso testimonianza alla verità. ³⁴Io non ricevo
testimonianza da un uomo; ma vi dico queste cose perché
possiate salvarvi. ³⁵Egli era una lampada che arde e risplende, e voi avete voluto solo per un momento rallegrarvi alla
sua luce.

³⁶Io però ho una testimonianza superiore a quella di Giovanni: le opere che il Padre mi ha dato da compiere, quelle
stesse opere che io sto facendo, testimoniano di me che il
Padre mi ha mandato. ³⁷E anche il Padre, che mi ha mandato, ha reso testimonianza di me. Ma voi non avete mai udito
la sua voce, né avete visto il suo volto, ³⁸e non avete la sua
parola che dimora in voi, perché non credete a colui che egli
ha mandato. ³⁹Voi scrutate le Scritture credendo di avere in
esse la vita eterna; ebbene, sono proprio esse che mi rendono testimonianza. ⁴⁰Ma voi non volete venire a me per avere
la vita.

⁴¹Io non ricevo gloria dagli uomini. ⁴²Ma io vi conosco e so
che non avete in voi l'amore di Dio. ⁴³Io sono venuto nel
nome del Padre mio e voi non mi ricevete; se un altro

venisse nel proprio nome, lo ricevereste. 44E come potete credere, voi che prendete gloria gli uni dagli altri, e non cercate la gloria che viene da Dio solo? 45Non crediate che sia io ad accusarvi davanti al Padre; c'è già chi vi accusa, Mosè, nel quale avete riposto la vostra speranza. 46Se credeste infatti a Mosè, credereste anche a me; perché di me egli ha scritto. 47Ma se non credete ai suoi scritti, come potrete credere alle mie parole?».

* Il miracolo della moltiplicazione dei pani assume nel quarto vangelo un profondo significato simbolico, come prova il successivo «discorso sul pane di vita». La Pasqua dei Giudei, la festa della liberazione per eccellenza, sarà rimpiazzata dalla nuova Pasqua, attuata da Cristo, il quale redimerà il suo popolo dal peccato. Al posto della manna, Dio ha donato ad esso «il pane del cielo», inviando il Figlio quale rivelatore definitivo del suo sommo amore. L'Eucaristia costituirà la suprema manifestazione di tale amore: l'umanità stessa di Gesù, immolata in croce, totalmente trasformata dallo Spirito Santo nella risurrezione, costituirà il cibo e la bevanda che conferiranno ai credenti la vita eterna. *

6. La moltiplicazione dei pani (Mt 14,13-21; Mc 6,32-44; Lc 9,10-17) - 1Dopo questi fatti, Gesù andò all'altra riva del mare di Galilea, cioè di Tiberìade, 2e una grande folla lo seguiva, vedendo i segni che faceva sugli infermi. 3Gesù salì sulla montagna e là si pose a sedere con i suoi discepoli. 4Era vicina la Pasqua, la festa dei Giudei.

5Alzati quindi gli occhi, Gesù vide che una grande folla veniva da lui e disse a Filippo: «Dove possiamo comprare il pane perché costoro abbiano da mangiare?». 6Diceva così per metterlo alla prova; egli infatti sapeva bene quello che stava per fare. 7Gli rispose Filippo: «Duecento denari di pane non sono sufficienti neppure perché ognuno possa riceverne un pezzo». 8Gli disse allora uno dei discepoli, Andrea, fratello di Simon Pietro: 9«C'è qui un ragazzo che ha cinque pani d'orzo e due pesci; ma che cos'è questo per tanta gente?». 10Rispose Gesù: «Fateli sedere». C'era molta erba in quel luogo. Si sedettero dunque ed erano circa cinquemila uomini.

11Allora Gesù prese i pani e, dopo aver reso grazie, li distribuì a quelli che si erano seduti, e lo stesso fece dei pesci, finché ne vollero. 12E quando furono saziati, disse ai discepoli: «Raccogliete i pezzi avanzati, perché nulla vada perduto». [13]Li raccolsero e riempirono dodici canestri con i pezzi dei cinque pani d'orzo, avanzati a coloro che avevano mangiato.

[14]Allora la gente, visto il segno che egli aveva compiuto, cominciò a dire: «Questi è davvero il profeta che deve venire nel mondo!». [15]Ma Gesù, sapendo che stavano per venire a prenderlo per farlo re, si ritirò di nuovo sulla montagna, tutto solo.

Gesù cammina sulle acque (Mt 14,22-33; Mc 6,45-52) - [16]Venuta intanto la sera, i suoi discepoli scesero al mare [17]e, saliti in una barca, si avviarono verso l'altra riva in direzione di Cafàrnao. Era ormai buio, e Gesù non era ancora venuto da loro. [18]Il mare era agitato, perché soffiava un forte vento. [19]Dopo aver remato circa tre o quattro miglia, videro Gesù che camminava sul mare e si avvicinava alla barca, ed ebbero paura. [20]Ma egli disse loro: «Sono io, non temete». [21]Allora vollero prenderlo sulla barca e rapidamente la barca toccò la riva alla quale erano diretti.

Gesù a Cafàrnao - [22]Il giorno dopo, la folla, rimasta dall'altra parte del mare, notò che c'era una barca sola e che Gesù non era salito con i suoi discepoli sulla barca, ma soltanto i suoi discepoli erano partiti. [23]Altre barche erano giunte nel frattempo da Tiberìade, presso il luogo dove avevano mangiato il pane dopo che il Signore aveva reso grazie. [24]Quando dunque la folla vide che Gesù non era più là e nemmeno i suoi discepoli, salì sulle barche e si diresse alla volta di Cafàrnao alla ricerca di Gesù. [25]Trovatolo di là dal mare, gli dissero: «Rabbì, quando sei venuto qua?».

Discorso sul pane di vita - [26]Gesù rispose: «In verità, in verità vi dico, voi mi cercate non perché avete visto dei segni, ma perché avete mangiato di quei pani e vi siete saziati. [27]Procuratevi non il cibo che perisce, ma quello che dura per la vita eterna, e che il Figlio dell'uomo vi darà. Perché su di lui il Padre, Dio, ha messo il suo sigillo». [28]Gli dissero allora: «Che cosa dobbiamo fare per compiere le opere di Dio?». [29]Gesù rispose: «Questa è l'opera di Dio: credere in colui che egli ha mandato».

³⁰Allora gli dissero: «Quale segno dunque tu fai perché vediamo e possiamo crederti? Quale opera compi? ³¹I nostri padri hanno mangiato la manna nel deserto, come sta scritto: *Diede loro da mangiare un pane dal cielo*» (Sal 77,24). ³²Rispose loro Gesù: «In verità, in verità vi dico: non Mosè vi ha dato il pane dal cielo, ma il Padre mio vi dà il pane dal cielo, quello vero; ³³il pane di Dio è colui che discende dal cielo e dà la vita al mondo». ³⁴Allora gli dissero: «Signore, dacci sempre questo pane».

³⁵Gesù rispose: «Io sono il pane della vita; chi viene a me non avrà più fame e chi crede in me non avrà più sete. ³⁶Vi ho detto però che voi mi avete visto e non credete. ³⁷Tutto ciò che il Padre mi dà, verrà a me; colui che viene a me, non lo respingerò, ³⁸perché sono disceso dal cielo non per fare la mia volontà, ma la volontà di colui che mi ha mandato. ³⁹E questa è la volontà di colui che mi ha mandato, che io non perda nulla di quanto egli mi ha dato, ma lo risusciti nell'ultimo giorno. ⁴⁰Questa infatti è la volontà del Padre mio, che chiunque vede il Figlio e crede in lui abbia la vita eterna; io lo risusciterò nell'ultimo giorno».

⁴¹Intanto i Giudei mormoravano di lui perché aveva detto: «Io sono il pane disceso dal cielo». ⁴²E dicevano: «Costui non è forse Gesù, il figlio di Giuseppe? Di lui conosciamo il padre e la madre. Come può dunque dire: Sono disceso dal cielo?».

⁴³Gesù rispose: «Non mormorate tra di voi. ⁴⁴Nessuno può venire a me, se non lo attira il Padre che mi ha mandato; e io lo risusciterò nell'ultimo giorno. ⁴⁵Sta scritto nei profeti: *E tutti saranno ammaestrati da Dio* (Is 54,13). Chiunque ha udito il Padre e ha imparato da lui, viene a me. ⁴⁶Non che alcuno abbia visto il Padre, ma solo colui che viene da Dio ha visto il Padre. ⁴⁷In verità vi dico: chi crede ha la vita eterna.

⁴⁸Io sono il pane della vita. ⁴⁹I vostri padri hanno mangiato la manna nel deserto e sono morti; ⁵⁰questo è il pane che discende dal cielo, perché chi ne mangia non muoia. ⁵¹Io sono il pane vivo, disceso dal cielo. Se uno mangia di questo pane vivrà in eterno e il pane che io darò è la mia carne per la vita del mondo».

⁵²Allora i Giudei si misero a discutere tra di loro: «Come può costui darci la sua carne da mangiare?». ⁵³Gesù disse:

«In verità, in verità vi dico: se non mangiate la carne del Figlio dell'uomo e non bevete il suo sangue, non avrete in voi la vita. ⁵⁴Chi mangia la mia carne e beve il mio sangue ha la vita eterna e io lo risusciterò nell'ultimo giorno. ⁵⁵Perché la mia carne è vero cibo e il mio sangue vera bevanda. ⁵⁶Chi mangia la mia carne e beve il mio sangue dimora in me e io in lui. ⁵⁷Come il Padre, che ha la vita, ha mandato me e io vivo per il Padre, così anche colui che mangia di me vivrà per me. ⁵⁸Questo è il pane disceso dal cielo, non come quello che mangiarono i padri vostri e morirono. Chi mangia questo pane vivrà in eterno».

⁵⁹Queste cose disse Gesù, insegnando nella sinagoga a Cafàrnao.

Lo scandalo dei discepoli - ⁶⁰Molti dei suoi discepoli, dopo aver ascoltato, dissero: «Questo linguaggio è duro; chi può intenderlo?». ⁶¹Gesù, conoscendo dentro di sé che i suoi discepoli proprio di questo mormoravano, disse loro: «Questo vi scandalizza? ⁶²E se vedeste il Figlio dell'uomo salire là dov'era prima? ⁶³È lo Spirito che dà la vita, la carne non giova a nulla; le parole che vi ho dette sono spirito e vita. ⁶⁴Ma vi sono alcuni tra voi che non credono». Gesù infatti sapeva fin da principio chi erano quelli che non credevano e chi era colui che lo avrebbe tradito. ⁶⁵E continuò: «Per questo vi ho detto che nessuno può venire a me, se non gli è concesso dal Padre mio».

La confessione di Pietro (Mt 16,13-16; Mc 8,27-30; Lc 9,18-21) - ⁶⁶Da allora molti dei suoi discepoli si tirarono indietro e non andavano più con lui. ⁶⁷Disse allora Gesù ai Dodici: «Forse anche voi volete andarvene?». ⁶⁸Gli rispose Simon Pietro: «Signore, da chi andremo? Tu hai parole di vita eterna; ⁶⁹noi abbiamo creduto e conosciuto che tu sei il Santo di Dio». ⁷⁰Rispose Gesù: «Non ho forse scelto io voi, i Dodici? Eppure uno di voi è un diavolo!». Egli parlava di Giuda, figlio di Simone Iscariota: questi infatti stava per tradirlo, uno dei Dodici.

Incredulità dei Giudei

* Nella gioiosa festa delle Capanne (in ricordo dei quarant'anni

trascorsi nel deserto prima dell'ingresso in Terra Santa) continua la progressiva rivelazione della persona di Gesù, che si attribuisce una dottrina proveniente da Dio, che promette un'acqua viva, che si dichiara luce del mondo e rivendica il nome stesso di Dio, «Io sono» o Iahvè. *

7. Gesù alla festa delle Capanne - ¹Dopo questi fatti Gesù se ne andava per la Galilea; infatti non voleva più girare per la Giudea, perché i Giudei cercavano di ucciderlo.

²Si avvicinava intanto la festa dei Giudei, detta delle Capanne; ³i suoi fratelli gli dissero: «Parti di qui e va' nella Giudea perché anche i tuoi discepoli vedano le opere che tu fai. ⁴Nessuno infatti agisce di nascosto, se vuole venire riconosciuto pubblicamente. Se fai tali cose, manifèstati al mondo!». ⁵Neppure i suoi fratelli infatti credevano in lui. ⁶Gesù allora disse loro: «Il mio tempo non è ancora venuto, il vostro invece è sempre pronto. ⁷Il mondo non può odiare voi, ma odia me, perché di lui io attesto che le sue opere sono cattive. ⁸Andate voi a questa festa; io non ci vado, perché il mio tempo non è ancora compiuto». ⁹Dette loro queste cose, restò nella Galilea.

¹⁰Ma andati i suoi fratelli alla festa, allora vi andò anche lui; non apertamente però: di nascosto. ¹¹I Giudei intanto lo cercavano durante la festa e dicevano: «Dov'è quel tale?». ¹²E si faceva sommessamente un gran parlare di lui tra la folla; gli uni infatti dicevano: «È buono!». Altri invece: «No, inganna la gente!». ¹³Nessuno però ne parlava in pubblico, per paura dei Giudei.

Gesù insegna nel tempio - ¹⁴Quando ormai si era a metà della festa, Gesù salì al tempio e vi insegnava. ¹⁵I Giudei ne erano stupiti e dicevano: «Come mai costui conosce le Scritture, senza avere studiato?». ¹⁶Gesù rispose: «La mia dottrina non è mia, ma di colui che mi ha mandato. ¹⁷Chi vuol fare la sua volontà, conoscerà se questa dottrina viene da Dio, o se io parlo da me stesso. ¹⁸Chi parla da se stesso, cerca la propria gloria; ma chi cerca la gloria di colui che l'ha mandato è veritiero, e in lui non c'è ingiustizia. ¹⁹Non è stato forse Mosè a darvi la Legge? Eppure nessuno di voi osserva la Legge! Perché cercate di uccidermi?». ²⁰Rispose la folla: «Tu hai un demonio! Chi cerca di ucciderti?».

²¹Rispose Gesù: «Un'opera sola ho compiuto, e tutti ne siete stupiti. ²²Mosè vi ha dato la circoncisione - non che essa venga da Mosè, ma dai patriarchi - e voi circoncidete un uomo anche di sabato. ²³Ora se un uomo riceve la circoncisione di sabato perché non sia trasgredita la Legge di Mosè, voi vi sdegnate contro di me perché ho guarito interamente un uomo di sabato? ²⁴Non giudicate secondo le apparenze, ma giudicate con giusto giudizio!».

L'origine del Cristo - ²⁵Intanto alcuni di Gerusalemme dicevano: «Non è costui quello che cercano di uccidere? ²⁶Ecco, egli parla liberamente, e non gli dicono niente. Che forse i capi abbiano riconosciuto davvero che egli è il Cristo? ²⁷Ma costui sappiamo di dov'è; il Cristo invece, quando verrà, nessuno saprà di dove sia». ²⁸Gesù allora, mentre insegnava nel tempio, esclamò: «Certo, voi mi conoscete e sapete di dove sono. Eppure io non sono venuto da me e chi mi ha mandato è veritiero, e voi non lo conoscete. ²⁹Io però lo conosco, perché vengo da lui ed egli mi ha mandato».

³⁰Allora cercarono di arrestarlo, ma nessuno riuscì a mettergli le mani addosso, perché non era ancora giunta la sua ora. ³¹Molti della folla invece credettero in lui, e dicevano: «Il Cristo, quando verrà, potrà fare segni più grandi di quelli che ha fatto costui?».

Partenza imminente di Gesù - ³²I farisei intanto udirono che la gente sussurrava queste cose di lui e perciò i sommi sacerdoti e i farisei mandarono delle guardie per arrestarlo. ³³Gesù disse: «Per poco tempo ancora rimango con voi, poi vado da colui che mi ha mandato. ³⁴Voi mi cercherete, e non mi troverete; e dove sono io, voi non potrete venire». ³⁵Dissero dunque tra loro i Giudei: «Dove mai sta per andare costui, che noi non potremo trovarlo? Andrà forse da quelli che sono dispersi fra i Greci e ammaestrerà i Greci? ³⁶Che discorso è questo che ha fatto: Mi cercherete e non mi troverete e dove sono io voi non potrete venire?».

Promessa dello Spirito - ³⁷Nell'ultimo giorno, il grande giorno della festa, Gesù levatosi in piedi esclamò ad alta voce: «Chi ha sete venga a me e beva. ³⁸Chi crede in me, come dice la Scrittura, fiumi di acqua viva sgorgheranno dal

suo seno». ³⁹Questo egli disse riferendosi allo Spirito che
avrebbero ricevuto i credenti in lui: infatti non c'era ancora
lo Spirito, perché Gesù non era stato ancora glorificato.

⁴⁰All'udire queste parole, alcuni fra la gente dicevano:
«Questi è davvero il profeta!». ⁴¹Altri dicevano: «Questi è il
Cristo!». Altri invece dicevano: «Il Cristo viene forse dalla
Galilea? ⁴²Non dice forse la Scrittura che il Cristo *verrà dalla
stirpe di Davide e da Betlemme* (Mic 5,1), il villaggio di
Davide?». ⁴³E nacque dissenso tra la gente riguardo a lui.

Dissenso dei Giudei su Gesù - ⁴⁴Alcuni di loro volevano
arrestarlo, ma nessuno gli mise le mani addosso. ⁴⁵Le guardie tornarono quindi dai sommi sacerdoti e dai farisei e
questi dissero loro: «Perché non lo avete condotto?».
⁴⁶Risposero le guardie: «Mai un uomo ha parlato come parla
quest'uomo!». ⁴⁷Ma i farisei replicarono loro: «Forse vi siete
lasciati ingannare anche voi? ⁴⁸Forse gli ha creduto qualcuno
fra i capi, o fra i farisei? ⁴⁹Ma questa gente, che non conosce
la Legge, è maledetta!».

⁵⁰Disse allora Nicodèmo, uno di loro, che era venuto pre-
cedentemente da Gesù: ⁵¹«La nostra Legge giudica forse un
uomo prima di averlo ascoltato e di sapere ciò che fa?».
⁵²Gli risposero: «Sei forse anche tu della Galilea? Studia e
vedrai che non sorge profeta dalla Galilea».

⁵³E tornarono ciascuno a casa sua.

8. L'adultera - ¹Gesù si avviò allora verso il monte degli
Ulivi. ²Ma all'alba si recò di nuovo nel tempio e tutto il
popolo andava da lui ed egli, sedutosi, li ammaestrava.
³Allora gli scribi e i farisei gli conducono una donna sorpresa in adulterio e, postala nel mezzo, ⁴gli dicono: «Maestro,
questa donna è stata sorpresa in flagrante adulterio. ⁵Ora
Mosè, nella Legge, ci ha comandato di lapidare donne come
questa. Tu che ne dici?». ⁶Questo dicevano per metterlo alla
prova e per aver di che accusarlo.

Ma Gesù, chinatosi, si mise a scrivere col dito per terra.
⁷E siccome insistevano nell'interrogarlo, alzò il capo e disse
loro: «Chi di voi è senza peccato, scagli per primo la pietra
contro di lei». ⁸E chinatosi di nuovo, scriveva per terra. ⁹Ma
quelli, udito ciò, se ne andarono uno per uno, cominciando
dai più anziani fino agli ultimi.

Rimase solo Gesù con la donna là in mezzo. [10]Alzatosi allora Gesù le disse: «Donna, dove sono? Nessuno ti ha condannata?». [11]Ed essa rispose: «Nessuno, Signore». E Gesù le disse: «Neanch'io ti condanno; va' e d'ora in poi non peccare più».

Gesù luce del mondo - [12]Di nuovo Gesù parlò loro: «Io sono la luce del mondo; chi segue me, non camminerà nelle tenebre, ma avrà la luce della vita». [13]Gli dissero allora i farisei: «Tu dai testimonianza di te stesso; la tua testimonianza non è vera». [14]Gesù rispose: «Anche se io rendo testimonianza di me stesso, la mia testimonianza è vera, perché so da dove vengo e dove vado. Voi invece non sapete da dove vengo e dove vado. [15]Voi giudicate secondo la carne; io non giudico nessuno.

[16]E anche se giudico, il mio giudizio è vero, perché non sono solo, ma io e il Padre che mi ha mandato. [17]Nella vostra Legge sta scritto che la testimonianza di due persone è vera: [18]orbene, sono io che do testimonianza di me stesso, ma anche il Padre, che mi ha mandato, mi dà testimonianza». [19]Gli dissero allora: «Dov'è tuo padre?». Rispose Gesù: «Voi non conoscete né me né il Padre; se conosceste me, conoscereste anche il Padre mio». [20]Queste parole Gesù le pronunziò nel luogo del tesoro mentre insegnava nel tempio. E nessuno lo arrestò, perché non era ancora giunta la sua ora.

Discussione con i Giudei - [21]Di nuovo Gesù disse loro: «Io vado e voi mi cercherete, ma morirete nel vostro peccato. Dove vado io, voi non potete venire». [22]Dicevano allora i Giudei: «Forse si ucciderà, dal momento che dice: Dove vado io, voi non potete venire?». [23]E diceva loro: «Voi siete di quaggiù, io sono di lassù; voi siete di questo mondo, io non sono di questo mondo. [24]Vi ho detto che morirete nei vostri peccati; se infatti non credete che Io Sono, morirete nei vostri peccati».

[25]Gli dissero allora: «Tu chi sei?». Gesù disse loro: «Proprio ciò che vi dico. [26]Avrei molte cose da dire e da giudicare sul vostro conto; ma colui che mi ha mandato è veritiero, ed io dico al mondo le cose che ho udito da lui». [27]Non capirono che egli parlava loro del Padre. [28]Disse allora Ge-

sù: «Quando avrete innalzato il Figlio dell'uomo, allora saprete che Io Sono e non faccio nulla da me stesso, ma come mi ha insegnato il Padre, così io parlo. 29Colui che mi ha mandato è con me e non mi ha lasciato solo, perché io faccio sempre le cose che gli sono gradite». 30A queste sue parole, molti credettero in lui.

La verità liberatrice - 31Gesù allora disse a quei Giudei che avevano creduto in lui: «Se rimanete fedeli alla mia parola, sarete davvero miei discepoli; 32conoscerete la verità e la verità vi farà liberi». 33Gli risposero: «Noi siamo discendenza di Abramo e non siamo mai stati schiavi di nessuno. Come puoi tu dire: Diventerete liberi?». 34Gesù rispose: «In verità, in verità vi dico: chiunque commette il peccato è schiavo del peccato. 35Ora lo schiavo non resta per sempre nella casa, ma il figlio vi resta sempre; 36se dunque il Figlio vi farà liberi, sarete liberi davvero. 37So che siete discendenza di Abramo. Ma intanto cercate di uccidermi perché la mia parola non trova posto in voi. 38Io dico quello che ho visto presso il Padre; anche voi dunque fate quello che avete ascoltato dal padre vostro!».

I Giudei figli del diavolo - 39Gli risposero: «Il nostro padre è Abramo». Rispose Gesù: «Se siete figli di Abramo, fate le opere di Abramo! 40Ora invece cercate di uccidere me, che vi ho detto la verità udita da Dio; questo, Abramo non l'ha fatto. 41Voi fate le opere del padre vostro». Gli risposero: «Noi non siamo nati da prostituzione, noi abbiamo un solo Padre, Dio!».
42Disse loro Gesù: «Se Dio fosse vostro Padre, certo mi amereste, perché da Dio sono uscito e vengo; non sono venuto da me stesso, ma lui mi ha mandato. 43Perché non comprendete il mio linguaggio? Perché non potete dare ascolto alle mie parole, 44voi che avete per padre il diavolo, e volete compiere i desideri del padre vostro. Egli è stato omicida fin da principio e non ha perseverato nella verità, perché non vi è verità in lui. Quando dice il falso, parla del suo, perché è menzognero e padre della menzogna. 45A me, invece, voi non credete, perché dico la verità. 46Chi di voi può convincermi di peccato? Se dico la verità, perché non

mi credete? [47]Chi è da Dio ascolta le parole di Dio: per questo voi non le ascoltate, perché non siete da Dio».

Gesù e Abramo - [48]Gli risposero i Giudei: «Non diciamo con ragione noi che sei un Samaritano e hai un demonio?». [49]Rispose Gesù: «Io non ho un demonio, ma onoro il Padre mio e voi mi disonorate. [50]Io non cerco la mia gloria; vi è chi la cerca e giudica. [51]In verità, in verità vi dico: se uno osserva la mia parola, non vedrà mai la morte».

[52]Gli dissero i Giudei: «Ora sappiamo che hai un demonio. Abramo è morto, come anche i profeti, e tu dici: "Chi osserva la mia parola non conoscerà mai la morte". [53]Sei tu più grande del nostro padre Abramo, che è morto? Anche i profeti sono morti; chi pretendi di essere?». [54]Rispose Gesù: «Se io glorificassi me stesso, la mia gloria non sarebbe nulla; chi mi glorifica è il Padre mio, del quale voi dite: "È nostro Padre!", [55]e non lo conoscete. Io invece lo conosco. E se dicessi che non lo conosco, sarei come voi, un mentitore; ma lo conosco e osservo la sua parola. [56]Abramo, vostro padre, esultò nella speranza di vedere il mio giorno; lo vide e se ne rallegrò».

[57]Gli dissero allora i Giudei: «Non hai ancora cinquant'anni e hai visto Abramo?». [58]Rispose loro Gesù: «In verità, in verità vi dico: prima che Abramo fosse, Io Sono». [59]Allora raccolsero pietre per scagliarle contro di lui; ma Gesù si nascose e uscì dal tempio.

* Il racconto del cieco nato è una parabola in azione per esprimere l'accecamento dei Giudei. Il cieco recupera la vista per l'intervento di Gesù; invece i farisei, che presumono di vederci, restano nella loro cecità spirituale. Tale accecamento volontario li esclude dal vero ovile di Dio, che ha per unico pastore il divino Maestro. Nell'ultima festa giudaica (Dedicazione) Gesù rivela più pienamente la sua identità (10,30). I Giudei gli si oppongono più accanitamente e cercano di lapidarlo. Così si escludono in modo definitivo dal suo gregge. *

9. Guarigione del cieco nato - [1]Passando vide un uomo cieco dalla nascita [2]e i suoi discepoli lo interrogarono: «Rabbì, chi ha peccato, lui o i suoi genitori, perché egli nascesse cieco?». [3]Rispose Gesù: «Né lui ha peccato né i suoi genitori, ma è così perché si manifestassero in lui le opere di Dio.

⁴Dobbiamo compiere le opere di colui che mi ha mandato finché è giorno; poi viene la notte, quando nessuno può più operare. ⁵Finché sono nel mondo, sono la luce del mondo». ⁶Detto questo sputò per terra, fece del fango con la saliva, spalmò il fango sugli occhi del cieco ⁷e gli disse: «Va' a lavarti nella piscina di Sìloe (che significa Inviato)». Quegli andò, si lavò e tornò che ci vedeva.

⁸Allora i vicini e quelli che lo avevano visto prima, poiché era un mendicante, dicevano: «Non è egli quello che stava seduto a chiedere l'elemosina?». ⁹Alcuni dicevano: «È lui»; altri dicevano: «No, ma gli assomiglia». Ed egli diceva: «Sono io!». ¹⁰Allora gli chiesero: «Come dunque ti furono aperti gli occhi?». ¹¹Egli rispose: «Quell'uomo che si chiama Gesù ha fatto del fango, mi ha spalmato gli occhi e mi ha detto: Va' a Sìloe e lavati! Io sono andato e, dopo essermi lavato, ho acquistato la vista». ¹²Gli dissero: «Dov'è questo tale?». Rispose: «Non lo so».

¹³Intanto condussero dai farisei quello che era stato cieco: ¹⁴era infatti sabato il giorno in cui Gesù aveva fatto del fango e gli aveva aperto gli occhi. ¹⁵Anche i farisei dunque gli chiesero di nuovo come avesse riacquistato la vista. Ed egli disse loro: «Mi ha posto del fango sopra gli occhi, mi sono lavato e ci vedo». ¹⁶Allora alcuni dei farisei dicevano: «Quest'uomo non viene da Dio, perché non osserva il sabato». Altri dicevano: «Come può un peccatore compiere tali prodigi?». E c'era dissenso tra di loro. ¹⁷Allora dissero di nuovo al cieco: «Tu che dici di lui, dal momento che ti ha aperto gli occhi?». Egli rispose: «È un profeta!».

¹⁸Ma i Giudei non vollero credere di lui che era stato cieco e aveva acquistato la vista, finché non chiamarono i genitori di colui che aveva ricuperato la vista. ¹⁹E li interrogarono: «È questo il vostro figlio, che voi dite esser nato cieco? Come mai ora ci vede?». ²⁰I genitori risposero: «Sappiamo che questo è il nostro figlio e che è nato cieco; ²¹come poi ora ci veda, non lo sappiamo, né sappiamo chi gli ha aperto gli occhi; chiedetelo a lui, ha l'età, parlerà lui di se stesso». ²²Questo dissero i suoi genitori, perché avevano paura dei Giudei; infatti i Giudei avevano già stabilito che se uno lo avesse riconosciuto come il Cristo, venisse espulso dalla sinagoga. ²³Per questo i suoi genitori dissero: «Ha l'età, chiedetelo a lui!».

²⁴Allora chiamarono di nuovo l'uomo che era stato cieco e gli dissero: «Da' gloria a Dio! Noi sappiamo che quest'uomo è un peccatore». ²⁵Quegli rispose: «Se sia un peccatore, non lo so; una cosa so: prima ero cieco e ora ci vedo». ²⁶Allora gli dissero di nuovo: «Che cosa ti ha fatto? Come ti ha aperto gli occhi?». ²⁷Rispose loro: «Ve l'ho già detto e non mi avete ascoltato; perché volete udirlo di nuovo? Volete forse diventare anche voi suoi discepoli?».

²⁸Allora lo insultarono e gli dissero: «Tu sei suo discepolo, noi siamo discepoli di Mosè! ²⁹Noi sappiamo infatti che a Mosè ha parlato Dio; ma costui non sappiamo di dove sia». ³⁰Rispose loro quell'uomo: «Proprio questo è strano, che voi non sapete di dove sia, eppure mi ha aperto gli occhi. ³¹Ora, noi sappiamo che Dio non ascolta i peccatori, ma se uno è timorato di Dio e fa la sua volontà, egli lo ascolta. ³²Da che è mondo, non s'è mai sentito dire che uno abbia aperto gli occhi a un cieco nato. ³³Se costui non fosse da Dio, non avrebbe potuto far nulla». ³⁴Gli replicarono: «Sei nato tutto nei peccati e vuoi insegnare a noi?». E lo cacciarono fuori.

³⁵Gesù seppe che l'avevano cacciato fuori, e incontratolo gli disse: «Tu credi nel Figlio dell'uomo?». ³⁶Egli rispose: «E chi è, Signore, perché io creda in lui?». ³⁷Gli disse Gesù: «Tu l'hai visto: colui che parla con te è proprio lui». ³⁸Ed egli disse: «Io credo, Signore!». E gli si prostrò innanzi.

³⁹Gesù allora disse: «Io sono venuto in questo mondo per giudicare, perché coloro che non vedono vedano e quelli che vedono diventino ciechi». ⁴⁰Alcuni dei farisei che erano con lui udirono queste parole e gli dissero: «Siamo forse ciechi anche noi?». ⁴¹Gesù rispose loro: «Se foste ciechi, non avreste alcun peccato; ma siccome dite: Noi vediamo, il vostro peccato rimane».

10. Il buon pastore - ¹«In verità, in verità vi dico: chi non entra nel recinto delle pecore per la porta, ma vi sale da un'altra parte, è un ladro e un brigante. ²Chi invece entra per la porta, è il pastore delle pecore. ³Il guardiano gli apre e le pecore ascoltano la sua voce: egli chiama le sue pecore una per una e le conduce fuori. ⁴E quando ha condotto fuori tutte le sue pecore, cammina innanzi a loro, e le pecore lo seguono, perché conoscono la sua voce. ⁵Un estraneo invece non lo seguiranno, ma fuggiranno via da lui, perché non conoscono la voce degli estranei». [6]Questa similitudine disse loro Gesù; ma essi non capirono che cosa significava ciò che diceva loro.

[7]Allora Gesù disse loro di nuovo: «In verità, in verità vi dico: io sono la porta delle pecore. [8]Tutti coloro che sono venuti prima di me, sono ladri e briganti; ma le pecore non li hanno ascoltati. [9]Io sono la porta: se uno entra attraverso di me, sarà salvo; entrerà e uscirà e troverà pascolo. [10]Il ladro non viene se non per rubare, uccidere e distruggere; io sono venuto perché abbiano la vita e l'abbiano in abbondanza.

[11]Io sono il buon pastore. Il buon pastore offre la vita per le pecore. [12]Il mercenario invece, che non è pastore e al quale le pecore non appartengono, vede venire il lupo, abbandona le pecore e fugge e il lupo le rapisce e le disperde; [13]egli è un mercenario e non gli importa delle pecore. [14]Io sono il buon pastore, conosco le mie pecore e le mie pecore conoscono me, [15]come il Padre conosce me e io conosco il Padre; e offro la vita per le pecore. [16]E ho altre pecore che non sono di quest'ovile; anche queste io devo condurre; ascolteranno la mia voce e diventeranno un solo gregge e un solo pastore. [17]Per questo il Padre mi ama: perché io offro la mia vita, per poi riprenderla di nuovo. [18]Nessuno me la toglie, ma la offro da me stesso, poiché ho il potere di offrirla e il potere di riprenderla di nuovo. Questo comando ho ricevuto dal Padre mio».

[19]Sorse di nuovo dissenso tra i Giudei per queste parole. [20]Molti di essi dicevano: «Ha un demonio ed è fuori di sé; perché lo state ad ascoltare?». [21]Altri invece dicevano: «Queste parole non sono di un indemoniato; può forse un demonio aprire gli occhi dei ciechi?».

Gesù alla festa della Dedicazione - [22]Ricorreva in quei giorni a Gerusalemme la festa della Dedicazione. Era d'inverno. [23]Gesù passeggiava nel tempio, sotto il portico di Salomone. [24]Allora i Giudei gli si fecero attorno e gli dicevano: «Fino a quando terrai l'animo nostro sospeso? Se tu sei il Cristo, dillo a noi apertamente». [25]Gesù rispose loro: «Ve l'ho detto e non credete; le opere che io compio nel nome del Padre mio, queste mi danno testimonianza; [26]ma voi non credete, perché non siete mie pecore. [27]Le mie pecore ascoltano la mia voce e io le conosco ed esse mi seguono. [28]Io do loro la vita eterna e non andranno mai perdute e nessuno le rapirà dalla mia mano. [29]Il Padre mio che me le ha date è più grande di tutti e nessuno può rapirle dalla mano del Padre mio. [30]Io e il Padre siamo una cosa sola».

[31]I Giudei portarono di nuovo delle pietre per lapidarlo. [32]Gesù rispose loro: «Vi ho fatto vedere molte opere buone da parte del Padre mio; per quale di esse mi volete lapidare?». [33]Gli risposero i Giudei: «Non ti lapidiamo per un'opera buona, ma per la bestemmia e perché tu, che sei uomo, ti fai Dio».

[34]Rispose loro Gesù: «Non è forse scritto nella vostra legge: *Io ho detto: voi siete dèi*? (Sal 81,6). [35]Ora, se essa ha chiamato dèi coloro ai quali fu rivolta la parola di Dio (e la Scrittura non può essere annullata), [36]a colui che il Padre ha consacrato e mandato nel mondo, voi dite: Tu bestemmi, perché ho detto: Sono Figlio di Dio? [37]Se non compio le opere del Padre mio, non credetemi; [38]ma se le compio, anche se non volete credere a me, credete almeno alle opere, perché sappiate e conosciate che il Padre è in me e io nel Padre». [39]Cercavano allora di prenderlo di nuovo, ma egli sfuggì dalle loro mani.

Gesù al di là del Giordano - [40]Ritornò quindi al di là del Giordano, nel luogo dove prima Giovanni battezzava, e qui si fermò. [41]Molti andarono da lui e dicevano: «Giovanni non ha fatto nessun segno, ma tutto quello che Giovanni ha detto di costui era vero». [42]E in quel luogo molti credettero in lui.

IL VIAGGIO DI GESÙ VERSO LA MORTE

* In questo capitolo e nel seguente Giovanni descrive il cammino di Gesù verso la morte. La risurrezione di Lazzaro ne è la causa, ma è anche la prefigurazione della sua vittoria pasquale. Giovanni anticipa qui la condanna a morte di Gesù da parte del Sinedrio. *

11. Risurrezione di Lazzaro - ¹Era allora malato un certo Lazzaro di Betània, il villaggio di Maria e di Marta sua sorella. ²Maria era quella che aveva cosparso di olio profumato il Signore e gli aveva asciugato i piedi con i suoi capelli; suo fratello Lazzaro era malato. ³Le sorelle mandarono dunque a dirgli: «Signore, ecco, il tuo amico è malato».

⁴All'udire questo, Gesù disse: «Questa malattia non è per la morte, ma per la gloria di Dio, perché per essa il Figlio di Dio venga glorificato». ⁵Gesù voleva molto bene a Marta, a sua sorella e a Lazzaro. ⁶Quand'ebbe dunque sentito che era malato, si trattenne due giorni nel luogo dove si trovava. ⁷Poi disse ai discepoli: «Andiamo di nuovo in Giudea!». ⁸I discepoli gli dissero: «Rabbì, poco fa i Giudei cercavano di lapidarti e tu ci vai di nuovo?». ⁹Gesù rispose: «Non sono forse dodici le ore del giorno? Se uno cammina di giorno, non inciampa, perché vede la luce di questo mondo; ¹⁰ma se invece uno cammina di notte, inciampa, perché gli manca la luce».

¹¹Così parlò e poi soggiunse loro: «Il nostro amico Lazzaro s'è addormentato; ma io vado a svegliarlo». ¹²Gli dissero allora i discepoli: «Signore, se s'è addormentato, guarirà». ¹³Gesù parlava della morte di lui, essi invece pensarono che si riferisse al riposo del sonno. ¹⁴Allora Gesù disse loro apertamente: «Lazzaro è morto ¹⁵e io sono contento per voi di non essere stato là, perché voi crediate. Orsù, andiamo da lui!». ¹⁶Allora Tommaso, chiamato Dìdimo, disse ai condiscepoli: «Andiamo anche noi a morire con lui!».

¹⁷Venne dunque Gesù e trovò Lazzaro che era già da quattro giorni nel sepolcro. ¹⁸Betània distava da Gerusalemme meno di due miglia ¹⁹e molti Giudei erano venuti da Marta e Maria per consolarle per il loro fratello.

²⁰Marta dunque, come seppe che veniva Gesù, gli andò incontro; Maria invece stava seduta in casa. ²¹Marta disse a Gesù: «Signore, se tu fossi stato qui, mio fratello non sarebbe morto! ²²Ma anche ora so che qualunque cosa chiederai a Dio, egli te la concederà». ²³Gesù le disse: «Tuo fratello risusciterà». ²⁴Gli rispose Marta: «So che risusciterà nell'ultimo giorno». ²⁵Gesù le disse: «Io sono la risurrezione e la vita; chi crede in me, anche se muore, vivrà; ²⁶chiunque vive e crede in me, non morrà in eterno. Credi tu questo?». ²⁷Gli

rispose: «Sì, o Signore, io credo che tu sei il Cristo, il Figlio di Dio che deve venire nel mondo».

²⁸Dopo queste parole se ne andò a chiamare di nascosto Maria, sua sorella, dicendo: «Il Maestro è qui e ti chiama». ²⁹Quella, udito ciò, si alzò in fretta e andò da lui. ³⁰Gesù non era entrato nel villaggio, ma si trovava ancora là dove Marta gli era andata incontro. ³¹Allora i Giudei che erano in casa con lei a consolarla, quando videro Maria alzarsi in fretta e uscire, la seguirono pensando: «Va al sepolcro per piangere là».

³²Maria, dunque, quando giunse dov'era Gesù, vistolo si gettò ai suoi piedi dicendo: «Signore, se tu fossi stato qui, mio fratello non sarebbe morto!». ³³Gesù allora quando la vide piangere e piangere anche i Giudei che erano venuti con lei, si commosse profondamente, si turbò e disse: ³⁴«Dove l'avete posto?». Gli dissero: «Signore, vieni a vedere!». ³⁵Gesù scoppiò in pianto. ³⁶Dissero allora i Giudei: «Vedi come lo amava!». ³⁷Ma alcuni di loro dissero: «Costui che ha aperto gli occhi al cieco non poteva anche far sì che questi non morisse?».

³⁸Intanto Gesù, ancora profondamente commosso, si recò al sepolcro; era una grotta e sopra vi era posta una pietra. ³⁹Disse Gesù: «Togliete la pietra!». Gli rispose Marta, la sorella del morto: «Signore, già manda cattivo odore, perché è di quattro giorni». ⁴⁰Le disse Gesù: «Non ti ho detto che, se credi, vedrai la gloria di Dio?». ⁴¹Tolsero dunque la pietra. Gesù allora alzò gli occhi e disse: «Padre, ti ringrazio che mi hai ascoltato. ⁴²Io sapevo che sempre mi dai ascolto, ma l'ho detto per la gente che mi sta attorno, perché credano che tu mi hai mandato». ⁴³E detto questo, gridò a gran voce: «Lazzaro, vieni fuori!». ⁴⁴Il morto uscì, con i piedi e le mani avvolti in bende, e il volto coperto da un sudario. Gesù disse loro: «Scioglietelo e lasciatelo andare».

Il Sinedrio decreta la morte di Gesù - ⁴⁵Molti dei Giudei che eran venuti da Maria, alla vista di quel che egli aveva compiuto, credettero in lui. ⁴⁶Ma alcuni andarono dai farisei e riferirono loro quel che Gesù aveva fatto. ⁴⁷Allora i sommi sacerdoti e i farisei riunirono il sinedrio e dicevano: «Che facciamo? Quest'uomo compie molti segni. ⁴⁸Se lo lasciamo fare così, tutti crederanno in lui e verranno i Romani e distruggeranno il nostro luogo santo e la nostra nazione».

[49]Ma uno di loro, di nome Caifa, che era sommo sacerdote in quell'anno, disse loro: «Voi non capite nulla [50]e non considerate come sia meglio che muoia un solo uomo per il popolo e non perisca la nazione intera». [51]Questo però non lo disse da se stesso, ma essendo sommo sacerdote profetizzò che Gesù doveva morire per la nazione [52]e non per la nazione soltanto, ma anche per riunire insieme i figli di Dio che erano dispersi. [53]Da quel giorno dunque decisero di ucciderlo.

Gesù a Efraim - [54]Gesù pertanto non si faceva più vedere in pubblico tra i Giudei; egli si ritirò di là nella regione vicina al deserto, in una città chiamata Efraim, dove si trattenne con i suoi discepoli.

[55]Era vicina la Pasqua dei Giudei e molti dalla regione andarono a Gerusalemme prima della Pasqua per purificarsi. [56]Essi cercavano Gesù e stando nel tempio dicevano tra di loro: «Che ve ne pare? Non verrà egli alla festa?». [57]Intanto i sommi sacerdoti e i farisei avevano dato l'ordine che chiunque sapesse dove si trovava lo denunziasse, perché essi potessero prenderlo.

* L'unzione di Betània, avvenuta il sabato sera, preannuncia la morte di Gesù; con l'ingresso messianico a Gerusalemme ha inizio il viaggio verso il dramma della croce. Ma dalla sua passione e morte scaturirà la salvezza per tutte le genti, come indica la venuta di alcuni Greci o proseliti stranieri non ancora circoncisi. *

12. L'unzione a Betània (Mt 26,6-13; Mc 14,3-9) - [1]Sei giorni prima della Pasqua, Gesù andò a Betània, dove si trovava Lazzaro, che egli aveva risuscitato dai morti. [2]E qui gli fecero una cena: Marta serviva e Lazzaro era uno dei commensali. [3]Maria allora, presa una libbra di olio profumato di vero nardo, assai prezioso, cosparse i piedi di Gesù e li asciugò con i suoi capelli, e tutta la casa si riempì del profumo dell'unguento.

[4]Allora Giuda Iscariota, uno dei suoi discepoli, che doveva poi tradirlo, disse: [5]«Perché quest'olio profumato non si è venduto per trecento denari per poi darli ai poveri?».

[6]Questo egli disse non perché gl'importasse dei poveri, ma perché era ladro e, siccome teneva la cassa, prendeva quello che vi mettevano dentro. [7]Gesù allora disse: «Lasciala fare, perché lo conservi per il giorno della mia sepoltura. [8]I poveri infatti li avete sempre con voi, ma non sempre avete me».

[9]Intanto la gran folla di Giudei venne a sapere che Gesù si trovava là, e accorse non solo per Gesù, ma anche per vedere Lazzaro che egli aveva risuscitato dai morti. [10]I sommi sacerdoti allora deliberarono di uccidere anche Lazzaro, [11]perché molti Giudei se ne andavano a causa di lui e credevano in Gesù.

Ingresso messianico a Gerusalemme (Mt 21,1-11; Mc 11,1-10; Lc 19,28-40) - [12]Il giorno seguente, la gran folla che era venuta per la festa, udito che Gesù veniva a Gerusalemme, [13]prese dei rami di palme e uscì incontro a lui gridando: *Osanna! Benedetto colui che viene nel nome del Signore* (Sal 117,25-26), il re d'Israele!

[14]Gesù, trovato un asinello, vi montò sopra, come sta scritto: [15]*Non temere, figlia di Sion! Ecco, il tuo re viene, seduto sopra un puledro d'asina* (Zc 9,9).

[16]Sul momento i suoi discepoli non compresero queste cose; ma quando Gesù fu glorificato, si ricordarono che questo era stato scritto di lui e questo gli avevano fatto. [17]Intanto la gente che era stata con lui quando chiamò Lazzaro fuori dal sepolcro e lo risuscitò dai morti, gli rendeva testimonianza. [18]Anche per questo la folla gli andò incontro, perché aveva udito che aveva compiuto quel segno. [19]I farisei allora dissero tra di loro: «Vedete che non concludete nulla? Ecco che il mondo gli è andato dietro!».

I Greci da Gesù - [20]Tra quelli che erano saliti per il culto durante la festa, c'erano anche alcuni Greci. [21]Questi si avvicinarono a Filippo, che era di Betsàida di Galilea, e gli chiesero: «Signore, vogliamo vedere Gesù». [22]Filippo andò a dirlo ad Andrea, e poi Andrea e Filippo andarono a dirlo a Gesù.

Gesù parla della sua morte (Mt 16,25-26; Mc 8,35; Lc 9,23-24) - [23]Gesù rispose: «È giunta l'ora che sia glorificato il Figlio dell'uomo. [24]In verità, in verità vi dico: se il chicco di grano caduto in terra non muore, rimane solo; se invece muore, produce molto frutto. ²⁵Chi ama la sua vita la perde e chi odia la sua vita in questo mondo, la conserverà per la vita eterna. ²⁶Se uno mi vuol servire mi segua, e dove sono io, là sarà anche il mio servo. Se uno mi serve, il Padre lo onorerà. ²⁷Ora l'anima mia è turbata; e che devo dire? Padre, salvami da quest'ora? Ma per questo sono giunto a quest'ora! ²⁸Padre, glorifica il tuo nome». Venne allora una voce dal cielo: «L'ho glorificato e di nuovo lo glorificherò!».

²⁹La folla che era presente e aveva udito, diceva che era stato un tuono. Altri dicevano: «Un angelo gli ha parlato». ³⁰Rispose Gesù: «Questa voce non è venuta per me, ma per voi. ³¹Ora è il giudizio di questo mondo; ora il principe di questo mondo sarà gettato fuori. ³²Io, quando sarò elevato da terra, attirerò tutti a me». ³³Questo diceva per indicare di quale morte doveva morire.

³⁴Allora la folla gli rispose: «Noi abbiamo appreso dalla Legge che il Cristo rimane in eterno; come dunque tu dici che il Figlio dell'uomo deve essere elevato? Chi è questo Figlio dell'uomo?». ³⁵Gesù allora disse loro: «Ancora per poco tempo la luce è con voi. Camminate mentre avete la luce, perché non vi sorprendano le tenebre; chi cammina nelle tenebre non sa dove va. ³⁶Mentre avete la luce credete nella luce, per diventare figli della luce».

Gesù disse queste cose, poi se ne andò e si nascose da loro.

Accecamento dei Giudei - ³⁷Sebbene avesse compiuto tanti segni davanti a loro, non credevano in lui; ³⁸perché si adempisse la parola detta dal profeta Isaia: *Signore, chi ha creduto alla nostra parola? E il braccio del Signore a chi è stato rivelato?* (53,1).

³⁹E non potevano credere, per il fatto che Isaia aveva detto ancora: ⁴⁰*Ha reso ciechi i loro occhi e ha indurito il loro cuore, perché non vedano con gli occhi e non comprendano con il cuore, e si convertano e io li guarisca!* (6,9-10).

⁴¹Questo disse Isaia quando vide la sua gloria e parlò di lui. ⁴²Tuttavia, anche tra i capi, molti credettero in lui, ma non lo riconoscevano apertamente a causa dei farisei, per non essere espulsi dalla sinagoga; ⁴³amavano infatti la gloria degli uomini più della gloria di Dio.

Il comando dato a Gesù dal Padre - ⁴⁴Gesù allora gridò a gran voce: «Chi crede in me, non crede in me, ma in colui che mi ha mandato; ⁴⁵chi vede me, vede colui che mi ha mandato. ⁴⁶Io come luce sono venuto nel mondo, perché chiunque crede in me non rimanga nelle tenebre.

⁴⁷Se qualcuno ascolta le mie parole e non le osserva, io non lo condanno; perché non sono venuto per condannare il mondo, ma per salvare il mondo. ⁴⁸Chi mi respinge e non accoglie le mie parole, ha chi lo condanna: la parola che ho annunziato lo condannerà nell'ultimo giorno. ⁴⁹Perché io non ho parlato da me, ma il Padre che mi ha mandato, egli stesso mi ha ordinato che cosa devo dire e annunziare. ⁵⁰E io so che il suo comandamento è vita eterna. Le cose dunque che io dico, le dico come il Padre le ha dette a me».

GESÙ SI RIVELA AGLI AMICI

L'ultima cena

* Ha inizio qui il «Vangelo della passione». Nella prima parte (13-17) Gesù mediante i discorsi di addio lascia ai discepoli il suo testamento spirituale, aprendo ad essi il suo cuore. Nella seconda parte (18-21) segue il racconto della passione e risurrezione di Gesù. L'«ora» verso cui converge tutto il vangelo di Giovanni è quella della sua suprema oblazione al Padre per la salvezza degli uomini. La lavanda dei piedi esprime l'abbassamento estremo del Figlio di Dio nel suo servizio per l'umanità peccatrice, per la quale sacrifica ora anche la vita. Nonostante il tradimento di Giuda, il suo amore non si attenua ma raggiunge il culmine. *

13. La lavanda dei piedi - ¹Prima della festa di Pasqua Gesù, sapendo che era giunta la sua ora di passare da questo mondo al Padre, dopo aver amato i suoi che erano nel mondo, li amò sino alla fine.

²Mentre cenavano, quando già il diavolo aveva messo in cuore a Giuda Iscariota, figlio di Simone, di tradirlo, ³Gesù sapendo che il Padre gli aveva dato tutto nelle mani e che era venuto da Dio e a Dio ritornava, ⁴si alzò da tavola,

depose le vesti e, preso un asciugatoio, se lo cinse attorno alla vita. ⁵Poi versò dell'acqua nel catino e cominciò a lavare i piedi dei discepoli e ad asciugarli con l'asciugatoio di cui si era cinto.

⁶Venne dunque da Simon Pietro e questi gli disse: «Signore, tu lavi i piedi a me?». ⁷Rispose Gesù: «Quello che io faccio, tu ora non lo capisci, ma lo capirai dopo». ⁸Gli disse Simon Pietro: «Non mi laverai mai i piedi!». Gli rispose Gesù: «Se non ti laverò, non avrai parte con me». ⁹Gli disse Simon Pietro: «Signore, non solo i piedi, ma anche le mani e il capo!». ¹⁰Soggiunse Gesù: «Chi ha fatto il bagno, non ha bisogno di lavarsi se non i piedi ed è tutto mondo; e voi siete mondi, ma non tutti». ¹¹Sapeva infatti chi lo tradiva; per questo disse: «Non tutti siete mondi».

¹²Quando dunque ebbe lavato loro i piedi e riprese le vesti, sedette di nuovo e disse loro: «Sapete ciò che vi ho fatto? ¹³Voi mi chiamate Maestro e Signore e dite bene, perché lo sono. ¹⁴Se dunque io, il Signore e il Maestro, ho lavato i vostri piedi, anche voi dovete lavarvi i piedi gli uni gli altri. ¹⁵Vi ho dato infatti l'esempio, perché come ho fatto io, facciate anche voi.

¹⁶In verità, in verità vi dico: un servo non è più grande del suo padrone, né un apostolo è più grande di chi lo ha mandato. ¹⁷Sapendo queste cose, sarete beati se le metterete in pratica. ¹⁸Non parlo di tutti voi; io conosco quelli che ho scelto; ma si deve adempiere la Scrittura: *Colui che mangia il pane con me, ha levato contro di me il suo calcagno* (Sal 40,10). ¹⁹Ve lo dico fin d'ora, prima che accada, perché, quando sarà avvenuto, crediate che Io Sono. ²⁰In verità, in verità vi dico: Chi accoglie colui che io manderò, accoglie me; chi accoglie me, accoglie colui che mi ha mandato».

Gesù svela il traditore (Mt 26,20-25; Mc 14,17-21; Lc 22,21-23) - ²¹Dette queste cose, Gesù si commosse profondamente e dichiarò: «In verità, in verità vi dico: uno di voi mi tradirà». ²²I discepoli si guardarono gli uni gli altri, non sapendo di chi parlasse. ²³Ora uno dei discepoli, quello che Gesù amava, si trovava a tavola al fianco di Gesù. ²⁴Simon Pietro gli fece un cenno e gli disse: «Di', chi è colui a cui si riferisce?». ²⁵Ed egli reclinandosi così sul petto di Gesù, gli disse: «Signore, chi è?». ²⁶Rispose allora Gesù: «È colui per il quale intingerò un boccone e glielo darò». E, intinto il boccone, lo prese e lo diede a Giuda Iscariota, figlio di Simone.

²⁷E allora, dopo quel boccone, satana entrò in lui. Gesù quindi gli disse: «Quello che devi fare fallo al più presto». ²⁸Nessuno dei commensali capì perché gli aveva detto questo; ²⁹alcuni infatti pensavano che, tenendo Giuda la cassa, Gesù gli avesse detto: «Compra quello che ci occorre per la festa», oppure che dovesse dare qualche cosa ai poveri. ³⁰Preso il boccone, egli subito uscì. Ed era notte.

Il comandamento nuovo - ³¹Quand'egli fu uscito, Gesù disse: «Ora il Figlio dell'uomo è stato glorificato, e anche Dio è stato glorificato in lui. ³²Se Dio è stato glorificato in lui, anche Dio lo glorificherà da parte sua e lo glorificherà subito.

³³Figlioli, ancora per poco sono con voi; voi mi cercherete, ma come ho già detto ai Giudei, lo dico ora anche a voi: dove vado io voi non potete venire. ³⁴Vi do un comandamento nuovo: che vi amiate gli uni gli altri; come io vi ho amato, così amatevi anche voi gli uni gli altri. ³⁵Da questo tutti sapranno che siete miei discepoli, se avrete amore gli uni per gli altri».

Gesù predice il rinnegamento di Pietro (Mt 26,30-35; Mc 14,26-31; Lc 22,31-34) - ³⁶Simon Pietro gli dice: «Signore, dove vai?». Gli rispose Gesù: «Dove io vado per ora tu non puoi seguirmi; mi seguirai più tardi». ³⁷Pietro disse: «Signore, perché non posso seguirti ora? Darò la mia vita per te!». ³⁸Rispose Gesù: «Darai la tua vita per me? In verità, in verità ti dico: non canterà il gallo, prima che tu non m'abbia rinnegato tre volte».

Il discorso dell'ultima cena

14. Gesù annuncia la sua partenza - ¹«Non sia turbato il vostro cuore. Abbiate fede in Dio e abbiate fede anche in me. ²Nella casa del Padre mio vi sono molti posti. Se no, ve l'avrei detto. Io vado a prepararvi un posto; ³quando sarò andato e vi avrò preparato un posto, ritornerò e vi prenderò con me, perché siate anche voi dove sono io. ⁴E del luogo dove io vado, voi conoscete la via».

Gesù, via verso il Padre - ⁵Gli disse Tommaso: «Signore, non sappiamo dove vai e come possiamo conoscere la via?». ⁶Gli disse Gesù: «Io sono la via, la verità e la vita. Nessuno viene al Padre se non per mezzo di me. ⁷Se conoscete me, conoscerete anche il Padre; fin da ora lo conoscete e lo avete veduto».

⁸Gli disse Filippo: «Signore, mostraci il Padre e ci basta». ⁹Gli rispose Gesù: «Da tanto tempo sono con voi e tu non mi hai conosciuto, Filippo? Chi ha visto me ha visto il Padre. Come puoi dire: Mostraci il Padre? ¹⁰Non credi che io sono nel Padre e il Padre è in me? Le parole che io vi dico, non le dico da me; ma il Padre che è in me compie le sue opere. ¹¹Credetemi: io sono nel Padre e il Padre è in me; se non altro, credetelo per le opere stesse.

¹²In verità, in verità vi dico: anche chi crede in me, compirà le opere che io compio e ne farà di più grandi, perché io vado al Padre. ¹³Qualunque cosa chiederete nel nome mio, la farò, perché il Padre sia glorificato nel Figlio. ¹⁴Se mi chiederete qualche cosa nel mio nome, io la farò.

Promessa dello Spirito Santo - ¹⁵Se mi amate, osserverete i miei comandamenti. ¹⁶Io pregherò il Padre ed egli vi darà un altro Consolatore perché rimanga con voi per sempre, ¹⁷lo Spirito di verità che il mondo non può ricevere, perché non lo vede e non lo conosce. Voi lo conoscete, perché egli dimora presso di voi e sarà in voi.

¹⁸Non vi lascerò orfani, ritornerò da voi. ¹⁹Ancora un poco e il mondo non mi vedrà più; voi invece mi vedrete, perché io vivo e voi vivrete. ²⁰In quel giorno voi saprete che io sono nel Padre e voi in me e io in voi. ²¹Chi accoglie i miei comandamenti e li osserva, questi mi ama. Chi mi ama sarà amato dal Padre mio e anch'io lo amerò e mi manifesterò a lui».

²²Gli disse Giuda, non l'Iscariota: «Signore, come è accaduto che devi manifestarti a noi e non al mondo?». ²³Gli rispose Gesù: «Se uno mi ama, osserverà la mia parola e il Padre mio lo amerà e noi verremo in lui e prenderemo dimora presso di lui. ²⁴Chi non mi ama, non osserva le mie

parole; la parola che voi ascoltate non è mia, ma del Padre che mi ha mandato.

²⁵Queste cose vi ho detto quando ero ancora tra voi. ²⁶Ma il Consolatore, lo Spirito Santo che il Padre manderà nel mio nome, egli v'insegnerà ogni cosa e vi ricorderà tutto ciò che io vi ho detto.

Gesù dà la pace - ²⁷Vi lascio la pace, vi do la mia pace. Non come la dà il mondo, io la do a voi. Non sia turbato il vostro cuore e non abbia timore. ²⁸Avete udito che vi ho detto: Vado e tornerò a voi; se mi amaste, vi rallegrereste che io vado dal Padre, perché il Padre è più grande di me. ²⁹Ve l'ho detto adesso, prima che avvenga, perché quando avverrà, voi crediate. ³⁰Non parlerò più a lungo con voi, perché viene il principe del mondo; egli non ha nessun potere su di me, ³¹ma bisogna che il mondo sappia che io amo il Padre e faccio quello che il Padre mi ha comandato. Alzatevi, andiamo via di qui».

15. Gesù è la vera vite - ¹«Io sono la vera vite e il Padre mio è il vignaiolo. ²Ogni tralcio che in me non porta frutto, lo toglie e ogni tralcio che porta frutto, lo pota perché porti più frutto. ³Voi siete già mondi, per la parola che vi ho annunziato. ⁴Rimanete in me e io in voi. Come il tralcio non può far frutto da se stesso se non rimane nella vite, così anche voi se non rimanete in me. ⁵Io sono la vite, voi i tralci. Chi rimane in me e io in lui, fa molto frutto, perché senza di me non potete far nulla. ⁶Chi non rimane in me viene gettato via come il tralcio e si secca, e poi lo raccolgono e lo gettano nel fuoco e lo bruciano. ⁷Se rimanete in me e le mie parole rimangono in voi, chiedete quel che volete e vi sarà dato. ⁸In questo è glorificato il Padre mio: che portiate molto frutto e diventiate miei discepoli.

L'amore fraterno - ⁹Come il Padre ha amato me, così anch'io ho amato voi. Rimanete nel mio amore. ¹⁰Se osserverete i miei comandamenti, rimarrete nel mio amore, come io ho osservato i comandamenti del Padre mio e rimango nel suo amore. ¹¹Questo vi ho detto perché la mia gioia sia in voi e la vostra gioia sia piena. ¹²Questo è il mio comandamento: che vi amiate gli uni gli altri, come io vi ho amati. [13]Nessuno ha un amore più grande di questo: dare la vita per i propri amici. [14]Voi siete miei amici, se farete ciò che io vi comando. [15]Non vi chiamo più servi, perché il servo non sa quello che fa il suo padrone; ma vi ho chiamati amici, perché tutto ciò che ho udito dal Padre l'ho fatto conoscere a voi. [16]Non voi avete scelto me, ma io ho scelto voi e vi ho costituiti perché andiate e portiate frutto e il vostro frutto rimanga; perché tutto quello che chiederete al Padre nel mio nome, ve lo conceda. [17]Questo vi comando: amatevi gli uni gli altri.

L'odio del mondo - [18]Se il mondo vi odia, sappiate che prima di voi ha odiato me. [19]Se foste del mondo, il mondo amerebbe ciò che è suo; poiché invece non siete del mondo, ma io vi ho scelti dal mondo, per questo il mondo vi odia. [20]Ricordatevi della parola che vi ho detto: Un servo non è più grande del suo padrone. Se hanno perseguitato me, perseguiteranno anche voi; se hanno osservato la mia parola, osserveranno anche la vostra. [21]Ma tutto questo vi faranno a causa del mio nome, perché non conoscono colui che mi ha mandato.

[22]Se non fossi venuto e non avessi parlato loro, non avrebbero alcun peccato; ma ora non hanno scusa per il loro peccato. [23]Chi odia me, odia anche il Padre mio. [24]Se non avessi fatto in mezzo a loro opere che nessun altro mai ha fatto, non avrebbero alcun peccato; ora invece hanno visto e hanno odiato me e il Padre mio. [25]Questo perché si adempisse la parola scritta nella loro Legge: *Mi hanno odiato senza ragione* (Sal 34,19 e 68,5).

[26]Quando verrà il Consolatore che io vi manderò dal Padre, lo Spirito di verità che procede dal Padre, egli mi renderà testimonianza; [27]e anche voi mi renderete testimonianza, perché siete stati con me fin dal principio.

16. - [1]Vi ho detto queste cose perché non abbiate a scandalizzarvi. [2]Vi scacceranno dalle sinagoghe; anzi, verrà l'ora in cui chiunque vi ucciderà crederà di rendere culto a Dio. [3]E faranno ciò, perché non hanno conosciuto né il Padre né me. [4]Ma io vi ho detto queste cose perché, quando giungerà la loro ora, ricordiate che ve ne ho parlato. Non ve le ho dette dal principio, perché ero con voi.

L'opera dello Spirito Santo - [5]Ora però vado da colui che mi ha mandato e nessuno di voi mi domanda: Dove vai? [6]Anzi, perché vi ho detto queste cose, la tristezza ha riempito il vostro cuore. [7]Ora io vi dico la verità: è bene per voi che io me ne vada, perché se non me ne vado, non verrà a voi il Consolatore; ma quando me ne sarò andato, ve lo manderò. [8]E quando sarà venuto, egli convincerà il mondo quanto al peccato, alla giustizia e al giudizio. [9]Quanto al peccato, perché non credono in me; [10]quanto alla giustizia, perché vado dal Padre e non mi vedrete più; [11]quanto al giudizio, perché il principe di questo mondo è stato giudicato.

[12]Molte cose ho ancora da dirvi, ma per il momento non siete capaci di portarne il peso. [13]Quando però verrà lo Spirito di verità, egli vi guiderà alla verità tutta intera, perché non parlerà da sé, ma dirà tutto ciò che avrà udito e vi annunzierà le cose future. [14]Egli mi glorificherà, perché prenderà del mio e ve l'annunzierà. [15]Tutto quello che il Padre possiede è mio; per questo ho detto che prenderà del mio e ve l'annunzierà.

Gesù ritornerà presto - [16]Ancora un poco e non mi vedrete; un po' ancora e mi vedrete». [17]Dissero allora alcuni dei suoi discepoli tra loro: «Che cos'è questo che ci dice: Ancora un poco e non mi vedrete, e un po' ancora e mi vedrete, e questo: Perché vado al Padre?». [18]Dicevano perciò: «Che cos'è mai questo "un poco" di cui parla? Non comprendiamo quello che vuol dire». [19]Gesù capì che volevano interrogarlo e disse loro: «Andate indagando tra voi perché ho detto: Ancora un poco e non mi vedrete e un po' ancora e mi vedrete? [20]In verità, in verità vi dico: voi piangerete e vi rattristerete, il mondo si rallegrerà. Voi sarete afflitti, ma la vostra afflizione si cambierà in gioia.

[21]La donna, quando partorisce, è afflitta, perché è giunta la sua ora; ma quando ha dato alla luce il bambino, non si ricorda più dell'afflizione per la gioia che è venuto al mondo un uomo. [22]Così anche voi, ora, siete nella tristezza; ma vi vedrò di nuovo e il vostro cuore si rallegrerà e [23]nessuno vi potrà togliere la vostra gioia. In quel giorno non mi domanderete più nulla.

Preghiera in nome di Gesù - In verità, in verità vi dico: Se chiederete qualche cosa al Padre nel mio nome, egli ve la darà. [24]Finora non avete chiesto nulla nel mio nome. Chiedete e otterrete, perché la vostra gioia sia piena.

[25]Queste cose vi ho detto in similitudini; ma verrà l'ora in cui non vi parlerò più in similitudini, ma apertamente vi parlerò del Padre. [26]In quel giorno chiederete nel mio nome e io non vi dico che pregherò il Padre per voi: [27]il Padre stesso vi ama, poiché voi mi avete amato, e avete creduto che io sia venuto da Dio. [28]Sono uscito dal Padre e sono venuto nel mondo; ora lascio di nuovo il mondo, e vado al Padre».

[29]Gli dicono i suoi discepoli: «Ecco, adesso parli chiaramente e non fai più uso di similitudini. [30]Ora conosciamo che sai tutto e non hai bisogno che alcuno t'interroghi. Per questo crediamo che sei uscito da Dio». [31]Rispose loro Gesù: «Adesso credete? [32]Ecco, verrà l'ora, anzi è già venuta, in cui vi disperderete ciascuno per conto proprio e mi lascerete solo; ma io non sono solo, perché il Padre è con me.

[33]Vi ho detto queste cose perché abbiate pace in me. Voi avrete tribolazione nel mondo, ma abbiate fiducia; io ho vinto il mondo!».

---

* I discorsi dell'ultima cena si concludono con la «preghiera sacerdotale» piena di dolcezza e di amore. Gesù intercede quale sacerdote e si offre vittima per i discepoli. Domanda la propria glorificazione in cui risplende la gloria, cioè l'amore del Padre, nell'attuazione del suo progetto salvifico, che prevede appunto l'offerta del Figlio. *

---

17. La preghiera sacerdotale - [1]Così parlò Gesù. Quindi, alzati gli occhi al cielo, disse: «Padre, è giunta l'ora, glorifica il Figlio tuo, perché il Figlio glorifichi te. [2]Poiché tu gli hai dato potere sopra ogni essere umano, perché egli dia la vita eterna a tutti coloro che gli hai dato. [3]Questa è la vita eterna: che conoscano te, l'unico vero Dio, e colui che hai mandato, Gesù Cristo. [4]Io ti ho glorificato sopra la terra, compiendo l'opera che mi hai dato da fare. [5]E ora, Padre, glorificami davanti a te, con quella gloria che avevo presso di te prima che il mondo fosse.

[6]Ho fatto conoscere il tuo nome agli uomini che mi hai

dato dal mondo. Erano tuoi e li hai dati a me ed essi hanno osservato la tua parola. ⁷Ora essi sanno che tutte le cose che mi hai dato vengono da te, ⁸perché le parole che hai dato a me io le ho date a loro; essi le hanno accolte e sanno veramente che sono uscito da te e hanno creduto che tu mi hai mandato.

⁹Io prego per loro; non prego per il mondo, ma per coloro che mi hai dato, perché sono tuoi. ¹⁰Tutte le cose mie sono tue e tutte le cose tue sono mie, e io sono glorificato in loro. ¹¹Io non sono più nel mondo; essi invece sono nel mondo, e io vengo a te. Padre santo, custodisci nel tuo nome coloro che mi hai dato, perché siano una cosa sola, come noi.

¹²Quand'ero con loro, io conservavo nel tuo nome coloro che mi hai dato e li ho custoditi; nessuno di loro è andato perduto, tranne il figlio della perdizione, perché si adempisse la Scrittura. ¹³Ma ora io vengo a te e dico queste cose mentre sono ancora nel mondo, perché abbiano in se stessi la pienezza della mia gioia. ¹⁴Io ho dato a loro la tua parola e il mondo li ha odiati perché essi non sono del mondo, come io non sono del mondo.

¹⁵Non chiedo che tu li tolga dal mondo, ma che li custodisca dal maligno. ¹⁶Essi non sono del mondo, come io non sono del mondo. ¹⁷Consacrali nella verità. La tua parola è verità. ¹⁸Come tu mi hai mandato nel mondo, anch'io li ho mandati nel mondo; ¹⁹per loro io consacro me stesso, perché siano anch'essi consacrati nella verità.

²⁰Non prego solo per questi, ma anche per quelli che per la loro parola crederanno in me; ²¹perché tutti siano una cosa sola. Come tu, Padre, sei in me e io in te, siano anch'essi in noi una cosa sola, perché il mondo creda che tu mi hai mandato.

²²E la gloria che tu hai dato a me, io l'ho data a loro, perché siano come noi una cosa sola. ²³Io in loro e tu in me, perché siano perfetti nell'unità e il mondo sappia che tu mi hai mandato e li hai amati come hai amato me.

²⁴Padre, voglio che anche quelli che mi hai dato, siano con me dove sono io, perché contemplino la mia gloria, quella che mi hai dato; poiché tu mi hai amato prima della creazione del mondo.

²⁵Padre giusto, il mondo non ti ha conosciuto, ma io ti ho conosciuto; questi sanno che tu mi hai mandato. ²⁶E io ho

fatto conoscere loro il tuo nome e lo farò conoscere, perché
l'amore con il quale mi hai amato sia in essi e io in loro».

PASSIONE E RISURREZIONE

* Il racconto della passione in Giovanni è tutto compenetrato
dallo splendore della divinità di Cristo. Egli domina gli eventi, che
conosce in anticipo e guida secondo la sua volontà. L'innalzamento
in croce costituisce il primo gradino per la sua elevazione alla gloria
nel cielo. Anche in croce egli domina come vincitore, compiendo
l'opera affidatagli dal Padre, effondendo il suo Spirito sulla Chiesa. *

18. L'arresto di Gesù (Mt 26,47-56; Mc 14,43-52; Lc
22,47-55) - [1]Detto questo, Gesù uscì con i suoi discepoli e
andò di là del torrente Cèdron, dove c'era un giardino nel
quale entrò con i suoi discepoli. [2]Anche Giuda, il traditore,
conosceva quel posto, perché Gesù vi si ritirava spesso con i
suoi discepoli. [3]Giuda dunque, preso un distaccamento di
soldati e delle guardie fornite dai sommi sacerdoti e dai
farisei, si recò là con lanterne, torce e armi.

[4]Gesù allora, conoscendo tutto quello che gli doveva accadere, si fece innanzi e disse loro: «Chi cercate?». [5]Gli risposero: «Gesù, il Nazareno». Disse loro Gesù: «Sono io!». Vi
era là con loro anche Giuda, il traditore. [6]Appena disse:
«Sono io», indietreggiarono e caddero a terra. [7]Domandò
loro di nuovo: «Chi cercate?». Risposero: «Gesù, il Nazareno». [8]Gesù replicò: «Vi ho detto che sono io. Se dunque
cercate me, lasciate che questi se ne vadano». [9]Perché s'a-
dempisse la parola che egli aveva detto: «*Non ho perduto
nessuno di quelli che mi hai dato*» (Gv 17,12). [10]Allora Simon Pietro, che aveva una spada, la trasse fuori e colpì il
servo del sommo sacerdote e gli tagliò l'orecchio destro.
Quel servo si chiamava Malco. [11]Gesù allora disse a Pietro:
«Rimetti la tua spada nel fodero; non devo forse bere il
calice che il Padre mi ha dato?».

Gesù davanti ad Anna e Caifa (Mt 26,57-75; Mc 14,53-72;
Lc 22,54-71) - [12]Allora il distaccamento con il comandante e

le guardie dei Giudei afferrarono Gesù, lo legarono [13]e lo condussero prima da Anna: egli era infatti suocero di Caifa, che era sommo sacerdote in quell'anno. [14]Caifa poi era quello che aveva consigliato ai Giudei: «È meglio che un uomo solo muoia per il popolo».

[15]Intanto Simon Pietro seguiva Gesù insieme con un altro discepolo. Questo discepolo era conosciuto dal sommo sacerdote e perciò entrò con Gesù nel cortile del sommo sacerdote; [16]Pietro invece si fermò fuori, vicino alla porta. Allora quell'altro discepolo, noto al sommo sacerdote, tornò fuori, parlò alla portinaia e fece entrare anche Pietro. [17]E la giovane portinaia disse a Pietro: «Forse anche tu sei dei discepoli di quest'uomo?». Egli rispose: «Non lo sono». [18]Intanto i servi e le guardie avevano acceso un fuoco, perché faceva freddo, e si scaldavano; anche Pietro stava con loro e si scaldava.

[19]Allora il sommo sacerdote interrogò Gesù riguardo ai suoi discepoli e alla sua dottrina. [20]Gesù gli rispose: «Io ho parlato al mondo apertamente; ho sempre insegnato nella sinagoga e nel tempio, dove tutti i Giudei si riuniscono, e non ho mai detto nulla di nascosto. [21]Perché interroghi me? Interroga quelli che hanno udito ciò che ho detto loro; ecco, essi sanno che cosa ho detto». [22]Aveva appena detto questo, che una delle guardie presenti diede uno schiaffo a Gesù, dicendo: «Così rispondi al sommo sacerdote?». [23]Gli rispose Gesù: «Se ho parlato male, dimostrami dov'è il male; ma se ho parlato bene, perché mi percuoti?». [24]Allora Anna lo mandò legato a Caifa, sommo sacerdote.

[25]Intanto Simon Pietro stava là a scaldarsi. Gli dissero: «Non sei anche tu dei suoi discepoli?». Egli lo negò e disse: «Non lo sono». [26]Ma uno dei servi del sommo sacerdote, parente di quello a cui Pietro aveva tagliato l'orecchio, disse: «Non ti ho forse visto con lui nel giardino?». [27]Pietro negò di nuovo, e subito un gallo cantò.

Gesù davanti a Pilato (Mt 27,1-21; Mc 15,1-11; Lc 23,1-19) - [28]Allora condussero Gesù dalla casa di Caifa nel pretorio. Era l'alba ed essi non vollero entrare nel pretorio per non contaminarsi e poter mangiare la Pasqua. [29]Uscì dunque Pilato verso di loro e domandò: «Che accusa portate contro quest'uomo?». [30]Gli risposero: «Se non fosse un malfattore,

non te l'avremmo consegnato». ³¹Allora Pilato disse loro:
«Prendetelo voi e giudicatelo secondo la vostra legge!». Gli
risposero i Giudei: «A noi non è consentito mettere a morte
nessuno». ³²Così si adempivano le parole che Gesù aveva
detto indicando di quale morte doveva morire.

³³Pilato allora rientrò nel pretorio, fece chiamare Gesù e
gli disse: «Tu sei il re dei Giudei?». ³⁴Gesù rispose: «Dici
questo da te oppure altri te lo hanno detto sul mio conto?».
³⁵Pilato rispose: «Sono io forse Giudeo? La tua gente e i
sommi sacerdoti ti hanno consegnato a me; che cosa hai
fatto?». ³⁶Rispose Gesù: «Il mio regno non è di questo mondo;
se il mio regno fosse di questo mondo, i miei servitori
avrebbero combattuto perché non fossi consegnato ai Giudei; ma il mio regno non è di quaggiù». ³⁷Allora Pilato gli
disse: «Dunque tu sei re?». Rispose Gesù: «Tu lo dici; io
sono re. Per questo io sono nato e per questo sono venuto
nel mondo: per rendere testimonianza alla verità. Chiunque
è dalla verità, ascolta la mia voce». ³⁸Gli dice Pilato: «Che
cos'è la verità?».

E detto questo uscì di nuovo verso i Giudei e disse loro:
«Io non trovo in lui nessuna colpa. ³⁹Vi è tra voi l'usanza che
io vi liberi uno per la Pasqua: volete dunque che io vi liberi
il re dei Giudei?». ⁴⁰Allora essi gridarono di nuovo: «Non
costui, ma Barabba!». Barabba era un brigante.

19. La coronazione di spine (Mt 27,22-23.27-31; Mc 15,12-
20) - ¹Allora Pilato fece prendere Gesù e lo fece flagellare.
²E i soldati, intrecciata una corona di spine, gliela posero sul
capo e gli misero addosso un mantello di porpora; quindi gli
venivano davanti e gli dicevano: ³«Salve, re dei Giudei!». E
gli davano schiaffi.

⁴Pilato intanto uscì di nuovo e disse loro: «Ecco, io ve lo
conduco fuori, perché sappiate che non trovo in lui nessuna
colpa». ⁵Allora Gesù uscì, portando la corona di spine e il
mantello di porpora. E Pilato disse loro: «Ecco l'uomo!».
⁶Al vederlo i sommi sacerdoti e le guardie gridarono: «Crocifiggilo, crocifiggilo!». Disse loro Pilato: «Prendetelo voi e
crocifiggetelo; io non trovo in lui nessuna colpa». ⁷Gli risposero i Giudei: «Noi abbiamo una legge e secondo questa
legge deve morire, perché si è fatto Figlio di Dio».

⁸All'udire queste parole, Pilato ebbe ancor più paura ⁹ed

entrato di nuovo nel pretorio disse a Gesù: «Di dove sei?».
Ma Gesù non gli diede risposta. [10]Gli disse allora Pilato:
«Non mi parli? Non sai che ho il potere di metterti in libertà
e il potere di metterti in croce?». [11]Rispose Gesù: «Tu non
avresti nessun potere su di me, se non ti fosse stato dato
dall'alto. Per questo chi mi ha consegnato nelle tue mani ha
una colpa più grande».

La condanna a morte (Mt 27,24-26) - [12]Da quel momento
Pilato cercava di liberarlo; ma i Giudei gridarono: «Se liberi
costui, non sei amico di Cesare! Chiunque infatti si fa re si
mette contro Cesare». [13]Udite queste parole, Pilato fece
condurre fuori Gesù e sedette nel tribunale, nel luogo chiamato Litòstroto, in ebraico Gabbatà. [14]Era la Parasceve della Pasqua, verso mezzogiorno. Pilato disse ai Giudei: «Ecco
il vostro re!». [15]Ma quelli gridarono: «Via, via, crocifiggilo!». Disse loro Pilato: «Metterò in croce il vostro re?».
Risposero i sommi sacerdoti: «Non abbiamo altro re all'infuori di Cesare». [16]Allora lo consegnò loro perché fosse crocifisso.

La crocifissione (Mt 27,32-38; Mc 15,21-32; Lc 23,26-38) -
[17]Essi allora presero Gesù ed egli, portando la croce, si avviò verso il luogo del Cranio, detto in ebraico Gòlgota,
[18]dove lo crocifissero e con lui altri due, uno da una parte e
uno dall'altra, e Gesù nel mezzo.
[19]Pilato compose anche l'iscrizione e la fece porre sulla
croce; vi era scritto: «Gesù il Nazareno, il re dei Giudei!».
[20]Molti Giudei lessero questa iscrizione, perché il luogo dove
fu crocifisso Gesù era vicino alla città; era scritta in ebraico,
in latino e in greco. [21]I sommi sacerdoti dei Giudei dissero
allora a Pilato: «Non scrivere: il re dei Giudei, ma che egli
ha detto: Io sono il re dei Giudei». [22]Rispose Pilato: «Ciò
che ho scritto, ho scritto».
[23]I soldati poi, quando ebbero crocifisso Gesù, presero le
sue vesti e ne fecero quattro parti, una per ciascun soldato,
e la tunica. Ora quella tunica era senza cuciture, tessuta
tutta d'un pezzo da cima a fondo. [24]Perciò dissero tra loro:
Non stracciamola, ma tiriamo a sorte a chi tocca. Così si
adempiva la Scrittura: *Si son divise tra loro le mie vesti e*

sulla mia tunica han gettato la sorte (Sal 21,19). E i soldati
fecero proprio così.

Gesù e sua madre (Mt 27,55-56; Mc 15,40-41; Lc 23,49) -
[25]Stavano presso la croce di Gesù sua madre, la sorella di
sua madre, Maria di Clèofa e Maria di Màgdala. [26]Gesù
allora, vedendo la madre e lì accanto a lei il discepolo che
egli amava, disse alla madre: «Donna, ecco il tuo figlio!».
[27]Poi disse al discepolo: «Ecco la tua madre!». E da quel
momento il discepolo la prese nella sua casa.

La morte di Gesù (Mt 27,48-50; Mc 15,36-37; Lc 23,46) -
[28]Dopo questo, Gesù, sapendo che ogni cosa era stata ormai
compiuta, disse per adempiere la Scrittura: *«Ho sete»*. [29]Vi
era lì un vaso pieno d'aceto; posero perciò una spugna im-
bevuta di *aceto* (Sal 68,22) in cima a una canna e gliela
accostarono alla bocca. [30]E dopo aver ricevuto l'aceto, Gesù
disse: «Tutto è compiuto!». E, chinato il capo, spirò.

Il colpo di lancia - [31]Era il giorno della Parasceve e i
Giudei, perché i corpi non rimanessero in croce durante il
sabato (era infatti un giorno solenne quel sabato), chiesero
a Pilato che fossero loro spezzate le gambe e fossero portati
via. [32]Vennero dunque i soldati e spezzarono le gambe al
primo e poi all'altro che era stato crocifisso insieme con lui.
[33]Venuti però da Gesù e vedendo che era già morto, non gli
spezzarono le gambe, [34]ma uno dei soldati gli colpì il fianco
con la lancia e subito ne uscì sangue e acqua.
[35]Chi ha visto ne dà testimonianza e la sua testimonianza è
vera ed egli sa che dice il vero, perché anche voi crediate.
[36]Questo infatti avvenne perché si adempisse la Scrittura:
Non gli sarà spezzato alcun osso (Es 12,46). [37]E in un altro
passo della Scrittura dice ancora: *Volgeranno lo sguardo a
colui che hanno trafitto* (Zc 12,10).

Sepoltura di Gesù (Mt 27,57-61; Mc 15,42-47; Lc 23,50-
56) - [38]Dopo questi fatti, Giuseppe d'Arimatèa, che era discepolo di Gesù, ma di nascosto per timore dei Giudei,
chiese a Pilato di prendere il corpo di Gesù. Pilato lo concesse. Allora egli andò e prese il corpo di Gesù. [39]Vi andò
anche Nicodèmo, quello che in precedenza era andato da lui

di notte, e portò una mistura di mirra e di aloe di circa cento libbre. [40]Essi presero allora il corpo di Gesù, e lo avvolsero in bende insieme con oli aromatici, com'è usanza seppellire per i Giudei. [41]Ora, nel luogo dove era stato crocifisso, vi era un giardino e nel giardino un sepolcro nuovo, nel quale nessuno era stato ancora deposto. [42]Là dunque deposero Gesù, a motivo della Parasceve dei Giudei, poiché quel sepolcro era vicino.

* Le apparizioni del Risorto sono racchiuse in una settimana e delimitate nell'ambito di Gerusalemme. Il capo 21 è un'aggiunta; descrive l'apparizione presso il lago di Tiberiade per sottolineare il ruolo di Pietro nella Chiesa quale vicario di Cristo nel pascere e guidare il suo gregge, dopo un'opportuna riabilitazione con una triplice professione di fede. *

20. Pietro e l'altro discepolo al sepolcro (Mt 28,1-8; Mc 16,1-8; Lc 24,1-12) - [1]Nel giorno dopo il sabato, Maria di Màgdala si recò al sepolcro di buon mattino, quand'era ancora buio, e vide che la pietra era stata ribaltata dal sepolcro. [2]Corse allora e andò da Simon Pietro e dall'altro discepolo, quello che Gesù amava, e disse loro: «Hanno portato via il Signore dal sepolcro e non sappiamo dove l'hanno posto!».

[3]Uscì allora Simon Pietro insieme all'altro discepolo, e si recarono al sepolcro. [4]Correvano insieme tutti e due, ma l'altro discepolo corse più veloce di Pietro e giunse per primo al sepolcro. [5]Chinatosi, vide le bende per terra, ma non entrò. [6]Giunse intanto anche Simon Pietro che lo seguiva ed entrò nel sepolcro e vide le bende per terra, [7]e il sudario, che gli era stato posto sul capo, non per terra con le bende, ma piegato in un luogo a parte. [8]Allora entrò anche l'altro discepolo, che era giunto per primo al sepolcro, e vide e credette. [9]Non avevano infatti ancora compreso la Scrittura, che egli cioè doveva risuscitare dai morti. [10]I discepoli intanto se ne tornarono di nuovo a casa.

Apparizione alla Maddalena (Mt 28,9-10; Mc 16,9-11) - [11]Maria invece stava all'esterno vicino al sepolcro e piangeva. Mentre piangeva, si chinò verso il sepolcro [12]e vide due angeli in bianche vesti, seduti l'uno dalla parte del capo e l'altro dei piedi, dove era stato posto il corpo di Gesù. [13]Ed essi le dissero: «Donna, perché piangi?». Rispose loro: «Hanno portato via il mio Signore e non so dove lo hanno posto».

[14]Detto questo, si voltò indietro e vide Gesù che stava lì in piedi; ma non sapeva che era Gesù. [15]Le disse Gesù: «Donna, perché piangi? Chi cerchi?». Essa, pensando che fosse il custode del giardino, gli disse: «Signore, se l'hai portato via tu, dimmi dove lo hai posto e io andrò a prenderlo». [16]Gesù le disse: «Maria!». Essa allora voltatasi verso di lui, gli disse in ebraico: «Rabbunì!», che significa: Maestro! [17]Gesù le disse: «Non mi trattenere, perché non sono ancora salito al Padre; ma va' dai miei fratelli e di' loro: Io salgo al Padre mio e Padre vostro, Dio mio e Dio vostro». [18]Maria di Màgdala andò subito ad annunziare ai discepoli: «Ho visto il Signore» e anche ciò che le aveva detto.

Apparizione ai discepoli (Mt 28,16-20; Mc 16,14-18; Lc 24,36-49) - [19]La sera di quello stesso giorno, il primo dopo il sabato, mentre erano chiuse le porte del luogo dove si trovavano i discepoli per timore dei Giudei, venne Gesù, si fermò in mezzo a loro e disse: «Pace a voi!». [20]Detto questo, mostrò loro le mani e il costato. E i discepoli gioirono al vedere il Signore.

[21]Gesù disse loro di nuovo: «Pace a voi! Come il Padre ha mandato me, anch'io mando voi». [22]Dopo aver detto questo, alitò su di loro e disse: «Ricevete lo Spirito Santo; [23]a chi rimetterete i peccati saranno rimessi e a chi non li rimetterete, resteranno non rimessi».

Apparizioni ai discepoli presente Tommaso - [24]Tommaso, uno dei Dodici, chiamato Dìdimo, non era con loro quando venne Gesù. [25]Gli dissero allora gli altri discepoli: «Abbiamo visto il Signore!». Ma egli disse loro: «Se non vedo nelle sue mani il segno dei chiodi e non metto il dito nel posto dei chiodi e non metto la mia mano nel suo costato, non crederò».

[26]Otto giorni dopo i discepoli erano di nuovo in casa e c'era con loro anche Tommaso. Venne Gesù, a porte chiuse, si fermò in mezzo a loro e disse: «Pace a voi!». [27]Poi

disse a Tommaso: «Metti qua il tuo dito e guarda le mie mani; stendi la tua mano, e mettila nel mio costato; e non essere più incredulo ma credente!». [28]Rispose Tommaso: «Mio Signore e mio Dio!». [29]Gesù gli disse: «Perché mi hai veduto, hai creduto: beati quelli che pur non avendo visto crederanno!».

[30]Molti altri segni fece Gesù in presenza dei suoi discepoli, ma non sono stati scritti in questo libro. [31]Questi sono stati scritti, perché crediate che Gesù è il Cristo, il Figlio di Dio e perché, credendo, abbiate la vita nel suo nome.

21. Apparizione al lago di Tiberìade (Lc 5,4-11) - [1]Dopo questi fatti, Gesù si manifestò di nuovo ai discepoli sul mare di Tiberìade. E si manifestò così: [2]si trovavano insieme Simon Pietro, Tommaso detto Dìdimo, Natanàele di Cana di Galilea, i figli di Zebedèo e altri due discepoli. [3]Disse loro Simon Pietro: «Io vado a pescare». Gli dissero: «Veniamo anche noi con te». Allora uscirono e salirono sulla barca; ma in quella notte non presero nulla.

[4]Quando già era l'alba Gesù si presentò sulla riva, ma i discepoli non si erano accorti che era Gesù. [5]Gesù disse loro: «Figlioli, non avete nulla da mangiare?». Gli risposero: «No». [6]Allora disse loro: «Gettate la rete dalla parte destra della barca e troverete». La gettarono e non potevano più tirarla su per la gran quantità di pesci. [7]Allora quel discepolo che Gesù amava disse a Pietro: «È il Signore!». Simon Pietro appena udì che era il Signore, si cinse ai fianchi la sopravveste, poiché era spogliato, e si gettò in mare. [8]Gli altri discepoli invece vennero con la barca, trascinando la rete piena di pesci: infatti non erano lontani da terra se non un centinaio di metri.

[9]Appena scesi a terra, videro un fuoco di brace con del pesce sopra, e del pane. [10]Disse loro Gesù: «Portate un po' del pesce che avete preso ora ora». [11]Allora Simon Pietro salì nella barca e trasse a terra la rete piena di centocinquantatré grossi pesci. E benché fossero tanti, la rete non si spezzò. [12]Gesù disse loro: «Venite a mangiare». E nessuno dei discepoli osava domandargli: «Chi sei?», poiché sapevano bene che era il Signore.

[13]Allora Gesù si avvicinò, prese il pane e lo diede a loro, e

così pure il pesce. [14]Questa era la terza volta che Gesù si manifestava ai discepoli, dopo essere risuscitato dai morti.

Il primato di Pietro - [15]Quand'ebbero mangiato, Gesù disse a Simon Pietro: «Simone di Giovanni, mi ami tu più di costoro?». Gli rispose: «Certo, Signore, tu lo sai che ti amo». Gli disse: «Pasci i miei agnelli». [16]Gli disse di nuovo: «Simone di Giovanni, mi ami?». Gli rispose: «Certo, Signore, tu lo sai che ti amo». Gli disse: «Pasci le mie pecorelle». [17]Gli disse per la terza volta: «Simone di Giovanni, mi ami?». Pietro rimase addolorato che per la terza volta gli dicesse: Mi ami?, e gli disse: «Signore, tu sai tutto; tu sai che ti amo». Gli rispose Gesù: «Pasci le mie pecorelle. [18]In verità, in verità ti dico: quando eri più giovane ti cingevi la veste da solo, e andavi dove volevi; ma quando sarai vecchio tenderai le tue mani, e un altro ti cingerà la veste e ti porterà dove tu non vuoi». [19]Questo gli disse per indicare con quale morte egli avrebbe glorificato Dio. E detto questo aggiunse: «Seguimi».

[20]Pietro allora, voltatosi, vide che li seguiva quel discepolo che Gesù amava, quello che nella cena si era trovato al suo fianco e gli aveva domandato: «Signore, chi è che ti tradisce?». [21]Pietro dunque, vedutolo, disse a Gesù: «Signore, e lui?». [22]Gesù gli rispose: «Se voglio che egli rimanga finché io venga, che importa a te? Tu seguimi». [23]Si diffuse perciò tra i fratelli la voce che quel discepolo non sarebbe morto. Gesù però non gli aveva detto che non sarebbe morto, ma: «Se voglio che rimanga finché io venga, che importa a te?».

Conclusione - [24]Questo è il discepolo che rende testimonianza su questi fatti e li ha scritti; e noi sappiamo che la sua testimonianza è vera. [25]Vi sono ancora molte altre cose compiute da Gesù, che, se fossero scritte una per una, penso che il mondo stesso non basterebbe a contenere i libri che si dovrebbero scrivere.

ATTI
DEGLI APOSTOLI

INTRODUZIONE

Il titolo, Atti degli Apostoli, non è originale e non si adatta adeguatamente al contenuto dell'opera. Infatti, l'autore non intende descrivere le vicende di tutti gli Apostoli, ma si limita a narrare alcuni episodi dell'attività ministeriale di Pietro, con qualche riferimento a Giovanni e Giacomo, mentre indugia più a lungo sulla figura di Paolo e sui suoi viaggi missionari, dando qualche rilievo anche a Stefano, Filippo e Barnaba, particolarmente legati alla sorte dell'Apostolo delle genti. Si diede questo titolo all'opera quando fu staccata dal terzo vangelo, nella prima metà del secondo secolo.

L'autore è Luca, lo stesso che ha composto il terzo vangelo. Lo attestano concordemente le fonti storiche dell'antichità cristiana e lo confermano molti indizi interni dell'opera. L'antico documento romano (chiamato «Canone di Muratori» dal nome dello scopritore), Ireneo, Tertulliano, Clemente Alessandrino, Origene e altri Padri della Chiesa attribuiscono a Luca il libro degli Atti.

Che si tratti del medesimo autore del terzo vangelo appare evidente fin dal prologo, dove egli si rivolge allo stesso Teofilo riassumendo concisamente il contenuto del vangelo. La lingua, lo stile, i motivi teologici dei due scritti non rilevano soltanto una medesima penna ma evidenziano l'intenzione dell'autore di comporre un'opera unitaria, con una finalità ben precisa.

La data di composizione degli Atti è discussa. Alcuni ritengono come termine massimo l'anno 63, perché il racconto della vita di Paolo si interrompe bruscamente con la sua prigionia a Roma, che avvenne negli anni 61-63. Altri collocano la composizione intorno agli anni 80.

Infatti, molti studiosi sono concordi nel datare il vangelo di Luca dopo la caduta di Gerusalemme (70 d.C.) e probabilmente tra il 75 e l'85. Siccome gli Atti sono il seguito del racconto evangelico vanno datati dopo. L'apparente interruzione della storia di Paolo non rappresenta una difficoltà, poiché l'autore non si era proposto di narrare tutte le gesta dell'Apostolo.

Lo scopo dell'opera va desunto dal capo 1,8, dove vengono indicate le tappe geografiche più importanti della testimonianza apostolica: Gerusalemme, Giudea, Samaria, ultimi confini della terra (= Roma). Luca non intendeva soltanto tracciare le linee maestre delle origini cristiane, ma illustrare il progetto divino nella Storia della salvezza. Considerando il terzo vangelo e gli Atti come un'opera unitaria, si comprende come l'Autore abbia incorniciato il ministero di Cristo in un grande itinerario geografico che, attraverso la Galilea e la Samaria, raggiunge il suo apice a Gerusalemme.

Gesù è il punto centrale della Storia della salvezza. Egli porta a compimento le profezie dell'Antico Testamento morendo come profeta definitivo di Dio e come martire d'amore nella Città Santa. La sua ascensione al cielo non segna la conclusione della sua opera, ma l'inizio del tempo della Chiesa, che avrà il compito di irradiare in tutto il mondo il suo messaggio di salvezza con un movimento di espansione costante, sotto l'azione potente dello Spirito Santo. Vi è una meravigliosa continuità tra l'Antica e la Nuova Alleanza. Gesù attua il disegno salvifico di Dio; la Chiesa prolunga nello spazio e nel tempo la sua azione con la forza dello Spirito Santo, guidata dagli Apostoli, i testimoni della Parola accreditati e inviati dal Risorto.

La struttura degli Atti non è chiara. Comunque, dal capo 1 al 12 ha particolare risalto la Chiesa madre di Gerusalemme e domina la figura di Pietro; dal capo 13 al 28 viene descritta l'attività missionaria di Paolo, che ha come centro propulsore la chiesa d'Antiochia. Nella prima parte (1-12) si distinguono le seguenti suddivisioni: fondazione e vicende della chiesa di Gerusalemme (1-5); persecuzione giudaica e diffusione della Chiesa in Samaria e Giudea (6-9); prime conversioni fra i pagani (10-12). La seconda parte (13-28) descrive il primo viaggio missionario di Paolo e Barnaba (13-14); il concilio di Gerusalemme (15); il secondo viaggio missionario (16-18,22) intimamente connesso con il terzo (18,23-21,14); la prigionia di Paolo a Gerusalemme, a Cesarea, a Roma (21,15-28,31).

Il contenuto dottrinale degli Atti è di primaria importanza soprattutto per quanto riguarda la fondazione della Chiesa *apostolica. È in questa comunità primitiva, particolarmente assistita dallo Spirito Santo e guidata dagli Apostoli, che si rivive la speranza del Cristo e che si forma la tradizione apostolica da cui scaturiscono i vangeli scritti.*

Infatti, furono gli Apostoli che trasmisero gli insegnamenti di Cristo, ne interpretarono alla luce delle Scritture le gesta salvifiche, in modo particolare la passione e risurrezione. La Chiesa di tutti i tempi dovrà confrontarsi sempre con questa comunità per essere fedele al Cristo. Ad essa si rifanno i grandi fondatori di Ordini religiosi per riproporre il Vangelo di Cristo in tutta la sua purezza. La vita di quei primi cristiani, pieni di fervore e dei carismi dello Spirito, resterà normativa per ogni fedele. Il libro degli Atti, benché storicamente frammentario, evoca tutto il dinamismo spirituale della Chiesa primitiva, che prolunga l'insegnamento e la vita del Cristo. Molto giustamente è stato denominato il «Vangelo dello Spirito Santo».

ATTI DEGLI APOSTOLI

* Nei primi dodici capitoli Luca descrive la nascita, l'affermazione della Chiesa madre di Gerusalemme, poi l'espansione del cristianesimo in Giudea e Samaria, le prime conversioni tra i pagani. L'Ascensione segna la conclusione dell'opera compiuta da Gesù, il commiato definitivo dai discepoli, che devono prolungarne il ministero, testimoniando la sua morte e risurrezione fino agli estremi confini della terra. Benché il Maestro si congedi dai suoi, tuttavia continuerà a vivere e ad agire in mezzo a loro con una presenza invisibile sino alla fine dei tempi. *

1. Prologo - ¹Nel mio primo libro ho già trattato, o Teòfilo, di tutto quello che Gesù fece e insegnò dal principio ²fino al giorno in cui, dopo aver dato istruzioni agli apostoli che si era scelti nello Spirito Santo, egli fu assunto in cielo.

³Egli si mostrò ad essi vivo, dopo la sua passione, con molte prove, apparendo loro per quaranta giorni e parlando del regno di Dio. ⁴Mentre si trovava a tavola con essi, ordinò loro di non allontanarsi da Gerusalemme, ma di attendere che si adempisse la promessa del Padre «quella, disse, che voi avete udito da me: ⁵Giovanni ha battezzato con acqua, voi invece sarete battezzati in Spirito Santo, fra non molti giorni».

LA CHIESA MADRE DI GERUSALEMME

L'Ascensione - ⁶Così venutisi a trovare insieme gli domandarono: «Signore, è questo il tempo in cui ricostituirai il regno di Israele?». ⁷Ma egli rispose: «Non spetta a voi conoscere i tempi e i momenti che il Padre ha riservato alla sua scelta, ⁸ma avrete forza dallo Spirito Santo che scenderà su di voi e mi sarete testimoni a Gerusalemme, in tutta la Giudea e la Samaria e fino agli estremi confini della terra».

⁹Detto questo, fu elevato in alto sotto i loro occhi e una

nube lo sottrasse al loro sguardo. [10]E poiché essi stavano fissando il cielo mentre egli se n'andava, ecco due uomini in bianche vesti si presentarono a loro e dissero: [11]«Uomini di Galilea, perché state a guardare il cielo? Questo Gesù, che è stato tra di voi assunto fino al cielo, tornerà un giorno allo stesso modo in cui l'avete visto andare in cielo».

Il gruppo degli Apostoli - [12]Allora ritornarono a Gerusalemme dal monte detto degli Ulivi, che è vicino a Gerusalemme quanto il cammino permesso in un sabato. [13]Entrati in città salirono al piano superiore dove abitavano. C'erano Pietro e Giovanni, Giacomo e Andrea, Filippo e Tommaso, Bartolomeo e Matteo, Giacomo di Alfeo e Simone lo Zelòta e Giuda di Giacomo. [14]Tutti questi erano assidui e concordi nella preghiera, insieme con alcune donne e con Maria, la madre di Gesù e con i fratelli di lui.

Elezione di Mattia - [15]In quei giorni Pietro si alzò in mezzo ai fratelli (il numero delle persone radunate era circa centoventi) e disse: [16]«Fratelli, era necessario che si adempisse ciò che nella Scrittura fu predetto dallo Spirito Santo per bocca di Davide riguardo a Giuda, che fece da guida a quelli che arrestarono Gesù. [17]Egli era stato nel nostro numero e aveva avuto in sorte lo stesso nostro ministero. [18]Giuda comprò un pezzo di terra con i proventi del suo delitto e poi precipitando in avanti si squarciò in mezzo e si sparsero fuori tutte le sue viscere. [19]La cosa è divenuta così nota a tutti gli abitanti di Gerusalemme, che quel terreno è stato chiamato nella loro lingua Akeldamà, cioè Campo di sangue. [20]Infatti sta scritto nel libro dei Salmi: *La sua dimora diventi deserta, e nessuno vi abiti e il suo incarico lo prenda un altro* (Sal 68,26; 108,8). [21]Bisogna dunque che tra coloro che ci furono compagni per tutto il tempo in cui il Signore Gesù ha vissuto in mezzo a noi, [22]incominciando dal battesimo di Giovanni fino al giorno in cui è stato di tra noi assunto in cielo, uno divenga, insieme a noi, testimone della sua risurrezione». [23]Ne furono proposti due, Giuseppe detto Barsabba, che era soprannominato Giusto, e Mattia. [24]Allora essi pregarono dicendo: «Tu, Signore, che conosci il cuore di tutti, mostraci quale di questi due hai designato [25]a prendere il posto in questo ministero e apostolato che Giuda ha abbandonato per andarsene al posto da lui scelto». Gettarono quindi le sorti su di loro e la sorte cadde su Mattia, che fu associato agli undici apostoli.

* La Pentecoste indica la proclamazione della Chiesa e l'inizio della sua attività missionaria. Lo Spirito divino si effonde sui discepoli del Signore, rendendoli strumenti idonei per l'irradiazione del Vangelo. Mentre la torre di Babele aveva diviso l'umanità, ora lo Spirito accomuna tutte le genti in un unico accento di lode estatica a Dio per l'attuazione del suo piano di amore. Pietro interpreta l'evento della Pentecoste quale realizzazione delle profezie relative all'ultima epoca della storia. Per la prima volta proclama il nocciolo fondamentale del Vangelo (passione, morte e risurrezione di Gesù) e invita gli uditori alla conversione e alla aggregazione alla Chiesa mediante il battesimo, per conseguire la salvezza. *

2. La Pentecoste - [1]Mentre il giorno di Pentecoste stava per finire, si trovavano tutti insieme nello stesso luogo. [2]Venne all'improvviso dal cielo un rombo, come di vento che si abbatte gagliardo, e riempì tutta la casa dove si trovavano. [3]Apparvero loro lingue come di fuoco che si dividevano e si posarono su ciascuno di loro; [4]ed essi furono tutti pieni di Spirito Santo e cominciarono a parlare in altre lingue come lo Spirito dava loro il potere d'esprimersi.

[5]Si trovarono allora in Gerusalemme Giudei osservanti di ogni nazione che è sotto il cielo. [6]Venuto quel fragore, la folla si radunò e rimase sbigottita perché ciascuno li sentiva parlare la propria lingua. [7]Erano stupefatti e fuori di sé per lo stupore dicevano: «Costoro che parlano non sono forse tutti Galilei? [8]E com'è che li sentiamo ciascuno parlare la nostra lingua nativa? [9]Siamo Parti, Medi, Elamìti e abitanti della Mesopotàmia, della Giudea, della Cappadòcia, del Ponto e dell'Asia, [10]della Frigia e della Panfilia, dell'Egitto e delle parti della Libia vicino a Cirène, stranieri di Roma, [11]Ebrei e proséliti, Cretesi e Arabi e li udiamo annunziare nelle nostre lingue le grandi opere di Dio».

[12]Tutti erano stupiti e perplessi, chiedendosi l'un l'altro: «Che significa questo?». [13]Altri invece li deridevano e dicevano: «Si sono ubriacati di mosto».

Il discorso di Pietro - [14]Allora Pietro, levatosi in piedi con gli altri Undici, parlò a voce così: «Uomini di Giudea, e voi tutti che vi trovate a Gerusalemme, vi sia ben noto questo e fate attenzione alle mie parole: [15]Questi uomini non sono ubriachi come voi sospettate, essendo appena le nove del mattino. [16]Accade invece quello che predisse il profeta Gioèle:

[17]*Negli ultimi giorni, dice il Signore, Io effonderò il mio Spirito sopra ogni persona; i vostri figli e le vostre figlie profeteranno, i vostri giovani avranno visioni e i vostri anziani faranno dei sogni. [18]E anche sui miei servi e sulle mie serve in quei giorni effonderò il mio Spirito ed essi profeteranno. [19]Farò prodigi in alto nel cielo e segni in basso sulla terra, sangue, fuoco e nuvole di fumo. [20]Il sole si muterà in tenebra e la luna in sangue, prima che giunga il giorno del Signore, giorno grande e splendido. [21]Allora chiunque invocherà il nome del Signore, sarà salvato* (Gl 3,1-5).

[22]Uomini d'Israele, ascoltate queste parole: Gesù di Nàzaret - uomo accreditato da Dio presso di voi per mezzo di miracoli, prodigi e segni, che Dio stesso operò fra di voi per opera sua, come voi ben sapete -, [23]dopo che, secondo il prestabilito disegno e la prescienza di Dio, fu consegnato a voi, voi l'avete inchiodato sulla croce per mano di empi e l'avete ucciso. [24]Ma Dio lo ha risuscitato, sciogliendolo dalle angosce della morte, perché non era possibile che questa lo tenesse in suo potere.

[25]Dice infatti Davide a suo riguardo: *Contemplavo sempre il Signore innanzi a me; poiché egli sta alla mia destra, perché io non vacilli. [26]Per questo si rallegrò il mio cuore ed esultò la mia lingua; ed anche la mia carne riposerà nella speranza, [27]perché tu non abbandonerai l'anima mia negli inferi, né permetterai che il tuo Santo veda la corruzione. [28]Mi hai fatto conoscere le vie della vita, mi colmerai di gioia con la tua presenza* (Sal 15,8-11).

[29]Fratelli, mi sia lecito dirvi francamente, riguardo al patriarca Davide, che egli morì e fu sepolto e la sua tomba è ancora oggi fra noi. [30]Poiché però era profeta e sapeva che Dio *gli aveva giurato solennemente di far sedere sul suo trono un suo discendente* (Sal 131,11), [31]previde la risurrezione di Cristo e ne parlò: *questi non fu abbandonato negli inferi, né* la sua carne *vide corruzione.*

³²Questo Gesù Dio l'ha risuscitato e noi tutti ne siamo testimoni. ³³Innalzato pertanto alla destra di Dio e dopo aver ricevuto dal Padre lo Spirito Santo che egli aveva promesso, lo ha effuso, come voi stessi potete vedere e udire. ³⁴Davide infatti non salì in cielo; tuttavia egli dice: *Disse il Signore al mio Signore: siedi alla mia destra,* ³⁵*finché io ponga i tuoi nemici come sgabello ai tuoi piedi* (Sal 109,1).

³⁶Sappia dunque con certezza tutta la casa di Israele che Dio ha costituito Signore e Cristo quel Gesù che voi avete crocifisso!».

Le prime conversioni - ³⁷All'udir tutto questo si sentirono trafiggere il cuore e dissero a Pietro e agli altri apostoli: «Che cosa dobbiamo fare, fratelli?». ³⁸E Pietro disse: «Pentitevi e ciascuno di voi si faccia battezzare nel nome di Gesù Cristo, per la remissione dei vostri peccati; dopo riceverete il dono dello Spirito Santo. ³⁹Per voi infatti è la promessa e per i vostri figli e per tutti *quelli che sono lontani, quanti ne chiamerà il Signore* (Is 57,19) Dio nostro». ⁴⁰Con molte altre parole li scongiurava e li esortava: «Salvatevi da questa generazione perversa». ⁴¹Allora coloro che accolsero la sua parola furono battezzati e quel giorno si unirono a loro circa tremila persone.

La vita della Chiesa primitiva - ⁴²Erano assidui nell'ascoltare l'insegnamento degli apostoli e nell'unione fraterna, nella frazione del pane e nelle preghiere.

⁴³Un senso di timore era in tutti e prodigi e segni avvenivano per opera degli apostoli. ⁴⁴Tutti coloro che erano diventati credenti stavano insieme e tenevano ogni cosa in comune; ⁴⁵chi aveva proprietà e sostanze le vendeva e ne faceva parte a tutti, secondo il bisogno di ciascuno. ⁴⁶Ogni giorno tutti insieme frequentavano il tempio e spezzavano il pane a casa prendendo i pasti con letizia e semplicità di cuore, ⁴⁷lodando Dio e godendo la simpatia di tutto il popolo. ⁴⁸Intanto il Signore ogni giorno aggiungeva alla comunità quelli che erano salvati.

* Il miracolo dello storpio offre a Pietro l'opportunità di annunziare il Vangelo dinanzi al Sinedrio, ma provoca anche la suscettibilità dei capi dei Giudei, che incominceranno a perseguitare i cristiani

processando e imprigionando gli Apostoli. Tuttavia, come annota Luca, la Chiesa continuava ad affermarsi e ad aumentare. *

3. Guarigione dello storpio - [1]Un giorno Pietro e Giovanni salivano al tempio per la preghiera verso le tre del pomeriggio. [2]Qui di solito veniva portato un uomo, storpio fin dalla nascita e lo ponevano ogni giorno presso la porta del tempio detta «Bella» a chiedere l'elemosina a coloro che entravano nel tempio. [3]Questi, vedendo Pietro e Giovanni che stavano per entrare nel tempio, domandò loro l'elemosina.

[4]Allora Pietro fissò lo sguardo su di lui insieme a Giovanni e disse: «Guarda verso di noi». [5]Ed egli si volse verso di loro, aspettandosi di ricevere qualche cosa. [6]Ma Pietro gli disse: «Non possiedo né argento né oro, ma quello che ho te lo do: nel nome di Gesù Cristo, il Nazareno, cammina!». [7]E presolo per la mano destra, lo sollevò. Di colpo i suoi piedi e le caviglie si rinvigorirono [8]e balzato in piedi camminava; ed entrò con loro nel tempio camminando, saltando e lodando Dio. [9]Tutto il popolo lo vide camminare e lodare Dio [10]e riconoscevano che era quello che sedeva a chiedere l'elemosina alla porta Bella del tempio ed erano meravigliati e stupiti per quello che gli era accaduto.

Il secondo discorso di Pietro - [11]Mentr'egli teneva Pietro e Giovanni, tutto il popolo fuor di sé per lo stupore accorse verso di loro al portico detto di Salomone. [12]Vedendo ciò, Pietro disse al popolo: «Uomini d'Israele, perché vi meravigliate di questo e continuate a fissarci come se per nostro potere e nostra pietà avessimo fatto camminare quest'uomo? [13]*Il Dio di Abramo, di Isacco e di Giacobbe, il Dio dei nostri padri ha glorificato il suo servo* (Es 3,6; Is 52,13) Gesù, che voi avete consegnato e rinnegato di fronte a Pilato, mentre egli aveva deciso di liberarlo; [14]voi invece avete rinnegato il Santo e il Giusto, avete chiesto che vi fosse graziato un assassino [15]e avete ucciso l'autore della vita. Ma Dio l'ha risuscitato dai morti e di questo noi siamo testimoni. [16]Proprio per la fede riposta in lui il nome di Gesù ha dato vigore a quest'uomo che voi vedete e conoscete; la fede in lui ha dato a quest'uomo la perfetta guarigione alla presenza di tutti voi.

[17]Ora, fratelli, io so che voi avete agito per ignoranza, così come i vostri capi; [18]Dio però ha adempiuto così ciò che aveva annunziato per bocca di tutti i profeti, che cioè il suo Cristo sarebbe morto. [19]Pentitevi dunque e cambiate vita, perché siano cancellati i vostri peccati [20]e così possano giungere i tempi della consolazione da parte del Signore ed egli mandi quello che vi aveva destinato come Messia, cioè Gesù. [21]Egli dev'esser accolto in cielo fino ai tempi della restaurazione di tutte le cose, come ha detto Dio fin dall'antichità, per bocca dei suoi santi profeti.

[22]Mosè infatti disse: *Il Signore vostro Dio vi farà sorgere un profeta come me in mezzo ai vostri fratelli; voi lo ascolterete in tutto quello che egli vi dirà. [23]E chiunque non ascolterà quel profeta, sarà estirpato di mezzo al popolo* (Dt 18,15. 19). [24]Tutti i profeti, a cominciare da Samuele e da quanti parlarono in seguito, annunziarono questi giorni.

[25]Voi siete i figli dei profeti e dell'alleanza che Dio stabilì con i vostri padri, quando disse ad Abramo: *Nella tua discendenza saranno benedette tutte le famiglie della terra* (Gn 12,3). [26]Dio, dopo aver risuscitato il suo servo, l'ha mandato prima di tutto a voi per portarvi la benedizione e perché ciascuno si converta dalle sue iniquità».

4. Pietro e Giovanni davanti al sinedrio - [1]Stavano ancora parlando al popolo, quando sopraggiunsero i sacerdoti, il capitano del tempio e i sadducei, [2]irritati per il fatto che essi insegnavano al popolo e annunziavano in Gesù la risurrezione dai morti. [3]Li arrestarono e li portarono in prigione fino al giorno dopo, dato che era ormai sera. [4]Molti però di quelli che avevano ascoltato il discorso credettero e il numero degli uomini raggiunse i cinquemila.

[5]Il giorno dopo si radunarono in Gerusalemme i capi, gli anziani e gli scribi, [6]il sommo sacerdote Anna, Caifa, Giovanni, Alessandro e quanti appartenevano a famiglie di sommi sacerdoti. [7]Fattili comparire davanti a loro, li interrogavano: «Con quale potere o in nome di chi avete fatto questo?».

[8]Allora Pietro, pieno di Spirito Santo, disse loro: «Capi del popolo e anziani, [9]visto che oggi veniamo interrogati sul beneficio recato ad un uomo infermo e in qual modo egli abbia ottenuto la salute, [10]la cosa sia nota a tutti voi e a tutto

il popolo d'Israele: nel nome di Gesù Cristo il Nazareno, che voi avete crocifisso e che Dio ha risuscitato dai morti, costui vi sta innanzi sano e salvo. [11]Questo Gesù è *la pietra che, scartata da voi, costruttori, è diventata testata d'angolo* (Sal 117,22). [12]In nessun altro c'è salvezza; non vi è infatti altro nome dato agli uomini sotto il cielo nel quale è stabilito che possiamo essere salvati».

[13]Vedendo la franchezza di Pietro e di Giovanni e considerando che erano senza istruzione e popolani, rimanevano stupefatti riconoscendoli per coloro che erano stati con Gesù; [14]quando poi videro in piedi vicino a loro l'uomo che era stato guarito, non sapevano che cosa rispondere. [15]Li fecero uscire dal sinedrio e si misero a consultarsi fra loro dicendo: [16]«Che dobbiamo fare a questi uomini? Un miracolo evidente è avvenuto per opera loro; esso è diventato talmente noto a tutti gli abitanti di Gerusalemme che non possiamo negarlo. [17]Ma perché la cosa non si divulghi di più tra il popolo, diffidiamoli dal parlare più ad alcuno in nome di lui».

[18]E, richiamatili, ordinarono loro di non parlare assolutamente né di insegnare nel nome di Gesù. [19]Ma Pietro e Giovanni replicarono: «Se sia giusto innanzi a Dio obbedire a voi più che a lui, giudicatelo voi stessi; [20]noi non possiamo tacere quello che abbiamo visto e ascoltato». [21]Quelli allora, dopo averli ulteriormente minacciati, non trovando motivi per punirli, li rilasciarono a causa del popolo, perché tutti glorificavano Dio per l'accaduto. [22]L'uomo infatti sul quale era avvenuto il miracolo della guarigione aveva più di quarant'anni.

Preghiera della Chiesa perseguitata - [23]Appena rimessi in libertà, andarono dai loro fratelli e riferirono quanto avevano detto i sommi sacerdoti e gli anziani. [24]All'udire ciò, tutti insieme levarono la loro voce a Dio dicendo: «Signore, tu che *hai creato il cielo, la terra, il mare e tutto ciò che è in essi*, [25]tu che per mezzo dello Spirito Santo dicesti per bocca del nostro padre, il tuo servo Davide: *Perché si agitarono le genti e i popoli tramarono cose vane?* [26]Si *sollevarono i re della terra e i principi si radunarono insieme, contro il Signore e contro il suo Cristo* (Sal 2,1-2); [27]davvero in questa città *si radunarono* insieme contro il tuo santo servo Gesù, che hai unto come Cristo, Erode e Ponzio Pilato con le genti e i popoli d'Israele, [28]per compiere ciò che la tua mano e la tua volontà avevano preordinato che avvenisse. [29]Ed ora, Signore, volgi lo sguardo alle loro minacce e concedi ai tuoi servi di annunziare con tutta franchezza la tua parola. [30]Stendi la mano perché si compiano guarigioni, miracoli e prodigi nel nome del tuo santo servo Gesù». [31]Quand'ebbero terminato la preghiera, il luogo in cui erano radunati tremò e tutti furono pieni di Spirito Santo e annunziavano la parola di Dio con franchezza.

La carità tra i primi cristiani - [32]La moltitudine di coloro che eran venuti alla fede aveva un cuore solo e un'anima sola e nessuno diceva sua proprietà quello che gli apparteneva, ma ogni cosa era fra loro comune. [33]Con grande forza gli apostoli rendevano testimonianza della risurrezione del Signore Gesù e tutti essi godevano di grande stima. [34]Nessuno infatti tra loro era bisognoso, perché quanti possedevano campi o case li vendevano, portavano l'importo di ciò che era stato venduto [35]e lo deponevano ai piedi degli apostoli; e poi veniva distribuito a ciascuno secondo il bisogno. [36]Così Giuseppe, soprannominato dagli apostoli Bàrnaba, che significa «figlio dell'esortazione», un levita originario di Cipro, [37]che era padrone di un campo, lo vendette e ne consegnò l'importo deponendolo ai piedi degli apostoli.

5. L'inganno di Ananìa e Saffìra - [1]Un uomo di nome Ananìa con la moglie Saffìra vendette un suo podere [2]e, tenuta per sé una parte dell'importo d'accordo con la moglie, consegnò l'altra parte deponendola ai piedi degli apostoli. [3]Ma Pietro gli disse: «Ananìa, perché mai satana si è così impossessato del tuo cuore che tu hai mentito allo Spirito Santo e ti sei trattenuto parte del prezzo del terreno? [4]Prima di venderlo, non era forse tua proprietà e, anche venduto, il ricavato non era sempre a tua disposizione? Perché hai pensato in cuor tuo a quest'azione? Tu non hai mentito agli uomini, ma a Dio». [5]All'udire queste parole, Ananìa cadde a terra e spirò. E un timore grande prese tutti quelli che ascoltavano. [6]Si alzarono allora i più giovani e, avvoltolo in un lenzuolo, lo portarono fuori e lo seppellirono.

⁷Avvenne poi che, circa tre ore più tardi, entrò anche sua moglie, ignara dell'accaduto. ⁸Pietro le chiese: «Dimmi: avete venduto il campo a tal prezzo?». Ed essa: «Sì, a tanto». ⁹Allora Pietro le disse: «Perché vi siete accordati per tentare lo Spirito del Signore? Ecco qui alla porta i passi di coloro che hanno seppellito tuo marito e porteranno via anche te». ¹⁰D'improvviso cadde ai piedi di Pietro e spirò. Quando i giovani entrarono, la trovarono morta e, portatala fuori, la seppellirono accanto a suo marito. ¹¹E un grande timore si diffuse in tutta la Chiesa e in quanti venivano a sapere queste cose.

Prodigiosa attività apostolica - ¹²Molti miracoli e prodigi avvenivano fra il popolo per opera degli apostoli. Tutti erano soliti stare insieme nel portico di Salomone; ¹³degli altri, nessuno osava associarsi a loro, ma il popolo li esaltava. ¹⁴Intanto andava aumentando il numero degli uomini e delle donne che credevano nel Signore ¹⁵fino al punto che portavano gli ammalati nelle piazze, ponendoli su lettucci e giacigli, perché, quando Pietro passava, anche solo la sua ombra coprisse qualcuno di loro. ¹⁶Anche la folla delle città vicine a Gerusalemme accorreva, portando malati e persone tormentate da spiriti immondi e tutti venivano guariti.

Un angelo libera gli Apostoli incarcerati - ¹⁷Si alzò allora il sommo sacerdote e quelli della sua parte, cioè la setta dei sadducei, pieni di livore, ¹⁸e fatti arrestare gli apostoli li fecero gettare nella prigione pubblica. ¹⁹Ma durante la notte un angelo del Signore aprì le porte della prigione, li condusse fuori e disse: ²⁰«Andate, e mettetevi a predicare al popolo nel tempio tutte queste parole di vita». ²¹Udito questo, entrarono nel tempio sul far del giorno e si misero a insegnare.

Quando arrivò il sommo sacerdote con quelli della sua parte, convocarono il sinedrio e tutti gli anziani dei figli d'Israele; mandarono quindi a prelevare gli apostoli nella prigione. ²²Ma gli incaricati, giunti sul posto, non li trovarono nella prigione e tornarono a riferire: ²³«Abbiamo trovato il carcere scrupolosamente sbarrato e le guardie ai loro posti davanti alla porta, ma, dopo aver aperto, non abbiamo trovato dentro nessuno». ²⁴Udite queste parole, il capitano del tempio e i sommi sacerdoti si domandavano perplessi che cosa mai significasse tutto questo, [25]quando arrivò un tale ad annunziare: «Ecco, gli uomini che avete messo in prigione si trovano nel tempio a insegnare al popolo».

Gli Apostoli davanti al sinedrio - [26]Allora il capitano uscì con le sue guardie e li condusse via, ma senza violenza, per timore di esser presi a sassate dal popolo. [27]Li condussero e li presentarono nel sinedrio; il sommo sacerdote cominciò a interrogarli dicendo: [28]«Vi avevamo espressamente ordinato di non insegnare più nel nome di costui, ed ecco voi avete riempito Gerusalemme della vostra dottrina e volete far ricadere su di noi il sangue di quell'uomo».

[29]Rispose allora Pietro insieme agli apostoli: «Bisogna obbedire a Dio piuttosto che agli uomini. [30]Il Dio dei nostri padri ha risuscitato Gesù, che voi avevate ucciso appendendolo alla croce. [31]Dio lo ha innalzato con la sua destra facendolo capo e salvatore, per dare a Israele la grazia della conversione e il perdono dei peccati. [32]E di questi fatti siamo testimoni noi e lo Spirito Santo, che Dio ha dato a coloro che si sottomettono a lui». [33]All'udire queste cose si irritarono e volevano metterli a morte.

Intervento di Gamaliele - [34]Si alzò allora nel sinedrio un fariseo, di nome Gamalièle, dottore della legge, stimato presso tutto il popolo. Dato ordine di far uscire per un momento gli accusati, [35]disse: «Uomini di Israele, badate bene a ciò che state per fare contro questi uomini. [36]Qualche tempo fa venne Tèuda, dicendo di essere qualcuno, e a lui si aggregarono circa quattrocento uomini. Ma fu ucciso, e quanti s'erano lasciati persuadere da lui si dispersero e finirono nel nulla. [37]Dopo di lui sorse Giuda il Galileo, al tempo del censimento, e indusse molta gente a seguirlo, ma anch'egli perì e quanti s'eran lasciati persuadere da lui furono dispersi. [38]Per quanto riguarda il caso presente, ecco ciò che vi dico: Non occupatevi di questi uomini e lasciateli andare. Se infatti questa teoria o questa attività è di origine umana, verrà distrutta; [39]ma se essa viene da Dio, non riuscirete a sconfiggerli; non vi accada di trovarvi a combattere contro Dio!».

[40]Seguirono il suo parere e, richiamati gli apostoli, li fecero fustigare e ordinarono loro di non continuare a parlare

nel nome di Gesù; quindi li rimisero in libertà. [41]Ma essi se
ne andarono dal sinedrio, lieti di essere stati oltraggiati per
amore del nome di Gesù. [42]E ogni giorno, nel tempio e a
casa, non cessavano di insegnare e di portare il lieto annunzio che Gesù è il Cristo.

* L'elezione dei sette fratelli addetti alle mense, provenienti dalla
diaspora, favorirà l'apertura della Chiesa al mondo greco-romano.
Infatti, la loro mentalità ellenistica permetteva ad essi di comprendere le possibilità di una larga evangelizzazione anche fuori del giudaismo. Ma è appunto questo atteggiamento universalistico dei sette
che provoca la gelosia della sinagoga, scatenando una forte reazione
contro di essi e il martirio di Stefano. *

6. Elezione dei sette diaconi - [1]In quei giorni, mentre au-
mentava il numero dei discepoli, sorse un malcontento fra
gli ellenisti verso gli Ebrei, perché venivano trascurate le
loro vedove nella distribuzione quotidiana. [2]Allora i Dodici
convocarono il gruppo dei discepoli e dissero: «Non è giusto
che noi trascuriamo la parola di Dio per il servizio delle
mense. [3]Cercate dunque, fratelli, tra di voi sette uomini di
buona reputazione, pieni di Spirito e di saggezza, ai quali
affideremo quest'incarico. [4]Noi, invece, ci dedicheremo alla
preghiera e al ministero della parola».
[5]Piacque questa proposta a tutto il gruppo ed elessero
Stefano, uomo pieno di fede e di Spirito Santo, Filippo,
Pròcoro, Nicànore, Timòne, Parmenàs e Nicola, un proselito di Antiòchia. [6]Li presentarono quindi agli apostoli i quali,
dopo aver pregato, imposero loro le mani.
[7]Intanto la parola di Dio si diffondeva e si moltiplicava
grandemente il numero dei discepoli a Gerusalemme; anche
un gran numero di sacerdoti aderiva alla fede.

L'arresto di Stefano - [8]Stefano intanto, pieno di grazia e di
potere, faceva grandi prodigi e miracoli tra il popolo.
[9]Sorsero allora alcuni della sinagoga detta dei "liberti" com-
prendente anche i Cirenei, gli Alessandrini e altri della Cilicia e dell'Asia, a disputare con Stefano, [10]ma non riuscivano
a resistere alla sapienza ispirata con cui egli parlava.
[11]Perciò sobillarono alcuni che dissero: «Lo abbiamo udito
pronunziare espressioni blasfeme contro Mosè e contro

Dio». [12]E così sollevarono il popolo, gli anziani e gli scribi; gli piombarono addosso, lo catturarono e lo trascinarono davanti al sinedrio. [13]Presentarono quindi dei falsi testimoni, che dissero: «Costui non cessa di proferire parole contro questo luogo sacro e contro la legge. [14]Lo abbiamo udito dichiarare che Gesù il Nazareno distruggerà questo luogo e sovvertirà i costumi tramandatici da Mosè».

[15]E tutti quelli che sedevano nel sinedrio, fissando gli occhi su di lui, videro il suo volto come quello di un angelo.

7. Il discorso di Stefano - [1]Gli disse allora il sommo sacerdote: «Queste cose stanno proprio così?». [2]Ed egli rispose: «Fratelli e padri, ascoltate: il *Dio della gloria* apparve al nostro padre Abramo quando era ancora in Mesopotamia, prima che egli si stabilisse in Carran, [3]*e gli disse: Esci dalla tua terra e dalla tua gente e va' nella terra che io ti indicherò* (Gn 12,1). [4]Allora, uscito dalla terra dei Caldei, si stabilì in Carran; di là, dopo la morte del padre, Dio lo fece emigrare in questo paese dove voi ora abitate, [5]ma non gli diede alcuna proprietà in esso, *neppure quanto l'orma di un piede*, ma gli promise *di darlo in possesso a lui e alla sua discendenza dopo di lui*, sebbene non avesse ancora figli.

[6]Poi Dio parlò così: *La discendenza di Abramo sarà pellegrina in terra straniera, tenuta in schiavitù e oppressione per quattrocento anni.* [7]*Ma del popolo di cui saranno schiavi io farò giustizia* (Gn 15,2.13-14), disse Dio: *dopo potranno uscire e mi adoreranno* in questo luogo. [8]E gli diede l'alleanza della circoncisione. E così Abramo generò Isacco e *lo circoncise l'ottavo giorno* e Isacco generò Giacobbe e Giacobbe i dodici patriarchi.

[9]Ma i patriarchi, *gelosi di Giuseppe, lo vendettero* schiavo in Egitto. Dio però era con lui [10]e lo liberò da tutte le sue afflizioni e *gli diede grazia* e sapienza *davanti al faraone re d'Egitto*, il quale lo nominò amministratore dell'Egitto e di tutta la sua casa. [11]*Venne una carestia su tutto l'Egitto e in Canaan* (Gn 41,40-41) e una grande miseria, e i nostri padri non trovavano da mangiare. [12]*Avendo udito Giacobbe che in Egitto c'era del grano*, vi inviò i nostri padri una prima volta; [13]la seconda volta Giuseppe *si fece riconoscere dai suoi fratelli* e fu nota al faraone la sua origine. [14]Giuseppe allora mandò a chiamare Giacobbe suo padre

e tutta la sua parentela, *settantacinque persone in tutto.* [15]E Giacobbe *si recò in Egitto, e qui egli morì* come anche i nostri padri; [16]*essi furono poi trasportati in Sichem* e posti *nel sepolcro che Abramo aveva acquistato* e pagato in denaro *dai figli di Emor, a Sichem* (Gn 50,13).

[17]Mentre si avvicinava il tempo della promessa fatta da Dio ad Abramo, il popolo *crebbe e si moltiplicò* in Egitto, [18]finché *salì al trono d'Egitto un altro re, che non conosceva Giuseppe* (Es 1,8). [19]Questi, *adoperando l'astuzia contro la nostra gente, perseguitò* i nostri padri fino a costringerli a esporre i loro figli, perché non *sopravvivessero.* [20]In quel tempo nacque Mosè e piacque a Dio; *egli fu allevato per tre mesi* nella casa paterna, poi, [21]*essendo stato esposto, lo raccolse la figlia del faraone e lo allevò come figlio.* [22]Così Mosè venne istruito in tutta la sapienza degli Egiziani ed era potente nelle parole e nelle opere.

[23]Quando stava per compiere i quarant'anni, gli venne l'idea di far visita ai *suoi fratelli, i figli di Israele,* [24]e vedendone uno trattato ingiustamente, ne prese le difese e vendicò l'oppresso, *uccidendo l'Egiziano.* [25]Egli pensava che i suoi connazionali avrebbero capito che Dio dava loro salvezza per mezzo suo, ma essi non compresero. [26]Il giorno dopo si presentò in mezzo a loro mentre stavano litigando e si adoperò per metterli d'accordo, dicendo: Siete fratelli; perché vi insultate l'un l'altro? [27]Ma *quello che maltrattava il vicino lo respinse, dicendo: Chi ti ha nominato capo e giudice sopra di noi?* [28]*Vuoi forse uccidermi, come hai ucciso ieri l'Egiziano?* [29]*Fuggì via Mosè a queste parole, e andò ad abitare nella terra di Madian* (Es 2,13-15), dove ebbe due figli.

[30]Passati quarant'anni, *gli apparve nel deserto del monte Sinai un angelo, in mezzo alla fiamma di un roveto ardente.* [31]Mosè rimase stupito di questa visione; e mentre si avvicinava per veder meglio; si udì la voce del Signore: [32]*Io sono il Dio dei tuoi padri, il Dio di Abramo, di Isacco e di Giacobbe.* Esterrefatto, Mosè non osava guardare. [33]*Allora il Signore gli disse: Togliti dai piedi i calzari, perché il luogo in cui stai è terra santa.* [34]*Ho visto l'afflizione del mio popolo in Egitto, ho udito il loro gemito e sono sceso a liberarli; ed ora vieni, che ti mando in Egitto* (Es 3,7-8).

[35]Questo Mosè che aveva rinnegato dicendo: *Chi ti ha nominato capo e giudice?,* proprio lui Dio aveva mandato

per esser capo e liberatore, parlando per mezzo dell'angelo che gli era apparso nel roveto. [36]Egli li fece uscire, compiendo *miracoli e prodigi nella terra d'Egitto*, nel Mare Rosso, e *nel deserto per quarant'anni.*

[37]Egli è quel Mosè che disse ai figli d'Israele: *Dio vi farà sorgere un profeta tra i vostri fratelli, al pari di me* (Dt 18,15). [38]Egli è colui che, mentre erano radunati nel deserto, fu mediatore tra l'angelo che gli parlava sul monte Sinai e i nostri padri; egli ricevette parole di vita da trasmettere a noi. [39]Ma i nostri padri non vollero dargli ascolto, lo respinsero e *si volsero* in cuor loro *verso l'Egitto,* [40]dicendo ad Aronne: *Fa' per noi una divinità che ci vada innanzi, perché a questo Mosè che ci condusse fuori dall'Egitto non sappiamo che cosa sia accaduto* (Es 32,1.23). [41]E in quei giorni *fabbricarono un vitello e offrirono sacrifici* all'idolo e si rallegrarono per l'opera delle loro mani.

[42]Ma Dio si ritrasse da loro e li abbandonò al culto dell'*esercito del cielo,* come è scritto nel libro dei Profeti: [43]*Mi avete forse offerto vittime e sacrifici per quarant'anni nel deserto, o casa d'Israele? Avete preso con voi la tenda di Mòloch, e la stella del dio Refàn, simulacri che vi siete fabbricati per adorarli! Perciò vi deporterò al di là di Babilonia* (Am 5,25-27).

[44]I nostri padri avevano nel deserto *la tenda della testimonianza,* come aveva ordinato colui che *disse a Mosè di costruirla secondo il modello che aveva visto* (Es 25,16.40). [45]E dopo averla ricevuta, i nostri padri con Giosuè se la portarono con sé nella *conquista dei popoli* che Dio scacciò davanti a loro, fino ai tempi di Davide. [46]Questi trovò grazia innanzi a Dio e domandò *di poter trovare una dimora per il Dio di Giacobbe* (Sal 131,5); [47]*Salomone* poi *gli edificò una casa.* [48]Ma l'Altissimo non abita in costruzioni fatte da mano d'uomo, come dice il Profeta: [49]*Il cielo è il mio trono e la terra sgabello per i miei piedi. Quale casa potrete edificarmi, dice il Signore, o quale sarà il luogo del mio riposo? [50]Non forse la mia mano ha creato tutte queste cose?* (Is 66,1-2).

[51]O gente testarda e pagana nel cuore e nelle orecchie, voi sempre *opponete resistenza allo Spirito Santo*; come i vostri padri, così anche voi. [52]Quale dei profeti i vostri padri non hanno perseguitato? Essi uccisero quelli che preannunciavano la venuta del Giusto, del quale voi ora siete diventati

traditori e uccisori; [53]voi che avete ricevuto la legge per mano degli angeli e non l'avete osservata».

Il martirio di Stefano - [54]All'udire queste cose, fremevano in cuor loro e digrignavano i denti contro di lui. [55]Ma Stefano, pieno di Spirito Santo, fissando gli occhi al cielo, vide la gloria di Dio e Gesù che stava alla sua destra [56]e disse: «Ecco, io contemplo i cieli aperti e il Figlio dell'uomo che sta alla destra di Dio».

[57]Proruppero allora in grida altissime turandosi gli orecchi; poi si scagliarono tutti insieme contro di lui, [58]lo trascinarono fuori della città e si misero a lapidarlo. E i testimoni deposero il loro mantello ai piedi di un giovane, chiamato Saulo. [59]E così lapidavano Stefano mentre pregava e diceva: «Signore Gesù, accogli il mio spirito». [60]Poi piegò le ginocchia e gridò forte: «Signore, non imputar loro questo peccato». Detto questo, morì.

Espansione della Chiesa in Giudea e Samarìa

  * La morte di Stefano, le persecuzioni contro i cristiani, specialmente contro il gruppo ellenista (= Giudei provenienti dalla diaspora), che era il più dinamico e innovatore, determinarono la dispersione della comunità di Gerusalemme. Il Vangelo viene presto annunziato in Samarìa e tra i pagani. *

8. La persecuzione della Chiesa - [1]Saulo era fra coloro che approvarono la sua uccisione. In quel giorno scoppiò una violenta persecuzione contro la Chiesa di Gerusalemme e tutti, ad eccezione degli apostoli, furono dispersi nelle regioni della Giudea e della Samarìa. [2]Persone pie seppellirono Stefano e fecero un grande lutto per lui. [3]Saulo intanto infuriava contro la Chiesa ed entrando nelle case prendeva uomini e donne e li faceva mettere in prigione.

[4]Quelli però che erano stati dispersi andavano per il paese e diffondevano la parola di Dio.

Filippo in Samarìa - [5]Filippo, sceso in una città della Samarìa, cominciò a predicare loro il Cristo. [6]E le folle prestavano ascolto unanimi alle parole di Filippo sentendolo parlare e vedendo i miracoli che egli compiva. [7]Da molti indemoniati uscivano spiriti immondi, emettendo alte grida e molti paralitici e storpi furono risanati. [8]E vi fu grande gioia in quella città.

Simone mago - [9]V'era da tempo in città un tale di nome Simone, dedito alla magia, il quale mandava in visibilio la popolazione di Samarìa, spacciandosi per un gran personaggio. [10]A lui aderivano tutti, piccoli e grandi, esclamando: «Questi è la potenza di Dio, quella che è chiamata Grande». [11]Gli davano ascolto, perché per molto tempo li aveva fatti strabiliare con le sue magie. [12]Ma quando cominciarono a credere a Filippo, che recava la buona novella del regno di Dio e del nome di Gesù Cristo, uomini e donne si facevano battezzare. [13]Anche Simone credette, fu battezzato e non si staccava più da Filippo. Era fuori di sé nel vedere i segni e i grandi prodigi che avvenivano.

[14]Frattanto gli apostoli, a Gerusalemme, seppero che la Samarìa aveva accolto la parola di Dio e vi inviarono Pietro e Giovanni. [15]Essi discesero e pregarono per loro perché ricevessero lo Spirito Santo; [16]non era infatti ancora sceso sopra nessuno di loro, ma erano stati soltanto battezzati nel nome del Signore Gesù. [17]Allora imponevano loro le mani e quelli ricevevano lo Spirito Santo.

[18]Simone, vedendo che lo Spirito veniva conferito con l'imposizione delle mani degli apostoli, offrì loro del denaro [19]dicendo: «Date anche a me questo potere perché a chiunque io imponga le mani, egli riceva lo Spirito Santo». [20]Ma Pietro gli rispose: «Il tuo denaro vada con te in perdizione, perché hai osato pensare di acquistare con denaro il dono di Dio. [21]Non v'è parte né sorte alcuna per te in questa cosa, perché *il tuo cuore non è retto davanti a Dio* (Sal 77,37). [22]Pèntiti dunque di questa tua iniquità e prega il Signore che ti sia perdonato questo pensiero. [23]Ti vedo infatti chiuso *in fiele amaro e in lacci d'iniquità*». [24]Rispose Simone: «Pregate voi per me il Signore, perché non mi accada nulla di ciò che avete detto».

[25]Essi poi, dopo aver testimoniato e annunziato la parola di Dio, ritornavano a Gerusalemme ed evangelizzavano molti villaggi della Samarìa.

Filippo battezza l'etiope - [26]Un angelo del Signore parlò intanto a Filippo: «Alzati, e va' verso il mezzogiorno, sulla strada che discende da Gerusalemme a Gaza; essa è deserta». [27]Egli si alzò e si mise in cammino, quand'ecco un Etìope, un eunuco, funzionario di Candàce, regina di Etiopia, sovrintendente a tutti i suoi tesori, venuto per il culto a Gerusalemme, [28]se ne ritornava, seduto sul suo carro da viaggio, leggendo il profeta Isaia.

[29]Disse allora lo Spirito a Filippo: «Va' avanti, e raggiungi quel carro». [30]Filippo corse innanzi e, udito che leggeva il profeta Isaia, gli disse: «Capisci quello che stai leggendo?». [31]Quegli rispose: «E come lo potrei, se nessuno mi istruisce?». E invitò Filippo a salire e a sedere accanto a lui. [32]Il passo della Scrittura che stava leggendo era questo: *Come una pecora fu condotto al macello e come un agnello senza voce innanzi a chi lo tosa, così egli non apre la sua bocca.* [33]*Nella sua umiliazione il giudizio gli è stato negato, ma la sua posterità chi potrà mai descriverla? Poiché è stata recisa dalla terra la sua vita* (Is 53,7-8).

[34]E rivoltosi a Filippo l'eunuco disse: «Ti prego, di quale persona il profeta dice questo? Di se stesso o di qualcun altro?». [35]Filippo, prendendo a parlare e partendo da quel passo della Scrittura, gli annunziò la buona novella di Gesù. [36]Proseguendo lungo la strada, giunsero a un luogo dove c'era acqua e l'eunuco disse: «Ecco, qui c'è acqua; che cosa mi impedisce di essere battezzato?». [[37]] [38]Fece fermare il carro e discesero tutti e due nell'acqua, Filippo e l'eunuco, ed egli lo battezzò. [39]Quando furono usciti dall'acqua, lo Spirito del Signore rapì Filippo e l'eunuco non lo vide più e proseguì pieno di gioia il suo cammino. [40]Quanto a Filippo, si trovò ad Azoto e, proseguendo, predicava il vangelo a tutte le città, finché giunse a Cesarèa.

* La conversione di Paolo viene narrata da Luca tre volte, data la sua importanza per la diffusione della Chiesa tra i pagani. Il fanatico persecutore dei cristiani sulla via di Damasco viene trasformato dalla grazia di Dio in un fervente apostolo del Vangelo. *

9. La conversione di Saulo - [1]Saulo frattanto, sempre fremente minaccia e strage contro i discepoli del Signore, si presentò al sommo sacerdote [2]e gli chiese lettere per le sinagoghe di Damasco al fine di essere autorizzato a condurre in catene a Gerusalemme uomini e donne, seguaci della dottrina di Cristo, che avesse trovati.

[3]E avvenne che, mentre era in viaggio e stava per avvicinarsi a Damasco, all'improvviso lo avvolse una luce dal cielo [4]e cadendo a terra udì una voce che gli diceva: «Saulo, Saulo, perché mi perseguiti?». [5]Rispose: «Chi sei, o Signore?». E la voce: «Io sono Gesù, che tu perseguiti! [6]Orsù, alzati ed entra nella città e ti sarà detto ciò che devi fare». [7]Gli uomini che facevano il cammino con lui si erano fermati ammutoliti, sentendo la voce ma non vedendo nessuno. [8]Saulo si alzò da terra ma, aperti gli occhi, non vedeva nulla. Così, guidandolo per mano, lo condussero a Damasco, [9]dove rimase tre giorni senza vedere e senza prendere né cibo né bevanda.

[10]Ora c'era a Damasco un discepolo di nome Ananìa e il Signore in una visione gli disse: «Ananìa!». Rispose: «Eccomi, Signore!». [11]E il Signore a lui: «Su, va' sulla strada chiamata Diritta, e cerca nella casa di Giuda un tale che ha nome Saulo, di Tarso; ecco sta pregando, [12]e ha visto in visione un uomo, di nome Ananìa, venire a imporgli le mani perché ricuperi la vista». [13]Rispose Ananìa: «Signore, riguardo a quest'uomo ho udito da molti tutto il male che ha fatto ai tuoi fedeli in Gerusalemme. [14]Inoltre ha l'autorizzazione dai sommi sacerdoti di arrestare tutti quelli che invocano il tuo nome».

[15]Ma il Signore disse: «Va', perché egli è per me uno strumento eletto per portare il mio nome dinanzi ai popoli, ai re e ai figli di Israele; [16]io gli mostrerò quanto dovrà soffrire per il mio nome». [17]Allora Ananìa andò, entrò nella casa, gli impose le mani e disse: «Saulo, fratello mio, mi ha mandato a te il Signore Gesù, che ti è apparso sulla via per la quale venivi, perché tu riacquisti la vista e sia colmo di Spirito Santo». [18]E improvvisamente gli caddero dagli occhi come delle squame e ricuperò la vista; fu subito battezzato, [19]poi prese cibo e le forze gli ritornarono.

Predicazione di Saulo - Rimase alcuni giorni insieme ai discepoli che erano a Damasco, [20]e subito nelle sinagoghe proclamava Gesù Figlio di Dio. [21]Tutti quelli che lo ascoltavano si meravigliavano e dicevano: «Ma costui non è quel tale che a Gerusalemme infieriva contro quelli che invocano questo nome ed era venuto qua precisamente per condurli in catene dai sommi sacerdoti?». ²²Saulo frattanto si rinfrancava sempre più e confondeva i Giudei residenti a Damasco, dimostrando che Gesù è il Cristo.

²³Trascorsero così parecchi giorni e i Giudei fecero un complotto per ucciderlo; ²⁴ma i loro piani vennero a conoscenza di Saulo. Essi facevano la guardia anche alle porte della città di giorno e di notte per sopprimerlo; ²⁵ma i suoi discepoli di notte lo presero e lo fecero discendere dalle mura, calandolo in una cesta.

Saulo a Gerusalemme - ²⁶Venuto a Gerusalemme, cercava di unirsi con i discepoli, ma tutti avevano paura di lui, non credendo ancora che fosse un discepolo. ²⁷Allora Bàrnaba lo prese con sé, lo presentò agli apostoli e raccontò loro come durante il viaggio aveva visto il Signore che gli aveva parlato, e come in Damasco aveva predicato con coraggio nel nome di Gesù. ²⁸Così egli poté stare con loro e andava e veniva a Gerusalemme, parlando apertamente nel nome del Signore ²⁹e parlava e discuteva con gli Ebrei di lingua greca; ma questi tentarono di ucciderlo. ³⁰Venutolo però a sapere i fratelli, lo condussero a Cesarèa e lo fecero partire per Tarso.

³¹La Chiesa era dunque in pace per tutta la Giudea, la Galilea e la Samarìa; essa cresceva e camminava nel timore del Signore, colma del conforto dello Spirito Santo.

Pietro guarisce Enea - ³²E avvenne che mentre Pietro andava a far visita a tutti, si recò anche dai fedeli che dimoravano a Lidda. ³³Qui trovò un uomo di nome Enea, che da otto anni giaceva su un lettuccio ed era paralitico. ³⁴Pietro gli disse: «Enea, Gesù Cristo ti guarisce; alzati e rifatti il letto». E subito si alzò. ³⁵Lo videro tutti gli abitanti di Lidda e del Saròn e si convertirono al Signore.

Pietro risuscita Tabità - ³⁶A Giaffa c'era una discepola chiamata Tabità, nome che significa "Gazzella", la quale abbondava in opere buone e faceva molte elemosine. ³⁷Proprio in quei giorni si ammalò e morì. La lavarono e la deposero in una stanza al piano superiore.

³⁸E poiché Lidda era vicina a Giaffa i discepoli, udito che Pietro si trovava là, mandarono due uomini ad invitarlo: «Vieni subito da noi!». ³⁹E Pietro subito andò con loro. Appena arrivato lo condussero al piano superiore e gli si fecero incontro tutte le vedove in pianto che gli mostravano le tuniche e i mantelli che Gazzella confezionava quando era fra loro. ⁴⁰Pietro fece uscire tutti e si inginocchiò a pregare; poi rivolto alla salma disse: «Tabità, alzati!». Ed essa aprì gli occhi, vide Pietro e si mise a sedere. ⁴¹Egli le diede la mano e la fece alzare, poi chiamò i credenti e le vedove, e la presentò loro viva.

⁴²La cosa si riseppe in tutta Giaffa, e molti credettero nel Signore. ⁴³Pietro rimase a Giaffa parecchi giorni, presso un certo Simone conciatore.

Le prime conversioni tra i pagani

* La conversione di Cornelio con la mediazione di Pietro ha per Luca un valore emblematico: è il preludio alla conversione delle genti. Proprio per questo si dilunga nel racconto dell'avvenimento, per dimostrare che Dio ha accordato la salvezza anche ai pagani. Veniva così a cadere il muro di pregiudizi e di segregazione che separava il popolo d'Israele dai gentili. *

10. La conversione del centurione Cornelio - ¹C'era in Cesarèa un uomo di nome Cornelio, centurione della coorte Italica, ²uomo pio e timorato di Dio con tutta la sua famiglia; faceva molte elemosine al popolo e pregava sempre Dio. ³Un giorno verso le tre del pomeriggio vide chiaramente in visione un angelo di Dio venirgli incontro e chiamarlo: «Cornelio!». ⁴Egli lo guardò e preso da timore disse: «Che c'è, Signore?». Gli rispose: «Le tue preghiere e le tue elemosine sono salite, in tua memoria, innanzi a Dio. ⁵E ora manda degli uomini a Giaffa e fa' venire un certo Simone detto anche Pietro. ⁶Egli è ospite presso un tal Simone conciatore, la cui casa è sulla riva del mare». ⁷Quando l'angelo che gli parlava se ne fu andato, Cornelio chiamò due dei suoi servitori e un pio soldato fra i suoi attendenti e, ⁸spiegata loro ogni cosa, li mandò a Giaffa.

⁹Il giorno dopo, mentre essi erano per via e si avvicinava-

no alla città, Pietro salì verso mezzogiorno sulla terrazza a pregare. [10]Gli venne fame e voleva prendere cibo. Ma mentre glielo preparavano, fu rapito in estasi. [11]Vide il cielo aperto e un oggetto che discendeva come una tovaglia grande, calata a terra per i quattro capi. [12]In essa c'era ogni sorta di quadrupedi e rettili della terra e uccelli del cielo. [13]Allora risuonò una voce che gli diceva: «Alzati, Pietro, uccidi e mangia!». [14]Ma Pietro rispose: «No davvero, Signore, poiché io non ho mai mangiato nulla di profano e di immondo». [15]E la voce di nuovo a lui: «Ciò che Dio ha purificato, tu non chiamarlo più profano». [16]Questo accadde per tre volte; poi d'un tratto quell'oggetto fu risollevato al cielo.

[17]Mentre Pietro si domandava perplesso tra sé e sé che cosa significasse ciò che aveva visto, gli uomini inviati da Cornelio, dopo aver domandato della casa di Simone, si fermarono all'ingresso. [18]Chiamarono e chiesero se Simone, detto anche Pietro, alloggiava colà. [19]Pietro stava ancora ripensando alla visione, quando lo Spirito gli disse: «Ecco, tre uomini ti cercano; [20]alzati, scendi e va' con loro senza esitazione, perché io li ho mandati». [21]Pietro scese incontro agli uomini e disse: «Eccomi, sono io quello che cercate. Qual è il motivo per cui siete venuti?». [22]Risposero: «Il centurione Cornelio, uomo giusto e timorato di Dio, stimato da tutto il popolo dei Giudei, è stato avvertito da un angelo santo di invitarti nella sua casa, per ascoltare ciò che hai da dirgli». [23]Pietro allora li fece entrare e li ospitò.

Il giorno seguente si mise in viaggio con loro e alcuni fratelli di Giaffa lo accompagnarono. [24]Il giorno dopo arrivò a Cesarèa. Cornelio stava ad aspettarli ed aveva invitato i congiunti e gli amici intimi. [25]Mentre Pietro stava per entrare, Cornelio andandogli incontro si gettò ai suoi piedi per adorarlo. [26]Ma Pietro lo rialzò, dicendo: «Alzati: anch'io sono un uomo!». [27]Poi, continuando a conversare con lui, entrò e trovate riunite molte persone disse loro: [28]«Voi sapete che non è lecito per un Giudeo unirsi o incontrarsi con persone di altra razza; ma Dio mi hà mostrato che non si deve dire profano o immondo nessun uomo. [29]Per questo sono venuto senza esitare quando mi avete mandato a chiamare. Vorrei dunque chiedere: per quale ragione mi avete fatto venire?».

[30]Cornelio allora rispose: «Quattro giorni or sono, verso

quest'ora, stavo recitando la preghiera delle tre del pomeriggio nella mia casa, quando mi si presentò un uomo in splendida veste [31]e mi disse: Cornelio, sono state esaudite le tue preghiere e ricordate le tue elemosine davanti a Dio. [32]Manda dunque a Giaffa e fa' venire Simone chiamato anche Pietro; egli è ospite nella casa di Simone il conciatore, vicino al mare. [33]Subito ho mandato a cercarti e tu hai fatto bene a venire. Ora dunque tutti noi, al cospetto di Dio, siamo qui riuniti per ascoltare tutto ciò che dal Signore ti è stato ordinato».

Il discorso di Pietro in casa di Cornelio - [34]Pietro prese la parola e disse: «In verità sto rendendomi conto che *Dio non ha preferenze di persone* (Dt 10,17), [35]ma chi lo teme e pratica la giustizia, a qualunque popolo appartenga, è a lui accetto. [36]Questa è *la parola che egli ha inviato*, ai figli d'Israele, *recando la buona novella* della pace (Is 52,7), per mezzo di Gesù Cristo, che è il Signore di tutti. [37]Voi conoscete ciò che è accaduto in tutta la Giudea, incominciando dalla Galilea, dopo il battesimo predicato da Giovanni; [38]cioè come *Dio consacrò in Spirito Santo* (Is 61,1) e potenza Gesù di Nàzaret, il quale passò beneficando e risanando tutti coloro che stavano sotto il potere del diavolo, perché Dio era con lui. [39]E noi siamo testimoni di tutte le cose da lui compiute nella regione dei Giudei e in Gerusalemme.

Essi lo uccisero appendendolo a una croce, [40]ma Dio lo ha risuscitato al terzo giorno e volle che apparisse, [41]non a tutto il popolo, ma a testimoni prescelti da Dio, a noi, che abbiamo mangiato e bevuto con lui dopo la risurrezione dai morti. [42]E ci ha ordinato di annunziare al popolo e di attestare che egli è il giudice dei vivi e dei morti costituito da Dio. [43]Tutti i profeti gli rendono questa testimonianza: chiunque crede in lui ottiene la remissione dei peccati per mezzo del suo nome».

[44]Pietro stava ancora dicendo queste cose, quando lo Spirito Santo scese sopra tutti coloro che ascoltavano il discorso. [45]E i fedeli circoncisi, che erano venuti con Pietro, si meravigliarono che anche sopra i pagani si effondesse il dono dello Spirito Santo; [46]li sentivano infatti parlare lingue e glorificare Dio. [47]Allora Pietro disse: «Forse che si può proibire che siano battezzati con l'acqua questi che hanno

ricevuto lo Spirito Santo al pari di noi?». ⁴⁸E ordinò che fossero battezzati nel nome di Gesù Cristo. Dopo tutto questo lo pregarono di fermarsi alcuni giorni.

11. Pietro si giustifica a Gerusalemme - ¹Gli apostoli e i fratelli che stavano nella Giudea vennero a sapere che anche i pagani avevano accolto la parola di Dio. ²E quando Pietro salì a Gerusalemme, i circoncisi lo rimproveravano dicendo: ³«Sei entrato in casa di uomini non circoncisi e hai mangiato insieme con loro!».

⁴Allora Pietro raccontò per ordine come erano andate le cose, dicendo: ⁵«Io mi trovavo in preghiera nella città di Giaffa e vidi in estasi una visione: un oggetto, simile a una grande tovaglia, scendeva come calato dal cielo per i quattro capi e giunse fino a me. ⁶Fissandolo con attenzione, vidi in esso quadrupedi, fiere e rettili della terra e uccelli del cielo. ⁷E sentii una voce che mi diceva: Pietro, alzati, uccidi e mangia! ⁸Risposi: Non sia mai, Signore, poiché nulla di profano e di immondo è entrato mai nella mia bocca. ⁹Ribatté nuovamente la voce dal cielo: Quello che Dio ha purificato, tu non considerarlo profano. ¹⁰Questo avvenne per tre volte e poi tutto fu risollevato di nuovo nel cielo.

¹¹Ed ecco, in quell'istante, tre uomini giunsero alla casa dove eravamo, mandati da Cesarèa a cercarmi. ¹²Lo Spirito mi disse di andare con loro senza esitare. Vennero con me anche questi sei fratelli ed entrammo in casa di quell'uomo. ¹³Egli ci raccontò che aveva visto un angelo presentarsi in casa sua e dirgli: Manda a Giaffa e fa' venire Simone detto anche Pietro; ¹⁴egli ti dirà parole per mezzo delle quali sarai salvato tu e tutta la tua famiglia. ¹⁵Avevo appena cominciato a parlare quando lo Spirito Santo scese su di loro, come in principio era sceso su di noi. ¹⁶Mi ricordai allora di quella parola del Signore che diceva: *Giovanni battezzò con acqua, voi invece sarete battezzati in Spirito Santo* (At 1,5). ¹⁷Se dunque Dio ha dato a loro lo stesso dono che a noi per aver creduto nel Signore Gesù Cristo, chi ero io per porre impedimento a Dio?».

¹⁸All'udir questo si calmarono e cominciarono a glorificare Dio dicendo: «Dunque anche ai pagani Dio ha concesso che si convertano perché abbiano la vita!».

Fondazione della Chiesa ad Antiòchia - [19]Intanto quelli che erano stati dispersi dopo la persecuzione scoppiata al tempo di Stefano, erano arrivati fin nella Fenicia, a Cipro e ad Antiòchia e non predicavano la parola a nessuno fuorché ai Giudei. [20]Ma alcuni fra loro, cittadini di Cipro e Cirène, giunti ad Antiòchia, cominciarono a parlare anche ai Greci, predicando la buona novella del Signore Gesù. [21]E la mano del Signore era con loro e così un gran numero credette e si convertì al Signore. [22]La notizia giunse agli orecchi della Chiesa di Gerusalemme, la quale mandò Bàrnaba ad Antiòchia.

[23]Quando questi giunse e vide la grazia del Signore, si rallegrò e [24]da uomo virtuoso qual era e pieno di Spirito Santo e di fede, esortava tutti a perseverare con cuore risoluto nel Signore. E una folla considerevole fu condotta al Signore. [25]Bàrnaba poi partì alla volta di Tarso per cercare Saulo e trovatolo lo condusse ad Antiòchia. [26]Rimasero insieme un anno intero in quella comunità e istruirono molta gente; ad Antiòchia per la prima volta i discepoli furono chiamati Cristiani.

Bàrnaba e Paolo inviati a Gerusalemme - [27]In questo tempo alcuni profeti scesero ad Antiòchia da Gerusalemme. [28]E uno di loro, di nome Àgabo, alzatosi in piedi, annunziò per impulso dello Spirito che sarebbe scoppiata una grave carestia su tutta la terra. Ciò che di fatto avvenne sotto l'impero di Claudio. [29]Allora i discepoli si accordarono, ciascuno secondo quello che possedeva, di mandare un soccorso ai fratelli abitanti nella Giudea; [30]questo fecero, indirizzandolo agli anziani, per mezzo di Bàrnaba e Saulo.

12. Persecuzione di Erode Agrippa - [1]In quel tempo il re Erode cominciò a perseguitare alcuni membri della Chiesa [2]e fece uccidere di spada Giacomo, fratello di Giovanni.

Un angelo libera Pietro incarcerato - [3]Vedendo che questo era gradito ai Giudei, decise di arrestare anche Pietro. Erano quelli i giorni degli azzimi. [4]Fattolo catturare, lo gettò in prigione, consegnandolo in custodia a quattro picchetti di quattro soldati ciascuno, col proposito di farlo comparire davanti al popolo dopo la Pasqua. [5]Pietro dunque era tenuto in prigione, mentre una preghiera saliva incessantemente a Dio dalla Chiesa per lui. [6]E in quella notte, quando poi Erode stava per farlo comparire davanti al popolo, Pietro piantonato da due soldati e legato con due catene stava dormendo, mentre davanti alla porta le sentinelle custodivano il carcere.

[7]Ed ecco gli si presentò un angelo del Signore e una luce sfolgorò nella cella. Egli toccò il fianco di Pietro, lo destò e disse: «Alzati, in fretta!». E le catene gli caddero dalle mani. [8]E l'angelo a lui: «Mettiti la cintura e legati i sandali». E così fece. L'angelo disse: «Avvolgiti il mantello, e seguimi!». [9]Pietro uscì e prese a seguirlo, ma non si era ancora accorto che era realtà ciò che stava succedendo per opera dell'angelo: credeva infatti di avere una visione.

[10]Essi oltrepassarono la prima guardia e la seconda e arrivarono alla porta di ferro che conduce in città: la porta si aprì da sé davanti a loro. Uscirono, percorsero una strada e a un tratto l'angelo si dileguò da lui. [11]Pietro allora, rientrato in sé, disse: «Ora sono veramente certo che il Signore ha mandato il suo angelo e mi ha strappato dalla mano di Erode e da tutto ciò che si attendeva il popolo dei Giudei».

[12]Dopo aver riflettuto, si recò alla casa di Maria, madre di Giovanni detto anche Marco, dove si trovava un buon numero di persone raccolte in preghiera. [13]Appena ebbe bussato alla porta esterna, una fanciulla di nome Rode si avvicinò per sentire chi era. [14]Riconosciuta la voce di Pietro, per la gioia non aprì la porta, ma corse ad annunziare che fuori c'era Pietro. [15]«Tu vaneggi!» le dissero. Ma essa insisteva che la cosa stava così. E quelli dicevano: «È l'angelo di Pietro». [16]Questi intanto continuava a bussare e quando aprirono la porta e lo videro, rimasero stupefatti. [17]Egli allora, fatto segno con la mano di tacere, narrò come il Signore lo aveva tratto fuori dal carcere, e aggiunse: «Riferite questo a Giacomo e ai fratelli». Poi uscì e s'incamminò verso un altro luogo.

[18]Fattosi giorno, c'era non poco scompiglio tra i soldati: che cosa mai era accaduto di Pietro? [19]Erode lo fece cercare accuratamente, ma non essendo riuscito a trovarlo, fece processare i soldati e ordinò che fossero messi a morte; poi scese dalla Galilea e soggiornò a Cesarèa.

Morte ignominiosa di Agrippa - [20]Egli era infuriato contro i cittadini di Tiro e Sidone. Questi però si presentarono a lui di comune accordo e, dopo aver tratto alla loro causa Blasto, ciambellano del re, chiedevano pace, perché il loro paese riceveva i viveri dal paese del re. [21]Nel giorno fissato Erode, vestito del manto regale e seduto sul podio, tenne loro un discorso. [22]Il popolo acclamava: «Parola di un dio e non di un uomo!». [23]Ma improvvisamente un angelo del Signore lo colpì, perché non aveva dato gloria a Dio; e roso dai vermi, spirò.

[24]Intanto la parola di Dio cresceva e si diffondeva. [25]Bàrnaba e Saulo poi, compiuta la loro missione, tornarono da Gerusalemme prendendo con loro Giovanni, detto anche Marco.

LA DIFFUSIONE DELLA CHIESA NEL MONDO

Primo viaggio missionario di Paolo e Bàrnaba

* La crescente ostilità e le persecuzioni rendevano ormai irreversibile il processo di distacco della Chiesa dai Giudei. Bàrnaba e Paolo dànno l'avvio alla prima esperienza missionaria in regioni pagane partendo dalla città cosmopolita di Antiòchia di Siria, dove fioriva una fervente comunità composta di giudei e pagani convertitisi al cristianesimo. Il primo viaggio missionario (anni 46-49) avviene a Cipro e nelle regioni della Panfilia, Pisidia, Licaonia, non lontane da Tarso, città natale di Paolo. *

13. Bàrnaba e Saulo inviati in missione - [1]C'erano nella comunità di Antiòchia profeti e dottori: Bàrnaba, Simone soprannominato Niger, Lucio di Cirène, Manaèn, compagno d'infanzia di Erode tetrarca, e Saulo. [2]Mentre essi stavano celebrando il culto del Signore e digiunando, lo Spirito Santo disse: «Riservate per me Bàrnaba e Saulo per l'opera alla quale li ho chiamati». [3]Allora, dopo aver digiunato e pregato, imposero loro le mani e li accomiatarono.

La conversione del proconsole Sergio Paolo - ⁴Essi dunque, inviati dallo Spirito Santo, discesero a Selèucia e di qui salparono verso Cipro. ⁵Giunti a Salamina cominciarono ad annunziare la parola di Dio nelle sinagoghe dei Giudei, avendo con loro anche Giovanni come aiutante.

⁶Attraversata tutta l'isola fino a Pafo, vi trovarono un tale, mago e falso profeta giudeo, di nome Bar-Jesus, ⁷al seguito del proconsole Sergio Paolo, persona di senno, che aveva fatto chiamare a sé Bàrnaba e Saulo e desiderava ascoltare la parola di Dio. ⁸Ma Elimas, il mago, - ciò infatti significa il suo nome - faceva loro opposizione cercando di distogliere il proconsole dalla fede.

⁹Allora Saulo, detto anche Paolo, pieno di Spirito Santo, fissò gli occhi su di lui e disse: ¹⁰«O uomo pieno di ogni frode e di ogni malizia, figlio del diavolo, nemico di ogni giustizia, quando cesserai di sconvolgere le vie diritte del Signore? ¹¹Ecco, la mano del Signore è sopra di te: sarai cieco e per un certo tempo non vedrai il sole». Di colpo piombò su di lui oscurità e tenebra, e brancolando cercava chi lo guidasse per mano. ¹²Quando vide l'accaduto, il proconsole credette, colpito dalla dottrina del Signore.

Arrivo ad Antiòchia di Pisidia - ¹³Salpati da Pafo, Paolo e i suoi compagni giunsero a Perge di Panfilia. Giovanni si separò da loro e ritornò a Gerusalemme. ¹⁴Essi invece, proseguendo da Perge, arrivarono ad Antiòchia di Pisidia ed entrati nella sinagoga nel giorno di sabato, si sedettero. ¹⁵Dopo la lettura della Legge e dei Profeti, i capi della sinagoga mandarono a dire loro: «Fratelli, se avete qualche parola di esortazione per il popolo, parlate!».

Il discorso di Paolo - ¹⁶Si alzò Paolo e fatto cenno con la mano disse: «Uomini di Israele e voi timorati di Dio, ascoltate. ¹⁷Il Dio di questo popolo d'Israele scelse i nostri padri ed esaltò il popolo durante il suo esilio in terra d'Egitto, *e con braccio potente li condusse via di là* (Es 6,6; Dt 5,15). ¹⁸Quindi, *dopo essersi preso cura di loro per circa quarant'anni nel deserto*, ¹⁹*distrusse sette popoli nel paese di Canaan e concesse loro in eredità* (Dt 1,31; 7,1) quelle terre, ²⁰per circa quattrocentocinquanta anni. Dopo questo diede loro dei Giudici, fino al profeta Samuele. ²¹Allora essi chiesero un re e Dio diede loro Saul, figlio di Cis, della tribù di Beniamino, per quaranta anni. [22]E dopo averlo rimosso dal regno, suscitò per loro come re Davide, al quale rese questa testimonianza: *Ho trovato Davide*, figlio di Iesse, *uomo secondo il mio cuore* (Sal 88,21); egli adempirà tutti i miei voleri.

[23]Dalla discendenza di lui, secondo la promessa, Dio trasse per Israele un salvatore, Gesù. [24]Giovanni aveva preparato la sua venuta predicando un battesimo di penitenza a tutto il popolo d'Israele. [25]Diceva Giovanni sul finire della sua missione: Io non sono ciò che voi pensate che io sia! Ecco, viene dopo di me uno, al quale io non sono degno di sciogliere i sandali.

[26]Fratelli, figli della stirpe di Abramo, e quanti fra voi siete timorati di Dio, a noi è stata mandata questa parola di salvezza. [27]Gli abitanti di Gerusalemme infatti e i loro capi non l'hanno riconosciuto e condannandolo hanno adempiuto le parole dei profeti che si leggono ogni sabato; [28]e pur non avendo trovato in lui nessun motivo di condanna a morte, chiesero a Pilato che fosse ucciso. [29]Dopo aver compiuto tutto quanto era stato scritto di lui, lo deposero dalla croce e lo misero nel sepolcro. [30]Ma Dio lo ha risuscitato dai morti [31]ed egli è apparso per molti giorni a quelli che erano saliti con lui dalla Galilea a Gerusalemme, e questi ora sono i suoi testimoni davanti al popolo.

[32]E noi vi annunziamo la buona novella che la promessa fatta ai padri si è compiuta, [33]poiché Dio l'ha attuata per noi, loro figli, risuscitando Gesù, come anche sta scritto nel salmo secondo: *Mio figlio sei tu, oggi ti ho generato* (2,7).

[34]E che Dio lo ha risuscitato dai morti, in modo che non abbia mai più a tornare alla corruzione, è quanto ha dichiarato: *Darò a voi le cose sante promesse a Davide, quelle sicure* (Is 55,3). [35]Per questo anche in un altro luogo dice: *Non permetterai che il tuo santo subisca la corruzione* (Sal 15,10).

[36]Ora Davide, dopo aver eseguito il volere di Dio nella sua generazione, morì e fu unito ai suoi padri e subì la corruzione. [37]Ma colui che Dio ha risuscitato non ha subìto la corruzione.

[38]Vi sia dunque noto, fratelli, che per opera di lui vi viene annunziata la remissione dei peccati [39]e che per lui chiunque

crede riceve giustificazione da tutto ciò da cui non vi fu possibile essere giustificati mediante la legge di Mosè. [40]Guardate dunque che non avvenga su di voi ciò che è detto nei Profeti: [41]*Mirate, beffardi, stupite e nascondetevi, poiché un'opera io compio ai vostri giorni,* un'opera *che non crede- reste, se vi fosse raccontata!*» (Ab 1,5).

[42]E mentre uscivano, li pregavano di esporre ancora que- ste cose nel prossimo sabato. [43]Sciolta poi l'assemblea, molti Giudei e proseliti credenti in Dio seguirono Paolo e Bàrna- ba ed essi, intrattenendosi con loro, li esortavano a perseve- rare nella grazia di Dio.

Predicazione ai pagani e persecuzione dei Giudei - [44]Il sa- bato seguente quasi tutta la città si radunò per ascoltare la parola di Dio. [45]Quando videro quella moltitudine, i Giudei furono pieni di gelosia e contraddicevano le affermazioni di Paolo, bestemmiando. [46]Allora Paolo e Bàrnaba con fran- chezza dichiararono: «Era necessario che fosse annunziata a voi per primi la parola di Dio, ma poiché la respingete e non vi giudicate degni della vita eterna, ecco noi ci rivolgiamo ai pagani. [47]Così infatti ci ha ordinato il Signore: *Io ti ho posto come luce per le genti, perché tu porti la salvezza sino all'e- stremità della terra*» (Is 49,6).

[48]Nell'udir ciò, i pagani si rallegravano e glorificavano la parola di Dio e abbracciarono la fede tutti quelli che erano destinati alla vita eterna. [49]La parola di Dio si diffondeva per tutta la regione.

[50]Ma i Giudei sobillarono le donne pie di alto rango e i notabili della città e suscitarono una persecuzione contro Paolo e Bàrnaba e li scacciarono dal loro territorio. [51]Allora essi, scossa contro di loro la polvere dei piedi, andarono a Icònio, [52]mentre i discepoli erano pieni di gioia e di Spirito Santo.

14. Arrivo ad Icònio - [1]Anche ad Icònio essi entrarono nella sinagoga dei Giudei e vi parlarono in modo tale che un gran numero di Giudei e di Greci divennero credenti. [2]Ma i Giudei rimasti increduli eccitarono e inasprirono gli animi dei pagani contro i fratelli. [3]Rimasero tuttavia colà per un certo tempo e parlavano fiduciosi nel Signore, che rendeva testimonianza alla predicazione della sua grazia e concedeva che per mano loro si operassero segni e prodigi. ⁴E la popolazione della città si divise, schierandosi gli uni dalla parte dei Giudei, gli altri dalla parte degli apostoli. ⁵Ma quando ci fu un tentativo dei pagani e dei Giudei con i loro capi per maltrattarli e lapidarli, ⁶essi se ne accorsero e fuggirono nelle città della Licaònia, Listra e Derbe e nei dintorni, ⁷e là continuavano a predicare il vangelo.

Guarigione dello storpio di Listra - ⁸C'era a Listra un uomo paralizzato alle gambe, storpio sin dalla nascita, che non aveva mai camminato. ⁹Egli ascoltava il discorso di Paolo e questi, fissandolo con lo sguardo e notando che aveva fede di esser risanato, ¹⁰disse a gran voce: «Alzati diritto in piedi!». Egli fece un balzo e si mise a camminare. ¹¹La gente allora, al vedere ciò che Paolo aveva fatto, esclamò in dialetto licaonio e disse: «Gli dèi sono scesi tra di noi in figura umana!». ¹²E chiamavano Bàrnaba Zeus e Paolo Hermes, perché era lui il più eloquente.

¹³Intanto il sacerdote di Zeus, il cui tempio era all'ingresso della città, recando alle porte tori e corone, voleva offrire un sacrificio insieme alla folla. ¹⁴Sentendo ciò, gli apostoli Bàrnaba e Paolo si strapparono le vesti e si precipitarono tra la folla, gridando: ¹⁵«Cittadini, perché fate questo? Anche noi siamo esseri umani, mortali come voi, e vi predichiamo di convertirvi da queste vanità al Dio vivente *che ha fatto il cielo, la terra, il mare e tutte le cose che in essi si trovano.* ¹⁶Egli, nelle generazioni passate, ha lasciato che ogni popolo seguisse la sua strada; ¹⁷ma non ha cessato di dar prova di sé beneficando, concedendovi dal cielo piogge e stagioni ricche di frutti, fornendovi di cibo e riempiendo di letizia i vostri cuori». ¹⁸E così dicendo, riuscirono a fatica a far desistere la folla dall'offrire loro un sacrificio.

Paolo preso a sassate - ¹⁹Ma giunsero da Antiòchia e da Icònio alcuni Giudei, i quali trassero dalla loro parte la folla; essi presero Paolo a sassate e quindi lo trascinarono fuori della città, credendolo morto. ²⁰Allora gli si fecero attorno i discepoli ed egli, alzatosi, entrò in città. Il giorno dopo partì con Bàrnaba alla volta di Derbe.

Il viaggio di ritorno - [21]Dopo aver predicato il vangelo in quella città e fatto un numero considerevole di discepoli, ritornarono a Listra, Icònio e Antiòchia, [22]rianimando i discepoli ed esortandoli a restare saldi nella fede poiché, dicevano, è necessario attraversare molte tribolazioni per entrare nel regno di Dio. [23]Costituirono quindi per loro in ogni comunità alcuni anziani e dopo avere pregato e digiunato li affidarono al Signore, nel quale avevano creduto.

[24]Attraversata poi la Pisidia, raggiunsero la Panfilia [25]e dopo avere predicato la parola di Dio a Perge, scesero ad Attalìa; [26]di qui fecero vela per Antiòchia là dove erano stati affidati alla grazia del Signore per l'impresa che avevano compiuto.

[27]Non appena furono arrivati, riunirono la comunità e riferirono tutto quello che Dio aveva compiuto per mezzo loro e come aveva aperto ai pagani la porta della fede. [28]E si fermarono per non poco tempo insieme ai discepoli.

Il concilio di Gerusalemme

* Il cosiddetto concilio di Gerusalemme (49-50) rappresenta la svolta copernicana nel cammino della Chiesa. Alcuni fratelli avevano turbato la comunità di Antiòchia, sostenendo la necessità della circoncisione per la salvezza. Ciò comportava l'osservanza di tutte le prescrizioni giudaiche. Il cristianesimo veniva così ridotto a una setta, poiché la salvezza sarebbe dipesa dalla Legge mosaica e non dalla redenzione operata da Cristo. Pietro appare il protagonista dell'assemblea. La conversione di Cornelio e la costatazione del fallimento dell'Antica Alleanza provavano che la grazia deriva dal Signore e che la Legge mosaica è superflua. Tale decisione ha avuto un'importanza determinante per il futuro della Chiesa e per l'espansione del cristianesimo in tutto il mondo. *

15. La controversia ad Antiòchia - [1]Ora alcuni, venuti dalla Giudea, insegnavano ai fratelli questa dottrina: «Se non vi fate circoncidere secondo l'uso di Mosè, non potete esser salvi».

[2]Poiché Paolo e Bàrnaba si opponevano risolutamente e discutevano animatamente contro costoro, fu stabilito che Paolo e Bàrnaba e alcuni altri di loro andassero a Gerusalemme dagli apostoli e dagli anziani per tale questione. [3]Essi

dunque, scortati per un tratto dalla comunità, attraversarono la Fenicia e la Samarìa raccontando la conversione dei pagani e suscitando grande gioia in tutti i fratelli.

⁴Giunti poi a Gerusalemme, furono ricevuti dalla Chiesa, dagli apostoli e dagli anziani che riferirono tutto ciò che Dio aveva compiuto per mezzo loro. ⁵Ma si alzarono alcuni della setta dei farisei, che erano diventati credenti, affermando: è necessario circonciderli e ordinar loro di osservare la legge di Mosè.

L'assemblea di Gerusalemme - ⁶Allora si riunirono gli apostoli e gli anziani per esaminare questo problema. ⁷Dopo lunga discussione, Pietro si alzò e disse: «Fratelli, voi sapete che già da molto tempo Dio ha fatto una scelta fra voi, perché i pagani ascoltassero per bocca mia la parola del vangelo e venissero alla fede. ⁸E Dio, che conosce i cuori, ha reso testimonianza in loro favore concedendo anche a loro lo Spirito Santo, come a noi; ⁹e non ha fatto nessuna discriminazione tra noi e loro, purificandone i cuori con la fede. ¹⁰Or dunque, perché continuate a tentare Dio, imponendo sul collo dei discepoli un giogo che né i nostri padri, né noi siamo stati in grado di portare? ¹¹Noi crediamo che per la grazia del Signore Gesù siamo salvati e nello stesso modo anche loro».

¹²Tutta l'assemblea tacque e stettero ad ascoltare Bàrnaba e Paolo che riferivano quanti miracoli e prodigi Dio aveva compiuto tra i pagani per mezzo loro.

¹³Quand'essi ebbero finito di parlare, Giacomo aggiunse: ¹⁴«Fratelli, ascoltatemi. Simone ha riferito come fin da principio Dio ha voluto scegliere tra i pagani un popolo per consacrarlo al suo nome. ¹⁵Con questo si accordano le parole dei profeti, come sta scritto: ¹⁶*Dopo queste cose ritornerò e riedificherò la tenda di Davide che era caduta; ne riparerò le rovine e la rialzerò,* ¹⁷*perché anche gli altri uomini cerchino il Signore e tutte le genti sulle quali è stato invocato il mio nome,* ¹⁸*dice il Signore che fa queste cose da lui conosciute dall'eternità* (Am 9,11-12).

¹⁹Per questo io ritengo che non si debba importunare quelli che si convertono a Dio tra i pagani, ²⁰ma solo si ordini loro di astenersi dalle sozzure degli idoli, dalla impudicizia, dagli animali soffocati e dal sangue. ²¹Mosè infatti,

fin dai tempi antichi, ha chi lo predica in ogni città, poiché viene letto ogni sabato nelle sinagoghe».

Il decreto apostolico - [22]Allora gli apostoli, gli anziani e tutta la Chiesa decisero di eleggere alcuni di loro e di inviarli ad Antiòchia insieme a Paolo e Bàrnaba: Giuda chiamato Barsabba e Sila, uomini tenuti in grande considerazione tra i fratelli. [23]E consegnarono loro la seguente lettera: «Gli apostoli e gli anziani ai fratelli di Antiòchia, di Siria e di Cilicia che provengono dai pagani, salute! [24]Abbiamo saputo che alcuni da parte nostra, ai quali non avevamo dato nessun incarico, sono venuti a turbarvi con i loro discorsi sconvolgendo i vostri animi.

[25]Abbiamo perciò deciso tutti d'accordo di eleggere alcune persone e inviarle a voi insieme ai nostri carissimi Bàrnaba e Paolo, [26]uomini che hanno votato la loro vita al nome del nostro Signore Gesù Cristo. [27]Abbiamo mandato dunque Giuda e Sila, che vi riferiranno anch'essi queste cose a voce. [28]Abbiamo deciso, lo Spirito Santo e noi, di non imporvi nessun altro obbligo al di fuori di queste cose necessarie: [29]astenervi dalle carni offerte agli idoli, dal sangue, dagli animali soffocati e dalla impudicizia. Farete cosa buona perciò a guardarvi da queste cose. State bene».

Delegazione ad Antiòchia - [30]Essi allora, congedatisi, discesero ad Antiòchia e riunita la comunità consegnarono la lettera. [31]Quando l'ebbero letta, si rallegrarono per l'incoraggiamento che infondeva. [32]Giuda e Sila, essendo anch'essi profeti, parlarono molto per incoraggiare i fratelli e li fortificarono. [33]Dopo un certo tempo furono congedati con auguri di pace dai fratelli, per tornare da quelli che li avevano inviati. [[34]]. [35]Paolo invece e Bàrnaba rimasero ad Antiòchia, insegnando e annunziando, insieme a molti altri, la parola del Signore.

Secondo viaggio di Paolo

* Ha inizio il secondo viaggio di Paolo (50-52), che porterà Paolo attraverso l'Asia Minore e la Macedonia ad Atene e a Corinto. L'Apostolo soggiornò un anno e mezzo in questa metropoli, fondando una comunità molto vivace e innestando il Vangelo per la prima

volta in un ambiente prevalentemente pagano, con frutti davvero
sorprendenti. Delle quattro lettere indirizzate ai Corinzi da parte di
Paolo, le due che sono giunte a noi costituiscono un documento
fondamentale del cristianesimo primitivo, che appare ricco di fermenti, ma anche segnato dalla miseria del peccato. *

Separazione da Bàrnaba - ³⁶Dopo alcuni giorni Paolo disse
a Bàrnaba: «Ritorniamo a far visita ai fratelli in tutte le città
nelle quali abbiamo annunziato la parola del Signore, per
vedere come stanno». ³⁷Bàrnaba voleva prendere insieme
anche Giovanni, detto Marco, ³⁸ma Paolo riteneva che non
si dovesse prendere uno che si era allontanato da loro nella
Panfilia e non aveva voluto partecipare alla loro opera. ³⁹Il
dissenso fu tale che si separarono l'uno dall'altro; Bàrnaba,
prendendo con sé Marco, s'imbarcò per Cipro. ⁴⁰Paolo invece scelse Sila e partì, raccomandato dai fratelli alla grazia
del Signore.
⁴¹E attraversando la Siria e la Cilicia, dava nuova forza
alle comunità.

16. Il discepolo Timòteo - ¹Paolo si recò a Derbe e a
Listra. C'era qui un discepolo chiamato Timòteo, figlio di
una donna giudea credente e di padre greco; ²egli era assai
stimato dai fratelli di Listra e di Icònio. ³Paolo volle che
partisse con lui, lo prese e lo fece circoncidere per riguardo
ai Giudei che si trovavano in quelle regioni; tutti infatti
sapevano che suo padre era greco.
⁴Percorrendo le città, trasmettevano loro le decisioni prese dagli apostoli e dagli anziani di Gerusalemme, perché le
osservassero. ⁵Le comunità intanto si andavano fortificando
nella fede e crescevano di numero ogni giorno.

Visione del Macedone - ⁶Attraversarono quindi la Frigia e
la regione della Galazia, avendo lo Spirito Santo vietato
loro di predicare la parola nella provincia di Asia.
⁷Raggiunta la Misia, si dirigevano verso la Bitinia, ma lo
Spirito di Gesù non lo permise loro; ⁸così, attraversata la
Misia, discesero a Tròade. ⁹Durante la notte apparve a Paolo una visione: gli stava davanti un Macedone e lo supplicava: «Passa in Macedonia e aiutaci!». ¹⁰Dopo che ebbe avuto
questa visione, subito cercammo di partire per la Macedo-

nia, ritenendo che Dio ci aveva chiamati ad annunziarvi la parola del Signore.

Arrivo a Filippi - [11]Salpati da Tròade, facemmo vela verso Samotràcia e il giorno dopo verso Neàpoli e [12]di qui a Filippi, colonia romana e città del primo distretto della Macedonia. Restammo in questa città alcuni giorni; [13]il sabato uscimmo fuori dalla porta lungo il fiume, dove ritenevamo che si facesse la preghiera, e seduti ci rivolgevamo la parola alle donne colà riunite.

[14]C'era ad ascoltare anche una donna di nome Lidia, commerciante di porpora, della città di Tiàtira, una credente in Dio, e il Signore le aprì il cuore per aderire alle parole di Paolo. [15]Dopo esser stata battezzata insieme alla sua famiglia, ci invitò: «Se avete giudicato ch'io sia fedele al Signore, venite ad abitare nella mia casa». E ci costrinse ad accettare.

Paolo e Sila in prigione - [16]Mentre andavamo alla preghiera, venne verso di noi una giovane schiava, che aveva uno spirito di divinazione e procurava molto guadagno ai suoi padroni facendo l'indovina. [17]Essa seguiva Paolo e noi gridando: «Questi uomini sono servi del Dio Altissimo e vi annunziano la via della salvezza». [18]Questo fece per molti giorni finché Paolo, mal sopportando la cosa, si volse e disse allo Spirito: «In nome di Gesù Cristo ti ordino di partire da lei». E lo Spirito partì all'istante.

[19]Ma vedendo i padroni che era partita anche la speranza del loro guadagno, presero Paolo e Sila e li trascinarono nella piazza principale davanti ai capi della città; [20]presentandoli ai magistrati, dissero: «Questi uomini gettano il disordine nella nostra città; sono Giudei [21]e predicano usanze che a noi Romani non è lecito accogliere né praticare». [22]La folla allora insorse contro di loro, mentre i magistrati, fatti strappare loro i vestiti, ordinarono di bastonarli [23]e dopo averli caricati di colpi, li gettarono in prigione e ordinarono al carceriere di far buona guardia. [24]Egli, ricevuto quest'ordine, li gettò nella cella più interna della prigione e strinse i loro piedi nei ceppi.

Liberazione miracolosa - [25]Verso mezzanotte Paolo e Sila, in preghiera, cantavano inni a Dio, mentre i carcerati stavano ad ascoltarli. 26D'improvviso venne un terremoto così forte che furono scosse le fondamenta della prigione; subito tutte le porte si aprirono e si sciolsero le catene di tutti. 27Il carceriere si svegliò e vedendo aperte le porte della prigione, tirò fuori la spada per uccidersi, pensando che i prigionieri fossero fuggiti. 28Ma Paolo gli gridò forte: «Non farti del male, siamo tutti qui». 29Quelli allora chiese un lume, si precipitò dentro e tremando si gettò ai piedi di Paolo e Sila; 30poi li condusse fuori e disse: «Signori, cosa devo fare per esser salvato?». 31Risposero: «Credi nel Signore Gesù e sarai salvato tu e la tua famiglia». 32E annunziarono la parola del Signore a lui e a tutti quelli della sua casa.

33Egli li prese allora in disparte a quella medesima ora della notte, ne lavò le piaghe e subito si fece battezzare con tutti i suoi; 34poi li fece salire in casa, apparecchiò la tavola e fu pieno di gioia insieme a tutti i suoi per avere creduto in Dio.

35Fattosi giorno, i magistrati inviarono le guardie a dire: «Libera quegli uomini!». 36Il carceriere annunziò a Paolo questo messaggio: «I magistrati hanno ordinato di lasciarvi andare! Potete dunque uscire e andarvene in pace». 37Ma Paolo disse alle guardie: «Ci hanno percosso in pubblico e senza processo, sebbene siamo cittadini romani, e ci hanno gettati in prigione; e ora ci fanno uscire di nascosto? No davvero! Vengano di persona a condurci fuori!». 38E le guardie riferirono ai magistrati queste parole. All'udire che erano cittadini romani, si spaventarono; 39vennero e si scusarono con loro; poi li fecero uscire e li pregarono di partire dalla città. 40Usciti dalla prigione, si recarono a casa di Lidia dove, incontrati i fratelli, li esortarono e poi partirono.

17. Paolo a Tessalonica - 1Seguendo la via di Anfìpoli e Apollonia, giunsero a Tessalonica, dove c'era una sinagoga dei Giudei. 2Come era sua consuetudine Paolo vi andò e per tre sabati discusse con loro sulla base delle Scritture, 3spiegandole e dimostrando che il Cristo doveva morire e risuscitare dai morti; il Cristo, diceva, è quel Gesù che io vi annunzio. 4Alcuni di loro furono convinti e aderirono a Paolo e a Sila, come anche un buon numero di Greci credenti in Dio e non poche donne della nobiltà.

⁵Ma i Giudei, ingelositi, trassero dalla loro parte alcuni pessimi individui di piazza e, radunata gente, mettevano in subbuglio la città. Presentatisi alla casa di Giàsone, cercavano Paolo e Sila per condurli davanti al popolo. ⁶Ma non avendoli trovati, trascinarono Giàsone e alcuni fratelli dai capi della città gridando: «Quei tali che mettono il mondo in agitazione sono anche qui e Giàsone li ha ospitati. ⁷Tutti costoro vanno contro i decreti dell'imperatore, affermando che c'è un altro re, Gesù». ⁸Così misero in agitazione la popolazione e i capi della città che udivano queste cose; ⁹tuttavia, dopo aver ottenuto una cauzione da Giàsone e dagli altri, li rilasciarono.

A Berèa - ¹⁰Ma i fratelli subito, durante la notte, fecero partire Paolo e Sila verso Berèa. Giunti colà entrarono nella sinagoga dei Giudei. ¹¹Questi erano di sentimenti più nobili di quelli di Tessalonica ed accolsero la parola con grande entusiasmo, esaminando ogni giorno le Scritture per vedere se le cose stavano davvero così. ¹²Molti di loro credettero e anche alcune donne greche della nobiltà e non pochi uomini.

¹³Ma quando i Giudei di Tessalonica vennero a sapere che anche a Berèa era stata annunziata da Paolo la parola di Dio, andarono anche colà ad agitare e sobillare il popolo. ¹⁴Allora i fratelli fecero partire subito Paolo per la strada verso il mare, mentre Sila e Timòteo rimasero in città. ¹⁵Quelli che scortavano Paolo lo accompagnarono fino ad Atene e se ne ripartirono con l'ordine per Sila e Timòteo di raggiungerlo al più presto.

Arrivo ad Atene - ¹⁶Mentre Paolo li attendeva ad Atene, fremeva nel suo spirito al vedere la città piena di idoli. ¹⁷Discuteva frattanto nella sinagoga con i Giudei e i pagani credenti in Dio e ogni giorno sulla piazza principale con quelli che incontrava. ¹⁸Anche certi filosofi epicurei e stoici discutevano con lui e alcuni dicevano: «Che cosa vorrà mai insegnare questo ciarlatano?». E altri: «Sembra essere un annunziatore di divinità straniere»; poiché annunziava Gesù e la risurrezione.

¹⁹Presolo con sé, lo condussero sull'Arèopago e dissero: «Possiamo dunque sapere qual è questa nuova dottrina pre-

dicata da te? ²⁰Cose strane per vero ci metti negli orecchi; desideriamo dunque conoscere di che cosa si tratta». ²¹Tutti gli Ateniesi infatti e gli stranieri colà residenti non avevano passatempo più gradito che parlare e sentir parlare.

Il discorso dell'Areòpago - ²²Allora Paolo, alzatosi in mezzo all'Areòpago, disse:

«Cittadini ateniesi, vedo che in tutto siete molto timorati degli dèi. ²³Passando infatti e osservando i monumenti del vostro culto, ho trovato anche un'ara con l'iscrizione: Al Dio ignoto. Quello che voi adorate senza conoscere, io ve lo annunzio.

²⁴*Il Dio che ha fatto il mondo e tutto ciò che contiene* (Is 42,5), che è signore del cielo e della terra, non dimora in templi costruiti dalle mani dell'uomo ²⁵né dalle mani dell'uomo si lascia servire come se avesse bisogno di qualche cosa, essendo lui che dà a tutti la vita e il respiro e ogni cosa. ²⁶Egli creò da uno solo tutte le nazioni degli uomini, perché abitassero su tutta la faccia della terra. Per essi ha stabilito l'ordine dei tempi e i confini del loro spazio, ²⁷perché cercassero Dio, se mai arrivino a trovarlo andando come a tentoni, benché non sia lontano da ciascuno di noi. ²⁸In lui infatti viviamo, ci muoviamo ed esistiamo, come anche alcuni dei vostri poeti hanno detto: Poiché di lui stirpe noi siamo.

²⁹Essendo noi dunque stirpe di Dio, non dobbiamo pensare che la divinità sia simile all'oro, all'argento e alla pietra, che porta l'impronta dell'arte e dell'immaginazione umana. ³⁰Dopo esser passato sopra i tempi dell'ignoranza, ora Dio ordina a tutti gli uomini di tutti i luoghi di ravvedersi, ³¹poiché egli ha stabilito un giorno nel quale dovrà giudicare la terra con giustizia per mezzo di un uomo che egli ha designato, dandone a tutti prova sicura col risuscitarlo dai morti».

³²Quando sentirono parlare di risurrezione di morti, alcuni lo deridevano, altri dissero: «Ti sentiremo su questo un'altra volta». ³³Così Paolo uscì da quella riunione. ³⁴Ma alcuni aderirono a lui e divennero credenti, fra questi anche Dionìgi membro dell'Areòpago, una donna di nome Dàmaris e altri con loro.

18. Fondazione della Chiesa di Corinto - ¹Dopo questi fatti

Paolo lasciò Atene e si recò a Corinto. [2]Qui trovò un Giudeo chiamato Aquila, oriundo del Ponto, arrivato poco prima dall'Italia con la moglie Priscilla, in seguito all'ordine di Claudio che allontanava da Roma tutti i Giudei. Paolo si recò da loro [3]e poiché erano del medesimo mestiere, si stabilì nella loro casa e lavorava. Erano infatti di mestiere fabbricatori di tende. [4]Ogni sabato poi discuteva nella sinagoga e cercava di persuadere Giudei e Greci.

[5]Quando giunsero dalla Macedonia Sila e Timòteo, Paolo si dedicò tutto alla predicazione, affermando davanti ai Giudei che Gesù era il Cristo. [6]Ma poiché essi gli si opponevano e bestemmiavano, scuotendosi le vesti, disse: «Il vostro sangue ricada sul vostro capo: io sono innocente; da ora in poi io andrò dai pagani». [7]E andatosene di là, entrò nella casa di un tale chiamato Tizio Giusto, che onorava Dio, la cui abitazione era accanto alla sinagoga. [8]Crispo, capo della sinagoga, credette nel Signore insieme a tutta la sua famiglia; e anche molti dei Corinzi, udendo Paolo, credevano e si facevano battezzare.

[9]E una notte in visione il Signore disse a Paolo: «Non aver paura, ma continua a parlare e non tacere, [10]*perché io sono con te* e nessuno cercherà di farti del male, perché io ho un popolo numeroso in questa città». [11]Così Paolo si fermò un anno e mezzo, insegnando fra loro la parola di Dio.

Paolo davanti al proconsole - [12]Mentre era proconsole dell'Acaia Gallione, i Giudei insorsero in massa contro Paolo e lo condussero al tribunale dicendo: [13]«Costui persuade la gente a rendere un culto a Dio in modo contrario alla legge». [14]Paolo stava per rispondere, ma Gallione disse ai Giudei: «Se si trattasse di un delitto o di un'azione malvagia, o Giudei, io vi ascolterei, come ragione. [15]Ma se sono questioni di parole o di nomi o della vostra legge, vedetevela voi; io non voglio essere giudice di queste faccende». [16]E li fece cacciare dal tribunale. [17]Allora tutti afferrarono Sòstene, capo della sinagoga, e lo percossero davanti al tribunale, ma Gallione non si curava affatto di tutto ciò.

Partenza di Paolo per la Siria - [18]Paolo si trattenne ancora parecchi giorni, poi prese congedo dai fratelli e s'imbarcò diretto in Siria, in compagnia di Priscilla e Aquila. A Cencre si era fatto tagliare i capelli a causa di un voto che aveva fatto. ¹⁹Giunsero a Èfeso, dove lasciò i due coniugi, ed entrato nella sinagoga si mise a discutere con i Giudei. ²⁰Questi lo pregavano di fermarsi più a lungo, ma non acconsentì. ²¹Tuttavia prese congedo dicendo: «Ritornerò di nuovo da voi, se Dio lo vorrà», quindi partì da Èfeso. ²²Giunto a Cesarèa, si recò a salutare la Chiesa di Gerusalemme e poi scese ad Antiòchia.

Terzo viaggio di Paolo

* Il terzo viaggio missionario (53-58) ha come tappa principale un altro centro culturale e religioso pagano, Èfeso, la più importante cosmopoli dell'Asia Minore, celebre per il culto di Artemide (= Diana). Paolo vi svolge un fecondo apostolato per circa tre anni, scrivendo pure alcune lettere importanti ai Corinzi e ai Galati. Le numerose conversioni al cristianesimo provocarono una sommossa degli argentieri, che riproducevano dei tempietti votivi simili a quello di Artemide. Le loro entrate avevano subìto una paurosa flessione. Di qui lo sdegno contro Paolo, costretto a lasciare la città dirigendosi verso la Macedonia e la Grecia. *****

²³Trascorso colà un po' di tempo, partì di nuovo percorrendo di seguito le regioni della Galazia e della Frigia, confermando nella fede tutti i discepoli.

Apollo a Èfeso - ²⁴Arrivò a Èfeso un Giudeo, chiamato Apollo, nativo di Alessandria, uomo colto, versato nelle Scritture. ²⁵Questi era stato ammaestrato nella via del Signore e pieno di fervore parlava e insegnava esattamente ciò che si riferiva a Gesù, sebbene conoscesse soltanto il battesimo di Giovanni. ²⁶Egli intanto cominciò a parlar francamente nella sinagoga. Priscilla e Aquila lo ascoltarono, poi lo presero con sé e gli esposero con maggiore accuratezza la via di Dio. ²⁷Poiché egli desiderava passare nell'Acaia, i fratelli lo incoraggiarono e scrissero ai discepoli di fargli buona accoglienza. Giunto colà, fu molto utile a quelli che per opera della grazia erano divenuti credenti; ²⁸confutava infatti vigorosamente i Giudei, dimostrando pubblicamente attraverso le Scritture che Gesù è il Cristo.

19. I discepoli del Battista a Èfeso - [1]Mentre Apollo era a Corinto, Paolo, attraversate le regioni dell'altopiano, giunse a Èfeso. Qui trovò alcuni discepoli [2]e disse loro: «Avete ricevuto lo Spirito Santo quando siete venuti alla fede?». Gli risposero: «Non abbiamo nemmeno sentito dire che ci sia uno Spirito Santo». [3]Ed egli disse: «Quale battesimo avete ricevuto?». «Il battesimo di Giovanni», risposero. [4]Disse allora Paolo: «Giovanni ha amministrato un battesimo di penitenza, dicendo al popolo di credere in colui che sarebbe venuto dopo di lui, cioè in Gesù». [5]Dopo aver udito questo, si fecero battezzare nel nome del Signore Gesù [6]e non appena Paolo ebbe imposto loro le mani, scese su di loro lo Spirito Santo e parlavano in lingue e profetavano. [7]Erano in tutto circa dodici uomini.

Fondazione della Chiesa di Èfeso - [8]Entrato poi nella sinagoga, vi poté parlare liberamente per tre mesi, discutendo e cercando di persuadere gli ascoltatori circa il regno di Dio. [9]Ma poiché alcuni si ostinavano e si rifiutavano di credere dicendo male in pubblico di questa nuova dottrina, si staccò da loro separando i discepoli e continuò a discutere ogni giorno nella scuola di un certo Tiranno. [10]Questo durò due anni, col risultato che tutti gli abitanti della provincia d'Asia, Giudei e Greci, poterono ascoltare la parola del Signore. [11]Dio intanto operava prodigi non comuni per opera di Paolo, [12]al punto che si mettevano sopra i malati fazzoletti o grembiuli che erano stati a contatto con lui e le malattie cessavano e gli spiriti cattivi fuggivano.

Gli esorcisti giudei - [13]Alcuni esorcisti ambulanti giudei, si provarono a invocare anch'essi il nome del Signore Gesù sopra quanti avevano spiriti cattivi, dicendo: «Vi scongiuro per quel Gesù che Paolo predica». [14]Facevano questo sette figli di un certo Sceva, un sommo sacerdote giudeo. [15]Ma lo spirito cattivo rispose loro: «Conosco Gesù e so chi è Paolo, ma voi chi siete?». [16]E l'uomo che aveva lo spirito cattivo, slanciatosi su di loro, li afferrò e li trattò con tale violenza che essi fuggirono da quella casa nudi e coperti di ferite. [17]Il fatto fu risaputo da tutti i Giudei e dai Greci che abitavano a Èfeso e tutti furono presi da timore e si magnificava il nome del Signore Gesù.

[18]Molti di quelli che avevano abbracciato la fede venivano a confessare in pubblico le loro' pratiche magiche [19]e un numero considerevole di persone che avevano esercitato le arti magiche portavano i propri libri e li bruciavano alla vista di tutti. Ne fu calcolato il valore complessivo e trovarono che era di cinquantamila dramme d'argento. [20]Così la parola del Signore cresceva e si rafforzava.

I progetti di Paolo - [21]Dopo questi fatti, Paolo si mise in animo di attraversare la Macedonia e l'Acaia e di recarsi a Gerusalemme dicendo: «Dopo essere stato là devo vedere anche Roma». [22]Inviati allora in Macedonia due dei suoi aiutanti, Timòteo ed Erasto, si trattenne ancora un po' di tempo nella provincia di Asia.

Il tumulto degli orefici - [23]Verso quel tempo scoppiò un gran tumulto riguardo alla nuova dottrina. [24]Un tale, chiamato Demetrio, argentiere, che fabbricava tempietti di Artèmide in argento e procurava in tal modo non poco guadagno agli artigiani, [25]li radunò insieme agli altri che si occupavano di cose del genere e disse: «Cittadini, voi sapete che da questa industria proviene il nostro benessere; [26]ora potete osservare e sentire come questo Paolo ha convinto e sviato una massa di gente, non solo di Èfeso, ma si può dire di tutta l'Asia, affermando che non sono dèi quelli fabbricati da mani d'uomo. [27]Non soltanto c'è il pericolo che la nostra categoria cada in discredito, ma anche che il santuario della grande dea Artèmide non venga stimato più nulla e venga distrutta la grandezza di colei che l'Asia e il mondo intero adorano».

[28]All'udire ciò s'infiammarono d'ira e si misero a gridare: «Grande è l'Artèmide degli Efesini!». [29]Tutta la città fu in subbuglio e tutti si precipitarono in massa nel teatro, trascinando con sé Gaio e Aristarco macèdoni, compagni di viaggio di Paolo. [30]Paolo voleva presentarsi alla folla, ma i discepoli non glielo permisero. [31]Anche alcuni dei capi della provincia, che gli erano amici, mandarono a pregarlo di non avventurarsi nel teatro. [32]Intanto, chi gridava una cosa, chi un'altra; l'assemblea era confusa e i più non sapevano il motivo per cui erano accorsi.

[33]Alcuni della folla fecero intervenire un certo Alessan-

dro, che i Giudei avevano spinto avanti ed egli, fatto cenno
con la mano, voleva tenere un discorso di difesa davanti al
popolo. [34]Appena s'accorsero che era un Giudeo, si misero
tutti a gridare in coro per quasi due ore: «Grande è l'Artèmide degli Efesini»!

[35]Alla fine il cancelliere riuscì a calmare la folla e disse:
«Cittadini di Èfeso, chi fra gli uomini non sa che la città di
Èfeso è custode del tempio della grande Artèmide e della
sua statua caduta dal cielo? [36]Poiché questi fatti sono incon-
testabili, è necessario che stiate calmi e non compiate gesti
inconsulti. [37]Voi avete condotto qui questi uomini che non
hanno profanato il tempio, né hanno bestemmiato la nostra
dea. [38]Perciò se Demetrio e gli artigiani che sono con lui
hanno delle ragioni da far valere contro qualcuno, ci sono
per questo i tribunali e vi sono i proconsoli: si citino in
giudizio l'un l'altro. [39]Se poi desiderate qualche altra cosa, si
deciderà nell'assemblea ordinaria. [40]C'è il rischio di essere
accusati di sedizione per l'accaduto di oggi, non essendoci
alcun motivo per cui possiamo giustificare questo assembra-
mento». [41]E con queste parole sciolse l'assemblea.

20. Viaggio attraverso la Macedonia e la Grecia - [1]Appena
cessato il tumulto, Paolo mandò a chiamare i discepoli e
dopo averli incoraggiati, li salutò e si mise in viaggio per la
Macedonia. [2]Dopo aver attraversato quelle regioni, esortan-
do con molti discorsi i fedeli, arrivò in Grecia.

[3]Trascorsi tre mesi, poiché ci fu un complotto dei Giudei
contro di lui, mentre s'apprestava a salpare per la Siria,
decise di far ritorno attraverso la Macedonia. [4]Lo accompagnarono Sòpatro di Berèa, figlio di Pirro, Aristarco e Secondo di Tessalonica, Gaio di Derbe e Timòteo, e gli asiatici
Tìchico e Tròfimo. [5]Questi però, partiti prima di noi, ci
attendevano a Tròade; [6]noi invece salpammo da Filippi dopo i giorni degli Azzimi e li raggiungemmo in capo a cinque
giorni a Tròade dove ci trattenemmo una settimana.

Paolo risuscita Èutico a Tròade - [7]Il primo giorno della
settimana ci eravamo riuniti a spezzare il pane e Paolo conversava con loro; e poiché doveva partire il giorno dopo,
prolungò la conversazione fino a mezzanotte. [8]C'era un
buon numero di lampade nella stanza al piano superiore,

dove eravamo riuniti; [9]un ragazzo chiamato Èutico, che stava seduto sulla finestra, fu preso da un sonno profondo mentre Paolo continuava a conversare e, sopraffatto dal sonno, cadde dal terzo piano e venne raccolto morto. [10]Paolo allora scese giù, si gettò su di lui, lo abbracciò e disse: «Non vi turbate; è ancora in vita!». [11]Poi risalì, spezzò il pane e ne mangiò e dopo aver parlato ancora molto fino all'alba, partì. [12]Intanto avevano ricondotto il ragazzo vivo, e si sentirono molto consolati.

Viaggio fino a Milèto - [13]Noi poi, che eravamo partiti per nave, facemmo vela per Asso, dove dovevamo prendere a bordo Paolo; così infatti egli aveva deciso, intendendo fare il viaggio a piedi. [14]Quando ci ebbe raggiunti ad Asso, lo prendemmo con noi e arrivammo a Mitilène. [15]Salpati da qui il giorno dopo, ci trovammo di fronte a Chio; l'indomani toccammo Samo e il giorno dopo giungemmo a Milèto. [16]Paolo aveva deciso di passare al largo di Èfeso per evitare di subire ritardi nella provincia d'Asia: gli premeva di essere a Gerusalemme, se possibile, per il giorno della Pentecoste.

* È molto noto questo discorso di Paolo, pronunciato a Milèto dinanzi agli anziani chiamati da Èfeso. Costituisce il suo testamento spirituale. Paolo rievoca commosso il suo ministero a Èfeso; manifesta le sue previsioni piuttosto tristi; infine esorta i presbiteri alla vigilanza sul gregge loro affidato, imitando la sua stessa abnegazione e carità. *

Discorso di Paolo agli anziani di Èfeso - [17]Da Milèto mandò a chiamare subito ad Èfeso gli anziani della Chiesa. [18]Quando essi giunsero disse loro: «Voi sapete come mi sono comportato con voi fin dal primo giorno in cui arrivai in Asia e per tutto questo tempo; [19]ho servito il Signore con tutta umiltà, tra le lacrime e tra le prove che mi hanno procurato le insidie dei Giudei. [20]Sapete come non mi sono mai sottratto a ciò che poteva essere utile, al fine di predicare a voi e di istruirvi in pubblico e nelle vostre case, [21]scongiurando Giudei e Greci di convertirsi a Dio e di credere nel Signore nostro Gesù.

[22]Ed ecco ora, avvinto dallo Spirito, io vado a Gerusalemme senza sapere ciò che là mi accadrà. [23]So soltanto che lo

Spirito Santo in ogni città mi attesta che mi attendono catene e tribolazioni. [24]Non ritengo tuttavia la mia vita meritevole di nulla, purché conduca a termine la mia corsa e il servizio che mi fu affidato dal Signore Gesù, di rendere testimonianza al messaggio della grazia di Dio.

[25]Ecco, ora so che non vedrete più il mio volto, voi tutti
tra i quali sono passato annunziando il regno di Dio. [26]Per
questo dichiaro solennemente oggi davanti a voi che io sono
senza colpa riguardo a coloro che si perdessero, [27]perché
non mi sono sottratto al compito di annunziarvi tutta la
volontà di Dio.

[28]Vegliate su voi stessi e su tutto il gregge, in mezzo al
quale lo Spirito Santo vi ha posti come vescovi a pascere la
Chiesa di Dio, che egli si è acquistata con il suo sangue. [29]Io
so che dopo la mia partenza entreranno fra voi lupi rapaci,
che non risparmieranno il gregge; [30]perfino di mezzo a voi
sorgeranno alcuni a insegnare dottrine perverse per attirare
discepoli dietro di sé. [31]Per questo vigilate, ricordando che
per tre anni, notte e giorno, io non ho cessato di esortare fra
le lacrime ciascuno di voi.

[32]Ed ora vi affido al Signore e alla parola della sua grazia
che ha il potere di edificare e di concedere l'eredità con tutti
i santificati. [33]Non ho desiderato né argento, né oro, né la
veste di nessuno. [34]Voi sapete che le necessità mie e di
quelli che erano con me hanno provveduto queste mie mani.
[35]In tutte le maniere vi ho dimostrato che lavorando così si
devono soccorrere i deboli, ricordandoci delle parole del
Signore Gesù, che disse: Vi è più gioia nel dare che nel
ricevere!».

[36]Detto questo, si inginocchiò con tutti loro e pregò.
[37]Tutti scoppiarono in un gran pianto e gettandosi al collo di
Paolo lo baciavano, [38]addolorati soprattutto perché aveva
detto che non avrebbero più rivisto il suo volto. E lo accompagnarono fino alla nave.

21. Viaggio verso Gerusalemme - [1]Appena ci fummo sepa-
rati da loro, salpammo e per la via diretta giungemmo a
Cos, il giorno seguente a Rodi e di qui a Pàtara. [2]Trovata
qui una nave che faceva la traversata per la Fenicia, vi
salimmo e prendemmo il largo. [3]Giunti in vista di Cipro, ce
la lasciammo a sinistra e, continuando a navigare verso la

Siria, giungemmo a Tiro, dove la nave doveva scaricare. ⁴Avendo ritrovati i discepoli, rimanemmo colà una settimana, ed essi, mossi dallo Spirito, dicevano a Paolo di non andare a Gerusalemme. ⁵Ma quando furon passati quei giorni, uscimmo e ci mettemmo in viaggio, accompagnati da tutti loro con le mogli e i figli sin fuori della città. Inginocchiati sulla spiaggia pregammo, poi ci salutammo a vicenda; ⁶noi salimmo sulla nave ed essi ritornarono alle loro case. ⁷Terminata la navigazione, da Tiro approdammo a Tolemàide, dove andammo a salutare i fratelli e restammo un giorno con loro.

⁸Ripartiti il giorno seguente, giungemmo a Cesarèa; ed entrati nella casa dell'evangelista Filippo, che era uno dei Sette, sostammo presso di lui. ⁹Egli aveva quattro figlie nubili, che avevano il dono della profezia.

¹⁰Eravamo qui da alcuni giorni, quando giunse dalla Giudea un profeta di nome Àgabo. ¹¹Egli venne da noi e, presa la cintura di Paolo, si legò i piedi e le mani e disse: «Questo dice lo Spirito Santo: l'uomo a cui appartiene questa cintura sarà legato così dai Giudei a Gerusalemme e verrà quindi consegnato nelle mani dei pagani». ¹²All'udir queste cose, noi e quelli del luogo pregammo Paolo di non andare più a Gerusalemme. ¹³Ma Paolo rispose: «Perché fate così, continuando a piangere e a spezzarmi il cuore? Io sono pronto non soltanto a esser legato, ma a morire a Gerusalemme per il nome del Signore Gesù». ¹⁴E poiché non si lasciava persuadere, smettemmo di insistere dicendo: «Sia fatta la volontà del Signore!».

Paolo prigioniero di Cristo

* Ora incomincerà anche per Paolo la via dolorosa che lo conformerà più strettamente alla croce di Cristo. Persino i giudeo-cristiani lo guardano con sospetto perché insisteva sulla libertà del Vangelo e riteneva inutili le osservanze della Legge mosaica. Mentre si reca al tempio per pagare delle offerte per lo sciogliemento del voto di alcuni fratelli, viene arrestato. Non gli mancherà l'opportunità di professare la sua fede in Cristo. Sarà poi trasferito a Cesarèa, donde, dopo due anni di detenzione (58-60) e dopo essersi appellato a Cesare, sarà inviato a Roma. *

Arrivo a Gerusalemme[15] - Dopo questi giorni, fatti i preparativi, salimmo verso Gerusalemme. [16]Vennero con noi anche alcuni discepoli da Cesarèa, i quali ci condussero da un certo Mnasòne di Cipro, discepolo della prima ora, dal quale ricevemmo ospitalità.

[17]Arrivati a Gerusalemme, i fratelli ci accolsero festosamente. [18]L'indomani Paolo fece visita a Giacomo insieme con noi: c'erano anche tutti gli anziani. [19]Dopo aver rivolto loro il saluto, egli cominciò a esporre nei particolari quello che Dio aveva fatto tra i pagani per mezzo suo.

[20]Quand'ebbero ascoltato, essi davano gloria a Dio; quindi dissero a Paolo: «Tu vedi, o fratello, quante migliaia di Giudei sono venuti alla fede e tutti sono gelosamente attaccati alla legge. [21]Ora hanno sentito dire di te che vai insegnando a tutti i Giudei sparsi tra i pagani che abbandonino Mosè, dicendo di non circoncidere più i loro figli e di non seguire più le nostre consuetudini. [22]Che facciamo? Senza dubbio verranno a sapere che sei arrivato.

[23]Fa' dunque quanto ti diciamo: vi sono fra noi quattro uomini che hanno un voto da sciogliere. [24]Prendili con te, compi la purificazione insieme con loro e paga tu la spesa per loro perché possano radersi il capo. Così tutti verranno a sapere che non c'è nulla di vero in ciò di cui sono stati informati, ma che invece anche tu ti comporti bene osservando la legge. [25]Quanto ai pagani che sono venuti alla fede, noi abbiamo deciso ed abbiamo loro scritto che si astengano dalle carni offerte agli idoli, dal sangue, da ogni animale soffocato e dalla impudicizia».

[26]Allora Paolo prese con sé quegli uomini e il giorno seguente, fatta insieme con loro la purificazione, entrò nel tempio per comunicare il compimento dei giorni della purificazione, quando sarebbe stata presentata l'offerta per ciascuno di loro.

L'arresto di Paolo - [27]Stavano ormai per finire i sette giorni, quando i Giudei della provincia d'Asia, vistolo nel tempio, aizzarono tutta la folla e misero le mani su di lui gridando: [28]«Uomini d'Israele, aiuto! Questo è l'uomo che va insegnando a tutti e dovunque contro il popolo, contro la legge e contro questo luogo; ora ha introdotto perfino dei Greci nel tempio e ha profanato il luogo santo!». [29]Avevano infatti veduto poco prima Tròfimo di Èfeso in sua compagnia per la città, e pensavano che Paolo lo avesse fatto entrare nel tempio. [30]Allora tutta la città fu in subbuglio e il popolo accorse da ogni parte. Impadronitisi di Paolo, lo trascinarono fuori del tempio e subito furono chiuse le porte.

[31]Stavano già cercando di ucciderlo, quando fu riferito al tribuno della coorte che tutta Gerusalemme era in rivolta. [32]Immediatamente egli prese con sé dei soldati e dei centurioni e si precipitò verso i rivoltosi. Alla vista del tribuno e dei soldati, cessarono di percuotere Paolo. [33]Allora il tribuno si avvicinò, lo arrestò e ordinò che fosse legato con due catene; intanto s'informava chi fosse e che cosa avesse fatto. [34]Tra la folla però chi diceva una cosa, chi un'altra. Nell'impossibilità di accertare la realtà dei fatti a causa della confusione, ordinò di condurlo nella fortezza. [35]Quando fu alla gradinata, dovette essere portato a spalla dai soldati a causa della violenza della folla. [36]La massa della gente infatti veniva dietro, urlando: «A morte!».

[37]Sul punto di essere condotto nella fortezza, Paolo disse al tribuno: «Posso dirti una parola?». «Conosci il greco?, disse quello. [38]Allora non sei quell'Egiziano che in questi ultimi tempi ha sobillato e condotto nel deserto i quattromila ribelli?». [39]Rispose Paolo: «Io sono un Giudeo di Tarso di Cilicia, cittadino di una città non certo senza importanza. Ma ti prego, lascia che rivolga la parola a questa gente». [40]Avendo egli acconsentito, Paolo stando in piedi sui gradini, fece cenno con la mano al popolo e, fattosi un grande silenzio, rivolse loro la parola in ebraico dicendo:

22. Autodifesa di Paolo - [1]«Fratelli e padri, ascoltate la mia difesa davanti a voi». [2]Quando sentirono che parlava loro in lingua ebraica, fecero silenzio ancora di più. [3]Ed egli continuò: «Io sono un Giudeo, nato a Tarso di Cilicia, ma cresciuto in questa città, formato alla scuola di Gamalièle nelle più rigide norme della legge paterna, pieno di zelo per Dio, come oggi siete tutti voi. [4]Io perseguitai a morte questa nuova dottrina, arrestando e gettando in prigione uomini e donne, [5]come può darmi testimonianza il sommo sacerdote e tutto il collegio degli anziani. Da loro ricevetti lettere per i nostri fratelli di Damasco e partii per condurre anche quelli di là come prigionieri a Gerusalemme, per essere puniti.

⁶Mentre ero in viaggio e mi avvicinavo a Damasco, verso mezzogiorno, all'improvviso una gran luce dal cielo rifulse attorno a me; ⁷caddi a terra e sentii una voce che mi diceva: Saulo, Saulo, perché mi perseguiti? ⁸Risposi: Chi sei, o Signore? Mi disse: Io sono Gesù il Nazareno, che tu perseguiti. ⁹Quelli che erano con me videro la luce, ma non udirono colui che mi parlava. ¹⁰Io dissi allora: Che devo fare, Signore? E il Signore mi disse: Alzati e prosegui verso Damasco; là sarai informato di tutto ciò che è stabilito che tu faccia. ¹¹E poiché non ci vedevo più, a causa del fulgore di quella luce, guidato per mano dai miei compagni, giunsi a Damasco.

¹²Un certo Ananìa, un devoto osservante della legge e in buona reputazione presso tutti i Giudei colà residenti, ¹³venne da me, mi si accostò e disse: Saulo, fratello, torna a vedere! E in quell'istante io guardai verso di lui e riebbi la vista. ¹⁴Egli soggiunse: Il Dio dei nostri padri ti ha predestinato a conoscere la sua volontà, a vedere il Giusto e ad ascoltare una parola dalla sua voce stessa, ¹⁵perché gli sarai testimone davanti a tutti gli uomini delle cose che hai visto e udito. ¹⁶E ora perché aspetti? Alzati, ricevi il battesimo e lavati dai tuoi peccati, invocando il suo nome.

¹⁷Dopo il mio ritorno a Gerusalemme, mentre pregavo nel tempio, fui rapito in estasi ¹⁸e vidi Lui che mi diceva: Affrettati ed esci presto da Gerusalemme, perché non accetteranno la tua testimonianza su di me. ¹⁹E io dissi: Signore, essi sanno che facevo imprigionare e percuotere nelle sinagoghe quelli che credevano in te; ²⁰quando si versava il sangue di Stefano, tuo testimone, anch'io ero presente e approvavo e custodivo i vestiti di quelli che lo uccidevano. ²¹Allora mi disse: Va', perché io ti manderò lontano, tra i pagani».

Paolo, cittadino romano - ²²Fino a queste parole erano stati ad ascoltarlo, ma allora alzarono la voce gridando: «Toglilo di mezzo; non deve più vivere!». ²³E poiché continuavano a urlare, a gettar via i mantelli e a lanciar polvere in aria, ²⁴il tribuno ordinò di portarlo nella fortezza, prescrivendo di interrogarlo a colpi di flagello al fine di sapere per quale motivo gli gridavano contro in tal modo.

²⁵Ma quando l'ebbero legato con le cinghie, Paolo disse al centurione che gli stava accanto: «Potete voi flagellare un

cittadino romano, non ancora giudicato?». [26]Udìto ciò, il centurione corse a riferire al tribuno: «Che cosa stai per fare? Quest'uomo è un romano!». [27]Allora il tribuno si recò da Paolo e gli domandò: «Dimmi, tu sei cittadino romano?». Rispose: «Sì». [28]Replicò il tribuno: «Io questa cittadinanza l'ho acquistata a caro prezzo». Paolo disse: «Io, invece, lo sono di nascita!». [29]E subito si allontanarono da lui quelli che dovevano interrogarlo. Anche il tribuno ebbe paura, rendendosi conto che Paolo era cittadino romano e che lui lo aveva messo in catene.

Paolo davanti al sinedrio - [30]Il giorno seguente, volendo conoscere la realtà dei fatti, cioè il motivo per cui veniva accusato dai Giudei, gli fece togliere le catene e ordinò che si riunissero i sommi sacerdoti e tutto il sinedrio; vi fece condurre Paolo e lo presentò davanti a loro.

23. - [1]Con lo sguardo fisso al sinedrio Paolo disse: «Fratelli, io ho agito fino ad oggi davanti a Dio in perfetta rettitudine di coscienza». [2]Ma il sommo sacerdote Anania ordinò ai suoi assistenti di percuoterlo sulla bocca. [3]Paolo allora gli disse: «Dio percuoterà te, muro imbiancato! Tu siedi a giudicarmi secondo la legge e contro la legge comandi di percuotermi?». [4]E i presenti dissero: «Osi insultare il sommo sacerdote di Dio?». [5]Rispose Paolo: «Non sapevo, fratelli, che è il sommo sacerdote; sta scritto infatti: *Non insulterai il capo del tuo popolo*» (Es 22,27).

[6]Paolo sapeva che nel sinedrio una parte era di sadducei e una parte di farisei; disse a gran voce: «Fratelli, io sono un fariseo, figlio di farisei; io sono chiamato a giudizio a motivo della speranza nella risurrezione dei morti». [7]Appena egli ebbe detto ciò, scoppiò una disputa tra i farisei e i sadducei e l'assemblea si divise. [8]I sadducei infatti affermano che non c'è risurrezione, né angeli, né spiriti; i farisei invece professano tutte queste cose. [9]Ne nacque allora un grande clamore e alcuni scribi del partito dei farisei, alzatisi in piedi, protestavano dicendo: «Non troviamo nulla di male in quest'uomo. E se uno spirito o un angelo gli avesse parlato davvero?».
[10]La disputa si accese a tal punto che il tribuno, temendo che Paolo venisse linciato da costoro, ordinò che scendesse

la truppa a portarlo via di mezzo a loro e ricondurlo nella fortezza. ¹¹La notte seguente gli venne accanto il Signore e gli disse: «Coraggio! Come hai testimoniato per me a Gerusalemme, così è necessario che tu mi renda testimonianza anche a Roma».

La congiura contro Paolo - ¹²Fattosi giorno, i Giudei ordirono una congiura e fecero voto con giuramento esecratorio di non toccare né cibo né bevanda, sino a che non avessero ucciso Paolo. ¹³Erano più di quaranta quelli che fecero questa congiura. ¹⁴Si presentarono ai sommi sacerdoti e agli anziani e dissero: «Ci siamo obbligati con giuramento esecratorio di non assaggiare nulla sino a che non avremo ucciso Paolo. ¹⁵Voi dunque ora, insieme al sinedrio, fate dire al tribuno che ve lo riporti, col pretesto di esaminare più attentamente il suo caso; noi intanto ci teniamo pronti a ucciderlo prima che arrivi».

¹⁶Ma il figlio della sorella di Paolo venne a sapere del complotto; si recò alla fortezza, entrò e ne informò Paolo. ¹⁷Questi allora chiamò uno dei centurioni e gli disse: «Conduci questo giovane dal tribuno, perché ha qualche cosa da riferirgli». ¹⁸Il centurione lo prese e lo condusse dal tribuno dicendo: «Il prigioniero Paolo mi ha fatto chiamare e mi ha detto di condurre da te questo giovanetto, perché ha da dirti qualche cosa».

¹⁹Il tribuno lo prese per mano, lo condusse in disparte e gli chiese: «Che cosa è quello che hai da riferirmi?». ²⁰Rispose: «I Giudei si sono messi d'accordo per chiederti di condurre domani Paolo nel sinedrio, col pretesto di informarsi più accuratamente nei suoi riguardi. ²¹Tu però non lasciarti convincere da loro, poiché più di quaranta dei loro uomini hanno ordito un complotto, facendo voto con giuramento esecratorio di non prendere cibo né bevanda finché non l'abbiano ucciso; e ora stanno pronti, aspettando che tu dia il tuo consenso». ²²Il tribuno congedò il giovanetto con questa raccomandazione: «Non dire a nessuno che mi hai dato queste informazioni».

Paolo trasferito a Cesarèa - ²³Fece poi chiamare due dei centurioni e disse: «Preparate duecento soldati per andare a Cesarèa insieme con settanta cavalieri e duecento lancieri, tre ore dopo il tramonto. ²⁴Siano pronte anche delle cavalcature e fatevi montare Paolo, perché sia condotto sano e salvo dal governatore Felice».

²⁵Scrisse anche una lettera in questi termini: ²⁶«Claudio Lisia all'eccellentissimo governatore Felice, salute. ²⁷Quest'uomo era stato assalito dai Giudei e stava per essere ucciso da loro; ma sono intervenuto con i soldati e l'ho liberato, perché ho saputo che è cittadino romano. ²⁸Desideroso di conoscere il motivo per cui lo accusavano, lo condussi nel loro sinedrio. ²⁹Ho trovato che lo si accusava per questioni relative alla loro legge, ma che in realtà non c'erano a suo carico imputazioni meritevoli di morte o di prigionia. ³⁰Sono stato però informato di un complotto contro quest'uomo da parte loro, e così l'ho mandato a te, avvertendo gli accusatori di deporre davanti a te quello che hanno contro di lui. Sta bene».

³¹Secondo gli ordini ricevuti, i soldati presero Paolo e lo condussero di notte ad Antipàtride. ³²Il mattino dopo, lasciato ai cavalieri il compito di proseguire con lui, se ne tornarono alla fortezza. ³³I cavalieri, giunti a Cesarèa, consegnarono la lettera al governatore e gli presentarono Paolo. ³⁴Dopo averla letta, domandò a Paolo di quale provincia fosse e, saputo che era della Cilicia, disse: ³⁵«Ti ascolterò quando saranno qui anche i tuoi accusatori». E diede ordine di custodirlo nel pretorio di Erode.

24. Il processo davanti a Felice - ¹Cinque giorni dopo arrivò il sommo sacerdote Ananìa insieme con alcuni anziani e a un avvocato di nome Tertullo e si presentarono al governatore per accusare Paolo.

²Quando questi fu fatto venire, Tertullo cominciò l'accusa dicendo: ³«La lunga pace di cui godiamo grazie a te e le riforme che ci sono state in favore di questo popolo grazie alla tua provvidenza, le accogliamo in tutto e per tutto, eccellentissimo Felice, con profonda gratitudine. ⁴Ma per non trattenerti troppo a lungo, ti prego di darci ascolto brevemente nella tua benevolenza. ⁵Abbiamo scoperto che quest'uomo è una peste, fomenta continue rivolte fra tutti i Giudei che sono nel mondo ed è capo della setta dei Nazorei. ⁶Ha perfino tentato di profanare il tempio e noi l'abbiamo arrestato. [⁷]. ⁸Interrogandolo personalmente, potrai

renderti conto da lui di tutte queste cose delle quali lo accusiamo». ⁹Si associarono nell'accusa anche i Giudei, affermando che i fatti stavano così.

Difesa di Paolo - ¹⁰Quando il governatore fece cenno a Paolo di parlare, egli rispose: «So che da molti anni sei giudice di questo popolo e parlo in mia difesa con fiducia. ¹¹Tu stesso puoi accertare che non sono più di dodici giorni da quando mi sono recato a Gerusalemme per il culto. ¹²Essi non mi hanno mai trovato nel tempio a discutere con qualcuno o a incitare il popolo alla sommossa, né nelle sinagoghe, né per la città ¹³e non possono provare nessuna delle cose delle quali ora mi accusano. ¹⁴Ammetto invece che adoro il Dio dei miei padri, secondo quella dottrina che essi chiamano setta, credendo in tutto ciò che è conforme alla Legge e sta scritto nei Profeti, ¹⁵nutrendo in Dio la speranza, condivisa pure da costoro, che ci sarà una risurrezione dei giusti e degli ingiusti. ¹⁶Per questo mi sforzo di conservare in ogni momento una coscienza irreprensibile davanti a Dio e davanti agli uomini.

¹⁷Ora, dopo molti anni, sono venuto a portare elemosine al mio popolo e per offrire sacrifici; ¹⁸in occasione di questi essi mi hanno trovato nel tempio dopo che avevo compiuto le purificazioni. Non c'era folla né tumulto. ¹⁹Furono dei Giudei della provincia d'Asia a trovarmi, e loro dovrebbero comparire qui davanti a te ad accusarmi, se hanno qualche cosa contro di me; ²⁰oppure dicano i presenti stessi quale colpa han trovato in me quando sono comparso davanti al sinedrio, ²¹se non questa sola frase che gridai stando in mezzo a loro: A motivo della risurrezione dei morti io vengo giudicato oggi davanti a voi!».

Paolo in prigione a Cesarèa - ²²Allora Felice, che era assai bene informato circa la nuova dottrina, li rimandò dicendo: «Quando verrà il tribuno Lisia, esaminerò il vostro caso». ²³E ordinò al centurione di tenere Paolo sotto custodia, concedendogli però una certa libertà e senza impedire a nessuno dei suoi amici di dargli assistenza.

²⁴Dopo alcuni giorni Felice arrivò in compagnia della moglie Drusilla, che era giudea; fatto chiamare Paolo, lo ascoltava intorno alla fede in Cristo Gesù. ²⁵Ma quando egli si

mise a parlare di giustizia, di continenza e del giudizio futuro, Felice si spaventò e disse: «Per il momento puoi andare; ti farò chiamare di nuovo quando ne avrò il tempo». [26]Sperava frattanto che Paolo gli avrebbe dato del denaro; per questo abbastanza spesso lo faceva chiamare e conversava con lui.

[27]Trascorsi due anni, Felice ebbe come successore Porcio Festo; ma Felice, volendo dimostrare benevolenza verso i Giudei, lasciò Paolo in prigione.

25. Paolo si appella a Cesare - [1]Festo dunque, raggiunta la provincia, tre giorni dopo salì da Cesarèa a Gerusalemme. [2]I sommi sacerdoti e i capi dei Giudei gli si presentarono per accusare Paolo e cercavano di persuaderlo, [3]chiedendo come un favore, in odio a Paolo, che lo facesse venire a Gerusalemme; e intanto disponevano un tranello per ucciderlo lungo il percorso. [4]Festo rispose che Paolo stava sotto custodia a Cesarèa e che egli stesso sarebbe partito fra breve. [5]«Quelli dunque che hanno autorità tra voi, disse, vengano con me e se vi è qualche colpa in quell'uomo, lo denuncino».

[6]Dopo essersi trattenuto fra loro non più di otto o dieci giorni, discese a Cesarèa e il giorno seguente, sedendo in tribunale, ordinò che gli si conducesse Paolo. [7]Appena giunse, lo attorniarono i Giudei discesi da Gerusalemme, imputandogli numerose e gravi colpe, senza però riuscire a provarle. [8]Paolo a sua difesa disse: «Non ho commesso alcuna colpa, né contro la legge dei Giudei, né contro il tempio, né contro Cesare».

[9]Ma Festo volendo fare un favore ai Giudei, si volse a Paolo e disse: «Vuoi andare a Gerusalemme per essere là giudicato di queste cose, davanti a me?». [10]Paolo rispose: «Mi trovo davanti al tribunale di Cesare, qui mi si deve giudicare. Ai Giudei non ho fatto alcun torto, come anche tu sai perfettamente. [11]Se dunque sono in colpa e ho commesso qualche cosa che meriti la morte, non rifiuto di morire; ma se nelle accuse di costoro non c'è nulla di vero, nessuno ha il potere di consegnarmi a loro. Io mi appello a Cesare». [12]Allora Festo, dopo aver conferito con il consiglio, rispose: «Ti sei appellato a Cesare, a Cesare andrai».

Paolo davanti ad Agrippa - [13]Erano trascorsi alcuni giorni, quando arrivarono a Cesarèa il re Agrippa e Berenìce, per salutare Festo. [14]E poiché si trattennero parecchi giorni, Festo espose al re il caso di Paolo: «C'è un uomo, lasciato qui prigioniero da Felice, contro il quale, [15]durante la mia visita a Gerusalemme, si presentarono con accuse i sommi sacerdoti e gli anziani dei Giudei per reclamarne la condanna. [16]Risposi che i Romani non usano consegnare una persona, prima che l'accusato sia stato messo a confronto con i suoi accusatori e possa aver modo di difendersi dall'accusa.

[17]Allora essi convennero qui e io senza indugi il giorno seguente sedetti in tribunale e ordinai che vi fosse condotto quell'uomo. [18]Gli accusatori si misero attorno, ma non addussero nessuna delle imputazioni criminose che io immaginavo; [19]avevano solo con lui alcune questioni relative alla loro particolare religione e riguardanti un certo Gesù, morto, che Paolo sosteneva essere ancora in vita. [20]Perplesso di fronte a simili controversie, gli chiesi se voleva andare a Gerusalemme ed esser giudicato là di queste cose. [21]Ma Paolo si appellò perché la sua causa fosse riservata al giudizio dell'imperatore, e così ordinai che fosse tenuto sotto custodia fino a quando potrò inviarlo a Cesare».

[22]E Agrippa a Festo: «Vorrei anch'io ascoltare quell'uomo!». «Domani, rispose, lo potrai ascoltare».

[23]Il giorno dopo, Agrippa e Berenìce vennero con gran pompa ed entrarono nella sala dell'udienza, accompagnati dai tribuni e dai cittadini più in vista; per ordine di Festo fu fatto entrare anche Paolo. [24]Allora Festo disse: «Re Agrippa e cittadini tutti qui presenti con noi, voi avete davanti agli occhi colui sul conto del quale tutto il popolo dei Giudei si è appellato a me, in Gerusalemme e qui, per chiedere a gran voce che non resti più in vita. [25]Io però mi sono convinto che egli non ha commesso alcuna cosa meritevole di morte ed essendosi appellato all'imperatore ho deciso di farlo partire. [26]Ma sul suo conto non ho nulla di preciso da scrivere al sovrano; per questo l'ho condotto davanti a voi e soprattutto davanti a te, o re Agrippa, per avere, dopo questa udienza, qualcosa da scrivere. [27]Mi sembra assurdo infatti mandare un prigioniero, senza indicare le accuse che si muovono contro di lui».

26. Difesa di Paolo davanti ad Agrippa - [1]Agrippa disse a Paolo: «Ti è concesso di parlare a tua difesa». Allora Paolo, stesa la mano, si difese così: [2]«Mi considero fortunato, o re Agrippa, di potermi discolpare da tutte le accuse di cui sono incriminato dai Giudei, oggi qui davanti a te, [3]che conosci a perfezione tutte le usanze e le questioni riguardanti i Giudei. Perciò ti prego di ascoltarmi con pazienza.

[4]La mia vita fin dalla mia giovinezza, vissuta tra il mio popolo e a Gerusalemme, la conoscono tutti i Giudei; [5]essi sanno pure da tempo, se vogliono renderne testimonianza, che, come fariseo, sono vissuto nella setta più rigida della nostra religione. [6]Ed ora mi trovo sotto processo a causa della speranza nella promessa fatta da Dio ai nostri padri, [7]e che le nostre dodici tribù sperano di vedere compiuta, servendo Dio notte e giorno con perseveranza. Di questa speranza, o re, sono ora incolpato dai Giudei! [8]Perché è considerato inconcepibile fra di voi che Dio risusciti i morti?

[9]Anch'io credevo un tempo mio dovere di lavorare attivamente contro il nome di Gesù il Nazareno, [10]come in realtà feci a Gerusalemme; molti dei fedeli li rinchiusi in prigione con l'autorizzazione avuta dai sommi sacerdoti, e quando venivano condannati a morte, anch'io ho votato contro di loro. [11]In tutte le sinagoghe cercavo di costringerli con le torture a bestemmiare e, infuriando all'accesso contro di loro, davo loro la caccia fin nelle città straniere.

[12]In tali circostanze, mentre stavo andando a Damasco con autorizzazione e pieni poteri parte dai sommi sacerdoti, verso mezzogiorno [13]vidi sulla strada, o re, una luce dal cielo, più splendente del sole, che avvolse me e i miei compagni di viaggio. [14]Tutti cademmo a terra e io udii dal cielo una voce che mi diceva in ebraico: Saulo, Saulo, perché mi perseguiti? Duro è per te ricalcitrare contro il pungolo. [15]E io dissi: Chi sei, o Signore? E il Signore rispose: Io sono Gesù, che tu perseguiti. [16]Su, alzati e rimettiti in piedi; ti sono apparso infatti per costituirti ministro e testimone di quelle cose che hai visto e di quelle per cui ti apparirò ancora. [17]Per questo ti *libererò* dal popolo e *dai pagani, ai quali ti mando* [18]*ad aprir* loro *gli occhi*, perché passino *dalle tenebre alla luce* (Is 42,7.16) e dal potere di satana a Dio e ottengano la remissione dei peccati e l'eredità in mezzo a coloro che sono stati santificati per la fede in me.

[19]Pertanto, o re Agrippa, io non ho disobbedito alla visione celeste; [20]ma prima a quelli di Damasco, poi a quelli di Gerusalemme e in tutta la regione della Giudea e infine ai pagani, predicavo di convertirsi e di rivolgersi a Dio, comportandosi in maniera degna della conversione. [21]Per queste cose i Giudei mi assalirono nel tempio e tentarono di uccidermi. [22]Ma l'aiuto di Dio mi ha assistito fino a questo giorno, e posso ancora rendere testimonianza agli umili e ai grandi. Null'altro io affermo se non quello che i profeti e Mosè dichiararono che doveva accadere, [23]che cioè il Cristo sarebbe morto, e che, primo tra i risorti da morte, avrebbe annunziato la luce al popolo e ai pagani».

Conclusione dell'udienza - [24]Mentr'egli parlava così in sua difesa, Festo a gran voce disse: «Sei pazzo, Paolo; la troppa scienza ti ha dato al cervello!». [25]E Paolo: «Non sono pazzo, disse, eccellentissimo Festo, ma sto dicendo parole vere e sagge. [26]Il re è al corrente di queste cose e davanti a lui parlo con franchezza. Penso che niente di questo gli sia sconosciuto, poiché non sono fatti accaduti in segreto. [27]Credi, o re Agrippa, nei profeti? So che ci credi». [28]E Agrippa a Paolo: «Per poco non mi convinci a farmi cristiano!». [29]E Paolo: «Per poco o per molto, io vorrei supplicare Dio che non soltanto tu, ma quanti oggi mi ascoltano diventassero così come sono io, eccetto queste catene!».

[30]Si alzò allora il re e con lui il governatore, Berenìce, e quelli che avevano preso parte alla seduta [31]e avviandosi conversavano insieme e dicevano: «Quest'uomo non ha fatto nulla che meriti la morte o le catene». [32]E Agrippa disse a Festo: «Costui poteva essere rimesso in libertà, se non si fosse appellato a Cesare».

Viaggio di Paolo a Roma

* Paolo giunge a Roma con un viaggio fortunoso probabilmente nell'anno 61. È trattenuto sotto custodia militare per due anni (61-63). Recupera poi la libertà, forse senza subire processo perché non si erano fatti vivi i suoi accusatori. Luca non si occupa più delle vicende posteriori dell'Apostolo delle genti. Conforme al piano della sua opera, gli interessa soltanto di sottolineare che il Vangelo ha raggiunto «gli estremi confini della terra» (At 1,8), poiché Paolo nel suo domicilio coatto a Roma «accoglieva tutti quelli che venivano a lui, annunziando il regno di Dio... con tutta franchezza e senza impedimento». *

27. La partenza - ¹Quando fu deciso che ci imbarcassimo per l'Italia, consegnarono Paolo, insieme ad alcuni altri prigionieri, a un centurione di nome Giulio della coorte Augusta. ²Salimmo su una nave di Adramitto, che stava per partire verso i porti della provincia d'Asia e salpammo, avendo con noi Aristarco, un Macèdone di Tessalonica. ³Il giorno dopo facemmo scalo a Sidone e Giulio, con gesto cortese verso Paolo, gli permise di recarsi dagli amici e di riceverne le cure. ⁴Salpati di là, navigammo al riparo di Cipro a motivo dei venti contrari ⁵e, attraversato il mare della Cilicia e della Panfilia, giungemmo a Mira di Licia.

⁶Qui il centurione trovò una nave di Alessandria in partenza per l'Italia e ci fece salire a bordo. ⁷Navigammo lentamente parecchi giorni, giungendo a fatica all'altezza di Cnido. Poi, siccome il vento non ci permetteva di approdare, prendemmo a navigare al riparo di Creta, dalle parti di Salmóne, ⁸e costeggiandola a fatica giungemmo in una località chiamata Buoni Porti, vicino alla quale era la città di Lasèa.

⁹Essendo trascorso molto tempo ed essendo ormai pericolosa la navigazione poiché era già passata la festa dell'Espiazione, Paolo li ammoniva dicendo: ¹⁰«Vedo, o uomini, che la navigazione comincia a essere di gran rischio e di molto danno non solo per il carico e per la nave, ma anche per le nostre vite». ¹¹Il centurione però dava più ascolto al pilota e al capitano della nave che alle parole di Paolo. ¹²E poiché quel porto era poco adatto a trascorrervi l'inverno, i più furono del parere di salpare di là nella speranza di andare a svernare a Fenice, un porto di Creta esposto a libeccio e a maestrale.

La tempesta in mare - ¹³Appena cominciò a soffiare un leggero scirocco, convinti di potere ormai realizzare il progetto, levarono le ancore e costeggiavano da vicino Creta. ¹⁴Ma dopo non molto tempo si scatenò contro l'isola un vento d'uragano, detto allora «Euroaquilone». ¹⁵La nave fu travolta nel turbine e, non potendo più resistere al vento, abbandonati in sua balìa, andavamo alla deriva.

[16]Mentre passavamo sotto un isolotto chiamato Càudas, a fatica riuscimmo a padroneggiare la scialuppa; [17]la tirarono a bordo e adoperavano gli attrezzi per fasciare di gòmene la nave. Quindi, per timore di finire incagliati nelle Sirti, calarono il galleggiante e si andava così alla deriva. [18]Sbattuti violentemente dalla tempesta, il giorno seguente cominciarono a gettare a mare il carico; [19]il terzo giorno con le proprie mani buttarono via l'attrezzatura della nave. [20]Da vari giorni non comparivano più né sole, né stelle e la violenta tempesta continuava a infuriare, per cui ogni speranza di salvarci sembrava ormai perduta.

Il naufragio - [21]Da molto tempo non si mangiava, quando Paolo, alzatosi in mezzo a loro, disse: «Sarebbe stato bene, o uomini, dar retta a me e non salpare da Creta; avreste evitato questo pericolo e questo danno. [22]Tuttavia ora vi esorto a non perdervi di coraggio, perché non ci sarà alcuna perdita di vite in mezzo a voi, ma solo della nave. [23]Mi è apparso infatti questa notte un angelo del Dio al quale appartengo e che servo, [24]dicendomi: Non temere, Paolo; tu devi comparire davanti a Cesare ed ecco, Dio ti ha fatto grazia di tutti i tuoi compagni di navigazione. [25]Perciò non perdetevi di coraggio, uomini; ho fiducia in Dio che avverrà come mi è stato annunziato. [26]Ma è inevitabile che andiamo a finire su qualche isola».

[27]Come giunse la quattordicesima notte da quando andavamo alla deriva nell'Adriatico, verso mezzanotte i marinai ebbero l'impressione che una qualche terra si avvicinava. [28]Gettato lo scandaglio, trovarono venti braccia; dopo un breve intervallo, scandagliando di nuovo, trovarono quindici braccia. [29]Nel timore di finire contro gli scogli, gettarono da poppa quattro ancore, aspettando con ansia che spuntasse il giorno.

[30]Ma poiché i marinai cercavano di fuggire dalla nave e già stavano calando la scialuppa in mare, col pretesto di gettare le ancore da prova, Paolo disse al centurione e ai soldati: [31]«Se costoro non rimangono sulla nave, voi non potrete mettervi in salvo». [32]Allora i soldati recisero le gòmene della scialuppa e la lasciarono cadere in mare.

³³Finché non spuntò il giorno, Paolo esortava tutti a prendere cibo: «Oggi è il quattordicesimo giorno che passate digiuni nell'attesa, senza prender nulla. ³⁴Per questo vi esorto a prender cibo; è necessario per la vostra salvezza. Neanche un capello del vostro capo andrà perduto». ³⁵Ciò detto, prese il pane, rese grazie a Dio davanti a tutti, lo spezzò e cominciò a mangiare. ³⁶Tutti si sentirono rianimati, e anch'essi presero cibo. ³⁷Eravamo complessivamente sulla nave duecentosettantasei persone. ³⁸Quando si furono rifocillati, alleggerirono la nave, gettando il frumento in mare.

³⁹Fattosi giorno non riuscivano a riconoscere quella terra, ma notarono un'insenatura con spiaggia e decisero, se possibile, di spingere la nave verso di essa. ⁴⁰Levarono le ancore e le lasciarono andare in mare; al tempo stesso allentarono i legami dei timoni e spiegata al vento la vela maestra, mossero verso la spiaggia. ⁴¹Ma incapparono in una secca e la nave vi si incagliò; mentre la prua arenata rimaneva immobile, la poppa minacciava di sfasciarsi sotto la violenza delle onde.

⁴²I soldati pensarono allora di uccidere i prigionieri, perché nessuno sfuggisse gettandosi a nuoto, ⁴³ma il centurione, volendo salvare Paolo, impedì loro di attuare questo progetto; diede ordine che si gettassero per primi quelli che sapevano nuotare e raggiungessero la terra; ⁴⁴poi gli altri, chi su tavole chi su altri rottami della nave. E così tutti poterono mettersi in salvo a terra.

28. Soggiorno a Malta - ¹Una volta in salvo, venimmo a sapere che l'isola si chiama Malta. ²Gli indigeni ci trattarono con rara umanità; ci accolsero tutti attorno a un gran fuoco, che avevano acceso perché era sopraggiunta la pioggia ed era freddo. ³Mentre Paolo raccoglieva un fascio di sarmenti e lo gettava sul fuoco, una vipera, risvegliata dal calore, lo morse a una mano. ⁴Al vedere la serpe pendergli dalla mano, gli indigeni dicevano tra loro: «Certamente costui è un assassino, se, anche scampato dal mare, la Giustizia non lo lascia vivere». ⁵Ma egli scosse la serpe nel fuoco e non ne patì alcun male. ⁶Quella gente si aspettava di vederlo gonfiare e cadere morto sul colpo, ma dopo avere molto atteso senza vedere succedergli nulla di straordinario, cambiò parere e diceva che era un dio.

⁷Nelle vicinanze di quel luogo c'era un terreno apparte-

nente al «primo» dell'isola, chiamato Publio; questi ci accolse e ci ospitò con benevolenza per tre giorni. [8]Avvenne che il padre di Publio dovette mettersi a letto colpito da febbri e da dissenteria; Paolo l'andò a visitare e dopo aver pregato gli impose le mani e lo guarì. [9]Dopo questo fatto, anche gli altri isolani che avevano malattie accorrevano e venivano sanati; [10]ci colmarono di onori e al momento della partenza ci rifornirono di tutto il necessario.

Da Malta a Roma - [11]Dopo tre mesi salpammo su una nave di Alessandria che aveva svernato nell'isola, recante l'insegna dei Diòscuri. [12]Approdammo a Siracusa, dove rimanemmo tre giorni [13]e di qui, costeggiando, giungemmo a Reggio. Il giorno seguente si levò lo scirocco e così l'indomani arrivammo a Pozzuoli. [14]Qui trovammo alcuni fratelli, i quali ci invitarono a restare con loro una settimana. Partimmo quindi alla volta di Roma. [15]I fratelli di là, avendo avuto notizie di noi, ci vennero incontro fino al Foro di Appio e alle Tre Taverne. Paolo, al vederli, rese grazie a Dio e prese coraggio.

Paolo convoca i Giudei di Roma - [16]Arrivati a Roma, fu concesso a Paolo di abitare per suo conto con un soldato di guardia. [17]Dopo tre giorni, egli convocò a sé i più in vista tra i Giudei e venuti che furono, disse loro: «Fratelli, senza aver fatto nulla contro il mio popolo e contro le usanze dei padri, sono stato arrestato a Gerusalemme e consegnato in mano dei Romani. [18]Questi, dopo avermi interrogato, volevano rilasciarmi, non avendo trovato in me alcuna colpa degna di morte. [19]Ma continuando i Giudei ad opporsi, sono stato costretto ad appellarmi a Cesare, senza intendere con questo muovere accuse contro il mio popolo. [20]Ecco perché vi ho chiamati, per vedervi e parlarvi, poiché è a causa della speranza d'Israele che io sono legato da questa catena».

[21]Essi gli risposero: «Noi non abbiamo ricevuto nessuna lettera sul tuo conto dalla Giudea, né alcuno dei fratelli è venuto a riferire o a parlar male di te. [22]Ci sembra bene tuttavia ascoltare da te quello che pensi; di questa setta infatti sappiamo che trova dovunque opposizione».

Rottura con i Giudei - [23]E fissatogli un giorno, vennero in molti da lui nel suo alloggio; egli dal mattino alla sera espose loro accuratamente, rendendo la sua testimonianza, il regno di Dio, cercando di convincerli riguardo a Gesù, in base alla Legge di Mosè e ai Profeti. [24]Alcuni aderirono alle cose da lui dette, ma altri non vollero credere [25]e se ne andavano discordi tra loro, mentre Paolo diceva questa sola frase: «Ha detto bene lo Spirito Santo, per bocca del profeta Isaia, ai nostri padri: [26]*Va' da questo popolo e di' loro: Udrete con i vostri orecchi, ma non comprenderete; guarderete con i vostri occhi, ma non vedrete.* [27]*Perché il cuore di questo popolo si è indurito, e hanno ascoltato di mala voglia con gli orecchi; hanno chiuso i loro occhi per non vedere con gli occhi, non ascoltare con gli orecchi, non comprendere nel loro cuore e non convertirsi, perché io li risani* (Is 6,9-10).

[28]Sia dunque noto a voi che questa salvezza di Dio viene ora rivolta ai pagani ed essi l'ascolteranno!». [[29]].

Epilogo - [30]Paolo trascorse due anni interi nella casa che aveva preso a pigione e accoglieva tutti quelli che venivano a lui, [31]annunziando il regno di Dio e insegnando le cose riguardanti il Signore Gesù Cristo, con tutta franchezza e senza impedimento.

LA PALESTINA AI TEMPI DI GESÙ

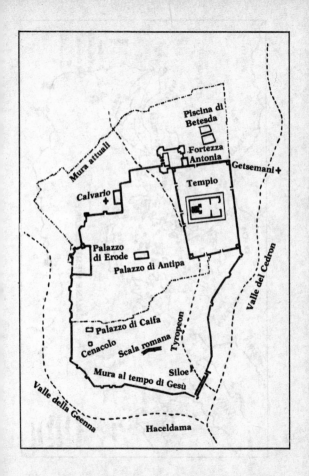

GERUSALEMME AL TEMPO DEL SIGNORE

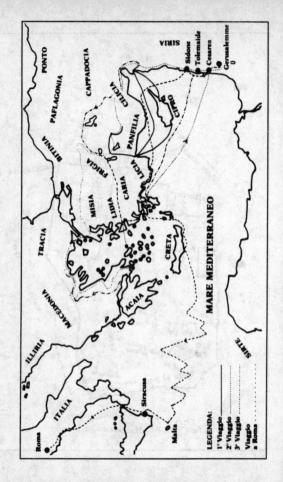

I VIAGGI DI SAN PAOLO

INDICE ANALITICO

Apparizioni di Gesù risorto alle donne Mt 28,9-10, alla Maddalena Mc 16,9; Gv 20,10-18, ai discepoli in Galilea Mt 28,16-20; Mc 16,14-18; Gv 21; in Giudea Lc 24,36-49; Gv 20,19-23, ad Emmaus Lc 24,13-35, a Tommaso Gv 20,24-29; a Paolo At 9,3-7; 18,9s.

Ascensione di Gesù Mc 16,19; Lc 24,50s.; At 1,6-11.

Avarizia Lc 12,15; Mc 7,20; avarizia di Giuda Gv 12,4ss.; di Ananìa e Saffira At 5,1-11.

Azzimi (giorno degli) Mt 26,17; Mc 14,1.12; Lc 22,1.7.

Bacio di Giuda Mt 26,49; Mc 14,45; Lc 22,47s.

Barabba Mt 27,16ss.; Mc 15,7ss.; Lc 23,18; Gv 18,40.

Bàrnaba At 4,36s.; 11,22-30; 13-15.

Bartimèo il cieco di Gèrico Mc 10,46.

Bartolomèo (= Natanaèle) Mt 10,3; Mc 3,18; Lc 6,14; Natanaèle Gv 1,45ss.; 21,2.

Battesimo di Giovanni Battista Mt 3,6ss.; 21,25; Mc 1,4ss.; 11,30; Lc 3,3ss.; 7,29; 20,4; Gv 1,25.28; 3,23; 10,40; At 1,5; 13,24 – di Gesù Mt 3,13-17; Mc 1,9-11; Lc 3,21s.; Gv 1,31ss. – battesimo cristiano, necessità Gv 3,5; Mt 28,19; Mc 16,16 – battesimo in Spirito Santo e fuoco Mt 3,12; Mc 1,8; Lc 3,16 – battesimo di sofferenza Mc 10,38s.; Lc 12,50 – nella Chiesa primitiva At 2,38-41; 8,12; 9,18; 10,48; 16,14s.; 18,8; 19,4s.

Beatitudini proclamate da Gesù 5,3-12; Lc 6,20-23 – beatitudine riferita a Maria Lc 1,45; 11,27, a Pietro 16,17, a chi non si scandalizza di Gesù Mt 11,6; Lc 7,23, a chi vede le opere di Gesù Mt 13,16; Lc 10,23; Gv 20,29, a chi ascolta e compie la parola di Gesù Lc 11,28; Gv 13,17.

Beelzebùl Mt 10,25; 12,24.27; Mc 3,22; Lc 11,15.18.19.

Bestemmia contro Gesù Mt 26,65; 27,39; Mc 15,29; Lc 22,65; 23,39 – Gesù accusato di bestemmia Mt 9,3; Mc 2,7; Mt 26,65; Mc 14,64; Gv 10,36 – bestemmia contro lo Spirito Santo Mt 12,31; Mc 3,28; Lc 12,10 – esce dal cuore Mt 15,19; Mc 7,22.

Cieco nato Gv 9 – (due) ciechi Mt 9,27s.; di Gèrico Mt 20,30; Mc 10,46; Lc 18,35 – Mc 8,22 – guide cieche Mt 15,14; Lc 6,39; Mt 23,16s.24.26.

Circoncisione di Giovanni Lc 1,59, di Gesù Lc 2,21 – non necessaria At 15.

Cleofa, uno dei discepoli di Emmaus 24,18.

Collera di Dio Mt 3,7; 21,23; Gv 3,36 – di Gesù Mc 3,5 – verso i fratelli 5,22.

Comandamenti, il primo Mt 22,36-40; Mc 12,28-31; Lc 10,27 – bisogna osservarli Mt 4,21-22; 19,17-19; Lc 18,20; Gv 15,10 – comandamento nuovo di Gesù Gv 13,34; 15,2 – comandamenti di Gesù Gv 14,15.21; 15,10 – il comandamento del Padre a Gesù Gv 10,18; 12,49s.

Comunione dei santi Gv 17,20-23; Mt 25,31-46; 18,20; At 9,4s.

Confessione dei peccati Mt 3,6; 16,19; 18,18; Mc 1,5; Lc 18,13; Gv 20,23; At 19,18 – nel senso di benedire Dio Mt 11,25; Lc 10,21 – confessare Gesù Mt 10,32; Lc 12,8; Gv 9,22; confessione di Pietro Mt 16,16, di Giovanni Battista Gv 1,20, del cieco nato Gv 9,38.

Confidenza, motivi Gv 3,16; Mt 11,28-30; 18,10-14; Lc 15 – "coraggio" Mt 9,2.22; 14,27; Mc 6,50; 10,49.

Conoscenza di Dio da parte di Gesù Gv 15,15; 17,26; Lc 10,22; Gv 5,42; 14,17; 17,25 – di Gesù Lc 10,22; Gv 1,10; 6,69; 7,27; 8,28; 10,14s.; 10,38; 11,57; 14,7.9.20; 16,3; 17,8 – del mistero del regno 13,11; Mc 4,11; Lc 8,10.

Consigli evangelici di povertà Mt 19,21; Mc 10,21; Lc 18,22; Mt 6,19; Lc 12,33 – di castità Mt 19,10-12 – di obbedienza Mt 16,24; Mc 8,34; Lc 9,23.

Consolazione d'Israele Mt 6,25 – Gesù consolatore dei poveri Mt 5,3s.; Lc 6,20ss., degli oppressi Mt 11,28-30; Lc 4,18s. – consola i discepoli Gv 14,1ss.; 16,16ss.

Conversione (= ravvedimento) predicata da Giovanni, Gesù e i discepoli Mt 3,2.8; 4,17; 11,20s.; 12,41; Mc 1,2-4.15; 6,12; Lc 3,3.8.11; 10,13; 11,32; 13,3.5; 24,47; At 2,38; 3,19;

Decime, pagare, ricevere le d. Mt 23,23; Lc 11,42; 18,12.

Dedicazione, festa Gv 10,22.

Demòni cacciati da Gesù Mc 1,34; 7,26.29s.; Lc 4,41; 8,27; 16,19; Mt 9,33; 17,18; dagli Apostoli nel nome di Gesù Mt 10,8; Mc 3,14; 6,13; Lc 9,1; At 5,16; 8,7; 16,18; 19,12 – Gesù accusato d'avere un d. Gv 7,20; 8,48.52; 10,20; d'essere alleato dei d. Mt 9,34; 12,14; Mc 3,22; Lc 11,15ss. – preghiera e digiuno per scacciarli Mc 9,29; Mt 17,21.

Dente per dente (o legge del taglione) Mt 5,38-42.

Deserto, Giovanni nel d. Mt 3,13; Mc 1,3.4; Lc 1,80; 3,2.4; Gv 1,23; Mt 11,7; Lc 7,24 – Gesù nel d. Mt 4,1; Mc 1, 12s.35.45; Lc 4,1; con i discepoli Mt 14,13s. – Mosè vi innalzò il serpente Gv 3,14 – la manna Gv 6,31.49.

Diaconi, istituzione At 6,1-6.

Diavolo e *Satana*, Mt 4,1ss.; 12,26; 13,39; 16,23; 25,41; Mc 1,13; 3,23.26; 4,15; 8,33; 14,40; Lc 4,2ss.; 8,12; 10,18; 11,18; 13,16; 22,3.31; At 5,3; 10,38; – (solo diavolo) siete dal d. Gv 8,44; il d. è bugiardo 8,44; spinge Giuda al tradimento 13,2 – Giuda è un d. Gv 6,70.

Digiuno di Gesù Mt 4,1-11; Mc 1,12s.; Lc 4,1-13 – dei discepoli di Giovanni Mt 9,14s.; Mc 2,18s.; Lc 5,33ss. – di Anna Lc 2,37 – nella Chiesa Mt 9,14; At 13,2s.; 14,23 – come praticarlo Mt 6,17 – per scacciare i demòni Mt 17,20.

Dio con noi (= Emmanuele) Mt 1,23 – vedere Dio Mt 5,8; Gv 1,18 – servire Dio Mt 6,24; Lc 16,13 – onnipotenza Mt 19,26; Mc 10,27; Lc 1,37; 18,27 – rimettere i peccati Mc 2,7; Lc 5,21; 7,29 (giustizia) – è buono Mc 10,18; Lc 18,19 – è uno solo Mc 12,29.32 – Creatore Mc 13,19 – date a Dio ciò che è di Dio Mt 22,21; Mc 12,17; Lc 20,25 – Dio di Abramo Mt 22,32; Mc 12,26s.; Lc 20,37s. – invia Gesù Gv 3,2.17; 8,42; 13,3; 16,27.30 – segna con il sigillo Gesù Gv 3,33; 6,27 – Signore mio e Dio mio Gv 20,28 – Dio perfetto e misericordioso Mt 5,48; Lc 6,36.

Discepolo non è al di sopra del maestro Mt 10,24-26; Lc 6,40 – condizioni per essere d. Mt 8,18-22; Lc 9,57-60; Mt 16,24ss.; Mc 8,34ss.; Lc 9,23ss.; 14,26-33; Mt 10,37s.

Esodo di Gesù Lc 9,31; cfr. Mt 2,13ss.

Esorcista estraneo Mc 9,38-41; Lc 9,49-50.

Eucaristia, promessa Gv 6,22-71 – istituzione Mt 26,26-29; Mc 14,22-25; Lc 22,19-20 – frazione del pane Mt 14,19; 15,36; Mc 8,6.19; Lc 24,30.35 – nella Chiesa primitiva At 2,42.46; 20,11.

Eunuco Mt 19.12.

Fede, "ti ha salvato" (nei miracoli) Mt 9,22; Mc 5,34; Lc 8,48; Mc 10,52; Lc 18,42; 7,50; 17,19 – uomini di poca fede (i discepoli) Mt 6,30; 8,26; 14,31; 16,8; Mc 4,40; 8,17; Lc 12,28; 8,25 – per trasportare le montagne Mt 21,21; Mc 11,23 – come un granello di senapa Mt 17,20; Lc 17,6 – nella preghiera Mt 21,22; Mc 5,36; 9,23; 11,24; – fede di Gesù e per Gesù Gv 1,7; 3,15.18; 4,39.41s.; 6,35.47; 8,24.30; 9,35; 10,42; 12,11.42.44; 13,19; 14,10; 16,27; 20,25ss. – chi crede in me anche se morto vivrà Gv 11,25ss. – fede di Maria Lc 1,45 – del centurione 8,5-13; Mt 7,1-10 – dell'emorroissa Mt 9,20-22; Mc 5,25-34; Lc 8,43-48 – del funzionario regio Gv 4,50 – di Pietro (Gesù prega per la f.) Lc 22,32 – di Tommaso Gv 20,24-29 – necessità At 16,30s. – efficacia At 3,16; 10,43; 13,39; 15,9; 16,31.

Festa di Pasqua Mt 26,2; Mc 14,1; Lc 22,1; 2,41; Gv 2,13.23; 6,4; 11,52; 12,1; 13,1; 18,39; 19,14 – delle Capanne Gv 7,2 – della Dedicazione Gv 10,22 – dell'Espiazione At 27,9 – di Pentecoste At 2,1.

Figliol prodigo, parabola Lc 15,11-32.

Filippo apostolo Mt 10,3; Mc 3,18; Lc 6,14; Gv 1,43-46.48; 6,5.7; 12,21s.; 14,8s. – Filippo diacono At 8,5-40.

Fine del mondo (= consumazione dei secoli in Matteo) Mt 13,39-43; 16,27; 24; 25,31-45; 28,20; Mc 13; Lc 21.

Frumento, raccolto da Dio nella sua aia Mt 3,12; Lc 3,17 – separato dalla zizzania Mt 13,25ss. – Pietro vagliato da Satana 22,31 – se il grano di f. non muore Gv 12,24.

Fuoco eterno Mt 3,12; 13,41s.; 18,8s.; 25,41; Lc 3,17; Mc 9,43-48.

Paolo (Saulo) At 8,1-3; 9,1-30; 11,25-30; 13,28.

Parabole del regno, seminatore, zizzania, granello di senapa, lievito, tesoro, la perla, la rete Mt 13 (e paralleli), seme che cresce da sé Mc 4,26-29 – parabole della lucerna e della misura Mc 4,21-25; Mt 5,15; 7,2; Lc 8,16; 11,33; 6,38 – *Altre parabole*: dei fanciulli capricciosi Mt 11,16s.; Lc 7,31s. – della pecora smarrita Mt 18,12-14; Lc 15,3-7 – del servo spietato Mt 18,23-35 – degli operai nella vigna Mt 20,1-16 – dei due figli Mt 21,28-32 – dei cattivi vignaioli Mt 21,33-46; Mc 12,1-12; Lc 20,9-19 – delle nozze regali Mt 22,1-14; Lc 14,15-24 – del servo vigilante Mt 24,45-51; Mc 13,34; Lc 12,41-46 – delle dieci vergini Mt 25,1-13 – dei talenti Mt 25,14-30 – *Parabole esclusive di Luca*: del samaritano 10,25-37 – dell'amico importuno 11,5-8 – del ricco stolto 12,21 – del fico sterile 13,6-9 – della torre e della guerra 14,28-32 – della dramma perduta 15,1-7 – del figlio prodigo 15,11-32 – del ricco epulone 16,19-32 – del servo 17,7-10 – del giudice e la vedova 18,1-8 – del fariseo e pubblicano 18,9-14.

Paradiso Lc 23,43.

Parusìa Mt 24,3.27.37.39; cfr. Lc 17,20-37.

Pasqua (vedi festa).

Passione di Gesù, predizioni Mt 16,21; Mc 8,31; Lc 9,22; Mt 17,22s.; Mc 9,31s.; Lc 9,44s.; Mt 20,18s.; Mc 10,33s.; Lc 18,31-33.

Pastore, Gesù Gv 10,1-21; Mt 2,6; 26,31; – Pietro Gv 21,15-19 – i Dodici Mt 9,36; Mc 6,34.

Peccato, può rimetterlo solo Dio Mt 9,2; Mc 2,5; Lc 5,20; 7,47 – Cristo venuto per togliere il peccato Gv 1,29; Mt 1,21; 9.6.13; 18,10-14; 26,28; Mc 2,10.17; Lc 5,24.32; 7,44-50; At 3,19; 10,43; 13,38; proviene dal cuore Mt 15,10-20; 23,25-28; Mc 7,14-23.

Pecora smarrita, parabola Mt 18,12-14; Lc 15,3-7 – pascolare Mt 2,6; Gv 21,16 (Pietro) – separate dai capri Mt 25,32, disperse Mt 26,31; Mc 14,27 – di Cristo Gv 10,1ss.

Penitenza, sacramento (vedi *confessione*) Mt 16,19; 18,18; Gv 20,23.

19,25; Mc 10,26; Lc 18,26 – salva te stesso (Gesù) Mt 27,40.42; Mc 15,30s.; Lc 23,35.37.39 – salvami da quest'ora Gv 12,27 – salvare ciò che era perduto Mt 18,11; Lc 19,10.

Salvatore Dio Lc 1,47 – Gesù Lc 2,11; Gv 4,42.

Salvezza, riferita a Gesù Lc 1,69.71.77 – salvezza di Zacchèo Lc 19,9 – la salvezza dai Giudei Gv 4,22.

Samaritano, parabola Lc 10,25-37 – la *Samaritana* Gv 4,1-42 – respingono Gesù Lc 9,51-55 – Conversione dei samaritani At 8,5-25.

Sangue di Gesù (eucaristico) Mt 26,28; Mc 14,24; Lc 22,29; Gv 6,53ss. – innocente Mt 27,4.24s. – uscì dal costato di Gesù Gv 19,34 – prezzo del sangue Mt 27,6 – campo del s. Mt 27,8 – sudore di s. Lc 22,44 – s. dei giusti Mt 23,30.35; Lc 11,50; 13,1 – carne e s. Mt 16,17; Gv 1,13 – astenersi dal s. At 15,20.29.

Sapienza giustificata dalle sue opere Mt 11,19; Lc 7,35 – sapienza di Salomone Mt 12,42; Lc 11,31 – di Gesù Lc 2,40.52; Mt 13,54; Mc 6,2 – di Dio Lc 11,49 – dei discepoli Lc 21,15.

Satana (vedi *diavolo*).

Scandalo dei cattivi Mt 18,6s.; Mc 10,42; Lc 17,1-3 – fuggire lo s. Mt 5,29s.; 18,8s.; Mc 9,43-47 – evitare lo s. Mt 17,27; At 16,3 – Gesù causa di s. Mc 6,3; 4,17; 14,27.29; Mt 13,57; 15,12; 24,10; 26,31.33; Gv 6,61; 16,1 – Pietro causa di s. Mt 16,23 – punizione dello s. Mt 13,41.

Seguire Gesù (= essere discepolo) Mt 4,20.22; 8,19.22.23; 9,9; 10,38; 16,24; 19,21.27s.; Mc 1,18; 2,14; 8,34; 9,38; 10,21.28; Lc 5,11; 9,23.49.57.59.61; 18,22.28; Gv 1, 37s.40.43; 10,4.27; 12,26; 13,36s.; 21,19.

Seminatore, parabola 13,1-9; Mc 4,1-9; Lc 4,4-8; Lc 13, 18ss.; Mc 4,13ss.; Lc 8,11ss.

Sepolcro di Gesù (tomba) Mt 27,60s.; Mc 15,46; Lc 23,52; Gv 19,41 – vuoto Mt 28,1ss.; Mc 16,1s.; Lc 24,1ss.; Gv 20,1ss. – dei giusti Mt 23,29; Lc 11,47 – imbiancati Mt 23,27; Lc 11,44.

Servo, chi vuole essere il primo sia s. Mt 20,27; Mc 10,44 – il s. non è al di sopra del padrone Mt 10,24s.; Gv 13,16; 15,20 – parabola del s. fedele Mt 24,45ss.; Lc 12,37ss. – Maria serva Lc 1,38.48 – Simeone Lc 2,29 – parabola del s. che torna dai campi Lc 17,7ss. – non vi chiamo più servi Gv 15,15.

Simeone incontra Gesù al tempio Lc 2,25-35.

Simone mago At 8,9-25.

Sòdoma Mt 10,15; 11,23s.; Lc 10,12; 17,29.

Spirito Santo, terza Persona della Trinità Mt 3,16; 28,19; Mc 1,10; Lc 3,22; Gv 1,32s.; 14,17; 15,26; 16,13 – dono per i cristiani Gv 14,17; 4,23; Mt 10,20; Lc 12,12; 11,13; Mc 13,11 – Spirito che vivifica Gv 6,63 – Paraclito o Difensore Gv 14,16.26; 15,26; 16,7 – ricevete lo Sp. S. per la remissione dei peccati Gv 20,22 – nascere dallo Spirito Gv 3,5ss. (vedi *battesimo*) – adorare Dio in Spirito e verità Gv 4,23 – Gesù nato da Sp. S. Mt 1,18.20; Lc 1,35 – al battesimo Mt 3,16; Mc 1,10; Lc 3,22; Gv 1,32 – Giovanni Battista e Sp. S. Lc 1,15.17 – Elisabetta piena di Sp. Lc 1,41, Zaccaria Lc 1,67, Simeone Lc 2,25-27 – su Gesù Lc 4,18; 10,21 – parla nei discepoli Mt 10,20; Lc 12,12; Gv 14,17.26 – dono per i cristiani At 1,5; 2,4; 4,8; 5,32; 8,15ss.; 10,44; 15,8; 19,2.6.

Stefano protomartire, At 6,8-7,60.

Suocera, di Pietro Mt 8,14s; Mc 1,29-31; Lc 4,38s. – nuore contro suocere Mt 10,35; Lc 12,53.

Talenti, *parabola* Mt 25,14-30.

Tempesta sedata Mt 8,23-26; Mc 4,35-41; Lc 8,22-25.

Tempio (casa di preghiera) Gv 2,14; Mt 21,13; Lc 19,46 – presentazione di Gesù Lc 2,22ss. – Gesù tra i dottori Lc 2,41-50.

Tentazione di Gesù Mt 4,1-11; 16,1; 19,3; 22,18.35; Mc 1,12s.; 8,11; 12,15; Lc 4,1-13; 11,16; 22,28; – dei discepoli Mt 6,13; 26,41; Lc 11,4; 22,40.46; Mc 14,38 – tentare Dio At 5,9; 15,10.

TAVOLA CRONOLOGICA

7-5 a.C., nascita di Gesù, presentazione al tempio, fuga in Egitto.

4 a.C., morte di Erode, ritorno di Gesù dall'Egitto a Nàzaret.

6 d.C., la Giudea diventa provincia romana.

14 d.C., morte dell'imperatore Augusto e successione di Tiberio.

18-36 d.C., Caifa sommo sacerdote.

26-36 d.C., Ponzio Pilato procuratore della Giudea.

27 d.C., *autunno*, inizio della predicazione del Battista.

28 d.C., *gennaio*, battesimo di Gesù, digiuno nel deserto.

febbraio, tentazioni nel deserto: chiamata dei primi discepoli a Betània in Transgiordania.

marzo, alle nozze di Cana; 1ª Pasqua a Gerusalemme.

aprile, colloquio con Nicodèmo, incarcerazione del Battista.

maggio, colloquio con la Samaritana; a Nàzaret e a Cafàrnao.

estate, ministero a Cafàrnao e dintorni; vari miracoli.

dicembre, tempesta sedata; indemoniati di Gerasa liberati.

29 d.C., *marzo*, decapitazione di Giovanni Battista.

aprile, 1ª moltiplicazione dei pani; Gesù cammina sulle acque; 2ª Pasqua a Gerusalemme.

giugno, Pentecoste a Gerusalemme; sana l'idropico alla piscina di Betzata; ritorno in Galilea e viaggio attraverso la Fenicia e Decapoli; 2ª moltiplicazione dei pani.

luglio, il primato di Pietro a Cesarèa di Filippo.

agosto, trasfigurazione sul Tabor.

ottobre, festa dei Tabernacoli; guarigione del cieco nato.

dicembre, festa della Dedicazione.

30 d.C., *marzo*, risurrezione di Lazzaro; si ritira a Efraim; a Gèrico in casa di Zacchèo.

aprile, ingresso trionfale a Gerusalemme, passione e morte, risurrezione la Domenica di Pasqua nel giorno 9.

maggio, ascensione in cielo il giorno 18. Discesa dello Spirito Santo sugli Apostoli a Pentecoste e diffusione del Vangelo.

36/37 d.C., martirio di santo Stefano e conversione di Paolo.

38/39-44, soggiorno di Paolo a Tarso.

43/44, martirio di san Giacomo Maggiore.

45-49, primo viaggio missionario di Paolo e Bàrnaba.

49/50, concilio di Gerusalemme.

50-53, secondo viaggio missionario di Paolo.

53-58, terzo viaggio missionario di Paolo.

58-60, arresto di Paolo e prigionia a Cesarèa Marittima.

60-61, viaggio di Paolo a Roma.

61-63, prigionia di Paolo a Roma.

63-66, liberazione di Paolo e i suoi viaggi in Oriente e probabilmente in Spagna.

64 o 67, martirio di Pietro a Roma.

67, martirio di Paolo.

70, distruzione di Gerusalemme.

INDICE GENERALE

VANGELO SECONDO LUCA

VANGELO SECONDO GIOVANNI

ATTI DEGLI APOSTOLI

Finito di stampare 1984
Editrice - Grafiche Messaggero di S. Antonio, Padova